王伟杰◎著

文 化 资 源 开 发 中 的 价 值 选 择

U0431400

社会科学文献出版社
SSAP
SOCIAL SCIENCES ACADEMIC PRESS (CHINA)

基金支持

贵州省区域一流学科"贵州民族大学社会学"建设阶段性成果

贵州民族大学社会学学科博士点建设阶段性成果

2017贵州省哲学社会科学十大创新团队
"少数民族非遗传承创新研究团队"建设阶段性成果

序

如果有一天我们真正生活在一个物质极为丰富的年代，那么占有物质可能很难再刺激我们的感官，让我们获得真正的幸福。在中国特色社会主义新时代，人们更重视精神层面的充实。作为精神文化重要载体的文化产品，其在新时代的重要意义将不亚于农业时代之粮食、工业时代之钢铁。

经过多年的努力，我国文化产业的发展已经取得举世瞩目的成就。2016年我国的文化产业（即文化及相关产业）增加值为 30785 亿元，同比增长13%，占 GDP 的比重为 4.14%。2017 年文化产业增加值为 35462 亿元，同比增长 15.2%，占 GDP 的比重为 4.29%。按照如此迅猛的发展势头，文化产业将在"十三五"期间发展成为我国国民经济支柱产业。在此形势下，积极构建和完善中国特色社会主义新时代的文化产业发展新秩序，发挥文化产业积极健康的价值引导功能，消解文化价值冲突带来的不良影响，更显得尤为必要和迫切。

关于文化产业价值引导功能的研究是一个较为新颖的课题，但并不是一种新的文化现象。2012 年 7 月 20 日，在美国科罗拉多州丹佛市《蝙蝠侠前传 3：黑暗骑士崛起》的首映现场发生枪击事件，共造成 71 人中枪，其中12 人死亡，59 人受伤。有报道敏锐地指出，凶手作案细节与电影《蝙蝠侠》剧情有许多类似之处。蝙蝠侠这样的"超级英雄"在伸张正义时，大多采取以暴制暴的手段，赢得欢呼却无须负任何法律责任。而这次枪击案的嫌疑人詹姆斯·霍尔姆斯在作案时，"红发""面具""防弹衣""持枪"

"放烟雾弹"等装扮、行为与《蝙蝠侠》中的反面角色"小丑"如出一辙。无独有偶，科罗拉多州两名少年过于热衷《毁灭公爵》电子游戏，竟枪杀了自己的 1 名老师和 12 名同学；弗吉尼亚理工大学一名韩裔青年因为痴迷《反恐精英》而杀害了 32 名师生；2007 年又有两名少年模仿网络游戏中的暴力动作将一个年仅 7 岁的小女孩打死。2018 年初从国外流入并引爆朋友圈的"儿童邪典动漫"，打上"育儿""早教"的标签，其中有大量色情、暴力、恐怖、变态等内容，竟将播放受众瞄准孩童，令人发指！

在公众憎恨和抨击制作、传播"儿童邪典动漫"的不法之徒的同时，也拷问着我国网络播出平台的自审自播机制、大数据时代的网络播出推送机制、媒体的监督机制。但反思过后，人们发现归根结底是文化资源开发过程中的文化价值引导有问题。新时代我们需要积极向上的文化产品，以实现健康的正面文化价值引导功能。

王伟杰博士的《冲突与引导：文化资源开发中的价值选择》一书，以文化资源开发过程中的文化价值冲突与选择为研究主题，探讨文化产业发展中的文化价值引导问题，具有重要的现实意义和学术意义。作者从文化产业具备经济和文化二重性特征分析入手，探讨文化产业在物质世界和精神世界的二元价值引导功能，指出文化资源开发中经济价值与文化价值的追逐过程其实质是一个多方参与的正负能量博弈的过程。

本书认为，我国目前在文化资源开发过程中，由于经济利益的巨大诱惑，产生了文化资源开发与保护的偏离、文化产品流通过程中多方参与力量的分散，以及多层次文化产品的文化价值评估机制的缺乏等问题，从而导致出现"偏经济效益轻文化价值"的倾向，并使文化价值引导功能严重弱化。针对上述问题，作者从宏观、中观、微观三个层面提出了合理开发文化资源并形成积极价值引导的基本路径。在宏观文化资源开发原则上，必须坚持选取符合社会主义核心价值体系的积极的文化资源，开发主体应秉承正确合理的开发理念和目标，并在科学发展观的要求下选择"多赢"的开发方式。在中观城市文化发展策略方面，应坚持"以文教化、以人为本"两位一体的思想，在城市核心文化的引领下开发以箭垛式文化为核心的城市文化资源。在微观文化产业对策上，文化生产者应以努力满足人民群众多样化的健康文化需求为己任，文化传播者应以积极抵制消极的文化产品和信息为责任，文化消费者应成为"有自觉、不盲从"的文化消费者，文化管理者应在科学发展观的指导下坚持文化产业服务和文化事业建设并重。

城市是文化产业发展的中心，城市蕴涵着丰富的文化资源，如何在发展文化产业中定位城市的核心文化，形成积极的价值引导是亟待研究的重要问题。本书虽然根据民间文学中的箭垛式人物理论，提出了以城市的箭垛式文化来定位城市核心文化的构想与方略，在一定程度上为城市核心文化的定位提供了借鉴。但是未能就城市文化定位理论与城市文化产品开发等问题进行深入探讨，这是本书的主要不足之处。瑕不掩瑜，总体来说这是一本有一定理论价值和实践指导意义的著作。

黄永林

2018 年 3 月

摘　要

　　文化产业兼具经济文化二重性,其发展是一个双核同心圆模式, 由此形成了文化产业在物质世界和精神世界的二元价值引导功能。在物质世界中,文化资源最终变为文化资本而形成经济价值导向功能;在精神世界中, 文化产品的消费因其精神影响而形成文化价值引导功能。在我国文化资源开发过程中,经济价值与文化价值的追逐是一个多方参与的博弈过程,本书通过对文化价值引导的形成过程进行研究,探讨如何在文化价值冲突中进行文化选择和价值引导,生产和创造富含正能量的文化产品,形成正面、积极、健康的文化价值引导。

　　全书由八个部分组成。绪论讨论了本书的研究缘起,并整理了国内外文化产业发展中有关文化价值引导的文献,探讨了研究意义和主要术语。第一章对我国文化资源开发过程中的双向价值引导进行了现状描述,指出目前文化产业发展中的"偏经济效益轻文化价值"现象普遍存在。第二章论述了文化资源开发过程中的双向价值引导的具体内容。第三章引用箭垛式人物理论,探讨了城市核心文化定位过程中的城市文化集散过程。第四章介绍了西方经济发达国家在文化产业发展过程中,为进行文化价值引导而采取的主要政策措施。第五章则从宏观、中观、微观三个层面提出了合理开发文化资源并形成积极的正面的价值引导的基本路径,如在宏观的文化资源开发过程中,应选取符合社会主义核心价值体系的主体文化资源,"德艺双馨"的开发主体应秉承正确合理的开发目标,在科学发展观的要求下应选择"多赢"

的开发方式等。第六章结合我国部分城市的核心文化定位实践，阐述了城市箭垛式文化的产生过程及其对城市文化产业定位和发展的具体影响，并列举了我国部分成功利用文化资源开发的正能量文化产品，印证了文化产品在追求文化价值的同时也可以获取经济价值的可能性。结语部分则对积极的健康的文化价值引导下的城市文化产业发展过程进行了规律性总结。

Abstract

Cultural industry has economic and cultural duality, both economic and cultural attributes, so the development of cultural industries is a dual-core concentric pattern, and has resulted in the formation of cultural industries in the binary value of the material world and the spiritual world of the boot functionality. The cultural resources become the cultural capital with the economic value-oriented features in the material world. And in the corresponding spiritual world, because of the spiritual influence, the consumption of cultural products was possessed of guiding function for cultural value. In the process of cultural resources development, pursuing economic and cultural value is a multi-game between positive and negative energy. On the basis of researching the forming process of guidance for cultural value, this book explores how to make cultural choice, value guidance, produce and create upbeat cultural products when facing the conflict of cultural value, to form a benign cultural value to boot.

In this eight-part book, introduction part discusses the reasons for selecting the subject and significance of the topic of this article, and makes a literature review of value guidance in the development of cultural industry of domestic and overseas, then points out the research objectives and the research methods. In the first chapter, the current situation of the development of two-way cultural resource values guide has been described, then the phenomenon: focus on economic efficiency while ignoring the cultural values in the process of cultural industry development has been pointed out. In the second chapter, mainly discusses the bi-directional value guidance of cultural resources in the development process . In the third chapter, *arrow crib effect* theory was quoted to explore the process of urban cultural distribution in the process of urban core positioning and development. The fourth chapter introduces the major policy initiatives in the development of cultural industries in developed western countries for cultural values guiding taken. The fifth chapter mainly puts forward that developing cultural resources with rational development and formed a reasonable basic ways benign value guide from the macro, mesa and micro aspects, such as, the subject of cultural resources in line with the socialist core value system should be chosen on the macro, "smashing" the development main body should adhere to the correct and rational development goals, and select the "win-win" approach in the development of the scientific concept of development . The sixth chapter explains the growing process of *arrow crib culture* of city, and effect on orientation and development of cultural industry in city on the base of connecting core cultural orientation of cities in China. Then enumerates many successfully transferred cultural resource to cultural products with positive energy, which indicates the possibility of both having the cultural and economic value. The conclusion part regularly summarizes urban cultural industries development under the guidance of benign cultural values, and put forward the basic path of future development.

目　　录

绪　论

文化是民族的血液,是人民的精神家园。《易经》中有言,"观乎天文,以察时变,观乎人文,以化成天下",其含义是"用人文对人进行教化,以治理天下文化"。文化即由其中的"人文化成"简化而来,有着教化功能。作为人类社会文明形态概念的"文化",有多重含义和多种分类法,其初始本义为"人文化成"。21 世纪以来我国发展迅猛的"文化产业",也有多重含义和多种分类,只论其定义就有"精神产品和服务说""意义内容说""版权产业核心说""工业标准说""文化娱乐集合说"多种,而在文化产业开发过程中,作为有着教化功能的"文化",其本义中隐含不同文化价值发生冲突时的选择问题。

第一节　文化价值选择的研究背景

2016 年我国文化产业(即文化及相关产业)的增加值为 30785 亿元,同比增长 13%,在 GDP 中占比为 4.14%。2017 年我国文化产业增加值达到 35462 亿元,在 GDP 中占比为 4.29%。依照如此迅猛的发展势头,文化产业将在"十三五"期间发展成为我国国民经济支柱产业。在文化产业迅猛发展的当下,深刻研究文化产业开发过程中的文化价值冲突与选择问题,有重要的学术意义与现实意义。

党的十五大报告未提及"文化产业",十六大报告明确地把文化建设分为文化事业和文化产业两大部分，提出"发展文化产业是市场经济条件下繁荣社会主义文化、满足人民群众精神文化需求的重要途径"。① 2002 年至今，文化产业发展已有十多个年头，虽然我国文化产业发展取得了骄人的成绩，然而在取得成就的同时，一些不和谐的文化产业发展现象也令人担忧。在城市文化消费旺盛的同时，乡村文化消费依旧疲软。尤其是在一些文化产业核心层，一些文化内容的生产者及传播者为攫取利润而忽视了文化价值的选择问题，在文化价值观的引导方面可谓乱象丛生，一些文化消费者缺乏审美感知能力，消费结构出现娱乐化、盲从化等问题，严重偏离了文化产业发展的初衷。② 2013 年 9 月 19 日《人民日报》刊发陶东风先生的文章《比坏心理腐蚀社会道德》，指出了我国文化领域存在的社会道德滑坡的现象，犬儒主义盛行，人际关系恶化，社会诚信缺失，并指出一些文化作品就是这种比坏心理的投射。文章认真比较了《大长今》和《甄嬛传》，指出前者的价值观比后者更正确，更能形成良好的价值引导功能，从而号召"以高尚的精神塑造人，以优秀的作品鼓舞人"。③ 具体说来，这些不和谐的文化因素主要体现在一些对人们文化价值观念具有引导性的经营性文化产品和服务的供给、传播和消费上面。

在文化产品和服务的生产方面，首先，我国正处在一个盛行文化快餐和远离文化精品的时代。文化企业一味追逐利润，迎合市场，随着大众文化的流行，不惜将精英文化低俗化、快餐化，甚至出现恶搞传统文化经典的现象。不得不承认，文化快餐的存在、发展和盛行有其历史合理性，因此需要用辩证的眼光看待这些文化快餐。一方面，当精品文化离当代人越来越远的时候，当文化体验的同质化、规范化使人们愈加疲惫的时候，对于那些借

---

① 江泽民：《全面建设小康社会，开创中国特色社会主义事业新局面》，江泽民同志代表第十五届中央委员会向党的十六大所做的报告。

② 叶飞霞：《以社会主义核心价值体系引领健康的文化消费》，《福建农林大学学报》（哲学社会科学版）2012 年第 4 期。

③ 陶东风：《比坏心理腐蚀社会道德》，《人民日报》2013 年 9 月 19 日。

旅游来寻找精神家园的人来说，文化快餐远胜于文化的沙漠；另一方面，文化快餐可以充当大众的精神食粮吗？答案是否定的。汉堡吃多了会造成营养不良，更何况是文化快餐。文化快餐只能满足人们浅层次的文化认知和欣赏的需要，若止于快餐，文化的浅俗化在所难免；而浅俗化与商品化相结合，必然导致对文化的粗俗复制而失去文化的本真，进而破坏文化的神圣感。

其次，文化内容生产者"利益至上"的经济准则得到了最大程度的发挥。当大众期待已久的文化产品问世，很多人关心的是能否实现经济利益的最大化，因此文化供给者痴迷于收视率、收听率、上座率、点击率乃至票房的多与少，却很少关注文化产品本身在受众精神层面的一些积极的教化、激励与引导。如近些年来随着一些选秀节目收视率的猛增，其他广播电视也盲目跟风上此类节目，结果只看重"眼球经济"，忘记其本质上是精神产品，忽视"以文化人"和引导社会的责任。《中国好声音》《我是歌手》《中国星跳跃》等选秀节目大多是引进外国电视节目的版权（见表0-1），另外部分节目本身在文化价值引导方面也值得商榷。为争取"注意力经济"而不择手段，"京剧比基尼"①事件就是典型。虽然不少文化学者对这些节目提出了质疑和批评，但依然抵挡不住文化从业者追逐金钱的潮流。

最后，精英文化渐行渐远，大众文化却热火朝天，一些草根文化、恶搞文化甚至是"三俗"文化也悄然升起，逐渐挑战公众的神经、道德底线甚至法律的禁区，使文化受众满足于低级趣味，较多受众虽知其害却趋之若鹜。自胡戈《一个馒头引发的血案》之后，"恶搞文化"经历多年的成长日益"红火壮大"，从偷偷摸摸到现在堂而皇之地大行其道、登堂入室，甚至孔子、杜甫等圣人也没有逃脱被恶搞的命运，涌现出了一大批集团化、专业化的制作队伍，一次次拷问着公众的道德良知。如恶搞《黄河大合唱》事件引发了一些学者和网友的强烈谴责，他们认为"恶搞红色革命歌曲不仅

---

① 张东锋：《"京剧比基尼"组照惹争议》，《南方都市报》2012年9月26日。

影响整个社会的文化养成，而且抹杀了青少年的历史观"。① 部分景区为招揽游客而塑造"大背头弥勒佛""艳遇佛"的形象，也引起了文人、学者乃至公众一致的口诛笔伐。②

表 0-1 国内目前播出的引进版权节目一览

节目	电台	来源
《谢天谢地你来啦》	央视	*Thank God You're Here* 澳大利亚
《梦立方》	东方卫视	*The Cube* 英国
《中国达人秀》	东方卫视	*Britain's Got Talent* 英国
《中国梦想秀》	浙江卫视	*Tonight's the Night* 英国
《激情唱响》	辽宁卫视	*X Factor* 英国
《我们约会吧》	湖南卫视	*Take Me Out* 英国
《中国好声音》	浙江卫视	*The Voice of Holland* 荷兰
《我爱我的祖国》	湖北卫视	*I Love My Motherland* 荷兰
《以一敌百》	湖南卫视	*1Tegen 100* 荷兰
《我是歌手》	湖南卫视	*I Am A Singer* 韩国
《中国星跳跃——Celebrity Splash》	浙江卫视	*Celebrity Splash* 荷兰
《爸爸去哪儿》	湖南卫视	《爸爸！我们去哪儿?》韩国

文化消费层面出现了前所未有的分层化、娱乐化和盲从化现象。第一，我国居民的文化消费面临着严重的横向和纵向的分层化趋势。从横向上看，不同民族、不同地区、不同阶层文化消费存在分层化现象。不仅经济发达与不发达地区大众文化消费存在数量、内容和需求上的较大差异，城乡居民之间文化消费差距也在拉大。由于农村文化市场的凋敝，部分村镇"黄、赌、毒"思想死灰复燃。从纵向上看，我国居民文化消费内部结构呈现分层化

---

① 张凤坡：《被恶搞的只是〈黄河大合唱〉吗》，《光明日报》2018 年 1 月 30 日。
② 顾德宁、贾梦雨：《大背头弥勒佛尊的什么"神"》，《新华日报》2013 年 4 月 25 日；张勇、和慧东：《酒吧摆"艳遇佛"，网友吐槽"亵渎神灵"；酒吧负责人："不要用世俗的眼光看佛像"》，《云南信息报》2013 年 5 月 16 日。

趋势。文化消费分为基础型、发展型和享受型三种类别。前者是基础消费，发展型是居民提升个人文化水平和知识品位等的消费，后者为消遣性、娱乐性消费。然而目前不少居民的享受型消费过快上升，发展型消费却严重滞后，这将对我国的社会风气产生不良影响。第二，居民文化消费结构有待优化，基础性、娱乐性消费过高，智力型、发展型消费明显不足。文化消费是作为消费主体的"人"结合自我的主观臆断而挑选一定的文化商品以满足自我精神文化需要的过程。部分文化消费者热衷于娱乐休闲，将文化消费过程看作一个娱乐和享受的过程。然而文化消费有着更深的含义：通过文化产品的消费达到提高人、鼓舞人、鞭策人、感动人的效果，使消费主体在精神文化层面得到全方位的提升。反观目前城市中盛行的文化消费行为，单纯地追求精神享受的居多，出现了文化领域中的暴力消费、黄色消费等现象。在城市中，一些文化消费者在夜总会等高消费场所挥金如土，却很少购买文化书籍和报刊；在农村，一些经济落后的偏远地区的封建迷信等落后文化逐步占领部分文化阵地。① 第三，由于大众文化消费具有自发性、随意性、从众性、时尚性等特征，受周围文化环境和消费氛围的影响很大，部分文化消费者出现了盲从化的趋势。人们内心的文化需求和实际的文化消费并不是对称的、均衡的，由于一些客观因素的存在而是错位的、不均衡的。在多样化的文化消费商品和服务面前，尤其是铺天盖地的广告宣传的诱惑下，人们往往难以确定自身的文化需求，对文化商品难以取舍。在目前积极的正面的文化价值引导弱化的现状下，人们会被动地受到文化宣传手段的影响，盲从地选择并不适合自身精神消费的文化商品。当人们的自我文化价值判断出现了盲从和偏差，一些文化快餐的生产和批量复制便悄然盛行，具备正面文化价值引导和较高艺术价值的文化产品和服务便失去应有的文化消费者。

在文化信息及产品的传播方面，一方面面临严重的外来文化的冲击，另一方面面临成为滋生腐朽文化的温床的威胁。好莱坞大片《阿凡达》《功

---

① 叶飞霞：《以社会主义核心价值体系引领健康的文化消费》，《福建农林大学学报》（哲学社会科学版）2012 年第 4 期。

夫熊猫》等登陆中国的时候，我国的消费者掀起了前所未有的消费热潮，真可谓一票难求；而一些国产大片尤其是国产动漫上映时，常常门可罗雀、无人问津，尤其是一些国产动漫大片在面对外来动漫的冲击时常常力不从心、收入甚微。消费者不知不觉间开始接受外来文化尤其是美国文化和生活方式的熏陶，毅然表现出了远远超过民族传统文化的热情，甚至常常乐此不疲，前赴后继甘为所虏。以新媒体技术为代表的高新技术的飞速发展，给文化产业的发展带来了新契机和新挑战。文化与科技的深度融合，使文化的传播方式发生了划时代的变革，然而也带来了腐朽文化的"新生"。由于相关法律法规不完善，网络上普遍存在"三俗"（庸俗、低俗、媚俗）、拜金、色情等信息。一些色情网站通过网络传播黄色视频和信息，在网络警察的高压打击下屡禁不止，存在诱使青少年犯罪率上升的隐患；以营利为目的的网络游戏运营商更是不惜以丑闻为卖点，以色情和低俗吸引眼球，宣传拜金思想，① 使一些沉湎于其中的青少年失去自我，不能自拔。

在城市文化产业的管理和营销方面，经济至上的生存法则更是发挥到了极致。一些区域的文化产业发展始终秉承着"经济至上"的生存法则。尤其是一些地市的文化产业发展"只以 GDP 论英雄"的单一做法，本身就是金钱至上的价值观的直接体现，存在文化价值引导是否合理的争议。一些城市敢"冒天下之大不韪"，为发展旅游经济不惜以丑闻为卖点，以低俗来吸引眼球。2010 年 3 月《一座叫春的城市》② 响彻了大江南北，从此江西宜春市由一座名不见经传的小城变得妇孺皆知。2012 年 6 月一句"我靠重庆"③ 也成就了一座县级小城利川，不能不引起人无限遐想。自登封"天地之中"历史建筑群申报世界文化遗产成功之后，不知不觉间我国各个城市掀起了一股"申遗热"潮流，并为此不惜兴师动众、大兴土木。据统计，目前全国约有 200 个申遗项目，其中 100 个进入预备申遗清单，按照联合国一

① 冯寅：《网游上演"低俗门"，情何以堪?》，《电脑爱好者》2010 年第 15 期。
② 《一座叫春的城市》，《政府法制》2010 年第 12 期。
③ 廖君：《我靠重庆得改，地方政府思路更要改》，《随州日报》2012 年 7 月 11 日。

个国家一年只准申报一个项目的规定，还要奋斗百年以上。① 各地的旅游热，也催生了各地的名人故里之争，前一段潘金莲、西门庆、秦桧故里之争闹得沸沸扬扬，不少专家学者也加入闹剧的核心阵营，不禁让人大跌眼镜。其实各地政府不惜背负骂名积极争取的，不是名人和世界遗产的"所有权"，而是隐藏在遗产和名人后面的经济效益。名人和遗产都成为一个幌子，其结果便是我国文化遗产的"重开发轻保护、重申报轻管理"② 的尴尬现状。

　　其原因主要是，文化产品和服务的生产者、传播者、消费者和监管者没有认识到文化产业的双重属性。目前在文化产业开发过程中，从业者过于强调经济属性，而忘记了文化属性，使经济发展与文化教化方面发生了失衡。实质上，文化产业的发展是一个双核同心圆模型。文化本身具有两重性：物质性与精神性。经济上是物质的，文化上是精神的。文化产业也有物质性与精神性，更衍生出物质世界的经济价值与精神世界的文化价值。文化和文化产业的双重属性发生错乱，会引起腐朽文化的扩展，或者"物质需求依靠精神胜利缓解，精神需求依赖强烈的物欲满足"的不良后果。前者缺乏物质食粮，可能会导致食不果腹，冻死街头；后者则缺乏精神食粮，浑浑噩噩，如同行尸走肉。因而文化产业在现实世界有经济增值作用，更有精神世界的文化引导作用。

　　世界各国的文化产业在取得辉煌成就的同时，也存在文化价值导向不明等问题。尤其是在处理文化产业发展之中的经济价值和精神价值的双重引导功能时，部分文化生产者和经营者将天平倾向了经济价值一方。文化产业究竟是要发展文化抑或发展经济，经济利益的获得与人的自我实现孰轻孰重？笔者认为：以社会主义核心价值体系引导消费主体形成正确的消费价值观和消费心理，走出不健康的娱乐化消费困境；文化产品的生产者和经营者不断推出思想性与艺术性高度统一的文化产品，在得到经济利益的同时，使消费主体在消费过程中既愉悦身心，又得到精神涵养，才是文化产业发展的王道。

---

① 彭华：《我国出现"申遗"热，西湖等 35 个项目排队备战》，《广州日报》2010 年 8 月 11 日。
② 吴晓东：《重申报轻保护，重开发轻管理，热衷政绩和商业利益警惕"非遗"申报走上功利路》，《中国青年报》2010 年 6 月 13 日。

第二节　文化价值选择的国内外研究综述

不管是国外研究者还是国内研究者，对文化产业的研究都偏重对文化产业发展所依赖的核心要素的研究，多侧重于对文化资源的产业化利用方面的研究，对文化价值冲突的研究偏少。

一　国外研究综述

（一）国外学者在文化资源开发方面的相关研究

在对文化遗产等资源的利用和开发中，西布伯格（Ted Silberberg）探讨了在城市化发展迅猛的前提下，一些文化事业单位和文化名胜地具备前所未有的商机，因此应当大力发展文化旅游等产业以提升当地的经济发展水平，为保护这些文化遗产旅游地，必须制定合适的政策。同时，他提出修建主题公园是一些文化产业发达国家发展文化产业的重要手段。比如，美国利用当地的文化资源开发的迪士尼乐园和环球影城等主题公园，不仅给区域经济提升带来了极大利益，更提升了所在城市的知名度和竞争力。[①] 查尔斯·兰德利（Charles Landry）以文化创意产业发展良好的伦敦市为例，指出了城市发展文化事业和文化产业的极大利好，有利于提升城市的文化竞争力，维护城市的"文化名城"的地位，并能形成独具特色的城市文化资本。[②] 巴克利（Ralf Buckly）以澳大利亚的一些文化遗产地为例，指出这些遗产地为当地文化旅游业和相关产业的拉动起到了至关重要的作用，在未来文化经济一体化发展中，必须对这些珍贵的文化遗产进行强有力的保护和管理。[③]

[①]　Ted Silberberg，"Cultural Tourism and Business Opportunities for Museums and Heritage Sites，" *Tourism Management*，16（1995）.

[②]　〔加〕查尔斯·兰德利：《伦敦：文化创意城市》，苑洁编译，载林拓《世界文化产业发展前沿报告（2003~2004）》，社会科学文献出版社，2004，第273~284页。

[③]　Ralf Buckly，"The Effects of Word Heritage Listing on Tourism to Australian National Parks，" *Journal of Sustainable Tourism*，12（2004）.

在针对非物质文化遗产产业化开发的研究中，俄亥俄州凯尼恩学院美国研究项目参与学者朱迪斯·萨克斯（Judith Rose Sacks）认为一种艺术形式最好的状态是其自然状态。这些艺术被用于仪式的内容，是社区的重要公共文化空间。我国谭学聪等人通过商业化途径汲取了土家族葬礼的艺术形式，剥离了"撒叶儿嗬"的文化语境，使原生态的非物质文化遗产发生了诸多变化。因此，从长远来看，为保证一个繁荣的文化生态，民俗学家们必须大力促进非遗的发展但需要监控非遗的衍生物和混合体。① 美国范德堡大学国际关系高级理事比尔·艾伟（Bill Ivey）教授认为非遗固然需要满足人们的精神文化需求，给民众以心理上的慰藉，但非遗也需要满足部分民众的物质文化需求，因为非遗本身也具有物质文化生产功能，应该通过博物馆、展览馆和档案馆等公共文化空间为民众提供商业性服务。②

国外学者针对中国利用自身的文化资源发展文化产业方面也进行了相关研究。布里斯班昆士兰科技大学教授麦克尔·基恩（Michael Keane）指出中国的文化建设逐步由"事业"走向了"产业"，但在利用本国文化资源进行文化产业发展的同时，山寨有余而创新不足，虽然逐步形成了标准化的产品，但遭到相关的适应性和本土化冲击，因此中国的文化产业发展之路应该走"新文化产业集群"之路，即"创新（C）、人文（H）、智慧（I）、民族（N）、艺术（A）"。③ 澳大利亚墨尔本国际艺术节主席甘德瑞（Carrillo Gantner）指出中国的文化资源过于丰富，政府通过资助等方式支持传统文化资源的发展无可厚非，但应该减少政府资助的文化艺术团体的数量，加大对传统文化资源中的精髓部分如京剧院团的发展，并以此保证传统艺术的传承和升华，同时应努力培养健康健全的文化市场，推进文化体制改革，推动

① Judith Rose Sacks, "Engaging Modernity"，第三届中美非物质文化遗产论坛"生产性保护"国际论坛论文集，武汉，2012 年 11 月。
② Bill Ivey 在第三届中美非物质文化遗产论坛"生产性保护"国际论坛上的讲话，武汉，2012 年 11 月。
③ 李镥、李春雷：《困境与反思：中国文化对外传播的现状与趋势——香港浸会大学"世界舞台上的中国文化"国际学术会议综述》，《南昌工程学院学报》2012 年第 5 期。

文艺院团收入来源的多元化，让市场票房、企业赞助共同支撑文化的发展。[1] 随着现代科技的飞速发展，国际文化多样性联盟主席盖格纳（Mireille Gagne）认为中国拥有丰富多样的传统文化资源，除了进行大规模的文化投资之外，还应当利用数字技术发展文化产业以展现自身文化的多样性。[2] 哈维·费舍（Harve Fischer）也建议我国在发展文化产业中必须以中国文化为基础，利用现代化的数字技术共同研发出国际化的数字文化产品，并通过互联网，让中国的文化产品真正国际化，从而被国际市场接受。[3] 联合国贸发大会创意产业部部长埃德娜·多斯桑托斯·杜伊森博格（Edna Dos Santos）指出中国在发展文化产业的过程中要保持文化资源的原生态特色，不能失去文化本真，这样"创意产业才有助于'中国制造'向'中国创造'的转变"。[4] 同样，文化产业的发展也离不开人才，大批的文化创意人才可以为文化产业的发展提供思想动力和智力支持。迈克尔·基恩（Michael Keane）指出，中国具有独特的文化创新时间轴，在挖掘和开发本土文化传统资源的过程中，应适当注重对本土创新人才的培养，同时加强不同领域的合作与交流。[5]

（二）国外学者对文化产业发展的态度变化过程

关于文化产业发展的经济利益索取与文化价值引导方面的纠葛，自"法兰克福学派"的诞生就已开始，并伴随着文化产业向伯明翰学派乃至多伦多学派发展的整个过程。从文化产业的基础理论延伸至文化产业的应用理

---

① 李舫：《文化产业进入"高速期"，解读外国学者眼中的中国文化》，《人民日报》2011年10月14日。

② Mireille Gagne：《中国可作文化多样表率》，国际文化多样性联盟主席 Mireille Gagne 在"中国·广州国际文化产业论坛"上的发言，广州，2009年。

③ 《国际多媒体协会联盟主席、国际数码观察创始人、联合国教科文组织加拿大委员会理事哈维·费舍接受南都专访》，南方网，http：//www.oeeee.com/a/20091126/809300.html。

④ 《联合国贸发大会创意产业部部长埃德娜专访》，南方网，http：//book.163.com/09/1117/17/5OBD6LA500923M2M.html。

⑤ 俞欣谅、陈曦：《澳大利亚昆士兰科技大学金麦克教授来我院举办讲座》，上海交通大学媒体与设计学院网站，http：//smd.sjtu.edu.cn/？p=4950，澳大利亚创意产业与创新重点研究中心资深研究员金·麦克博士（Michael Keane）在2012年5月上海讲座中题为"艺术、设计和媒介：创意产业的三个基础"中的言论。

论，大体上国外学者走的是"批判——中性——批判和肯定"的三部曲感情色彩路线。

1. 马克思及法兰克福学派的批判研究

马克思及法兰克福学派对文化工业成为物化工业进行了批判，认为文化工业使精英文化大众化庸俗化，具有批判的否定的感情色彩。马克思认为，与资本主义生产方式相适应的精神生产，和与中世纪生产方式相适应的精神生产完全不同……资本主义生产就同某些精神生产部门，如艺术和诗歌相敌对。[①] 资本主义生产的逻辑与"自由精神生产"之间存在根本性冲突。商品生产的逻辑日益渗透并控制了艺术生产，艺术家蜕变成为利润或剩余价值的雇佣生产者，艺术品也就变为无个性标准化的商品。法兰克福学派对文化工业的否定与批判态度同马克思是一脉相承的。

法兰克福学派的批判态度大多基于文化工业的价值引导功能的弱化和丧失。其一，是文化将为资本所控，只能被动地生产，而不能凭借个人的创造、创意和创新实现自由的创造，这对艺术将是无情打击；其二，文化产品的商品化、消费化使艺术从精神领域蜕化成一种物化的文化，从而剥夺艺术本应具有的反抗和批判功能；其三，依附于文化产品与服务至上的工业技术使各种文化形式更好地操纵、控制群众的心理结构，人们将失去独立思考能力和判断能力，从而被动地为文化工业产品塑造。[②] 其中以西奥多·阿多诺（Theodor Wiesengrund Adorno）和马克斯·霍克海默（M. Max Horkheimer）最为突出。尤其是阿多诺，1963 年他在《文化工业再思考》中指出文化工业的全部实践就在于把赤裸裸的赢利动机投放到各种文化形式上，[③] 毫不掩饰地认为文化工业的本质是赚取利润。阿多诺和霍克海默在《启蒙辩证法》中更是直言不讳地说："文化工业的地位越巩固，就越会统而化之地应付、

---

① 〔德〕马克思、恩格斯：《马克思恩格斯全集》第 26 卷，人民出版社，1972，第 296 页。

② 胡惠林：《文化产业概论》，云南大学出版社，2005，第 8~9 页。

③ Theodor Wiesengrund Adorno, "*Culture Industry Reconsidered*," *New German Critique*, (6) 1975, pp. 12 – 19；陶东风等主编《文化研究》第 1 辑，高丙中译，天津社会科学院出版社，2000，第 22~23 页。

生产和控制消费者的需求，甚至会将娱乐全部剥夺掉，这样一种文化进程势不可挡。"① 尤尔根·哈贝马斯（Jürgen Habermas）在《作为意识形态的技术与哲学》和马尔库塞（Herbert Marcuse）在《单向度的人》中对文化工业也进行了批判，不过批判的矛头指向的是科学技术。他认为科学技术已经成为意识形态，但其价值引导不是以积极影响为主导，却"具备十足的工具性和奴役性，逐步成为对人奴役的手段，人从而成为机器的附属物，成为流水线上的一个原子"。② 瓦尔特·本雅明（Walter Benjamin）在《机械复制时代的艺术作品》中阐述了传统艺术作品具备"灵韵"这种原真性特征，例如传统意义上的"复制"，如木刻、蚀刻因其规模、传播领域的限制，不足以对真品的"灵韵"产生威胁。在大规模的机器工业阶段，数量激增及大批量生产对艺术品的"灵韵"产生了巨大的影响并最终使其消失。③ 总之，法兰克福学派认为文化工业导致了"文化堕落"，并逐步成为束缚大众意识的手段，成为蒙骗民众的工具。然而，此刻的文化工业并不是现代意义上的文化产业，而是依靠现代化的技术手段大量传播复制文化商品的工业体系。④

2. 伯明翰学派对文化产业逐步接受的态度

伯明翰学派对文化产业进行了较多基础理论研究，并认为大众文化流行的文化产业有其积极影响，逐步向接受态度转变。相对于法兰克福学派的批判观点，伯明翰学派的观点是积极和乐观的。随着世界范围内文化产业的蓬勃发展，法兰克福学派的理论越来越不能解释日益丰富的文化现象。很明显，文化工业理论有其时代的局限性，随着高新技术的进一步发展，文化工业的批判语境也渐渐地被文化产业的中性语境所取代，伯明翰学派应运而

---

① 〔德〕马克斯·霍克海默、西奥多·阿道尔诺：《启蒙辩证法》，渠敬东、曹卫东译，上海人民出版社，2003，第 160 页。

② 〔德〕哈贝马斯：《作为"意识形态"的技术与科学》，李黎、郭官义译，学林出版社，1999，第 4 页；〔美〕赫伯特·马尔库塞：《单向度的人》，张峰、吕世平译，重庆出版社，1988，第 25 页。

③ 刘琳：《本雅明〈机械复制时代的艺术作品〉解读》，《学理论》2010 年第 22 期。

④ 胡惠林：《文化产业概论》，云南大学出版社，2005，第 9 页。

生。斯图亚特·霍尔（Stuart Hall）认为大众对文化产品的消费过程并不是一个既定意义的简单接受过程，而是一个意义选择和重构的复杂过程。受众对媒介信息有三种解读形态：一是照媒介赋予的意义来理解媒介的优先式阅读——"同向阅读"；二是"妥协式阅读"，即部分基于媒介提示的意义，部分基于自己的社会背景来理解信息；三是"反抗式阅读"，对媒介提示的信息做完全相反的理解。① 弗雷德里克·詹姆森（Fredric Jameson）把大众文化作为后现代社会的文化模式，在《后现代主义——晚期资本主义的文化逻辑》一书中提出，随着大众传媒的渗透，精英文化和平民文化的差异正在逐步弱化并消失，主张通过辩证的眼光来看待大众文化的消极面和积极面，并给予全面公正的评价。最后，詹姆森提出大众文化的发展是实现人类自身全面发展必不可少的条件之一，将会对人的价值引导起到积极作用。② 约翰·费斯克（John Fiske）在《理解大众文化》中对大众文化进行了更为积极的评价，他认为文化工业批量炮制的流行文化就是人民自己的文化，是人民颠覆和反抗资本的有力武器。因为人们在琐碎的日常生活消费中看到了活力和创造性，他因而找到了社会变革的机会和动力，并将其称为"乐观的怀疑主义"。③

3."技术文化学派"对媒体符号或褒或贬的文化研究

"技术文化学派（多伦多学派）"基于传媒技术进行了相关文化研究，对媒体符号进行了肯定。20世纪60年代，多伦多学派提出了一种在人类文化结构和人类心智中传播居于首位的新理论和新的媒介分析技术，强调"媒介即是信息""媒介是人身体的延展"④ 的新命题，从而研究新媒体技

① 〔英〕斯图亚特·霍尔：《编码、解码》，王广州译，载《文化研究读本》，中国社会科学出版社，2000，第348~358页。

② 胡惠林：《文化产业概论》，云南大学出版社，2005，第11页。

③ 叶朗主编《中国文化产业年度发展报告（2003）》，湖南人民出版社，2003，第15页。

④ 麦克卢汉在《理解媒介：人的延伸》中提出的概念。他认为，媒介是人的感觉能力的延伸或扩展。印刷媒介是视觉的延伸，广播是听觉的延伸，电视则是视听觉的综合延伸。每种媒介的使用都会改变人的感觉平衡状态，产生不同的心理作用和对外部世界的认识和反应方式。这个观点说明，不同的媒介具有不同性质的社会影响，但它并不是严密的科学考察的结论，而是建立在"洞察"基础上的一种思辨性的推论。

术的迅猛发展对现代社会文化的影响。哈罗德·伊尼斯（Harold Innis）在《传播的偏向》和《帝国与传播》中阐述了传播偏向理论，指出媒介分为偏向于时间的主导性媒介和偏向于空间的主导性媒介两部分。前者大多为重型材料，如羊皮卷、陶土和石块；后者多为轻便的易携带的材料，如纸莎草和纸张。在文化中，时间文化是信仰的、来世的、礼仪的和道德秩序的文化；空间文化则是世俗的、科学的、物质的和扩展不受约束的文化。世界的完美形态是时间文化和空间文化的深度平衡，但目前西方文明充斥着空间文化而弱化了时间文化，因此认为现代西方大众媒介过于强调物质科技的力量而忽视道德力量，将会对社会产生不良后果。① 马歇尔·麦克卢汉（Marshall Mcluhan）采取了较为乐观的态度，在对待大众媒介的态度上，持较为肯定的态度。他在《理解媒介：人体的延伸》和《媒介即讯息》中表达了对媒介的积极态度，认为各种技术性的工具和发明，如电灯、车轮、铁路、飞机等，在他眼里都成了媒介，都成了人类感觉器官或身体功能的巨大延伸。电子媒介打破了旧的时空概念，使人与人之间的时空距离骤然缩短，整个世界紧缩成了"地球村"。在电子媒介中，他将其分为热媒介和冷媒介两种。冷媒介能给受众留下更多的参与空间，表现出较低的信息强度；热媒介则不允许参与并具有丰富的信息内容。现代社会是冷媒介逐步取代热媒介的过程，是人类的一种进步。② 艾瑞克·亥乌络克（Eric Havelock）从赛伯空间和赛伯文化等方面带给民众的新视觉而展开研究。在《文化肌肤》一书中，他指出电子媒介等信息技术使我们处于一种超乎身体和心智方面的精神层面现实。这些电子技术不但能改造我们的基本心理状态，而且能弥补理想与现实之间的距离，从而创造出比个人智慧更明智的集体智慧。③

---

① 〔加〕哈罗德·伊尼斯：《帝国与传播》，何道宽译，中国人民大学出版社，2003，第5页。
② 〔加〕马歇尔·麦克卢汉：《理解媒介：论人的延伸》，何道宽译，商务印书馆，2000，第51～52页。
③ 陆道夫：《戴瑞克·德科柯夫媒介文化观述略》，《广东技术师范学院学报》2003年第3期。

二　国内研究综述

我国对文化资源的开发过程、文化产业开发中的文化价值引导也是一个割裂的过程。受到经济利益的驱动和当地政府的强力指导，我国较多学者对文化资源开发进行了多角度和多领域的研究。文化产业发展对人们文化价值方面的引导功能研究，基本遵循西方发达国家研究的老路。虽然学者们的研究成果越来越多，但将两者结合起来依旧是一个相对薄弱的研究领域。

（一）国内学者对文化资源开发的相关研究

针对文化资源的现代化开发，涉及多方面的问题：如何在保护的前提之下进行可持续性地开发，开发哪种文化资源，将文化资源的开发与哪些行业结合起来，甚至有些文化行业本身也造就了文化资源，开发应注重哪些效果与利益。这是文化资源开发要解决的问题。

1. 保护与开发之辩

开发抑或保护本身就存在极大的观点差异。一部分学者坚持在开发中保护，一部分学者坚持在保护中开发。两者虽各有侧重，但保护与开发的度如何掌握始终是一个棘手的问题。换句话说，如何在保护与开发中寻找一个平衡点，这是自文化资源开发之初便纠结不已的问题。王中云、骆兵认为我国文化资源空间由于保护和开发利用不足而导致空间损耗，未来文化资源空间扩张的明智之举是坚持"合理保护与有序开发"的原则，进而完善原创性保护体系，建立并健全稳步开发的市场规则。[①] 周正刚提出了"文化资源的可持续开发"观念，主要建立在两个层面：一是文化资源不开发就无法展现其文化价值和经济价值；二是开发必须要可持续地稳步开发，杀鸡取卵式地野蛮开发会造成极大的破坏和损失。坚持可持续开发的理念，就必须处理好文化资源的合理配置问题、保护利用问题以及效益评估问

---

① 王中云、骆兵：《保护与开发：我国文化资源空间的扩展着力点》，《江西社会科学》2011年第 8 期。

题等。① 杨福泉以云南丰富的民族文化资源为例，毫不掩饰地指出地方文化产业发展中存在"文化资源的庸俗化滥用、部分民众的'文化自觉'意识淡薄、重市场的文化销售而轻精英传人的培养"等问题，因此提出要保护"文化生境"的建议。② 李莹华、张静、姚爱琴、蔡文春认为，民俗风情文化资源的开发会破坏民族文化生态，应该建立起有效的保护机制，构建民族文化资源的保护、传承与创新的动力机制。③ 潘建生指出开发藏族传统文化资源时，不能搞"穿衣戴帽式的照搬和复古"，而应该"找到藏族文化资源与现代市场经济的契合点后实现创造性转换，推陈出新"。他认为推倒藏族传统文化资源是民族虚无主义的表现，生搬硬套地皈依传统文化也是不可取的。④

2. 区域文化资源开发的攫取与走向

文化资源是多重的，按照形态可以分为物质文化资源和精神文化资源；按照民族来分可以分为汉族文化资源和少数民族文化资源；按照城乡差别可以分为城市文化资源和乡村文化资源。当然，按照地域、文化类别以及所处地形都可以分为多种多样的文化资源。不同的文化资源在开发过程中的方式和方法同样是不同的。对于一个区域的文化产业发展来讲，开发何种文化资源以及怎样开发文化资源有极为重要的意义。张宏山针对河南省在自然文化资源方面的优势、不足，指出应当开发博大精深的传统文化资源；王昱认为在西部大开发战略实施过程中，青海省应当将文化资源开发的重点放在历史文化资源之上；雷海栋指出中原"根亲文化"资源丰富，在中原经济区打造华夏历史文明传承创新区的历史新时期，应当确立"根亲文化"资源开发的战略定位；魏佐国认

---

① 周正刚：《论文化资源的可持续开发》，《求索》2004 年第 11 期。
② "文化生境"是指含有民族优秀的传统文化及艺术赖以生长发育发展的土壤和环境。参见杨福泉《探寻文化资源与民族文化产业发展之间的平衡——以云南为例》，《中央民族大学学报》（哲学社会科学版）2013 年第 2 期。
③ 李莹华、张静、姚爱琴、蔡文春：《民俗风情文化资源深度开发及其保护动力机制》，《前沿》2008 年第 9 期。
④ 潘建生：《市场经济下藏族文化资源开发初探》，《西藏研究》1998 年第 1 期。

为江西拥有深厚的红色文化资源积淀，通过开发红色文化资源发展红色文化产业是贯彻落实"三个代表"重要思想的最佳体现，也能带来江西经济的快速发展；范波认为贵州是少数民族聚集地，在由文化资源优势向产业优势的转化过程中更多地应该注重对少数民族文化资源的开发，并应同当地旅游业发展结合起来。① 万书辉、祝新艳认为西部拥有较多的文化资源，具体表现为文明起源、民族习俗、宗教习俗、旅游资源。在未来文化资源开发中一是要整合基础上的资源布点工作；二是要以文化产业园区为核心，组建若干产业集群；三是要加强同周边国家的合作。②

3. 多样化的文化资源的开发对策与建议

关于如何开发民族文化资源的理论研究，李忠斌认为在开发民族文化资源时，要利用科学技术来推动文化产业的发展，使民族文化资源与经济发展相结合，才能使民族文化有后发优势。③ 徐纪律指出，在开发文化资源时要坚持时代性与民族性两大标准。马克思主义中国化是两大标准的集中表现，必须坚持以毛泽东思想、邓小平理论和"三个代表"重要思想为指导才能实现两大标准的完美统一。④ 高新才、闫磊从对民族文化资源的开发研究中提出"文化价值取向的条件收敛性构成了文化资源开发的必要条件"，他们根据收敛性的强弱幻化出两种截然不同的开发路径：具有较强收敛性的文化资源应该以市场机制为主进行开发，

① 张宏山：《河南传统文化资源开发问题研究》，《商场现代化》2006 年第 17 期；王昱：《历史文化资源开发：青海大开发的重头戏》，《青海社会科学》2000 年第 6 期；雷海栋：《中原经济区根亲文化资源开发战略理念创新及其策略》，《湖南社会科学》2012 年第 5 期；魏佐国：《江西红色文化资源开发刍议》，《农业考古》2008 年第 6 期；范波：《贵州少数民族文化资源开发的思考》，《贵州民族研究》2007 年第 4 期。

② 万书辉、祝新艳：《"全球化"视野下的西部文化资源开发》，《当代文坛》2012 年第 2 期。

③ 李忠斌：《论科技进步与民族文化资源开发——以土家族为例》，《民族研究》2002 年第 3 期。

④ 徐纪律：《论文化资源开发利用的时代性和民族性标准》，《社会科学研究》2004 年第 3 期。

而具有较弱收敛性的文化资源则可实行开发与保护并重的原则。① 程玲俐、吴铀生认为民族文化在社会经济发展中是"一个自控又自动的独立系统"，并以其相对的稳定性，陈陈相因，延续承袭，故而民族文化资源的开发与经济发展本身就是一个相互促进、相互影响的过程，同样社会主义市场经济的深入发展也需要文化艺术来繁荣和支撑，因此在民族文化资源开发中应"注重经济与文化的融合"才会实现双赢。② 在民族文化资源开发实践研究方面，蔡瑞森、杨丽瀛认为在开发云南民族文化资源时，一是要深化改革，发挥内部优势；二是要引进外资，壮大开发实力；三是要发展文化旅游，拓展文化市场；四是要省市合作并举。③ 王娟娟一改传统人文社会科学的研究方法，运用层次分析法评价资源开发潜力。以西藏旅游业为例，通过研究得出民族文化资源的开发应采取"保护性开发"模式、实施"内涵式"发展战略、提升从业人员素质、打造文化旅游品牌、培育特色文化体验、加强区域合作六大措施。④ 王昱、毕艳君、刘景华、马生林认为关于青海的民族民间文化资源，应该加强政府对文化资源开发的扶持与引导，强化创新意识，并加强中心城市的带动作用，培养专业化人才。⑤ 刘家志、朱海林认为西部民族文化资源的开发应该将资源优势转化为民族文化产业发展的优势，要树立民族文化安全意识和全社会协调发展的意识等，定期稳步开展民族文化资源的调查工作，实施民族文化资源的提升战略，不断创造西部新文化。⑥

　　体育文化资源的开发是文化资源开发研究的重点，梁华伟认为焦作应

① 高新才、闫磊：《民族地区文化资源开发路径的实证分析》，《东岳论丛》2011 年第 5 期。
② 程玲俐、吴铀生：《西部民族文化资源开发中的支撑与反支撑》，《西南民族大学学报》（人文社会科学版）2008 年第 12 期。
③ 蔡瑞森、杨丽瀛：《云南民族文化资源开发之我见》，《思想战线》1992 年第 6 期。
④ 王娟娟：《民族文化资源开发潜力评价》，《统计与决策》2011 年第 22 期。
⑤ 王昱、毕艳君、刘景华、马生林：《青海民族民间文化资源开发之思考》，《青海社会科学》2007 年第 2 期。
⑥ 刘家志、朱海林：《西部民族文化资源的综合开发与产业化的思考》，《思想战线》2001 年第 5 期。

该开发太极文化资源，发展太极文化产业，但在具体操作中应加强与大众传播事业的融合，做好规划并与旅游业相结合，做到"拳山"文化协调发展。① 张小林认为目前峨眉武术文化资源的开发体系松散难于传播，产业开发平台不足，而以国际武术节为契机大力实施品牌先行战略，打造峨眉武术产品链，并联合少林、武当共同打造中华民族的武术文化品牌联盟是可行之策。② 陈永辉、白晋湘指出少数民族民俗体育文化资源的开发对我国非物质文化遗产保护工程来说意义重大，在开发策略上应该建立健全民俗体育文化法制保护与开发机制，深入开展普查工作，同时结合自然景观资源优势，开展民俗体育竞技、娱乐、休闲等项目，也可以在民族地区民族院校中适宜地开展民俗体育文化教育与活动。③ 陈炜、文冬妮认为云南、贵州、广西三省区的少数民族体育文化资源既丰富多彩又各具特色，但在开发中出现了"缺乏民族文化内涵，缺乏科学的规划与指导，商业化、雷同化现象较为严重，开发结构布局失衡，人才匮乏"等问题，但从长远发展来看，随着旅游业的发展和国民经济的飞速发展，将具有极大的发展潜力。④ 陈炜、钟学进、张露露借鉴国外学者弗里德曼（J. R. Friedman）的"核心—边缘"理论，系统论述了基于地域分类的桂滇黔少数民族传统体育文化资源的不同开发模式，针对城市中心区应实行全民健身休闲型的开发模式，近郊区应展开体育赛事型的开发模式，远郊区可以实施文化生态型的开发模式。针对广西三江侗族自治县富禄苗族乡花炮节这一传统的少数民族体育文化资源，应构建以政府为主导、本地居民为主体、社会力量共同参与、旅游者积极合作、其他利益相关者竭力监

---

① 梁华伟：《地方特色体育文化资源开发与品牌战略研究——兼论焦作市太极文化产业发展》，《广州体育学院学报》2011 年第 2 期。

② 张小林：《峨眉武术文化资源开发与产业化运作的思考》，《西安体育学院学报》2009 年第 2 期。

③ 陈永辉、白晋湘：《非物质文化遗产保护视角下我国少数民族民俗体育文化资源开发》，《武汉体育学院学报》2009 年第 3 期。

④ 陈炜、文冬妮：《桂滇黔少数民族传统体育文化资源开发利用的现状及前景》，《贵州民族研究》2012 年第 5 期。

督的多动力推动下的市场和制度机制共同作用的管理开发模式。① 黄滨、刘元国、宋琼提出辽宁省开发体育文化资源时要坚持文化与产业化相结合，借助全运会举办的机遇，提升辽宁省体育文化核心竞争力，对辽宁省体育文化进行系列化、系统化地梳理和归类，在开发模式上要搭建服务平台，在开发内容上要合理布局。② 王明霞、王微、李寒指出满族的传统游艺文化极具民族性、传统性、体育性、趣味性、简易性、节庆性等特征，可采取的开发措施有：加大宣传力度，树立游艺文化旅游形象；挖掘整理系列产品，培育专项服务人才，提高游艺文化旅游资源开发的质量和品位；加强游艺文化节庆活动的开展；开发传统游艺文化商品及旅游纪念品等。③ 黄银华、龚群认为我国的少数民族传统体育文化资源优势明显，然而由于重视不够、投入不足等原因，我国对少数民族传统体育文化资源的开发利用还限于较低层面，因此可加大研究力度，并改革管理体制、优化资源配置，在保持民族文化特征的基础之上不断融入现代文化的内涵，并加强法制建设。④

相比城市的文化资源，较多学者认为乡村文化资源更具有数量优势。史小建、张李娜、祝大勇认为河北省拥有较多的乡土文化资源，由于资金和人才等方面严重匮乏的制约因素，河北省乡土文化资源的开发仅限于表层，缺乏系统的内涵式开发。针对目前的问题和不足，河北省要转换"自娱"观念，树立产业意识；出台相关政策，科学规划，有序开发；建立多元投资融资体制，拓宽融资渠道；激活创意引擎，打造品质项目等。⑤ 李

① 陈炜、钟学进、张露露：《基于地域分类的桂滇黔少数民族传统体育文化资源开发研究》，《社会科学家》2013 年第 5 期；陈炜、钟学进、张露露：《基于利益相关者理论的少数民族传统体育文化资源开发模式研究——以广西三江富禄苗族乡花炮节为例》，《广西民族研究》2013 年第 2 期。

② 黄滨、刘元国、宋琼：《辽宁省体育文化资源开发及利用的 SWOT 分析》，《沈阳体育学院学报》2012 年第 5 期。

③ 王明霞、王微、李寒：《满族游艺文化资源开发研究》，《黑龙江民族丛刊》2012 年第 6 期。

④ 黄银华、龚群：《少数民族传统体育文化资源开发中存在问题及对策探析》，《中南民族大学学报》（人文社会科学版）2009 年第 1 期。

⑤ 史小建、张李娜、祝大勇：《河北省乡土文化资源开发的问题及制约因素研究》，《安徽农业科学》2012 年第 2 期。

德建认为乡村文化资源是一种丰富却廉价的资源，是一种悖论式的存在。由于长期被割裂和疏离在主流经济视野之外，乡村文化保留着其异质性的特色，随着民族文化资源乡村旅游业的兴起，呈现出乡村文化资源开发蓬勃发展的景象，未来乡村文化产业的发展应"充分发挥文化创意性的价值，重新构建新的消费文化体系，赋予乡村文化资源以新的价值"。[①] 聂华林、李莹华提出农村文化资源的开发和利用是 21 世纪农村实现经济飞跃发展的"机会窗口"，在我国西部地区"三农"问题难以突破的今天，大力开发西部农村文化资源，将文化资源优势转化为经济优势显得尤为必须，因地制宜地采取集体开发、招商引资、村镇居民自主开发和共同开发的不同模式，积极转变观念、争取政策支持，并处理好可持续发展问题，将会为农村经济发展找到新的契机和突破口。[②]

宗教文化资源是极具精神色彩的文化资源。我国对宗教文化资源的开发总是和旅游业发展相互促进，杨玉辉谈到佛教文化资源有宗教文化资源、道德教化资源、文物遗产资源、思想智慧资源、旅游观光资源、慈善公益资源、养生保健资源七大部分。通过发展佛教的养生事业、公益慈善事业将会较好地开发佛教文化资源，但应遵循以下四个基本原则：一是开发应以佛教界为主导，以佛教事业为依托，以弘扬佛法为根本；二是严格遵循佛教的精神和价值，避免商业化倾向；三是侧重多方面配套进行，注重综合效应；四是必须在传承保护的基础上进行开发。对于其他宗教资源，杨玉辉强调应"以弘扬健康的宗教精神和价值为宗旨，同样应该避免容易出现的商业化和功利化倾向，并以继承和保护为重要责任。"[③] 张训谋指出宗教文化的开发有较多的积极作用，但目前也出现了开发过热、肤浅、混乱、短视和缺位等问题。因此应该保持清醒头脑，统一思想认识；强化管理职责，制定相关政

---

① 李德建：《论文化视阈中的乡村文化资源开发》，《农村经济》2009 年第 6 期。

② 聂华林、李莹华：《农村文化资源开发——西部地区农村经济发展超越之路》，《经济问题》2006 年第 1 期。

③ 杨玉辉：《论我国的宗教文化资源及其开发》，《中国宗教》2012 年第 6 期；杨玉辉：《佛教文化资源开发探讨》，载温金玉主编《释迦塔与中国佛教》，宗教文化出版社，2009，第 480~490 页。

策法令；保护宗教界合法权益，保障宗教文化资源的开发利用与宗教文化传承之间的关系。①

在地域性特色文化资源的选取方面，张小林、孙玮、龙佩林以河南嵩山少林的武术文化资源为例，通过实证研究，发现类似少林武术类的文化资源的开发应该走"品牌与营销创新之路"。② 赵志颖以贵州省部分经济较为不发达的地区为例，他认为在对民族文化资源的开发问题上可以采取较为保守的高度现实态度，有所为有所不为。他提出要开发民族文化资源，必须推动少数民族的文化保护与创新迈上新台阶，而前提又是必须以实现少数民族地区群众的脱贫致富奔小康为最大、最迫切的诉求为基础。③ 黎永泰认为在西部大开发中对文化资源的开发可以坚持积极利用的观点、创新的观点、资源化的观点和产业化的观点。④ 樊泳湄提出应该以创新的手段开发民族文化资源，我国民族地区的文化资源优势没能转化为经济优势的重要原因就是文化资源开发工作缺乏一定程度的创新。他提出了一系列创新民族文化资源的方法，包含创新民族文化资源内核、创新民族文化资源开发观念、内容和形式等，同时要增加文化产品的文化元素、民族元素和时代元素。⑤ 饶志华、彭恩仁指出江西在开发红色文化资源时存在开发主体相对单一、品牌意识不足等问题，他提出"开发主体多元化、展开红色文化品牌战略、加长红色文化产业链条、深化产业间的横向渗透与产业内部的纵向延伸相结合"等举措。⑥

部分文化资源在开发之后，逐步形成了文化行业内部的文化资源，这些文化资源的开发更能切实地推动文化行业的发展。在结合文化行业发展与文

---

① 张训谋：《宗教文化开发之度》，《中国宗教》2012 年第 2 期。

② 张小林、孙玮、龙佩林：《少林武术文化资源开发与品牌营销研究》，《西安体育学院学报》2008 年第 2 期。

③ 赵志颖：《谈民族文化资源开发中的市场价值与审美价值的关系——以贵州部分民族村镇的个案为例》，《贵州民族研究》2007 年第 2 期。

④ 黎永泰：《西部大开发中的文化资源开发战略》，《经济体制改革》2002 年第 1 期。

⑤ 樊泳湄：《以创新开发民族文化资源》，《云南行政学院学报》2004 年第 5 期。

⑥ 饶志华、彭恩仁：《江西红色文化资源开发的问题及对策》，《开放导报》2013 年第 2 期。

化资源开发的研究中，解梅认为把当地旅游行业的发展和饮食文化资源的开发结合起来，将会取得互惠互利的结果，从而能给地区经济的发展带来新的增长点。① 针对昆明旅游业的发展，杨虹认为可以充分利用各种民族文化艺术的研究成果，创新旅游产品设计，使昆明旅游业的发展从仅仅参观民族村、欣赏一些歌舞表演到适宜各种旅游类型的转变（如娱乐型、文化专业认同型、度假保健型、公务型、宗教型、购物型及各种专项旅游等）。② 陈咏梅认为旅游文化创新是现代旅游经济持续增长的需要，而旅游文化的创新要求对文化资源进行有效配置，充分发挥其最高效率，才能在现代旅游竞争中处于有利地位。③ 曹水群以西藏的乡村旅游业发展为例，认为大力开发饮食文化资源会促进当地旅游发展，并指出了"大力推介特色饮食产品组合；打造民族特色美食街；举办以酒为主题的文化旅游活动；举办以茶为主题的文化旅游活动；大力开发多元化系列成品或半成品的餐饮旅游商品"五条路径。④ 李萍认为在开发区域民歌文化资源时，可以通过创意性的举措将当地的特色文化产业结合起来。她以广西靖西县旧州绣球村为研究对象，指出绣球产业链的发展有利于开发当地的民歌文化资源，而绣球产业链的可持续发展要"提升品位、丰富品类、确保品质、打响品牌"。⑤ 丁培卫提出在发展民族动漫产业中，应该借助中华民族丰厚的历史文化资源，研发具有中国特色的动漫文化产品，才能真正提升我国民族动漫产业的核心竞争力，从而在国际动漫市场中赢得主动权和话语权。⑥ 何丽芳认为在进行乡村旅游饮食文化资源的深度开发时，要注重对乡村饮食文化的挖掘，同时必须保持乡村

① 解梅：《敦煌旅游业中的饮食文化资源开发》，《中国商贸》2012 年第 29 期。
② 杨虹：《论昆明旅游业中的民族文化资源开发》，《云南民族学院学报》（哲学社会科学版）1996 年第 3 期。
③ 陈咏梅：《旅游文化资源开发与旅游经济》，《宁夏大学学报》（人文社会科学版）2005 年第 6 期。
④ 曹水群：《西藏乡村旅游中的饮食文化资源开发》，《农业经济》2010 年第 9 期。
⑤ 李萍：《壮族绣球产业可持续发展对策研究——兼论民歌文化资源开发创意之绣球产业链的启动》，《前沿》2011 年第 2 期。
⑥ 丁培卫：《新时期中国民族动漫产业核心竞争力研究——基于传统历史文化资源开发的路径选择》，《社会科学辑刊》2010 年第 4 期。

饮食的"自然本味"；张培培认为对我国区域旅游文化资源的开发必须要秉承可持续发展和管理机制体制创新等原则，才能形成旅游文化资源的妥善保护和合理开发利用的良性循环，使开发、保护、利用三者和平共处；唐梦雪、谭春兰认为旅游文化资源开发探析应该采取"政府主导，多方参与"的原则，在传承地域文化和彰显区域文化特色的同时，加强区域间合作。[①]

另外，陈莹、张树武提出针对我国珍贵的经典名著文化资源，应首先要摆正经济效益获取与经典文化传承之间的矛盾关系，其次应该构建有效的受众接受机制，并进行多维度的科学开发，同时应该做好经典文化开发的知识产权保护问题等。[②] 在开发海洋文化资源的研究中，唐梦雪、谭春兰针对我国部分沿海城市在开发海洋文化资源时出现的诸多问题，提出创造海洋文化氛围、构建海洋文化品牌，打响海洋文化产品及服务的知名度，从而形成官、产、学、研协同创新的格局。[③] 张开城针对广东和浙江两省在开发海洋文化资源中出现的问题，提出了搞好大型节庆会展、搞好应用性开发研究、对策性研究以及建立"涉海非物质文化遗产数字化资源库"等对策建议。[④] 杜建国等人认为湖北特色文化资源的开发必须以体制改革和文化创新为动力，确立以特治特、以特制胜的基本理念，实施特色文化先发战略，抓好特色资源的优化整合、科学保护、合理开发三个环节。[⑤] 针对黔、湘、滇、桂、渝、川 6 省市的"夜郎文化"之争，王大良指出如此盲目的以文化发展文化进而实现现实文化与

---

① 何丽芳：《乡村旅游饮食文化资源开发研究》，《福建林业科技》2007 年第 1 期；张培培、蒋清文：《地域旅游文化资源开发的原则及对策》，《山西师大学报》（社会科学版）2013 年第 S2 期；唐梦雪、谭春兰：《滨水旅游文化资源开发探析——以上海为例》，《安徽农业科学》2013 年第 11 期。

② 陈莹、张树武：《对经典名著文化资源开发策略的新思考》，《东北师大学报》（哲学社会科学版）2012 年第 3 期。

③ 唐梦雪、谭春兰：《海洋文化资源开发现状与发展对策研究》，《安徽农业科学》2013 年第 13 期。

④ 张开城：《粤浙两省海洋文化资源开发利用的思考》，《特区经济》2011 年第 4 期。

⑤ 杜建国等：《湖北特色文化资源开发利用的思路与对策》，《江汉论坛》2007 年第 8 期。

经济互动发展并不能取得较好的结果，针对"夜郎文化"资源的开发应与经济发展和旅游业发展、文化建设等相结合，才能实现经济效益和社会效益的双赢。①

4.文化资源开发的相关利益主体研究

文化资源的开发不是单方面的文化自我展示及提升过程，而是文化内涵的传承与创新过程。案例实践是文化价值的延伸，是文化产业理论在具体操作层面的升华和提高。在文化资源的开发过程中，通常是多方参与的多利益相关的过程。岳红记借对陕西历史文化资源开采时的实践经验，得出了新闻媒体在历史文化资源开采中存在导向功能、监督功能、教育功能等正能量的功能。② 李萍以广西壮族的歌圩为例，指出民歌文化资源的开发将有利于民族传统歌圩与现代歌圩之间和谐歌圩的建设。③ 陈旖、邓玲以贵州为例，指出民族文化资源的开发与区域生态文明建设是一个相辅相成的过程：一方面，以生态文明理念为中心的文化资源开发有利于生态文明体系的建设；另一方面，生态文明规制着生态资源的循环利用和民族文化的有序传承。④ 魏佐国指出，文化资源开发与区域经济区建设也是一个相得益彰的过程，他借鄱阳湖生态经济区建设之例，指出"开发赣鄱文化资源"是鄱阳湖经济腾飞的黄金手段，因此做出了"红色摇篮、绿色家园"的文化产业定位。⑤ 李军从现实角度出发，认为区域文化资源与影视产业的发展相互关联。区域文化资源是影视产业内容的源泉，也决定着影视作品的内容、表现方式与美学趣味。⑥ 在文化生态保护与开发文化资源方面，彭岚嘉认为"建立良好的民族民间文化生态环境"是文化资源开发的前提和基础，而发展高文化含量

---

① 王大良：《夜郎之争与文化资源开发》，《贵州民族研究》2005 年第 5 期。
② 岳红记：《论新闻媒体对陕西历史文化资源开发的影响》，《新闻知识》2008 年第 9 期。
③ 李萍：《民歌文化资源开发视阈下和谐歌圩的建构——以广西壮族为例》，《南方文坛》2009 年第 S1 期。
④ 陈旖、邓玲：《民族文化资源开发与生态文明建设联动的研究——贵州雷山县生态文明建设联动的思考》，《西南民族大学学报》（人文社会科学版）2010 年第 4 期。
⑤ 魏佐国：《鄱阳湖生态经济区建设与赣鄱文化资源开发》，《农业考古》2010 年第 6 期。
⑥ 李军：《区域文化资源开发与影视产业化战略》，《前沿》2012 年第 24 期。

的文化产业和人文经济是西部大开发的机遇之一。① 贺菊莲指出开发利用贵州丰富多彩的饮食文化资源将会在新农村建设中大放异彩，例如在推动农村旅游业发展、创新特色山地经济模式、建设生态文明以及增加农民就业等方面，可以在保护环境的基础上进行经济发展和生态保护。② 赵渊认为开发本土文化资源应该和文化产业园区建设结合起来，通过构建文化资源开发与文化产业园区建设合作机制，建立文化资源、文化特质开发的储备与供给机制，建立特色文化产业门类知识产权保护体系，可以提升文化产业园区的核心竞争力，确立文化产业园区开发区域特色文化资源的路径。③

（二）国内学者对文化产业发展的态度变化过程

中国的文化及经济学者对文化产业的态度也基本沿袭了国外学者的历程，按照"反对—逐步接受—回顾和反思"的基本路线发展至今。

1. 初期的批判式理论

我国对文化产业的研究始于 20 世纪 90 年代，一些精英文化论者和学者自觉地遵从法兰克福学派的一贯思路，对文化工业甚至大众文化进行了毫不留情的攻击，指出了其在对人们文化价值引导方面的诸多弊端，如排挤精英文化、侵蚀人文精神、培养享乐主义、消解反抗意识等。黄力之在 20 世纪末对我国审美文化的发展表达了深深的忧思。④ 张汝伦认为在大众文化中，新的市场竞争原则置换了艺术创作原则，人们的精神需求被市场需求所取代，由此产生的后果是催生了日趋平庸与雷同的大众文化。在大众文化强有力的攻势和无所不在的影响下，大众的辨别能力将丧失。⑤ 刘忠群认为大众文化产品多为满足感官刺激而设计的肤浅内容，这可能一方面损害高级文化，另一方面腐蚀人心。大众媒介一味提供消遣娱乐，使人们更加逃避现实

---

① 彭岚嘉：《西部文化生态保护与文化资源开发的关系》，《社会科学研究》2001 年第 5 期。
② 贺菊莲：《饮食文化资源开发利用与贵州新农村建设》，《安徽农业科学》2011 年第 13 期。
③ 赵渊：《特色文化资源开发与文化产业园区竞争力建构》，《新闻界》2011 年第 9 期。
④ 黄力之：《市民社会对世纪末审美文化的影响》，《理论与创作》1995 年第 2 期。
⑤ 张汝伦：《论大众文化》，《复旦学报》（社会科学版）1994 年第 3 期。

社会，产生消极影响，如电视中的暴力镜头会导致儿童的侵犯行为，诚然影视作品中不免出现暴力、诈骗、色情等不良内容，但结局多为善良击败丑恶，故能使受众得到一定的道德教育。然而现实情况是，由于青少年心智不成熟，对影视作品的深层次内容的理解可能存在偏差，从中得到深刻的人生哲理更不大现实，不但没有形成良好的价值引导，相反却对一些丑恶的形象印象深刻。① 尹鸿更是借鉴阿多诺等人的批判理论，指出大众文化的多元化的负面影响：首先在于它的"非现实主义"本质往往会误导人们对现实世界的认知，它所关心的是文化对于大众的刺激性、吸引力与迎合性；它的梦幻性特征往往会强化一种逃避现实的心理倾向；它的娱乐本位的动机对健康人格的建立也会产生负面影响。② 刘润为认为大众文化将追求感官享乐作为人生价值的唯一目标，既削弱了民间艺术，又削弱了高雅艺术，并由此带来了较为消极的影响。一是削平了审美空间；二是导致主体性的失落；三是确定了金钱——享乐的生活方式，人们由本能欲求的奴隶变为金钱的奴隶。③ 姚文放认为当代审美文化正处于经济与文化、科技与人文多种冲动力的拉扯、争抢和劫夺之中，因此被扭曲、变形、撕裂，其明显特征是消费性、娱乐性、复制性、平面性、边缘性、包装性、快餐性等，因此存在重大缺陷。④

2. 逐步变为积极接受态度

随着文化产业学者队伍的不断壮大，对文化产业发展的研究也逐步深入。尤其是文化产业在我国强烈的发展势头和不可阻挡的席卷潮流，使人们对文化产业的态度发生了急剧的转变。周平远指出，文化产品的独创性与原创作品有着必然的联系，但是与这些产品的复制数量并没有必然的联系。大众文化的普及虽然使得文化产品的创作个性弱化，但根本原因不是日益先进

① 刘忠群：《论大众文化的导向》，《西南师范大学学报》（哲学社会科学版）1996 年第 3 期。
② 尹鸿：《为人文精神守望当代中国大众文化批评导论》，《天津社会科学》1996 年第 2 期。
③ 刘润为：《文化工业论》，《当代思潮》1998 年第 3 期。
④ 姚文放：《当代审美文化批判论纲》，《北京社会科学》1999 年第 1 期。

强大的复制技术，而是市场经济和整个社会的人文环境的综合作用。① 潘知常也提出，大众文化的出现扩大了艺术本身的边界和疆域，并使一些商品、技术提升了一定的文化含量。② 金元浦也对大众文化持乐观态度，认为其是一场解神圣化的世俗化运动。由于大众文化的出现，一步步改变了我国目前的意识形态内容，并能在未来我国民众生活的民主化过程中起到至关重要的作用。③

3. 文化产业精神引导的重新审视

十六大以来，我国明确提出大力发展文化产业，不少学者对文化产业仍然是大加赞扬，可反对文化过渡产业化的声音也从未间断。单世联认为文化产业的确需要通过媚俗来扩展市场，商品逻辑相对于文化价值引导来说是有绝对优势的。一旦有哪些领域、形式不应该产业化，那么就应该划清界限，保护一些本真性的文化领域和形式。④ 董健更是清晰地表明反对文化产业化，他认为"文化中商业化加强以后，内容缩减了"。文化人变成了匠人和市侩。产业对文化的扭曲，就像二两重的洋参，放进了一个硕大的包装盒里。在我国文化产业的未来发展中，他希望能够找到符合文化规律，不是权钱结合的文化产业，真正找到文化产业平等、自由的发展道路。⑤ 王列生认为文化产业的大发展，并不一定能带来文化大发展大繁荣，更为严峻的是"当前有不少学者正在'绑架'文化产业，抛下了文化担当"。文化产业好比一把双刃剑，在发展文化产业过程中，绝大部分文化企业都会追求效益最大化，而忽视自己的文化责任与道德，将会对人们精神价值引导方面产生不利的影响。⑥ 胡惠林认为"提供价值系统和内容系统是文化产业的核心"，

---

① 周平远：《文化工业与文化建设论》，《创作评谭》1999 年第 1 期。
② 潘知常：《从作品到文本——在阐释中理解当代审美观念》，《江苏社会科学》1999 年第 4 期。
③ 金元浦：《重新审视大众文化》，《当代作家评论》2001 年第 1 期。
④ 单世联：《寻找文化产业的中国论说》，《粤海风》2003 年第 1 期。
⑤ 董健：《文化产业的研究意义》，根据董健在首届南京大学文化产业学术研讨会上的发言整理，南京，2006 年 3 月 11 日。
⑥ 何方：《文化产业高速发展》，《重庆日报》2011 年 6 月 4 日。

作为文化建设与发展的重要载体与表达形态，没有文化产业的具体形态就没有人类文化的创新与传承。他以网络游戏业为例，指出青少年网络犯罪已经成为严重的社会问题，而文化产业的发展和 GDP 的增加不能以牺牲整整一代人来实现。[①] 中国青少年研究中心少儿所所长孙宏艳指出一些新兴文化产业对青少年的危害，尤其是网络游戏对青少年的危害，其罪魁祸首是里面的色情和暴力信息。他认为"网络游戏中长期的砍杀、爆破、飙车、打斗、枪战，会使未成年人的道德认知发生错位，逐渐认为网络中的砍杀在现实生活中也是合理的，从而在现实中予以实施"。因此，青少年网络犯罪的概率飙升。[②] 顾江指出各国文化产品主导的审美诉求、审美价值观与各国文化战略的共谋关系使审美产品成为具有象征意义的流行文化资源，衍生为各国文化软实力的重要组成部分，在传播、确认、强化人们共同的规范、价值观、信仰、观念和生活方式中具有强大的诱惑力和说服力，因此我国应当加强文化产品中民族文化价值观内容的审美诉求。[③] 熊建则通过对文化产业发展内涵的深刻剖析，一针见血地指出"文化毕竟要传播真善美，要提供审美的愉悦"，不能因为经济利益的获得而泯灭了文化产业纯洁高尚的本质。由于经济学讲理性不讲道德，如果需求低俗，那供给也不用高尚。可是一味迎合市场只能让文化产业失去魅力，不会健康有序地发展下去。

（三）文化资源开发中文化价值引导的研究

关于文化资源开发中文化价值的引导，我国较少有学者对此方面进行研究。我国在《国民经济和社会发展"九五"计划和 2010 年远景目标纲要》中就曾指出，"我国在任何时候都不能牺牲精神文明建设，以获得经济建设

---

① 胡惠林：《论文化产业的公共责任》，《社会科学》2009 年第 10 期。

② 王庆环：《网游给青少年带来的伤害最大》，光明网，2009 年 5 月 19 日，http：//www.gmw. cn/content/2009 - 05/19/content_ 922875. htm。

③ 顾江：《创新与文化产业的发展》，根据顾江在首届南京大学文化产业学术研讨会上的发言整理，南京，2006 年 3 月 11 日。

的一时发展"。① 程恩富在《文化生产力与文化资源的开发》一文中提出，对文化资源的开发要坚持"扶正祛邪"的原则，较早地提出了在文化资源开发中文化价值引导的重要原则。为此，他主张将社会效益放在比经济效益更为突出的位置，但是在操作过程中也必须将二者结合起来，其中必须将"增进社会主义精神文明贯穿在文化资源开发过程的始终"，而一旦理解偏差，一些落后腐朽的"精神鸦片"便会遍地滋生，如诱人犯罪的坏作品、封建迷信东西、国外不健康的文化服务项目等。② 张胜冰认为文化资源开发作为文化产业发展的重要手段，应保护具有历史文化内涵的文化形态，并维护类似文化资源的本真性与完整性，从而抵制虚假文化的泛滥和侵袭。因此，应该严格遵循科学发展观，使文化产业的发展与文化的发展规律相契合，继而引导人们体验和感悟真实的文化。③ 黎永泰提出"文化资源开发具有不断提高人的综合素质的特点"。他认为，在文化资源开发的过程中，文化被重新认识、理解、阐释、研究、利用、产品化、享用，这个过程主要是以人们精神层次的劳动为主，是对文化中知识、能力以及智慧的运用和发挥过程，制造和消费此类文化产品的人的综合素质都在一步步丰富、深化和提升。④ 陈莹、张树武指出我国在开发经典名著文化资源时，可以将中华文化进一步发展和壮大，使其具备较强的文化传播力和创造力，使文化产品的海外输出起到弘扬中华文化的作用，并加强文化产品的输出意识。⑤ 杨玉辉指出在对一些宗教文化资源进行开发时，不能以政府和企业为主体，而应当以各类宗教组织和其信仰者为主体，以宗教的发展事业为最终依托，并以弘扬正确合理的宗教精神和价值为根本宗旨。⑥ 张

---

① 《中华人民共和国国民经济和社会发展"九五"计划和2010年远景目标纲要》，《中国青年报》1996年3月20日第7版。

② 程恩富：《文化生产力与文化资源的开发》，《生产力研究》1994年第5期。

③ 张胜冰：《科学发展观视野下文化资源开发的创新——对我国文化产业发展模式的思考》，《福建论坛》（人文社会科学版）2009年第4期。

④ 黎永泰：《西部大开发中的文化资源开发战略》，《经济体制改革》2002年第1期。

⑤ 陈莹、张树武：《对经典名著文化资源开发策略的新思考》，《东北师大学报》（哲学社会科学版）2012年第3期。

⑥ 杨玉辉：《论我国的宗教文化资源及其开发》，《中国宗教》2012年第6期。

训谋提出宗教文化的开发具有双面性，既有有利于社会和谐的积极因素，也有不利于社会和谐的消极因素，因此宗教的信仰功能和文化功能之间有着不可捉摸的关系，未来宗教文化资源的开发在发挥其文化传递和文化教育等良性功能的同时，也应重视宗教自身弱点所带来的不良稳定隐患。①

国务院总理温家宝在 2011 年第十一届全国人大四次会议上做的政府工作报告中提出，更好地满足人民群众多层次多样化文化需求，发挥文化引导社会、教育人民、推动发展的功能，增强民族凝聚力和创造力。② 由此，更多学者开始重视文化事业和文化产业在文化价值引导方面的功能研究。如王东林提出，文化本身具备改造人、塑造人的多样化功能，因此应当使文化产品承载健康安全的价值观。

三　国内外研究述评

国内外学者在文化资源开发中对文化价值引导功能的研究已经取得了较大的基础理论及应用理论研究成果。由于我国在文化产业发展方面的滞后，文化产业学科建立也较晚，始终追赶国外文化产业发展和研究的步伐，具体体现在对世界文化产业发达国家文化产业发展实践的案例研究及论述，乃至对国外研究学者研究成果的不遗余力地翻译和介绍。不可否定的是，国外学者利用经济学、社会学、文化学等研究方法，从始至终都注重文化产业的文化价值引导方面的功能研究，从"技术决定论"到"经济决定论"再到"文化决定论"，从法兰克福学派到伯明翰学派，再到多伦多学派，都贯穿着文化与经济相互关系的推延与发展。面对国外学者纷繁复杂的研究成果，面对世界上文化产业发达国家文化经济一体化飞跃发展的诱惑，我国在文化产业方面的研究也在日新月异地发展。然而我国依旧处在转型期，经济发展、政治改革、文化创新等任重而道远。不可否认的是，我国政府越来越重

---

① 张训谋：《宗教文化开发之度》，《中国宗教》2012 年第 2 期。

② 陈训迪：《委员提出文化引导价值观，学习雷锋就是诚信做事》，中国网，2012 年 3 月 4 日，http://news.china.com.cn/txt/2012 – 03/04/content_ 24797137.htm。

视文化产业的发展及文化产业研究，从十六大到十七届六中全会，再到十八大会议，我国对文化产业的鼓励政策自成一体，表现出极大的连续性和稳定性。我国的文化产业发展也如火如荼，随着文化产业的发展，我国文化产业学科的相关研究也由初创进入繁荣期，尤其是针对文化遗产资源的开发研究达到了一种狂热的地步。然而，如何借鉴国外文化产业发达国家的经验，如何处理好文化产业开发中的文化价值引导问题，处理好文化资源的保护与传承问题，如何取得社会效益和经济效益的双赢甚至是多赢问题，是目前文化产业发展和研究中应当注重的问题。总体看来，我国在此方面的相关研究还存在以下几点不足。

1. 重文化资源的开发利用研究，轻文化资源的保护传承研究

由于受到区域经济发展的诱惑，较多学者在进行文化资源的研究时，往往注重对文化资源的开发利用研究，而缺乏对文化资源的保护和传承研究。在文化和经济一体化发展的今天，如何将一个地区的文化资源优势转化为经济发展优势，似乎是文化产业研究者不可推卸的责任和义务；如何使我国宝贵的文化资源得到有效保护并传承下去，研究的热度却远远不及开发利用方面的研究。从长远来看，保护传承我国的优秀传统文化遗产，建设优秀传统文化的传承体系，不仅是文化资源的保护与开发问题，也是一个长远发展和短期发展的问题，更是可持续发展利用与"竭泽而渔"的问题。

2. 重文化遗产资源研究，轻其他类别文化资源研究

文化资源包含各个方面，既有物质和精神两个层面，又有民族之分，但从文化资源的重要性程度来看，有文化遗产资源与非文化遗产资源之分。毫无疑问，文化遗产资源在知名度与美誉度方面有着先天的经济转化优势，在民众的认识度和认可度等方面都有着深厚的基础，因此开发文化遗产资源便成为部分地方政府发展文化产业积极倡导的路径，中西部大力开发文化遗产资源发展文化旅游业就是例证。若紧盯着文化遗产资源，假借"文化遗产之名"宣扬城市之名，这种做法自然无可厚非，然而我国除了拥有较多的文化遗产资源之外，还有众多尚未纳入遗产名录体系的文化资源，这类文化资源虽然知名度不高，但在建设我国公共文化服务体系、推动城乡文化

一体化发展、满足人民群众的基本文化权益等方面有着不可多得的潜力和优势。

3. 重经济效益提升研究，轻文化价值引导等社会效益研究

受经济危机和地区经济发展的双重压力，我国文化产业学者在研究文化资源的开发利用过程中，通常将经济利益放在首位，而较少地关注社会效益。学者们关切的是文化资源的开发能给当地经济的发展带来多少实惠，而较少关注当地文化资源的开发能否带来文化的传承与社会的进步，似乎将文化产业的发展看作医治经济危机和经济发展放缓的良方。文化产业发展对文化的发展和人的发展究竟能带来何种利益，对于开发何种文化资源、怎样开发文化资源才能带来正确的价值观、世界观和人生观的引导功能则较少涉及。

4. 文化资源开发研究与文化价值引导研究两张皮现象明显

对文化资源的开发研究偏重于经济学和社会学等学科的研究，而对于文化价值引导功能的研究又偏重于文化学、哲学及心理学的研究。与国外研究学者基本类似的是，我国对于文化资源的开发与文化价值引导方面的研究没能较好地融合在一起，基本与国外学者研究一样呈现"两张皮"的现象。研究文化资源开发的学者较少地注重文化价值尤其是精神价值引导方面的内容研究，研究文化产业发展对于人们精神方面价值引导的学者较多地忽视了文化资源选取及合理开发的重要性，因此两者基本是呈平行发展的疏离状态，而没能真正深刻地实现交叉研究。在下一阶段集合经济学、社会学、文化学、心理学和哲学等众多学科进行跨学科的融合交叉研究中，对文化资源开发与文化价值引导方面的研究显得尤为重要。

第三节　文化价值选择研究的意义及主要研究术语

本书探讨实现民族文化传承与民族文化产业发展"双赢"的可行性路径，即在文化大发展大繁荣建设中既要注重经济效益的获取，又要注重建设优秀传统文化的传承体系，注重文化产业的发展对受众精神文化方面的积极价值引导（见图0-1），实现我国具备正能量的核心文化产业在经济效益和价值引导方面的双赢。

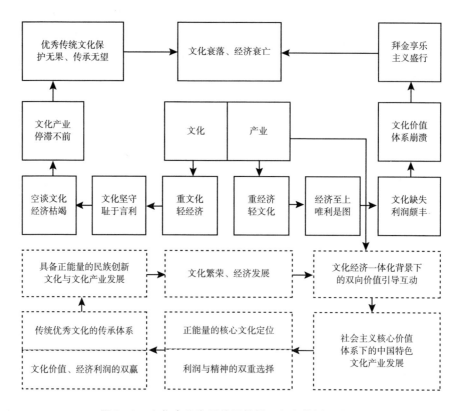

图0-1 文化产业发展的恶性循环与良性循环流程

一 研究意义

通过本书的研究，结合文化产业发展中经济文化的二重性，探寻城市文化产业发展中的正面价值引导（见图0-2），将会产生极大的研究意义和现实意义。主要体现在文化产业对人的自我实现，文化资源的传承，民族文化的走出去及城市文化发展定位方面。

第一，本研究将有利于文化产业学科与其他传统学科交叉理论的创

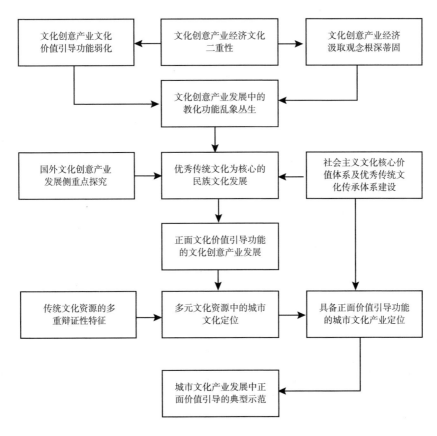

图 0 - 2　本书框架思路

新发展。作为一门新兴学科，我国文化产业学科的发展速度惊人，近十年来的发展可谓日新月异、成就斐然。然而从现实来看，相对于历史学、管理学、经济学等与文化产业发展关系密切的传统学科，文化产业学科的学科理论是较为薄弱的。本研究从我国文化产业发展中暂时出现的"偏重经济价值而轻视文化价值"等现象，指出了文化产业发展的双核同心圆本质及城市核心文化集散的基本规律，力求丰富文化产业学科的相关基础理论及应用理论。

　　第二，通过文化产业发展中注重正能量文化的传播，将有利于提升民众的文化知识水平、基本文化素质和个人道德修养。文化产业发展的文化价值在于利用优秀的传统文化资源，尤其是精神文化资源，发挥其"教化万民"的文化价值引导功能，促进我国居民文化素质和文化品位的提升及文化心理的优化。以社会主义核心价值体系为标准，将健康积极的文化消费观念及真善美的价值观提供给文化消费者，使受众不仅能享受到文化产品及服务带来的愉悦，更能引起其心理上的共鸣，受到"真、善、美"文化产品的熏陶，将为实现民众自身个人的全面发展提供强有力的智力支持和精神支撑。

第三，坚守社会主义核心价值观，建设中华民族优秀传统文化的传承体系，有利于民族文化优秀遗产的保护与传承。民族文化的保护与开发是不可回避的矛盾，关于开发和保护的方式之争也从未停止。然而，保护抑或开发，最终的目的是发展与传承。在民族文化共同体内部，传统优秀文化等价值观将获得更为广泛的认同，从而使民族文化产品获得共同体内部的价值认同，唤起民族的集体记忆，为民族文化的传承与发展奠定坚实的基础，提升民族文化的自豪感和自信心。

第四，通过本研究将有利于实现城市文化精神定位与城市文化产业发展的双赢，为文化产业社会效益与经济效益、价值引导与利润增加的双赢做铺垫。本研究将会为规范文化行业发展，为社会主义健康文化的发展诞生黄钟大吕般的文化精品献言献策。以支撑城市文化创意产业发展的城市文化资源为基础，从而选择出具备正能量的文化精神，确定城市的文化定位，继而定位城市文化发展的具体行业，从而取得城市文化产业发展和城市文化精神传承的双赢。

二　主要研究术语

本研究将以我国多样性的文化资源开发过程为研究对象，力图通过开发主体、开发对象和开发方式的研究革新，改善我国传统的文化资源开发模式，为我国文化产业的繁荣发展研发出正能量的文化产品和服务，从而形成正能量文化价值的引导和传播。为此，立足于积极文化价值引导研究中的文化产业、文化价值和文化符号都有着特殊的含义，在此笔者一一进行阐释。

（一）文化产业

文化产业包含多种文化业态，也有多重称谓。本研究所指的文化产业仍然是2004年国家统计局对"文化及相关产业"的界定：是为社会公众提供文化娱乐产品和服务的活动，以及与这些活动有关联的活动的集合。不论文化产业的名称及定义如何改变，文化产品的精神性、娱乐性等基本特征不变。在文化产业的发展中，娱乐性的特性人尽皆知，然而精神性的核心特征却容易被人忽视。笔者在此不为重新界定文化产业的相关行业，更不为定义文化产业的核心内涵，而是从功能性的角度出发，利用民族学理论阐释文化产业的精神性的核心特征的巨大魔力。

文化不仅仅是人工制品的静态呈现，更是人们精神意志活生生的实践与行为。文化不仅可以生产和被生产，还可以归属于不同的个人和群体。在文化产业发展中，文化产品的生产和消费在以民族为整体的社会中发挥了力量非凡的功能。在民族共同体内部，文化产品由"文化意见领袖"的肯定和宣扬逐步获得普遍的社会认可，并使文化产品宣扬和展示的精神观念成为一种公共价值，并唤起了民族共同体内部保存的集体记忆和内在文化要素，从而使民族内部发生聚合。在民族共同体外部，一旦文化产品的社会性转换成功，文化产品获得共同体外部的认可，那么文化产品的消费就体现出民族价值输出和民族文化传播的功能。鸦片战争前后被机器制造的洋布取代的土布，在今天却因为其手工特性而价值不菲。对同一种产品的不同反应，缘于我国民族文化输出并得到世界的认同，因而使土布的社会性在国外发生了转变。文化产业的发展是一个文化价值传输的过程，一旦人们的精神世界随着文化产品的享受而发生改变，文化产业就焕发出巨大的裂变效应。

（二）文化价值

本研究所指的文化价值是文化产业在文化资源的开发过程中，形成文化产品并随着其消费过程的终结而体现出来的与经济价值相对应的反映，在文化资源到文化产品过程中的各个利益主体的价值。简言之，就是文化产业在发展中传输文化价值观所形成的文化价值。它至少包含四个方面：对于文化本身，是否存在传承优秀传统文化精神，结合时代精神发展创新出新的文化内涵；对于开发客体也就是文化遗产等文化资源本身，是否存在保护作用，是否利用其可再生性进行开发利用以利于其有效传承；对于文化资源开发主体，是否能重新认知和感悟文化资源本身的精神价值，是否能接受文化资源本身和创造出的文化产品的洗礼和熏陶；对于文化产品和服务的消费者，是否能得到知识水平的提升，起到提高人、教育人、感化人、激励人的多样性作用。

（三）文化符号

文化符号，是指具有某种特殊内涵或者特殊意义的标示。文化符号的建构在民族文化传播和宣传中具有十分重要的意义。文化资源的开发过程实质上是一个将文化符号化并进行移植的过程，从而使一些独具特色的民族文化资源转化为文化产品打入主流社会，参与主流经济活动。在这个过程中，文化符号的社会性同样由个体走向群体、共同体甚至世界。美国人类学家格尔茨曾强调，文化是指从历史沿袭下来的体现于象征符号中的意义模式，是由象征符号体系表达的概念体系，人们以此进行沟通，延存和发展他们对生活的知识和态度。[①] 文化符号具有很强的抽象性，内涵丰富。它是一个企业、一个地域、一个民族或一个国家独特文化的抽象体现，是文化内涵的重要载体和形式。在文化资源的开发过程中，通过文化产业品牌能够创造出文化符号，并能够上升为特定个人和群体的文化标示。

---

① 〔美〕格尔茨：《文化的解释》，纳日碧力戈等译，上海人民出版社，1999，第103页。

第一章

我国文化资源开发中双向
价值引导现状分析

我国历史悠久，地域广阔，五千年历史文化孕育了数量可观的文化遗产资源，其中世界文化遗产 36 项、世界文化与自然双重遗产 4 项、世界自然遗产 12 项（截至 2017 年 12 月 31 日）。张君劢先生有言："尝统观四千年之历史，吾祖若宗所以建立吾族文化者，根基若是其深厚，所拓疆土之广，所含人种之多，与夫成绩之彪炳，享国之长久，求之各国，鲜有匹敌之者。"我国是文化遗产的沃土。诚然，我国在文化资源基础方面有着先天的优势，但在文化资源的开发过程中，如何处理开发与保护、经济效益与社会效益、长远利益与眼前利益的问题，始终是文化产业发展道路上纠结不清的症结，而如何在文化资源的开发中坚持正确的文化价值引导，首先应该探讨和分析我国目前在双向价值引导方面的现状。

第一节　文化资源开发中文化价值引导的概念体系

文化资源开发过程中的文化价值引导问题不是一个新命题，而是一个较新的研究主题。文化价值引导方面的研究涵盖文化资源开发过程中的方方面面，但文化价值引导究竟是什么、它涵盖哪些内容、正确与错误文化价值引导的区别是什么、错误的文化引导又能给文化产业发展带来哪些危害，这都需要进行文化价值引导概念体系的研究。

一　文化资源开发过程中的文化价值引导

文化资源开发是一个复杂的全面的主客体交互的活动。文化价值引导也是一个主客体之间相互影响、相互关联的精神层面互动的过程。将文化价值引导引申至文化资源开发过程中，既是对文化产业经济属性的肯定，更是对文化产品文化属性的肯定。

（一）何谓"文化价值引导"

文化自然不是"无源之水、无本之木"，文化是人类在历史发展进程中创造的物质财富和精神财富的综合。不同的民族有着不同的历史发展进程，也就创造和延续着不同的民族文化，形成了精彩纷呈却形态各异的传统文化和文化传统。许多学者将文化仅仅作为广义文化中的精神层面部分，即狭义的文化。对于一个国家和民族来讲，精神文化是民族认同和民族元素的重要标志。公众欣赏和接受文化的过程，是一个对文化的认知的过程，一旦文化得到个性主体的默许和认同，文化便在认知和学习过程中得以传播，由此带来了文化在物质世界和精神世界的价值引导功能。

"文化价值引导"一词在学术界虽不是首次提出，却也没有给出较为明确的定义，学者们的看法也不尽相同。唐志伟在《中西神灵文化的价值引导及作用》中提出了"文化价值引导"这一名词，但没有给出具体、详尽的解释和定义，但在其文章中不难看出，他把文化价值引导等同于文化对人的教化功能。文中观点认为："中国把对神灵的崇拜作为行为的规劝，西方则把对神灵的崇拜作为一种教育"。① 很明显，他把文化价值引导作为文化的教化功能来看待，只是由于中西方在神灵崇拜方面的文化相异，而表征出相异的教化功能。笔者认为文化价值引导是文化在生存、发展、创新及传承乃至被利用的过程中体现的对人的价值观、世界观、人生观方面的教化功

---

① 唐志伟：《中西神灵文化的价值引导及作用》，《中华文化论坛》2011 年第 6 期。

能，这个人是一个主体性极强的人，是文化创新的主体，也是文化传承的主体，更是文化利用和开发的主体。本书研究的主题——"文化价值引导"的本质含义便是如此。

（二）文化价值引导的内涵及实质

文化资源的开发是文化利用主体对文化的一个改造、提升并传扬的过程。开发的过程是多种多样的，本书所讲解的开发是一种大开发的概念。将文化产业化之后带来经济效益，是一种开发。将陈列馆密封的文物放开供公众展览，也是一种开发。甚至，将尘封千年的古代墓葬挖掘开采的过程，也是一种开发。它包含对物质实体、文化内涵乃至文化符号多种资源开发的一种过程。由于这个过程本身就存在好与坏两种结局，因此，文化产业开发过程中更需要进行正确的文化价值引导，从而使文化资源在开发过程中实现以社会主义核心价值体系为核心的正能量的创造和传递。依此而论，文化资源开发过程中的文化价值引导便是文化利用主体在开发文化资源过程中，利用文化资源开发出富含文化精神的文化产品及服务，使文化消费者在欣赏和消费文化产品及服务过程中能得到人生观、价值观和世界观的改造的一个过程。

实质上这也是一个双向互动的过程。文化产品及服务的生产者、传播者和销售者传递什么样的文化产品，以何种方式和价值观念来生产文化产品，传递文化产品的目的和缘由是什么，都决定着文化价值引导功能的强弱好坏；反过来，文化产品的创造主体、传播主体乃至销售主体和消费主体，都会因为文化资源及文化产品的内涵而产生精神世界的共鸣，使自我的文化品位和精神层次得到熏陶和提升，进而以正确的观念生产和传递富含正能量的文化产品及服务。

（三）文化价值引导的终极目标

不论是中国儒家对神鬼的"敬而远之"，还是西方的"上帝决定论"，都表现出较为正确的文化价值引导。前者极力推崇父母在世时的孝道，君主在世时的尽忠，实质上关注的是现世的人际关系的道德标准，但不认可彼岸的世界。后者则着力推崇爱，认为人生全关乎爱。中国文化的内涵向来被西方称之为"伦理文化"，谈论鬼神的目的自然是教化人们向善、从善、积德，由此便能"修身、齐家、治国、平天下"，更表现出一种协调的现实精神，为追求现实的和谐而对民众的行为进行规劝。西方文化也极其强调爱，并注重人生的价值和使命感。《圣经》的教诲是"你们要以爱作为最大的目标"。①"没有爱的人生实在毫无价值"。②

把中西方文化价值引导的主要目标放到文化资源的开发过程中，就极易联想到在文化产业发展中要注重正确的文化价值引导。实质上，这不仅是我国文化建设的终极目标之一，也是文化大发展大繁荣的重要目标之一，更是社会主义核心价值体系建设的重要内容。在社会主义文化大发展大繁荣的伟大实践中，政府不能只关注文化基础设施的建设和文化产业的飞速发展。事实上，文化可以熏陶人、塑造人、教化人，附带文化理念的文化产品与服务的生产和消费应慎之又慎。尤其是中国目前正处于转型阶段，社会的道德观、价值观都由新中国成立初期的单一化向多样化方面发展，亟待政府对此加以引导、规范，大力传播积极的价值观。近年来我国文化产业发展可谓成就斐然，但也发生了一些"经济价值引导偏强、文化价值引导偏弱"的现象，如部分电视节目泛娱乐化问题。由此不得不重新思考文化产业发展中对人的终极关怀问题，人们的道德观、价值观应该如何在文化产品的生产和消费中稳步提升并步入康庄大道，是一个困难重重却不得不面对的问题。因此，文化的建设不能简化，更不能为经济决定论的倾向所掩盖，文化产品需要承载和引导正确的文化价值观。

中国工程院院士李椿萱宣称："文化就是要让人具有社会责任感，让铜臭味更少一些，让艺术更纯粹些，起到全民教育的作用，政府和媒体对此都应该有正确的导向。"③ 那么文化资源开发过程中文化价值引导的最高目标就是：以科学合理的态度积极地开发古今中外的文化资源，以文教化公众，

① 华里克：《标竿人生》，上海三联书店，2006，第 105 页。
② 华里克：《标竿人生》，上海三联书店，2006，第 254 页。
③ 转引自陈训迪《委员提出文化引导价值观，学习雷锋就是诚信做事》，中国网，2012 年 3 月 4 日，http://www.china.com.cn/news/zhuanti/lf/2012 - 03/04/content_ 24797480. htm。

以高尚的精神塑造人，以优秀的作品鼓舞人，全面提升和优化全国各族人民的道德观、价值观、人生观和世界观，从而实现人的自由而全面地发展；同时使人们以积极的心态和健康的人格投入到社会主义文化大发展大繁荣的伟大实践之中，以主人翁的精神取其精华、去其糟粕，古为今用、洋为中用，综合创新中华民族的新文化，开创中国文化"百花齐放、百家争鸣"的文化盛世局面。

二　文化资源开发过程中文化价值引导的基本过程分类

在文化资源的开发和利用过程中存在开发主体、开发客体和开发方式之间的差别。不同的开发主体、开发客体和开发方式产生的文化价值引导功能是截然不同的，因此研究文化资源开发过程中各个对象之间的关系直接关系着文化价值引导功能的优劣高下。文化资源开发过程中开发主体的目标取向、开发客体的核心内容和开发方式的价值选取都直接影响着文化价值引导功能。

（一）开发主体的目标取向

作为文化资源开发利用的先行者，开发主体是人或者是在人的主体思想指导下的法人单位。因此，主导开发主体的人的思想观念直接决定着开发的目标、开发的对象和开发的方式。开发主体是否按照科学合理的目标取向，是否拥有完备熟练的文化经济知识，是否知晓文化及文化资源的客观发展规律，对文化资源开发过程中的正确价值引导是至关重要的。

在开发主体的思想观念中，文化资源的目标取向又影响和制约着整个文化资源开发过程的策划、组织、实施和完成。可以毫不隐晦地说，不管开发主体的个人能力及素质、文化品位高低、道德观念的优劣，只要其开发文化资源的价值取向是正确的，就能促使和推动文化生产力向着积极健康的方向前进。

开发主体的目标取向一般是双重的，是社会效益和经济效益的地位博弈过程。以社会效益作为首要目标的开发主体，通常会考虑文化资源开发中的社会效应、就业率的提升、社会的稳定及全面发展、开发主体的知名度和美誉度、开发客体的保护和传承、文化的创新和延续等，但也不可避免地谈及经济利益的获取，毕竟文化资源的开发必须具备一定的经济基础，更要追求一定的经济收益。以经济效益为首要目标的开发主体，受到拜金主义的诱惑和支配，常常将经济利益的获取作为企业生存和发展的终极目标，但也并非完全不顾及社会效益，开发主体可以不顾及基本的道德准则，但不可以触犯法律底线，一些开发主体在以经济效益为中心思想的同时，也注重社会效应对经济效益获取的间接影响。

然而，社会效益与经济效益间的永恒博弈始终是文化资源开发主体面临的重要抉择，面临着物极必反的现实压力与威胁。过分地强调社会效益和过分地强调经济效益都有可能走向"双输"的恶性循环。一味强调社会效益，而不计成本与收益，必将走向经济枯竭与文化传承举步维艰的两难境地；而过分地追求经济效益，满身充斥着铜臭味，甚至不惜挑战公众的道德底线，不惜僭越法律的鸿沟，固然在短时间内取得了一定的经济利益，但从长远来看也必将为大众所遗弃，为社会所不容，成为丑化文化的恶贯满盈的历史罪人，因为开发主体的这种做法不仅荼毒了自己，更污染了圣洁的文化。因此，不论是文化事业单位抑或文化产业企业，合理调配社会效益与经济效益间的地位与关系，才有可能走向"双赢"。

（二）开发客体的核心内容

文化资源的开发客体就是开发的对象，是古今中外的各色各样的文化资源。文化有物质文化资源和非物质文化资源两种类型，又有汉族文化资源和少数民族文化资源，传统文化资源和现代文化资源等。依据区域又可为中原文化、三秦文化、三晋文化、齐鲁文化、巴蜀文化、岭南文化、燕赵文化、吴越文化等多种类型。文化资源依附文化而生，并展示和体现多姿多彩的文化。在不同地域、民族和形态的文化资源中，体现了其核心内容，这种核心内容是以文化精神为主要内涵，也是评判文化优劣高下的重要标尺。一般来说，文化大多没有优劣高下之分，形形色色的地理环境、生活方式、民族心理塑造了千差万别的文化，这些文化大多没有高尚与卑微的区别。但从另一个角度看，任何一种文化内容都有积极因素和消极因素，比如我国的传统文化中有"天行健，君子以自强不息"的富含正能量的文化因子，但也有"男尊女卑""纳妾""裹脚"等束缚女性的较为消极的文化元素。因此，不同的文化元素有好坏之别，而判断文化元素好坏的重要标准，就是作为文化元素所体现出来的文化精神是积极健康的还是消极丑恶的。在文化资源开发过程中，应当尽量选取积极健康的文化资源作为开发的对象，并在开发中将其完善优化，在公众的不断学习和欣赏之中得到延续和传承。

然而，文化资源虽数量繁多，但质量却千差万别。人性是有弱点的，面对这样的文化产业发展基础，不少开发主体将开发对象定格在了"名人"身上。只要具有明星效应的人物，不论其在历史上是否真的存在过，无论历史对其评判如何，都用来当作当地城市文化的名片，"拉郎配"地被用来发展当地的产业经济。近年来，不少地市卷入了"潘金莲、西门庆故里之争"的闹剧之中，真可谓"饥不择食、饮鸩止渴"。同样的道理，即使文化产业发展选取的文化资源是健康的积极的，而开发主体的目标取向是错误的歪曲的，也不会形成良好的文化产业发展格局，甚至具备健康积极的文化精神的开发客体也将面临"臭名远扬"的境地。

反过来说，主要开发主体的目标取向是正确合理的，不论其开发对象是否为饱含正能量的健康积极的文化资源，都将会取得较为积极的社会效果和正面的文化价值引导。不遗余力地坚持正确的目标取向开发红色文化资源，并采取科学合理的开发方式，定会形成经济与文化双丰收的文化产业发展结局。坚持正确的目标取向，开发类似于"潘金莲、西门庆名人故里"这样的美誉度不高的文化资源，利用其丑恶的个人形象作为教导大众的"反面教材"，只要开发得当，同样能形成正面的文化价值引导，虽然这样的开发有可能得不到较大的经济利益。

（三）开发方式的价值引导

文化资源的开发方式是不同开发主体根据不同开发客体，遵照开发主体的目标取向并依赖一定的科技和创意，而做出的较为适宜的开发手段。根据不同的分类方式，开发方式有丰富多样的分类。根据开发主体对文化产业核心要素的认同差别，可以分为资源依赖型开发、科技依赖型开发和创意依赖型开发；根据开发与保护的辩证博弈，可以分为积极保护型开发、开发主导型的开发，以及处于折中位置的开放性保护、保护性开发和生产性保护等。

对于文化资源的态度，是以保护为主还是开发为主，本研究暂时不论。不同的开发主体选取的开发方式不同，直接体现一定的价值导向，而这些价值导向不仅影响开发者本身，更影响文化产品消费者。开发方式的抉择对文化价值引导功能来说也呈正向关系。一旦开发方式的选取是科学实用的，在开发主体的目标取向合理的情况下，文化价值引导功能的取向也是积极向上的。而一旦开发方式的选取是盲目的、短视的，那么不论开发主体的目标取向是否合理，开发客体的文化内容是否健康积极，那么文化价值引导功能都必将是消极的。

（四）开发过程不同的选取方式可能导致的多种结果

开发主体的目标取向、开发客体的核心内容以及开发方式的价值选取的探讨，三者之间是一个互相承接成递进关系的文化资源开发的过程，同样也都表现着不同的文化价值引导方式。此三种内涵无疑不决定和支配文化资源的最终归属和命运。三者互相关联，互相影响，尤其是开发主体的目标取向和开发方式的价值选取两者，更具有宣判文化价值引导失败的否决权。

三者的文化价值引导都有好坏两种差别，按照排列组合的方式便形成了八种截然不同的文化资源的开发过程，却只能有成功与失败两种不同的文化价值引导结果（见表 1 - 1）。

表 1 - 1　文化资源开发过程中可能形成的文化价值引导结果

序号	开发主体的目标取向	开发客体的核心内容	开发方式的价值选取	文化价值引导功能
1	正确合理	健康积极	科学实用	好
2	正确合理	健康积极	盲目短视	坏
3	正确合理	片面消极	科学实用	好
4	正确合理	片面消极	盲目短视	坏

续表

序号	开发主体的目标取向	开发客体的核心内容	开发方式的价值选取	文化价值引导功能
5	错误歪曲	健康积极	科学实用	坏
6	错误偏差	健康积极	盲目短视	坏
7	错误偏差	片面消极	科学实用	坏
8	错误偏差	片面消极	盲目短视	坏

三　优化文化资源开发过程中文化价值引导功能的意义

文化资源开发过程是一个艰难复杂的过程，更是一个经济利益与社会效益博弈的过程。根据表1－1所表现的八种不同的文化资源开发过程，文化产业发展应当科学地规避众多不合时宜的文化资源开发过程，倡导和弘扬较为良性合理的文化资源开发过程，使文化价值引导功能得到正面积极、健康持久的发挥，使我国资源依赖型的文化产业发展走上一条正能量传递的良性循环，这有着极大的学术意义与现实意义。

第一，坚持文化资源开发中的正确文化价值引导，是合理保护和有效利用文化资源的重要保证。在较为消极的文化价值引导下，我国的文化资源尤其是世界级和国家级文化遗产资源被开发殆尽，各地也竞相掀起了"申遗热""申都热"的高潮，一方面大兴土木建设各种旅游项目，另一方面却陷入盲目投资、过度开发的债务泥潭。在正确文化价值引导功能的熏陶下，我国文化资源将会得到有效的保护和可持续开发，既不会因为过分保守而使一些优秀健康的文化资源"养在深闺人未识"，也不会因为盲目开发而造成对文化资源的破坏和浪费，而是能有效推动文化资源的高效利用，有利于文化资源的可持续发展，从而为我国文化产业的持续健康地发展和文化大发展大繁荣保留优秀的中国文化元素。

第二，坚持文化资源开发过程中的正面价值引导，是推动维系中华民族文化有序传承的重要手段。坚持保护与开发兼顾、社会效益与经济效益共赢、文化事业与文化产业共同发展的思路，将会有效地推动我国文化产业的飞速发展，并积极地生产和塑造文化精品，大胆推动中华文化产品走出去，使中华文化在世界范围内得到正确的解读和认知，从而使中华文化获得世界范围内的普遍认同。由此便使中华文化与世界文化交流互动，取人之长、补己之短，推动中国文化的综合创新，实现中国文化在社会主义建设新时期的文化传承与创新。

第三，坚持文化资源开发过程中的正面文化价值引导，是贯彻社会主义核心价值观的正确做法，将有利于我国和谐社会的建设，并极大地增强中华民族的凝聚力和向心力。中央办公厅印发《关于培育和践行社会主义核心价值观的意见》，社会主义核心价值观基本内容公布为：富强、民主、文明、和谐，自由、平等、公正、法治，爱国、敬业、诚信、友善。① 正面的文化价值引导将锻造社会主义和谐社会建设的新局面，形成良好的社会风气，真正使民众深刻理解"真善美"的本质内涵，清晰辨别"假恶丑"的真实面目，从而开创史无前例的和谐的社会环境，贯彻社会主义核心价值观国家层面、社会层面和个人层面的积极主张。同时，和谐社会的建设，文化精品的大批量出现，必将使我国劳动人民的基本文化权益和精神文化生活得到极大的满足，更有利于民众对中华文化形成良好的民族文化认知，获得极强的民族认同感，从而形成极大的民族凝聚力和向心力，使全党全国各族人民积极地团结起来，展示社会主义极大的优越性。

第四，坚持文化资源开发过程中的正确价值引导，对于民众文化品位的提升和道德观念的增强都有重要意义，也必将促进人的全面发展。正确的文化价值引导过程有利于形成良好的和谐社会环境，促使富含正能量的人生观、世界观、价值观得到弘扬与传播。民众在文化产品的欣赏过程中不仅得到艺术熏陶，提高了文化素养与品位；更能感悟正确的价值观念的教诲，使自我在生存和生活中坚持正确的世界观、人生观与价值观，同时也提高了道德觉悟水平，促使人们向着正确的健康的积极的人生目标前进。

---

① 《社会主义核心价值观基本内容》，《人民日报》2014 年 2 月 12 日。

第二节　我国文化资源开发中文化价值引导的基本现状

历经多年的飞速发展，我国文化产业已经获得了长足的进步，不同于国外文化产业发达国家依靠科技和创意等要素的发展手段，我国文化产业的发展大多依赖区域内丰富多样的文化资源，尤其是文化遗产资源，因此大多省市尤其是中西部省市在走一条资源依赖型的文化产业发展之路。十七届六中全会以来，我国部分地区开始走向"推动文化科技融合创新"的文化产业路径，力求改变当地单纯依靠文化资源而带来的"文化资源利用率较低、转化能力不强"等问题，并取得了一定成功。

目前，我国文化产业的发展还处于不成熟的初级阶段，文化产业暂时还不是支柱产业，不能与发达国家文化产业尤其是美国的文化产业相提并论。我国在文化资源开发过程中的文化价值引导问题也处于研究和探索阶段，并没有形成较为完备严密的文化价值引导制度体系，这对文化产业的发展和文化消费者来说是较为危险的。因此，我国在短时间内取得的文化产业发展成就与文化价值引导能力较弱的局面是并存的。这些"乱象"如果不能在发展之中得到良好地解决，就有可能使文化产业发展面临偏离健康轨道的威胁。具体来讲，我国在文化资源开发过程中的开发主体的目标取向、开发客体的核心内容和开发方式的价值选取三个环节在不同地区、不同行业都不同程度地出现了些许失误，从而导致文化价值引导功能"名不副实"或"弱软无力"。

一　开发主体目标取向亟待统筹兼顾

开发主体的目标取向直接影响开发客体的核心内容和开发方式的价值选取。目前我国的开发主体大体上分为两类：一是以政府为主导的文化资源开发主体，二是以文化企业或个人为主导的文化资源开发主体。两者在目标取向上面都有可能出现错误偏差。前者有可能重视社会效益而使财源枯竭，也可能重视经济增长而遗忘文化价值引导；后者则容易出现片面追求经济利益而使文化生态、自然环境遭受"污染"和破坏，从而助长文化资源开发中恶劣的社会风气。

（一）过分注重社会效益而忽视经济效益的正面功能

社会效益的获取是文化资源开发的重要目标。居民文化水平的提升、企业美誉度与知名度的大幅提升、文化在公众间的传播与传承、公众道德水平的提高及社会的和谐与稳定，都有可能在文化资源开发主体的社会效益的追求中得以实现。社会效益的获取以追求文化事业大发展为目的，耗费巨资打造博物馆、美术馆以及农村文化大院等公共文化服务体系是必由之路；但在发展文化产业中片面追求社会效益，而不注重经济效益，必然带来产业的亏损和企业的倒闭，甚至在一些公共文化产品的提供之中，如果不重视经济利益的获取，除非有源源不断的资金支持，那么"搭便车"现象的发生，以及后续资金链的断裂，将使公共文化产品与服务的提供无从谈起。

遍布全国的各种博物馆、纪念馆和美术馆等文化基础设施，一味地追求社会效益会陷入举步维艰的深渊。在我国相当长的一段时期内，各级博物馆及纪念馆的运营费用，不是靠自身盈利，而是主要依赖上级政府的财政拨付。在目前我国区域经济发展不平衡、财力暂时有限的局面下，国家不可能全盘承担所有博物馆和纪念馆的日常运营经费，即使博物馆和纪念馆是城市公共文化服务体系建设的重中之重。在国家只能拨付部分经费的情况下，经费不足、资金短缺往往成为博物馆、纪念馆发展不容忽视的问题。那么，在未来博物馆和纪念馆的发展之中，单纯地考虑社会效益是必须改善的思想，树立一定的市场观念，发展一些与历史文化、红色文化、科技文化相关的一些文化产业，用以拓展创收渠道，是可以借鉴并付诸实施的发展路径。以博物馆为代表的一些公共文化事业体系建设，要想健康持续地发展下去，单纯地依靠政府拨款办事业，一味地"等、靠、要"，难免会走入事业发展的死胡同。无论是从文化的传播角度、公众受益的角度还是博物馆发展的角度来看，都不是长久之计。创收渠道带来的经济效益，只要在合理的范围之内用来发展博物馆的合法文化事业，也是取之于民，用之于民，有利于社会效益与经济效益的双赢。

（二）片面追求经济利益而弱化了社会效益

在一些地市的文化产业发展之中，也常常出现"重经济效益而轻社会效益"的目标取向。不可否认的是，经济效益的获取是文化事业繁荣的经济基础，是文化产业飞速发展的根本保证。文化资源的开发过程，本身就是一个经济与文化共生共存的过程，不仅是优化地区产业布局的有效途径，也是文化经济一体化发展的客观趋势。另外，文化资源开发中的经济效益极大地调动了文化内容生产者的主动性与自觉性，也助推着文化资源的开发积极地向社会主体市场积极靠近，主动地向质量和效益靠拢，并多层次、全方位地推动着文化经济的全方位发展。文化与经济在文化资源开发中表现出的内在联系，一定程度上表示着文化产品的经济效益与社会效益的统一性。"文化产业经济效益的快速实现，才能更好地实现文化产业的生产和再生产，因此也能使文化产业的社会效益快速得以实现"，[1] 但在现代化市场经济发展的背景下，在文化资源基础之上的经济开发过程中总出现社会效益与经济效益的矛盾。尤其是在经济决定论的影响下，在拜金主义、经济至上等思想观念的影响下，片面追求经济效益的状况也时有出现。开发主体过分强调经济效益的目标取向，有偏离正确文化价值引导轨道的危险，也有破坏当地文化生态环境、社会生活环境的威胁。

文化资源开发主体的经济效益至上的目标原则，使一些城市相继走上了"举债申遗"的路子。不少城市为了申遗不惜挥金如土，耗资靡费。如河南洛阳龙门石窟在"入遗"前的每年门票收入为1000万元，但在"入遗"后第二年开始就达到了2700万元，[2] 从而使"申遗"成为经济增长和政绩闪光的奠基石。然而，并非所有地市的申遗项目都获得了成功，即使获得成功，其付出也是极为巨大的。贵州荔波和云南石林、重庆武隆等地市捆绑成功申报"中国南方喀斯特"世界自然遗产后，却为此背负了巨额的债务。[3] 这是一场豪赌。一旦申遗失败，多数地市就没有了回头路。申遗成功之后犹

① 冯皓：《文化产业发展需处理好两个关系》，《云南日报》2012年4月27日。
② 刘阳、石破、尹鸿伟、吴真、任点：《申遗生意经》，《南风窗》2003年第11期。
③ 吕绍刚：《"申遗热"请慎行》，《人民日报》2009年8月24日。

如拿到了"芝麻开门"的咒语，在世界遗产的金字招牌下财源滚滚，赚个盆满钵满，而失败却必须背负沉重的债务压力。但应该清醒地看到，"申遗风"的背后是无休止的恶性循环，带来了一系列社会效益受损的严重后果，而这远比申遗成功得到的短暂的经济利益要大得多。不少学者尖锐地指出，所谓旅游带来资金"回笼"，往往是另一轮恶性循环的开始，而每一张人民币的回收，都以人文景观或者自然风光被破坏为代价。更为可悲的是，2003年中国在联合国教科文组织世界遗产委员会已经堆积了高达 64 处的预备名单，当然这没有涵盖各省市已经上马却没有到达联合国的近百处申遗项目，更不包括各地正在积极探讨、热烈论证的即将上马的申遗项目。按照一年两个的速度，中国的申遗大队恐怕已经"订购"至 21 世纪，而且是在每年两个都能申请成功的前提之下。① 可较多地市仍在大量举债，前赴后继地加入申遗的城市大军。

　　与这些"政绩饥渴症"患者较为不同的是，一些私营企业甚至个体户的开发主体却不惜以挑战公众的道德良知和法律底线来获取高额的经济利益，利用现代发达的通信技术和网络平台去开发黄色文化资源。近年来，在利益驱动下，制黄传黄活动趋于多变、隐蔽，网络淫秽色情现象仍然较为严重。据《中国青年报》报道，2009 年 12 月至 2010 年 2 月10 日不足三个月的时间，公安部等九个部门联合执行的淫秽及低俗信息整治行动中，竟然关闭了淫秽色情和低俗的非法网站 1.6 万多个，删除不良信息 130 多万条，清除不良图片 85 万余张，依法查处 30 余部黄色网络小说和 15 款不良色情手游，惩处了为这些不良文化内容提供载体服务的 38 家网站和 24 家服务商。② 在金钱的诱惑下，淫秽色情网站及网络游戏已经形成了产供销一条龙式的产业链，在我国公安部门的严厉打击之下，虽效果颇丰却依旧有部分死灰复燃。如此追求经济利益而不择手段，对青少年的伤害将是多少金钱都不能弥补的，社会效益荡然无存，自然

---

① 康逸、陈雪莲等：《申遗陷入逻辑怪圈：疯狂追逐经济效益寻求翻身》，《国际先驱导报》2010 年 8 月 16 日。

② 《我国关闭"涉黄"网站 1.6 万个，已清查 80% 域名》，《中国青年报》2010 年 2 月 11 日。

也就失去了文化资源开发的初衷，更不能形成较为正确的文化价值引导功能。

二　开发客体核心内容有待统一管理

开发客体内容的片面消极，也使我国文化资源开发过程中的文化价值有陷入误导乃至误读泥潭的危险。开发客体就是文化产业发展所依赖的文化资源，由于文化资源本身有区别，也有居于中间状态的中性文化资源之分，因此开发何种文化资源也是影响文化价值引导功能的重要因素。那么开发客体的核心内容的精神指向就成为衡量文化资源开发中文化价值引导功能好坏的重要标志。然而，为了经济利益的获取，我国部分地区的部分文化行业存在注重物质文化资源而轻视精神文化资源、注重文化遗产资源而不注重其他文化资源、注重俗文化资源而不注重雅文化资源、过于注重外来文化甚至捏造文化的现象。这样的文化资源的核心内容显得较为片面消极。

（一）注重物质文化资源而轻视精神文化资源

不少开发主体看重文化资源的外在形式，特别注重物质文化资源的开发，而忽视精神文化资源的开发。在目前社会的影响下，人们越来越期望进入一个被视觉蒙蔽的世界。与精神文化资源相比，物质文化资源的开发更具备看得见、摸得着的优势，能给文化消费者带来直观的视觉感受，能带来实实在在的文化品位；精神文化资源却不一样，它必须依赖一定的物质载体存在，否则精神文化的传播和展示将无从谈起，即使被开发出来，相对于物质文化也显得空洞苍白。在我国各族居民人均文化消费水平不高的前提下，根据马斯洛的需要层次理论，人们关注更多的往往是最低级的生理需要和安全需要，而不太关注精神文化需要。在物质文化资源的开发中同时存在投资少、见效快、收益多等多重优势，而精神文化资源的开发则存在投资大、见效慢、经济收益少等劣势，大多数开发主体偏向于对物质文化资源的开发。由于大多数文化资源都是物质文化与精神文化的复合体，开发主体也较为关注文化资源的物质层面，忽视文化资源精神层面的开发。各地悄然兴起的加快历史文化名人的墓地、故居、出生地、主要活动地的开发和改建步伐，对其生前的光辉事迹及完美品格却鲜有宣传和开发，无一不是注重物质文化资源而忽视精神文化资源开发的主要体现。

（二）注重文化遗产资源而不注重其他文化资源

按照文化资源的重要性程度，文化资源中的精华成分自然是由联合国教科文组织和我国各级政府评定的文化遗产，而且级别越高就越有开发价值，隐藏的经济利益就越大。一些尚未进入遗产名录的其他文化资源，在文化产业的飞速发展中被遗忘、被销毁或者被破坏，没能发挥作为文化资源的应有的经济开发功能和文化教化功能。在商品经济的极力冲击下，文化遗产资源有着良好的开发基础。比如，一些被评定为世界文化遗产的文化资源，可以轻而易举地打造成举世闻名的旅游胜地，无论其知名度还是美誉度都是与众不同的，自然成为当地经济发展的动力源。相对于其他文化资源，文化遗产本身就是一个可供推广和营销的"文化产业品牌"，能在短时间内形成以弘扬文化遗产核心文化精神和追逐经济利益为主题的文化产业链。各地区不惜耗费重金也要打造世界级的文化遗产也正是出于这种目的，或者申遗本身就是城市文化和城市名片的一种推广和营销。对于其他文化资源，由于在文化品位及知名度上稍逊一筹，自然成为开发主体备选的开发对象。

（三）注重俗文化资源而不注重雅文化资源

改革开放以来，我国居民的文化教育程度得到了极大的提升，但是与国外发达国家相比，无论是在文化素质、文化品位等方面都有着较大的差距，而且这些差距不是在短时间内能弥补的。在公众文化素养暂时不高的情况下，一些高雅的、健康的、精英的文化产品无可避免地在文化市场中备受冷落，相反那些哗众取宠的、休闲娱乐的、时尚流行的甚至俗不可耐的文化产品却能在文化产业的发展中大行其道，风风火火。因此，不少开发主体将开发客体的核心内容定位于大众流行文化甚至俗文化，而对雅文化的开发却严重不足。

从长远发展来看，文化产业的发展自然需要洞箫牧笛般的文化必需品，但也需要黄钟大吕般的文化珍品，这样才能推动文化产业多层次、高品位发展，才能显示我国文化的博大精深。简言之，"下里巴人"自然有其存在的合理之处，"阳春白雪"也有其存在的文化空间。

2011 年国家广电总局出台"限娱令"，要求全国各卫视压缩娱乐节目播出时间，这一举措被认为是国家扭转电视节目"过度娱乐化"和"低俗化"的明确信号。目前，我国对文化资源的开发过于迎合大众文化的口味和市场经济的需求，不少开发主体将开发的重点甚至转移至西方文化、黑社会文化、黄色文化、迷信文化。部分景区设置的"拉郎配"文化旅游节目，使走婚等习俗被歪曲成对混乱性生活的想入非非，游客去丽江的艳遇和女儿国的走婚成为首选目标。这是一种误读，对本地居民的淳朴和善良也是一种亵渎，使当地文化生境得以毁灭。在一些文化产品供给较为贫乏的农村地区，部分开发主体竟然瞄准了落后的腐朽文化，由于农村居民精神文化的空虚，使一些落后的腐朽文化大行其道，黄、赌、毒等重新占领农村社会。据《人民日报》报道，在河南省固始县段集乡热闹的庙会上，"脱衣舞"、赌博大行其道。[1] 在乡村集市上，时常遇到"低俗的野戏班"，跳"脱衣舞"，玩"儿童杂技"，耍"动物的表演"等，这些充斥着色情、虐待儿童和动物的以赚钱为目的的表演，既败坏了社会风气，也亵渎了中华民族的善良本质和道德文明。[2]

（四）泥沙俱下形式下"伪文化、假文化"的横行

"伪文化"与真文化相对，就是打着"弘扬文化遗产"旗号大搞假冒伪劣"文物"，或者假借"革命传统教育""发展贫穷地区经济"之名谋取不义之财。不能证实是历史遗址或遗迹的"虚"，而故意笃定为"真"，使人们狂投银两的"伪文化"的现象，本身就是一种对历史文化遗产的不尊重——起码也是不道德不光彩的行为。然而不幸的是，我国目前针对这样的"假文化"的开发却时有出现。在我国文化繁荣的背后，类似的"假文化"和"伪文化"有着固定的文化市场和消费人群，有待未来文化统一发展中实行统一管理和监督。

---

① 李泓冰：《"脱衣舞"、赌博在农村为啥大行其道?》，《人民日报》2006 年 11 月 13 日。

② 邢兆远、丁永宏、周广慧：《让乡村文化生长发育起来》，《光明日报》2010 年 12 月 27 日。

"伪文化"中最为引人注目的，就是一些"莫须有"的文化层出不穷，似乎到了让人哭笑不得的境地。我国各地兴起的名人故里、纪念馆、陵园等开发，大力打造文化产业，本是一件无可厚非的事情。然而在一些地市的发展规划中，却将名人故里的开发误读了，离"真、善、美"的文化越来越远。打一个不当的比方，个别地市开发名人故里的过程仿佛是将历史上真实存在的名人逐一地从坟墓中发掘出来然后用筛子过滤一遍，只要扯得上半点关系的名人全部贴上城市的名片。① 后来的发展就更加令人啼笑皆非，某些开发主体竟然将传说、神话、小说甚至民间故事的人物找到归宿，贴上地方产出的籍贯。近年来闹得沸沸扬扬的西门庆、孙悟空、潘金莲、观音菩萨的故里之争，使原本子虚乌有的事情演绎得淋漓尽致，仿佛这些人物真的在现实中存在。一些地方政府却真的信以为真，搞起所谓的故里、园区，更是让人忍俊不禁。

三　开发方式价值选取急需规约监督

根据不同开发主体对开发与保护、利用与传承之间的不同理解，我国文化资源的开发呈现出较多的开发方式，也代表着不同的价值选取。从对文化资源的开发程度和利用程度来看，其开发方式存在外延式开发和内涵式开发两种。单纯地增加文化资源的投入的规模，以换取文化产品生产数量的增加的开发方式称为外延式开发。加强对现有开发资源包含文化资源的现代化管理和科技创新力度等手段的文化资源开发方式为内涵式开发。这种方式不但能获取较高的经济利润，更能减少不必要的文化资源损耗。② 根据我国现阶段的文化资源开发形势，一些粗放型的外延式的开发方式和一些空洞苍白的科技开发手段的价值导向不明，从长远来看，这些开发方式的价值选取急需规约和监督。

（一）竭泽而渔式的外延开发

外延开发有开发投资少、见效快、营销费用少等优点，但相对于内涵式

---

① 刘纪昌：《我们不需要伪文化》，《记者观察》（上半月）2010 年第 7 期。
② 程恩富：《文化生产力与文化资源的开发》，《生产力研究》1994 年第 5 期。

开发，外延开发有开发手段初级粗放、文化产品生命周期短、发展后劲不足、容易造成遗址损坏及环境破坏等缺点。在地区经济利益的诱惑之下，依仗我国源远流长的历史和博大精深的文化，我国较多历史文化名城及历史文化资源较多的城市通过外延式的开发手段，大力发展文化旅游业，在一些文物遗址甚至是原生态的文化遗产的基础上大拆大建，希望借文化资源之名带动文化旅游，进而为当地城市经济的发展带来实实在在的利益。但凡稍有名气的文化资源，无一漏网地进行统一式的低水平地重复开发，这种开发方式是在一个大的平面上开发了许许多多的点，却没有将某个点集中突破，形成一个举世闻名的内涵式开发的文化产品。不可否认，较多城市通过发展文化旅游业获得了不菲的经济效益，也给城市发展带来了积极的社会效益。但从长远来看，开发手段的低级粗放，使文化产品的生产仅仅停留在初级的低水平之上，缺乏与时俱进的发展步伐和科技含量。更有甚者，部分开发商在原遗址之上的改造升级，并非出于对遗址的保护态度，而是以经济利益为出发点，漠视对遗址的保护和传承，虽然使文化资源的开发在短时间内取得了较为喜人的经济效益，但是其经济效益是以游客数量的增加、承受着超越旅游最大承载量以及环境保护的压力为代价实现的。从长远来看，这种竭泽而渔式的外延式开发缺乏发展的后劲，由于文化产品生命周期短，在未来不得不面临投入巨资保护文化遗址或者生态环境的尴尬境地。

（二）空洞苍白式的内涵开发

与外延式开发明显不同的是，内涵式开发注重对文化资源的深层次开发，由于投入了较多的科技元素和创意色彩，并通过强有力的营销管理，使文化资源多姿多彩的另一面展示出来，形成了一种高品位的文化商品，进而带给了人们感官刺激和享受。内涵式的开发在获得了文化资源升级和改造极大的成果的同时，也获得了较大的经济利益，并通过文化产品的流通使文化资源的核心精神得到了宣扬，更通过获得的经济利益使原有的文化资源得到了更深层次的保护。内涵式的开发本无可厚非，但开发是基于一种"泛文化"的概念，将一些子虚乌有的东西全部涵盖至文化中，就形成了一种空洞苍白式的开发。这种文化资源缺乏一定的文化内涵，是一种浅薄的文化，低级趣味的文化，抑或"假文化"和"伪文化"，仅靠科技含量的提升和营销管理的改善，可能在短时期内获得极大的成果，但如果缺乏深厚的文化底蕴和浓重的思想内涵，其文化产品的生命周期也将大打折扣。我国不少城市"文化搭台、经济唱戏"的通俗做法，就是一种空洞苍白式的内涵开发，由于缺乏传统文化元素，不少冠之"文化节""民俗节""文化博览会"的文化活动都无可幸免地沦为商业活动，不少游客乘兴而来、败兴而归。在影视领域，通过高科技的声光电技术（比如 3D 技术）的确能获得一时的"眼球效应"，但是缺乏文化内涵的影视作品，仅仅依靠场面的宏大、片酬的增加、明星的阵容和技术的革新，其作品的成功只会是暂时的。

第三节　文化产业发展文化价值引导功能较弱的原因分析

我国目前文化资源开发过程中文化价值引导存在的诸多问题和不足，是世界各国在文化产业发展之中都曾出现的问题，也与我国自身的文化产业发展速度快、时间短和经验不足有着莫大关系，更与我国目前文化产业学科发展严重滞后，文化产业科学研究跟不上文化产业的发展步伐有着密切关系。我国文化资源开发过程中出现的文化价值引导的暂时弱化，是全世界范围内文化产业发达国家在文化产业发展初期遇到的普遍问题，又因为我国文化资源的多样性及开发主体的多元化而有着特殊问题，展示出了我国在社会主义市场经济条件下文化价值引导发生的中国国情。

一　经济利益至上的巨大诱惑

文化产业是一定历史阶段的产物，是构筑在极大的人群消费、多元灿烂的文化和强大的工业生产基础之上的。然而，不少地方政府将文化产业绑架到经济发展的战车上，使文化产业成为谋求经济利益及个人私利的工具，并不是满足人民精神文化需求的产业途径，也不是合理发展的应得之物，为了经济利益不惜揠苗助长。然而，部分地区以金钱为衡量标准的开发原则，导致了开发主体的价值取向的错位、开发客体核心内容偏离健康向上的轨道，也促使保护与开发并重的文化资源开发原则偏离了本位。不少开发主体在开发文化资源的过程中，并不是不知晓社会效益为首的开发原则，更不是不知道经济效益的取得会导致资源的浪费破坏和文化价值引导的偏离，但多数开发主体并不以为然，仍以经济利益为首要发展目的。

首先，这与我国整体的市场经济体制有莫大的关系。在社会主义市场经济体制下，经济利益的获取成为衡量众多经济活动的终极法则。文化产业的发展同样是一个文化经济化的过程，同样遵守着"公平交易、优胜劣汰"的市场生存法则。在严酷的市场经济竞争下，以社会效益为首的文化经济活动自然没有多少用武之地，不论是政府官员还是商人，还是学者，都以文化资源开发中获取的经济利益的成果作为最成功的标准。与经济利益的获取相比，社会效益的获取是隐晦的、长期的、见不到摸不着的。因此，只有经济利益的获取才是实实在在的，才能在短时间内打造出举世瞩目的文化产业品牌，才能获取"名与利"的双收。

其次，客观存在的经济差异。为求生存及改善人民生活水平，部分经济贫困地区不得不把经济效益的获取放至首位。"靠山吃山、靠水吃水"，依赖本土资源获取生存空间及经济利益，本是亘古不变的人类生存法则。在我国中西部经济不发达的县市，经济增长始终是当地政府为之奋斗的重要目标之一。对于这些产业经济不发达、技术手段落后、民众收入水平较低的县市来讲，发展文化产业自然是大力发展文化旅游业，以吸引外地游客观光旅游为当地经济带来实惠，使民众过上幸福生活。低水平地开发当地的历史文化资源及民俗文化资源，依靠文化底蕴及民俗风情吸引外地游客，并遵守社会主义市场经济竞争的基本生存法则，是此类县市获取文化经济利益的生存之道。由于操之过急或者引导不善，使经济效益的提升变为衡量一切法则的唯一法则，是在严酷的生存空间挤压和残酷的市场经济竞争下双向作用下畸形发展的结果。

最后，个别地区的政府官员狂热的"政绩饥渴症"，不仅使"GDP比拼"达到了令人无法理解的程度，也使一些面子工程、形象工程遍地开花，更使不少城市文化品牌的宣传达到了不择手段的地步。在大力发展文化产业，并推动使之成为国民经济发展的支柱行业的思想指导下，不少地方官员将文化产业的发展看成是医治经济危机、克服地区差异、摆脱贫困处境的灵丹妙药，并为此大力追求高速度、高指标，将文化产业增加值的提高看成是自己充实政绩及仕途升迁的垫脚石。殊不知文化产业并不是万能的救世主，也不是摆脱地区经济贫困的良方，而是文化与经济一体化发展的共生共荣的过程。文化产业的发展离不开政府的政策支持、前期的巨额投资、文化资源的深化改造、广阔的消费市场。然而令人不可捉摸的是，同文化繁荣条件相同的是，文化需要在政治、经济、社会等各个条件都符合的条件下才有机会获得成功，但只要有一个环节出现了短板，文化注定就不能繁荣发展。文化产业的发展也是如此。

二　开发与保护过程的偏离

开发与保护本是文化资源到文化资本过渡首先要考虑的问题。在不少学者看来，保护与开发本是一对相辅相成、互相联系的整体。文化资源的开发必须在保护的前提之下，才能进行有限度地可持续地开发；同样文化资源的保护有时候也可以通过开发来实现，适当地通过商业化手段开发获取一定的经济利益，不仅能传承文化资源附带的文化，更能为文化资源的深度保护带来不菲的资金保障。但在现实之中，保护与开发似乎总是一对互相敌对的矛盾，而且是一种多重的矛盾。公众有理由将区域内的文化资源尤其是文化遗产资源公之于世，这本身就是属于国家和人民的，因为民众本来就是历史的创造者。公众文化品位的提升和维权意识的觉醒，带来的多样化的文化需求和精神渴求，是现代文化事业和文化产业发展源源不断的动力。因此，文化资源的开发有着不可估量的现实意义。既反映了民众的现实文化需求，又是紧跟时代步伐，实现经济结构优化升级的重要手段。保护对于文化资源来说也是必需的。文化资源缺乏良好的保护，文化产业的发展将无从谈起。

现实中保护与开发的争论喋喋不休，使文化资源的开发常常陷入"重开发轻保护而导致建设性破坏"或者"重保护轻开发而致久锁深闺"的怪圈。

（一）重开发轻保护而导致建设性破坏

对于开发和保护来说，都需要一定的资金、技术和人才的支撑，在市场经济利益的诱惑下，开发常常为人们所误读，常常会超越保护的阻碍，迅速成为开发主体思考的唯一主题。以我国文化资源的精华文化遗产为例，虽然我国目前拥有较多的文化遗产，但普遍存在"重开发轻保护、重申报轻管理"的现象，而重申报轻管理则是重开发轻保护现象的延伸。例如我国的文化遗产地，现代化的开发建设使一些遗产地遭遇着前所未有的建设性破坏，面临着严峻的生存挑战。

其一，人为性破坏影响了文化遗产的真实性和完整性，主要体现在人们在遗产地以营业为目的进行私拆乱建，如安徽西递村、宏村查处的多处违规建筑物。由于人口增长，居民实际的住房需求与古村落保护发生矛盾，基本的人口居住问题，出现了在原本规整的院落中加盖、用大量新构件而破坏文化遗产历史风貌的现象。

其二，文化遗产地"孤岛化"现象愈演愈烈。景区外围商业化、城镇化现象严重，从而使景区沦为被外围现代城市包围的"孤岛"。由于世界文化遗产地外围土地的过度开发或不合理应用，工业化、都市化的发展以及环境污染等原因而使景区周围环境恶化、生态受损，使我国世界文化遗产资源受到了严重威胁。

（二）重保护轻开发而致文化久锁深闺

对于文化资源尤其是文化遗产资源来讲，实行积极的严格的保护政策是必需的。良好的保护措施不仅能延长文化遗产的生命周期，更是建设中华民族优秀传承体系的基本要求。然而，过分地保护乃至与世隔绝地保护就有矫枉过正之嫌。

文化资源就是久经保存的好酒，如果一味地强调保护，甚至杜绝文化事业型的开发，严禁公众对这些文化古迹进行普通的参观、展览，那么这些文化遗产也失去了应有的精神文化价值，没能最大限度地发挥它作为文化遗产的最大效应。实质上，部分物质文化遗产的精神文化价值远比它的物质价值高得多。过分主张严密保护文化资源的建议，会使众多优秀的文化资源"久锁深闺人未识"，从而存在在遗忘的角落里腐烂变质的危险。

三　多方参与力量的分散

文化资源开发过程中的价值引导是一个多方力量参与其中的过程，单从文化产业的生产、销售、消费这个流通过程来讲，就是生产者、传播者、消费者和监督者共同主导的一个过程，每个环节的主导者都有可能影响文化产业发展中的文化价值引导功能的强弱。文化内容的生产者、文化渠道的传播者、文化产品的消费者和文化生产的监督者，都在整个文化资源开发的过程中发挥着不可估量的作用，影响甚至支配着文化价值引导功能的展示和体现。

（一）作为生产者的内容创造者，逐步为市场所主导

文化内容的生产者是文化产品的主体创造者，任何形式的文化产品都是经过生产者的创意、创新和创造并融入文化资源的改造和展示之中，从而形成可供消费者消费的文化产品与服务。在社会主义市场经济的利益诱惑下，由于大众文化品位及消费水平的限制，生产者从事大众文化的发掘与改善，从事休闲娱乐产品的生产与创造。因为文化消费市场决定着文化产品的生产质量和规模。从市场的角度出发，文化产品的生产者将迎合市场、取悦消费者的需求，作为衡量一切文化经济活动的准则。在这种较为功利的观念的驱动下，不少文化资源开发主体摒弃了社会效益为首的价值取向，摒弃了保护与开发并重的开发原则，甚至将文化生产的目标锁定在迎合观众低级趣味的俗文化乃至黄色文化上面，彻底沦为了经济的傀儡和金钱的奴隶。

（二）作为传播者的信息化渠道，缺乏对信息过滤式传递

作为文化信息的传播者，虽没有自身创造不良文化之嫌，却肩负着管理文化信息传播渠道的重要责任。现代传媒技术的发展，公众只要拥有一部手机就可以下载和上传各种信息和资源，使网络资源的监管变得越发棘手。然

而，我国当前的网络监管机制并不健全，在鱼龙混杂的大批量信息面前，通常缺乏较为合理的治理措施和完备的奖惩机制。作为传播者常常进行无过滤式的传递，以至网络资源五花八门，泥沙俱下。艳照门事件发生以后，香港警方采取了极为严厉的措施，严禁这些淫秽色情图片传播至网上，并采取监控措施防止这些黄色资源在网民之间互相下载与传播，并逮捕拘留了一些公开传播此种黄色图片的犯罪嫌疑人，从而将消极的文化价值引导降至最低；与香港警方大力监控和预防形成鲜明对比的是，大陆警方在当时尚没有较为完备的网络预警及监控机制，不能对这些黄色文化资源进行有效的控制和监督，以至于这些色情图片在网络上疯传，大有无法遏制之势。更为讽刺的是，部分香港公民为获取这些色情电子照片，竟然来到大陆，利用网络资源下载所谓的"艳照"。

（三）作为旁观者的消费公众，凝视着文化的侵袭与自戕

作为文化消费者，普通民众还没有辨别外来文化入侵及伪善文化宣扬的能力。在一些贫困的农村地区，不少民众心甘情愿加入宗教组织，期望将自己的人生幸福寄托于宗教社会之中。而众多文化消费者，只是文化产品与服务的被动的传播者和接受者，面对来势汹涌的外来文化的侵袭和咄咄逼人的内部文化的自戕。消费公众仅仅作为一个看客，没有行使手中监督与评判的权利与这些消极文化做抗争。个别学者坚持的本民族文化本位主义的综合创新，虽然得到了较多学者和民众的积极响应，但毕竟没有形成一种社会趋势，没能在全国范围内形成一种传承民族文化的潮流。在端午节、中秋节、清明节和重阳节等传统文化节日受外来文化影响的今天，西方的一些文化节日如圣诞节、情人节、愚人节和万圣节等纷至沓来，其节日气氛和浓厚的人气不亚于传统的中国节日。在外来文化日趋咄咄逼人的今天，春节似乎是传统节日保留的最后一道屏障。面对影视节目中日趋流行的娱乐文化、宫廷文化、山寨文化，民众毫不犹豫地参与其中，丝毫不顾及此类文化可能带来的不良影响。

（四）作为监督者的文化管理者，缺乏完备的法律体系

文化资源的开发过程急需正面的文化价值引导，更需要多方参与才能实

现。在目前各个参与主体各自为战的现状下，政府的监督管理、调节控制作用显得力不从心。尤其是在一些政策性的法律体系和评价体系的制定和实施方面，政府都缺乏广泛的社会人员提供强有力的合作与交流。我国文化产业法律体系不健全，导致我国部分文化资源开发主体胆大妄为，藐视法律及道德原则，从而陷入了拜金主义的漩涡不能自拔。由于缺乏较为完备的奖惩机制，部分开发主体将视野转向以经济利益为主导的低俗文化产品的开发之上，为了金钱的获取常常游走于法律边缘。

四　文化资源开发评估机制亟待创新完善

由于我国暂时缺乏文化资源开发的绩效评估机制，使众多开发主体片面地以为经济利益的获取是开发的最终目标。这样的开发初衷是使我国文化资源开发过程中文化价值引导功能弱化的主要原因之一，正是由于评估机制的缺乏，使众多开发主体为追逐经济利益而趋之若鹜。

（一）过于僵化的评估机制

文化资源的开发效益与投资目的有着密切的联系。在程恩富看来，文化资源的投资无外乎出于以下四种目的，政治性、知识性、伦理性和娱乐性。根据四种开发投资目的的不同，政府应当设立和制定不同的效益评价内容和标准。比如，一些休闲养生文化、娱乐文化、时尚流行文化等大众文化愈来愈显示出产业化的潮流与趋势，对于此类文化资源的开发和投资的收益评估更多地只能以经济利益的盈亏来衡量。那么对于这种中性的文化资源的开发来讲，他们大多可以通过市场运作和项目收入来获取较多的经济利益，也能在较为短期的时间内获取前期投资的补偿和回报。因此对于此种项目资源的开发一般采取较为客观的价格补偿。然而，以知识性特别是以伦理性和政治性为目的的文化活动，比如以知识的传播和人才的培养、道德的教化及民众素养的提升、文化观念的普及及国民素养的提高、中华民族文化的保护与域内域外传播传承为目的的文化资源开发与投资活动，其社会效益尤其是文化价值引导功能的实现远远大于其获得的经济利益，然而我国并没有类似于此类的文化资源开发投资绩效评估机制，不能对此类开发活动进行科学权威的定量定性分析。再者，此类文化活动的开发投资并不能完全转化为直接的经济效益，因此更不能单纯地以经济效益的好坏多寡来测评此类开发投资的效益大小。这是因为，以此三类文化资源为基础的开发投资在本质上不同于娱乐文化资源，一是因为个别文化资源的开发不能完全放开让市场全程参与，一开放就面临着道德失衡、资源破坏的危险；二是此三类文化资源的开发投资一般难以彻底实现市场化，因为文化消费者的群体偏小而文化供给者却很多，易形成供求格局反差较大的局面。当然，绝大部分伦理性和知识性的文化开发投资，是可以逐步通过日趋完善的市场交易来实现自身的价值补偿甚至利润回报的。[1] 目前我国的文化资源开发评估体制尚不健全，基本上出于"一刀切"式的共同对待的境遇。在这样的评估体制之下，以娱乐文化资源的开发为多数开发主体所青睐，进而转化为现实的行动，使伦理型及知识型的文化资源的开发与投资面临较为困难的境地。从现实来讲，伦理型和知识型的投资更容易产生正面的文化价值引导功能，而娱乐型的投资目的更容易产生消极的甚至错误的文化价值引导功能。

（二）相对滞后的文化产业劳动消耗补偿标准

由于劳动消耗的补偿方式有千差万别，相应地针对不同的文化资源开发投资则顺理成章地采取不同的效益评价标准。对于娱乐性文化资源开发投资的评价标准，绝对不能等同于对政治性、伦理性以及知识性的文化资源开发投资的效益评价标准。较长时期以来，我国文化资源开发投资的劳动消耗补偿方式大概体现为以下三类。第一类主要是一些营利性的产业性质的文化单位，包含依靠上座率生存的电影院、凭借门票过活的通俗艺术表演团体、依仗发行量敛财的报纸杂志和唱片公司、依赖畅销量获利的出版社，以及通过企业化成功改制后的公司化运营的文化事业单位等，基本都属于价格补偿型。他们严格遵守市场的生存法则，利用灵活的市场机制，生产普通民众迫切需要的精神文化产品与服务，甚至一味迎合观众的低级趣味，但仍然按照

---

[1]　程恩富：《文化生产力与文化资源的开发》，《生产力研究》1994 年第 5 期。

商品交换的公平交易原则来获取基本的生存空间和额外的销售利润，从而得到在文化资源开发投资等劳动中所损耗的价值补偿。此种文化资源的开发投资往往的盈利为目的，通常能通过扩大生产规模获得企业利润，又由于其开发的产品大多为大众喜爱的文化产品，因此一般能在短时期内获取利润，且必须如其他产业投资一样，缴纳一定的税费，为国家的税收事业和国民经济积累做贡献。第二类是一些基本属于完全公益型的文化类行政事业单位，包括培养祖国花朵的学校、致力于科学研究的基础科研单位、提供免费公共文化服务的博物馆（纪念馆）和图书馆等，以及农村社会的文化大院等，大多属于财政补偿型。此类文化资源的开发投资向来不以营利为目的，而且在以后的较长时间内也不能以盈利为目的，虽然其中部分文化服务单位如博物馆和图书馆等虽然有间歇性的收费项目及零星的服务性收入，但大体上属于以财政拨付和社会捐赠为其补偿开发投资等劳动消耗的主要渠道。例如，学校等人才培养单位的设立就应当以国家财政拨款为主，并以象征性收取不在义务教育阶段的学生的学杂费、住宿费、基本的校办产业收入和广大社会友人资助等多渠道补偿为辅，补偿学校在开发知识性文化资源中的劳动耗费。第三类则是一些高雅艺术表演团体及广播、学术研究型报纸杂志等文化单位，这类单位包含致力于戏剧、话剧、交响乐、歌舞等能登大雅之堂的高雅艺术的文化资源的开发单位，一般属于价格和财政双重补偿型。此类单位往往不是单纯的以盈利为目的的娱乐性文化企业，也不是单纯的以公益性为主的事业型文化单位，他们往往能获取较少的经济收入，大多数情况下不能自给自足，难以维持基本的日常工作运转，在长时间内处于"收不抵支"的状态。此类文化单位的收支差额一般也只能借助财政或社会资助来弥补。因为相对于娱乐性文化资源的开发投资来讲，此类单位多数开发的为高雅艺术和科学文化，因此对于社会的发展及社会民众文化品位的提高都有着难以估量的作用。此类文化单位的生死存亡关乎高雅艺术及科学研究的生死，政府不能置之不理，为了高雅艺术的繁荣发展和科学研究的顺利进行，必须进行一定的财政拨付。从目前来看，我国文化资源开发投资的劳动消耗补偿标准已经滞后于文化产业突飞猛进的发展及文化事业体制机制改革的日趋成熟稳定，劳动消耗的补偿标准甚至已经引起了消极的文化价值引导，集中体现在对娱乐性文化资源开发投资的趋之若鹜以及对伦理性知识性文化资源的置之不理。

由于娱乐性文化资源的投资能在短时间内获取较大的收益，因此我国文化产业的投资者主要将资金和财力集中在对娱乐性文化资源的开发之上。对娱乐性文化资源开发投资的补偿方式主要为价格补偿型，可以通过发行大量的书刊、报纸、刊印广告、票房以及后期的相关产业链来获取不菲的经济利益。各个城市文化产业的发展，主要是通过对娱乐性文化资源的开发来实现区域经济发展的。随着科学技术的发展，一些传统的价格补偿型文化行业，如影视表演、出版传媒等，逐步为新兴的价格补偿型的文化行业所取代，如动漫游戏业、文化旅游业、休闲娱乐业、创意设计业等，形成了新兴文化行业与传统文化行业比翼齐飞的文化产业发展格局。

与娱乐性文化资源的投资开发热潮形成鲜明对比的是，各地对伦理性、知识性的文化资源的开发投资处于较为消极的状态。在这些伦理性和知识性文化资源的开发中，各个文化行业基本处于财政补偿型和价格与财政双重补偿型的状态。不论其是否能获取一定的经济利益，在文化资源的开发主体看来，如果开发投资在短时间内不能得到收益，甚至不能收回投资，此类文化资源的开发自然没有投资的必要。我国财政补偿型的文化行业很多，这些补偿也可以分为全部补偿和部分补偿两类。全部补偿基本是一些文化事业单位或团体，如学校、基础科研单位、博物馆、图书馆等；而部分补偿型有戏剧、话剧、交响乐、歌舞等高雅艺术表演团体及广播、学术报刊等文化事业单位。虽然我国对后者进行了初步改革，如将一些院团改为演艺集团（公司）使其自给自足。然而，伦理性和知识性的文化资源的投资和开发始终处于较为被动的地位。

第四节 文化价值与经济价值引导错位的主体性危害

文化资源开发的文化价值引导的失位及偏差，容易带来多重性的社会危害，它危害的不仅仅是某个阶层，而是对整个社会价值观、世界观和道德观的塑造者、传播者及评判者的整体破坏。积极的文化价值引导可能被人们束之高阁，甚至供奉起来，使好的不能继续更好；但消极的文化价值引导只会引导着文化价值引导向更坏的境地发展，使坏的继续变得更坏，直到无以复加。针对我国文化资源开发过程中出现的各种不良文化价值引导的现象，对我国文化资源的保护及可持续开发、文化的保护和传承、民众的文化素养提升以及核心价值体系建设都容易造成主体性危害。

一　文化资源开发主客体的双向危害

文化资源的开发虽然是面对客体的，但开发的过程是主体的，是主体开发在客体上的对象化，因而主客体同时得到开发。[①] 文化资源有着原料的经济属性，但也拥有文化元素使其具备文化属性，因此文化资源的开发不仅是一个经济活动，更是一个文化活动。文化资源的开发活动不仅改变着文化资源，同时文化产品制作的过程也在同时影响和支配着生产者和创造者，因此文化资源开发中文化价值引导功能的显现，对主客体双方都是双向的。一旦文化资源开发过程中文化价值引导出现了严重的偏离，无论对于文化资源开发的主体还是客体都容易造成极为深切的危害。

（一）文化资源开发中客体的被破坏及被浪费

消极的文化价值引导最为直接的后果是文化资源开发客体的各种灾难性后果，以发展文化产业为名头的各种开发建设常常带来的是文化资源的开发性破坏及浪费。打一个非常恰当的比喻，我国文化资源如果是文化产业发展的源源不断的血液的话，那么目前的状态就是一个极度贫血的巨人在大规模地"坏血"和无偿地为国外"献血"，乃至由于受伤而在极度"失血"。尤其是在现代城市化步伐愈来愈快的今天，城市历史文化资源往往不能在城市文化产业的拉网式大开发中幸免于难，其破落的精神面貌与现实都市的繁华格格不入，仿佛只是落后、腐朽、没落的象征和标志，往往成为拆毁重建的

---

① 黎永泰：《西部大开发中的文化资源开发战略》，《经济体制改革》2002 年第 1 期。

对象，以比肩欧美等发达国家城市为荣的新兴城市建设者往往看不到历史文化街区及散落在城市角落里面的民俗文化资源的真正价值，必欲"除之而后快"才能跟得上世界发达国家城市的建设步伐，才能彰显城市作为一个独立的人居文化城市的独特魅力。

有形的物质文化资源惨遭掠夺式的开发破坏和浪费，使我国文化资源面临着建设性破坏的威胁。文化资源本是可再生性与不可再生性的综合体，具备渐增性与递减性双重特征。目前部分开发主体按照矿产资源的开发方式，使我国文化资源自身开发利用和保护不足，从而造成极大的空间损耗。一旦世界上其他文化产业发达国家强势介入，我国自身民族文化产业的发展又不足以抗衡外来文化资本入侵的情况下，国际文化市场中的跨国文化产业集团必定会抢滩登陆中国，抢占乃至瓜分我国的文化市场，进一步使我国文化资源开发的空间进一步压缩和限制。更为忧虑的是，我国文化市场内部的地方政府对文化资源的盲目、效率低下的粗放式开发，甚至是掠夺式开发和建设性破坏式的开发，使原本已不乐观的文化资源空间进一步被蚕食和压缩，导致我国部分地方开发主体只能对自身文化资源进行极为有限的占有。[①] 在内忧外患的文化资源空间格局下，人们时常将目光聚焦在被文化帝国主义抢占和掠夺而带来的文化资源的流失上面，但面对自身开发主体内容的大手大脚的浪费现象，却总是视而不见、充耳不闻。在这种掠夺式和破坏式的开发方式下，文化资源的开发投资往往容易形成一个恶性开发链条，即对文化资源缺乏深刻全面的双重价值认识——急功近利式的粗放式的"浅加工"——经济效益的实现见效快但却周期短、总量小——努力扩大生产规模、致力于量的积累的新一轮的盲目开发——文化资源开发投资以及规划的跟进性"失血"——文化资源开发普遍开始出现"烂尾楼"工程……就这样，许多地方政府和地区的文化资源以及财力、高等人才等文化产业资源就这样一步步地耗费在这不见天日的恶性开发循环链条之上，且屡屡在"套牢"过程

① 王中云、骆兵：《保护与开发：我国文化资源空间的扩展着力点》，《江西社会科学》2011年第 8 期。

中消耗殆尽。① 与有形的物质文化资源的开发式破坏并行的，是低效率粗放式开发所带来的文化资源的大规模浪费。开发之后空无一人，与开发之初预想的门庭若市的景象形成鲜明的对比，部分文化产业园、主题公园以及公共娱乐场所往往门可罗雀，不能不说是一种极度浪费。此种文化资源的开发往往是个别开发者的个人意愿，由于缺乏前期的有效论证而导致开发之后面临投资失败的境地。

同样，精神文化资源也在一些不合适的开发目的和手段中遭受破坏和诋毁的命运。部分精神文化资源在低俗的文化开发中名誉扫地，其损害程度是远远不能用有形的物质损害和金钱的多少来衡量的。由于文化资源一般是物质文化和精神文化的复合体，因此一些名垂千古的传统文化遗产也蕴含着富含正能量的传统文化精神，可一旦在不合适的开发中毁灭了传统文化遗产的物质形态，其不合理的开发目的会随着公众"恨屋及乌"的情愫转移到传统文化精神上去，而传统文化精神的毁灭是用任何价值都无法衡量的损失。如部分地区对旅游资源的开发中，利用神圣的宗教文化资源和游客乐善好施的菩萨心肠来大肆骗取钱财，并时有出现逼迫或者引诱顾客"捐买"所谓"香火费""转运钱""慈善费"等多种名目的诈骗行为，给部分景区和宗教文化蒙上了"认钱不认人""有钱能使鬼推磨"的阴影。部分地区不惜将经典文化用庸俗的方法讲述出来，搞所谓"野史""艳谈"等诸多形式的与事实不符的演艺节目，这些低级庸俗的做法，更是将所谓传统文化的正义阳光的形象大大毁灭了。

（二）开发主体和公众的价值观错乱

文化资源开发中文化价值引导功能的弱化和丧失，不仅对文化资源开发过程中的客体文化资源有着直接的破坏和损害的负面影响，对文化资源开发主体和公众也有着反向的负面引导作用，而且其引导作用的恶化会导致大众

---

① 陈元平、张国洪：《中国文化市场与文化产业全国文化市场与文化产业区域调研活动的目标与任务》，《中国文化报》2004 年 2 月 9 日。

价值观、道德观和人生观的错乱。

被多数人狂热追求的大众文化，就在一些文化价值引导方面存在部分消极作用。在发达的商业社会，文化传媒为了获取更多的利益，常常为了迎合普通民众的低级趣味而传播通俗文化节目，无论是漫天飞的书籍还是电视上充斥的娱乐节目，都有着这种无聊的倾向。部分学者直呼：大众文化包含的大众文化产品和大众媒体，将文化消费者带入庸碌无为的小市民的意识和行动的枷锁之中，不仅严重损害了精英文化等高级文化的生存空间，更是间接腐蚀了文化消费者的心灵，使人们在精神享受面前逃避现实。

电视、电影、动画以及游戏中的暴力镜头，更会成为诱发青少年暴力犯罪的直接原因。一些专家直言不讳地说，影视作品中的暴力色情等不良影响将会引发未成年儿童的侵犯行为。针对这些暴力画面的影像，美国学者做了类似实验。将一些未成年的儿童作为被测试的对象。先让这些儿童观看一个暴力电视的部分片段，这些片段中含有大人们疯狂击打不倒翁的画片，结果这些大人非但没有受到批评，反而得到赞扬。当测试结束后，将这些儿童同样带到一个拥有不倒翁的房间里，同样能看到儿童们像电视中的大人们一样对着不倒翁又踢又打。①

美国心理学学会的研究更是直截了当地提出了问题的根源。他们认为儿童暴力范围的罪魁祸首就是充斥在人们生活中的充满暴力画面的影视作品和电子产品。所有这些暴力画面向青少年传递着暴力信息和暴力因子，由于缺乏成熟的心智使他们难以抵抗这些不良信息，幼稚的儿童在心灵深处埋下了崇尚暴力的种子，变得相信枪能"解决"现实中的一切问题，从而在一定时刻可能诱发攻击性行为。② 令人惊异的是，这样的预想在网游和枪支泛滥的美国上演，真的就在现实中发生了这样的惨剧。

---

① 刘忠群：《论大众文化的导向》，《西南师范大学学报》（哲学社会科学版）1996 年第 3 期。
② 徐启生：《美枪击案的"暴力文化"因素》，《光明日报》2012 年 8 月 1 日。

2012 年 7 月 20 日，在科罗拉多州丹佛市的《蝙蝠侠前传 3：黑暗骑士崛起》首映现场发生枪击事件，共造成 71 人中枪，12 人死亡，59 人受伤。警方称袭击者为 20 多岁白人男性，带 3 支枪且命中率非常高。在当地时间 20 日清晨 5 时许，身处佛罗里达州的美国总统奥巴马获悉枪案的消息，他发表声明称感到"震惊和悲痛"，并誓言将枪击案嫌犯绳之以法。罗姆尼也推迟了在科罗拉多州的竞选活动，并表示希望枪手受到法律制裁。目前，奥巴马已取消次日的竞选活动，从佛罗里达州返回白宫处理该案。20 日，奥巴马下令全美降半旗 6 天，以此向当日发生的科罗拉多枪击案死难者致哀。①

美国科罗拉多州枪击案发生以后，不少专家反思，枪支泛滥是导致美国频发类似血腥惨案的直接原因。统计显示，美国每年有 3 万多人死于枪下，20 万人因枪击受伤，致死率居发达国家之首。但部分学者也同样进行了文化反思，认为正是由于美国无孔不入的暴力文化催生了此类悲剧的多次发生。有报道毫不犹豫地指出，凶手作案细节就与电影《蝙蝠侠》剧情有许多类似之处。蝙蝠侠这样的"超级英雄"在伸张正义时，大多采取以暴制暴的手段，赢得欢呼却无须负任何法律责任。而且，在美国电影等流行文化中，这样的例子不在少数。十分巧合的是，枪击案嫌疑人詹姆斯·霍尔姆斯在作案时，"红发""面具""防弹衣""持枪""放烟幕弹"等装扮与行为与《蝙蝠侠》中的反面角色"小丑"如出一辙。②

无独有偶，类似的事件在网游产业最为发达的美国可谓层出不穷。如科罗拉多州两名少年过于热衷《毁灭公爵》电子游戏，竟枪杀了自己的 1 名老师和 12 名同学；弗吉尼亚理工大学一名韩裔青年因为痴迷《反恐精英》而杀害了 32 名师生；2007 年又有两名少年模仿网络游戏中的暴力动作将一个年仅七岁的小女孩打死。③ 电影和网络游戏中无处不在的暴力元素，竟成

---

① 徐启生：《美枪击案的"暴力文化"因素》，《光明日报》2012 年 8 月 1 日。
② 徐启生：《美枪击案的"暴力文化"因素》，《光明日报》2012 年 8 月 1 日。
③ 徐启生：《美枪击案的"暴力文化"因素》，《光明日报》2012 年 8 月 1 日。

为年轻人现实中模仿的主题，因此不得不重新审视发生在美国的枪击案给我国带来的启示。

现代化的根本内涵应该是人的现代化。而人的现代化的根本内涵，是人具有高度的文化，其落脚点在于人的发展，人的素质的提高。人不能说是"经济人"，而应该是用先进文化武装的"文化人"。①

二　文化经济一体化发展面临"双输"的威胁

文化与经济一体化发展，在较为消极的文化价值引导下，不管是过于重视文化而轻视经济，还是过于重视经济而轻视文化，最终都有"经济衰危、文化衰亡"的可悲结局，自然在文化经济一体化的发展中也将不得不承受经济和文化"双输"的后果。

（一）文化价值本位错乱最终导致文化经济的消亡

1. 粗放型生产的民族文化企业将面临危机

世界营销学家菲利普·科特勒将民众的消费行为分为量的消费、质的消费、情感消费三个完全不同的阶段。第一阶段，由于商品稀缺，大众追求量的满足；第二阶段，由于商品数量和种类增多，民众开始选择其中的物美价廉的商品；第三阶段，由于技术的提升，不同商品之间的质量很难分出高下，民众转而追寻能展示自我形象和体现自我价值的商品。与前者观点较为相似的是，中国学者提出，伴随着我国改革开放的不断深入和社会主义市场经济体制的不断成熟，我国各层消费者的消费生活也逐步发生着改变，同样地表现在对文化产品和服务的选择之上。由于在消费信息的获取、新媒体技术的不断应用等方面与 20 世纪不可同日而语，我国民众的消费能力在不断提升的同时，自身的消费结构也在不断优化，自然其消费的智慧也在不断提高。目前我国的消费者已经开始从单纯地注重符号，逐步转变为重视产品和品牌内涵的阶段②（见图 1 - 1 和表 1 - 2）。

---

① 尹世杰：《发展文化产业值得探讨的几个问题》，《财经科学》2012 年第 10 期。

② 肖明超：《消费蜕变：中国品质人群消费浪潮》，2012 年 9 月 26 日，搜狐财经网，http://business. sohu. com/20120926/n353971722. shtml。

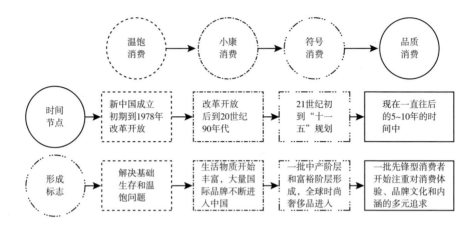

图 1 - 1　我国不同消费阶段的时间节点及形成标志

表 1 - 2　我国不同消费阶段的消费特征

消费特征	温饱消费	小康消费	符号消费	品质消费
消费层次	生存需求层次	发展需求层次	心理需求层次	精神与未来需求层次
社会阶段	求活社会	苟活社会	速活社会	乐活社会
消费主体	非耐用品消费	耐用品消费	娱乐型消费	文化消费、投资消费
消费形态	生存资料	生活资料	炫耀资料	享受资料
消费关键词	大锅饭	粮票、油票	奢侈品、信用卡	低碳、可持续

　　不管是第四阶段还是第三阶段，都是所谓的品质消费阶段。在这个以品质消费为主的时代，人们的消费层次逐步转向精神与未来需求层次，而社会发展也逐步转向乐活社会，消费主体是文化消费和投资消费，消费形态是享受资料，消费的关键词是低碳和可持续。当前，在我国文化产业的发展进程中，基本处于一个量的消费阶段，即大多观众还处于对文化产品与服务内容的评定无意识状态，只是为了消费而消费，暂时没有形成一个文化产品与品牌的横向比较的过渡时期。然而，随着我国民众知识水平的提高、文化品位的增长以及经济条件的不断改进，我国在不久的将来会踏入一个消费变革的时代，这个消费变革的时代毫无疑问将会跨入一个品质消费阶段。在这样一个质的消费阶段，文化消费者逐步会选取同类商品中质量较高的商品，而一

些地区的粗放型外延式的文化资源的开发方式，将会逐步为内涵提升型的文化资源的开发方式所取代。随着国外文化资本的强势介入，我国依靠文化资源的量的投入而取得较多文化产业增加值的增长方式将会被国外文化企业所取代，届时文化产业的发展也将进一步萎缩。

2. 消极的文化价值引导带来的不良后果

在恶性文化价值的引导下，文化资源的开发及文化产品的生产将会形成一个恶性循环。在这个恶性循环中，可以衍生出很多消极文化价值的引导方式，例如在文化资源开发主体以经济利益的获取为终极目标的影响下，文化产业的发展会走入"重经济轻文化"的发展怪圈。开发主体在开发中宣扬"商品拜物教""金钱拜物教"，秉信金钱至上，唯利是图，进而在文化消费观念方面宣扬享乐主义、拜金主义等与社会主义核心价值体系相背离的价值体系，造成社会风气的变坏和大众文化的功利化。在一些极具诱惑的文化商品及服务的刺激下，心理和生理上都较为脆弱的人们经不起这些消极的不健康的文化消费的考验，逐步沦为商品的奴隶和不良文化的忠仆。不可否认，在这样的消极文化价值的引导下，短时期内文化产业的发展会朝着"经济虚假繁荣、文化变相发展"的目标前进。较多的消极文化价值引导下的文化企业获得了不菲的经济收入，也带来了文化产业发展中文化的虚假繁荣。但从长远来看，经济的短时期繁荣是以一代人的良知和整个社会文化价值体系的崩溃为代价的，如此发展的后果不免陷入"犯罪横行、道德沦丧"的社会泥潭，又逐步陷入"文化衰落、经济衰亡"的危险结局。

（二）文化价值本位错乱带来的文化创新发展成为空谈

依存于文化资源的文化，在消极文化价值引导下，其文化资源的开发过程没有成为一个文化本身提升和蝶变的过程，却出现了"自身解构却消极重构、破坏而不重建、改变却不创新、恶化却无提升"的现象。作为文化载体的文化资源惨遭破坏和灭亡，文化也将在不同的消极的文化价值引导之中逐步萎缩和消亡。

1. 文化随着文化资源的耗费和破坏也面临着损害的极大威胁

在不良的文化资源开发方式及消极的文化价值引导下，不少文化资源遭受了浪费乃至破坏的不良后果。以区域文化产业的发展为例，各城各地都以开发当地的区域文化资源作为发展文化产业的重要手段，在急功近利的开发意图和粗放式的开发手段下，不少区域文化资源遭受到了开放性破坏和建设性破坏。以文化资源为载体的区域文化也面临着损害的极大威胁，尤其是一些代表地方区域文化特色的物质文化，如一些历史街区、文物古迹、老字号建筑、古代遗址以及一些极具民间风味的风俗习惯等，都在文化产业的错误的文化价值引导及不良的文化资源开发方式下面临浪费及破坏的威胁。当这些代表着地区区域文化的物质文化及精神文化衰亡之后，区域文化也将变得毫无特色，城市也在雷同的现代化建设中几无特色可言。

　　2. 文化未能在文化资源的开发与保护中得到有序的发展与传承

　　文化资源的开发本身是文化传播、传承和发展的一个手段，然而通过文化资源的消极文化价值引导带来的是文化资源未能得到良好地保护和利用，继而文化自然不能在产业化过程中得到可持续地发展与传承。文化产业发展的核心要素包含文化资源、文化创意与文化科技等，同时文化产业人才也是文化产业发展的关键因素，不少地方政府将文化产业的发展等同于文化资源的量的累积与简单的升级改造，本身就限制了文化的传承和创新发展。文化产业的发展自然不能缺乏文化资源，因为文化资源是形成内涵式文化产业发展的核心基础，但仅仅依靠文化资源的开发利用是谬误的。文化资源不是万能的，基于文化资源的创新性开发与科技手段的运用是形成特色文化产业的有利基础。在特色文化产业形成及发展的同时，文化资源也得到不同程度的开发和创新，文化也经过文化产品的传播和消费得到传承和发展，并使文化不再是冷冰冰的历史沉积物，而是现实生活中有血有肉的鲜活的人民大众的文化，更是在历史进程中不断发展变化的完善创新的文化。在消极的文化价值引导下，文化资源尤其是文化遗产资源没能得到良好地保护与开发，文化也不能在历史发展的长河中得到较大的发展与创新。

三　文化建设中多项指标的达成将受冲击

　　物质贫乏不是社会主义，精神空虚也不是社会主义。目前，我国文化发展同经济社会发展和人民日益增长的精神文化需求还不完全适应，"文化在推动全民族文明素质提高中的作用亟待加强；一些领域道德失范、诚信缺失，一些社会成员人生观、价值观扭曲"。① 我国文化资源开发过程中的文化价值引导功能的弱化，不仅不能解决我国目前文化建设中的诸多问题，而且会将这些存在的社会问题进一步蔓延、恶化。由于文化事业和文化产业的繁荣发展无不与文化资源的开发有关，文化价值引导的过程不仅影响着我国"美丽中国"建设的文化、生态等一级指标的完成，也影响着我国的社会主义核心价值体系等正能量的传递，更会影响"中国梦"文化方面的全面实现。

（一）"美丽中国"建设中多项指标亟待提升

党的十八大报告将推进生态文明建设独立成篇并对之进行集中论述，首次提出"推进绿色发展、循环发展、低碳发展"和"建设美丽中国"，将生态文明建设放在突出位置，并融入了经济建设、政治建设、文化建设和社会建设的各个方面和全过程。我国文化资源开发过程中一旦变为消极的文化价值引导，将会对"美丽中国"建设中多个一级指标及较多二级指标构成一定程度的直接威胁。

四川大学蔡尚伟教授在《"美丽中国"省区建设水平（2012）研究报告》中，创造性地将"美丽中国"分为生态、经济、政治、文化及社会五个一级指标，同时又在每个一级指标下科学地设置了多个二级指标，为科学评估我国不同地区"美丽中国"建设制定了权威的定量分析体系（见表1-3）。

表1-3 "美丽中国"的评价指标体系

一级指标	二级指标	单位	备注
1. 生态	1.1 世界自然遗产地数量	处	正指标
	1.2 国家级风景名胜区数量	处	正指标
	1.3 人均国家级自然保护区面积	公顷/万人	正指标
	1.4 人均森林及草原面积	公顷/万人	正指标
	1.5 建城区绿化覆盖率	%	正指标
	1.6 生活垃圾无害化处理率	%	正指标

① 《中共中央关于深化文化体制改革推动社会文化大发展大繁荣若干重大问题的决定》，2011年10月18日中国共产党第十七届中央委员会第六次全体会议通过。

续表

一级指标	二级指标	单位	备注
2. 经济	2.1 第三产业增加值占 GDP 比重	%	正指标
	2.2 万元地区生产总值能耗	吨标准煤/万元	逆指标
	2.3 单位 GDP 主要废气污染物(SO₂、NO₂、烟粉尘)排放量	千克/万元	逆指标
	2.4 单位 GDP 废水排放量	吨/万元	逆指标
	2.5 城镇居民可支配收入比上年增长	%	正指标
	2.6 农村居民纯收入比上年增长	%	正指标
3. 政治	3.1 节能保护支出占地方财政一般预算支出比重	%	正指标
	3.2 公众是否能够通过网络途径查询环评项目的详细内容	—	正指标
	3.3 是否逐步推行差额选举	—	正指标
	3.4 是否设有面向社会公众的政府信息公开网络平台	—	正指标
4. 文化	4.1 世界文化遗产地数量	处	正指标
	4.2 国家级非物质文化遗产数量	处	正指标
	4.3 国家级文物保护单位数量	处	正指标
	4.4 城镇居民人均全年文化教育娱乐的现金消费占全年现金消费支出比重	%	正指标
	4.5 农村居民人均全年文化教育娱乐的现金消费占全年现金消费支出比重	%	正指标
5. 社会	5.1 教育支出占地方财政一般预算支出比重	%	正指标
	5.2 社会保障与就业支出占地方财政一般预算支出比重	%	正指标
	5.3 医疗卫生支出占地方财政一般预算支出比重	%	正指标
	5.4 城镇登记失业率	%	逆指标
	5.5 住房保障支出占地方财政一般预算支出比重	%	正指标
	5.6 农村居民人均居住面积	平方米	正指标

资料来源：参见蔡尚伟等《"美丽中国"省区建设水平（2012）研究报告》。

在文化资源开发过程中消极文化价值的引导下，我国"美丽中国"建设的生态、文化等一级指标的提升直接受到威胁，经济、政治等一级指标将受到不同程度的间接损害。具体到每一个二级指标中，生态一级指标中的"1.1 世界自然遗产地数量""1.2 国家级风景名胜区数量""1.3 人均国家级自然保护区面积""1.4 人均森林及草原面积""1.5 建城区绿化覆盖率""1.6 生活垃圾无害化处理率"六个二级指标都直接受到不良文化价值引导影响，如开发主体以经济利益为主的开发目的和粗放型的开发方式将直接影响我国世界自然遗产地、国家级风景区名胜、国家级自然保护区的申报、评定及维护，个别景区将森林及草坪设置为休闲娱乐项目及停车场等服务设施的做法直接侵害了森林面积和绿化率，而超负荷旅游中的乱象则进一步使生活垃圾现象恶化；在经济的一级指标下，"2.1 第三产业增加值占 GDP 比重"二级指标直接受到影响，消极文化价值引导下文化产业的发展将直接影响第三产业在当地 GDP 中的比重；在政治的一级指标下，"3.2 公众是否能够通过网络途径查询环评项目的详细内容""3.4 是否设有面向社会公众的政府信息公开网络平台"等二级指标直接受到影响，以经济效益为主的文化信息传播平台将给政府的公共信息平台建设带来"虚假信息泛滥""不良信息传播"等多种威胁；在文化一级指标下，"4.1 世界文化遗产地数量""4.2 国家级非物质文化遗产数量""4.3 国家级文物保护单位数量"直接受到影响，文化资源开发主体"杀鸡取卵"式的开发方式将破坏我国的各类文化遗产资源。

表 1-4　不良文化价值引导对"美丽中国"的指标体系的恶性影响

一级指标	二级指标	是否有恶性影响
1. 生态	1.1 世界自然遗产地数量	是
	1.2 国家级风景名胜区数量	是
	1.3 人均国家级自然保护区面积	是
	1.4 人均森林及草原面积	是
	1.5 建城区绿化覆盖率	是
	1.6 生活垃圾无害化处理率	是
2. 经济	2.1 第三产业增加值占 GDP 比重	是
	2.2 万元地区生产总值能耗	否
	2.3 单位 GDP 主要废气污染物(SO_2、NO_2、烟粉尘)排放量	否
	2.4 单位 GDP 废水排放量	否
	2.5 城镇居民可支配收入比上年增长	否
	2.6 农村居民纯收入比上年增长	否
3. 政治	3.1 节能保护支出占地方财政一般预算支出比重	否
	3.2 公众是否能够通过网络途径查询环评项目的详细内容	是
	3.3 是否逐步推行差额选举	否
	3.4 是否设有面向社会公众的政府信息公开网络平台	是

一级指标	二级指标	是否有恶性影响
4. 文化	4.1 世界文化遗产地数量	是
	4.2 国家级非物质文化遗产数量	是
	4.3 国家级文物保护单位数量	是
	4.4 城镇居民人均全年文化教育娱乐的现金消费占全年现金消费支出比重	否
	4.5 农村居民人均全年文化教育娱乐的现金消费占全年现金消费支出比重	否
5. 社会	5.1 教育支出占地方财政一般预算支出比重	否
	5.2 社会保障与就业支出占地方财政一般预算支出比重	否
	5.3 医疗卫生支出占地方财政一般预算支出比重	否
	5.4 城镇登记失业率	否
	5.5 住房保障支出占地方财政一般预算支出比重	否
	5.6 农村居民人均居住面积	否

（二）社会主体核心价值体系将受急速冲击

社会主义的核心价值体系是社会主义意识形态的本质体现，是全党全国各族人民团结奋斗的共同思想基础。它包括马克思主义指导思想、中国特色社会主义共同理想、以爱国主义为核心的民族精神和以改革创新为核心的时代精神、以"八荣八耻"为主要内容的社会主义荣辱观四个方面的内容。四项内容相互联系、相互贯通，共同构成辩证统一的有机整体。在消极的文化价值引导下，社会主义核心价值体系将遭受前所未有的污染和冲击。新媒体传播的文化内容的各种思潮一步步冲击着以"八荣八耻"为主要内容的社会主义荣辱观，大众文化的低俗化和商业化的倾向污染着公众的理性批判。

1. 新兴比坏心理冲击社会主义荣辱观

近几年由网络小说盛行到畅销书流行直至搬至荧屏上的各种形式的官场小说、宫斗剧，为了追寻收视率、销量和点击率而不顾大众心理感受及基本的文化价值引导后果，将一些值得商榷的、颇受争议的、低级趣味的甚至不良恶俗的社会风气和价值观念投射到以新媒体为载体的文艺产品创作中，违背了基本的社会道德观念。例如，不少宫廷争斗剧的女主角为争权夺利而进行的比坏的恶性竞争，无形之间宣扬着"比坏心理"的现实生存法则。"这些作品的一个共同主题是权谋：谁的权术高明谁就能在社会或职场的残酷'竞争'中胜出；好人斗不过坏人，好人只有变坏、变得比坏人更坏才能战胜坏人。"① 如此一来就形成了一个恶性的生存循环法则：好人经常受到坏人打压——坏人经常陷害好人而获取利益——好人循规蹈矩却得不到好报——好人在现实中寻求生存而逐步变坏——好人在打压坏人中得到实惠——"好人"（此时已经不能称之为好人）为追求更多的利益而打压其他好人——好人彻底沦为恶贯满盈的坏人。

就这样，在一个"恶币驱逐良币"的过程之中，现实社会无疑是在宣扬一种鼓励学坏的环境和鼓励作恶的土壤。反正好人没有好报，反而被人讥笑和嘲讽为自命清高；坏人却如鱼得水、闪转腾挪、步步高升，与其做好人不如做坏人，因为做坏人的成本很低而且风险也很低，社会就陷入了这样"你比我坏、我要比你变得更坏"的比坏心理的恶性漩涡之中。有人反驳道：影视剧中描述的是现实社会的现实情况，更贴近群众、贴近生活，是影视作品对现实生活的真实写照。然而"艺术源于生活却要高于生活"，艺术应该坚持正确的人生观和道德观，坚持用诚信的态度和善良的心境感化人和改造人，追求人生的幸福和社会的和谐，而不是以暴制暴、以坏抗坏。②

"在影视作品传达的比坏心理的感染下，部分'坏人'非但不会因为做错事而心生愧疚，反而会因为奸谋没有得逞而产生委屈和倒霉心理，甚至会因为奸计成功而时刻怀着投机态度。即使这些不正当的行为得到了应该有的惩罚，也不能起到启示人、鞭策人的效果，更多的人会认为得到惩罚的人只是自己倒霉，更多更坏的不但应有尽有，并且似乎过得春风得意"。③ 如果

---

① 陶东风：《比坏心理腐蚀社会道德》，《人民日报》2013 年 9 月 19 日。
② 〔美〕劳拉·斯·蒙福德：《午后的爱情与意识形态：肥皂剧、女性及电视剧种》，林鹤译，中央编译出版社，2000。
③ 陶东风：《比坏心理腐蚀社会道德》，《人民日报》2013 年 9 月 19 日。

任由这些心理演化为一种思潮和处事原则，社会主义精神文明建设只会越来越糟糕。

2. 大众文化低俗化、商业化将使民众丧失公共理性批判

罗尔斯认为，公共理性是众多享有公民身份的人们的理性，简言之就是公民的理性，同样公共理性也是一个民主国家的基本特征。在他看来，公民公共理性的目标是达到一种公共的善，而国家对公共理性倡导的最终目的，则是建立一个"充满正义的秩序良好的社会"。在马克思主义为指导思想的公共理性的表征下，大众文化所具备的反叛和解放功能总能向着反思社会、激励社会的富含正能量的方向前行，极具批判精神、公共精神和正义精神。现阶段，如果我国文化资源开发过程中在消极的不健康的文化价值引导下，大众文化的反叛和批判精神将消失殆尽，将公众理性由极具批判精神的公共领域转入到恣意狂欢的私人领域。

大众文化的兴起本身就是在产业革命带来的社会财富和个人财富的激增下孕育而生的，为了获取更多的经济利益公众开始寻求精神生活上的娱乐和解放，同时大众文化的兴起也源于对传统工具理性禁锢的反叛，使公众在感性上得到极大的解放。改革开放之初，大众文化的兴起极大地显示出了反叛和解放两大政治功能，我国大众文化的流行也始终循规蹈矩于马克思主义精神的强力指导下，发挥了较大的批判与解放等重要的政治功能，邓丽君等一大批歌手的歌曲流行是这些功能的最佳体现。在文学创作领域，伤痕文学、痞子文学以及反思文学等一大批颇具批判精神的文学流派发挥了巨大的公共精神和正义精神，他们共同缔造和维系着我国公共领域的一种批判观念，用高质量却低成本的纸质媒介在中国发挥着不可估量的正能量作用，也就是在努力促成中国形成像罗尔斯憧憬的"充满正义的秩序良好的社会"。同样地，我们回顾一下我国的标志性的大众文化——颇具娱乐特色元素的"中国小品"的前期历史，这种强烈的批判精神和公共精神更是显露无遗。赵本山是我国小品创造和表演者中的优秀成员，他的早期作品中就隐含着不同风格的批判精神和公共精神，如早期的《相亲》是在关注老年人的婚姻问题，《牛大叔提干》则在暗讽社会中的吃喝风盛行却不关注教育的冷酷现

实,《炒作》则将讽刺的矛头对准了娱乐圈中令人作呕地"恶炒现象"。在流行音乐中,同样回顾历史,大众念念不忘并钟情一生的爱情歌曲大多为《吻别》《忘情水》等,再一次倾心聆听,依然清晰地发觉那种发自内心深处的真诚的吟唱与全身心投入的表演,字字珠玑中都带着丝丝真情实意,面对爱情的得与失表现出的坚贞、友爱、豁达、诚挚,带给大众的岂止是耳膜的震动与感官的刺激,那种面对真挚爱情的奉献与伤感往往给人们以心灵上的震颤,鼓舞着人们勇敢地面对伤感的现实与彼此失落的爱情。此时的歌曲,已经跨越了单纯商品消费的金钱的功能界限,带来的往往是精神层面的无限激励和正面引导,恰恰这也是歌曲的魅力所在。

然而,在消极的文化价值引导下,大众文化的公共理性批判精神将逐步丧失,大众文化不但远离了公共事件,而且在不断蚕食和恶意侵犯着公共领域。在文学创作领域、小品和当代的流行乐坛等重要的大众文化类型上,几乎都表现出浓厚的商业气息,照此发展下去将出现公共精神和批判精神的丧失。先前痞子文学对于经典的颠覆和反叛表征出的积极的批判意义早已烟消云散,代之而来的是 Q 版语文、大话文化。在后者宣泄的情感中,公众体味到的是"一种游戏的无聊与精神的空虚,理性批判彻底沦为自娱自乐和一种不负责任的自我情感的宣泄"。[①] 然而在当下的乐坛,在一些爱情音乐的熏染下,较多的是充斥于大街小巷的一些无意义内容的自我低语,乃至一些无所谓的自我逍遥,逐步失去了洗涤灵魂的初衷和社会责任。与《忘情水》相比,听众在欣赏《爱情买卖》时,感受到的不是对爱情的矢志不渝和真诚的付出,代之的是曾经的民众蔑视的"一种对爱情无所谓的态度"。[②] 我国春节联欢晚会高潮的部分小品节目,也逐步弱智化、低俗化,在愚弄观众智商的同时也在挑战着公众的道德界限。从《卖拐》到《卖车》,再到《同桌》,大众的审美情趣由批判精神转化为纯粹的弱智娱乐,公众发人深省的现实反思变为了《同桌》中真正低俗的"省

---

① 陶东风:《大话文学与消费文化语境中经典的命运》,《天津社会科学》2005 年第 3 期。
② 和磊:《公共理性与当代中国大众文化批判》,《思想战线》2012 年第 3 期。

略字"，理性批判逐步转变为娱乐至上、娱乐至死，饱含正能量的批判精神已杳无踪迹。

就这样，不同的大众文化作品中颇具批判精神和公共精神的大众文化一步步沦为插科打诨、沦为娱乐产业过度发展的俘虏。同样，"当我们无法对曾经拥有的珍贵东西去维护时，我们也就走向了自我的放逐，由公共领域放逐到了自我的私人领域，并在其中自娱自乐，恣意狂欢"。①

（三）"文化中国梦"建设将受外来文化影响

"中国梦"的实现是中华民族为之奋斗的目标。对于我国的文化产业发展来讲，"文化中国梦"意味着必须走一条中国特色的文化复兴之路，通过弘扬我国的优秀传统文化精神，古为今用，洋为中用，综合创新，凝聚富含正能量的中国文化力量，促进社会主义文化的大繁荣大发展。在消极的文化价值引导下，我国文化中国梦的实现将蒙上诸多阴影。

1. 中国特色的文化复兴之路将受到国外文化的大肆入侵

在消极的文化价值引导下，我国文化资源的开发将受到国外文化产业发展的强力冲击和国外文化产业发展方式的强烈刺激，由此导致的我国民族文化产业的迟缓和发展方式的效仿都将产生不良的后果。如果任由外国文化和国外文化产品在国内肆虐，我国依靠本国民族文化资源历史悠久、内涵深厚的特点，发展壮大民族文化产业，推动民族文化与科技、创意等的融合创新，走适合我国国情的中国文化复兴之路将变得遥遥无期。

在国外文化产业发展的强力冲击下，民族文化自身衍生的文化产业将受到较为严重的影响。一是我国民族文化资源的独占性空间进一步丧失，将丧失文化产业腾飞的内核性基础，更使民族文化产业发展失去了彰显民族文化特色的元素符号；二是在我国民族文化企业遭受外来文化产业巨头的兼并和重组，在外来企业雄厚的科技优势和资金优势面前举步维艰；三是文化产业市场会进一步为国外文化产业压缩，民族文化产业失去赖以生存的文化消费群体。

---

① 和磊：《公共理性与当代中国大众文化批判》，《思想战线》2012 年第 3 期。

　　我国部分文化资源开发主体受国外文化产业发展模式的诱惑，在没有经历前期科学论证的情况下而仓促上马启动的一些文化产业项目，更存在生搬硬套国外文化产业发展模式之嫌，而不同城市文化产业发展中存在"模式雷同"之痛。美国、英国、德国、日本以及韩国等文化产业发达国家不同的文化产业发展模式，都代表着不同民族与国别的文化创新与推广之路，都是结合本国国情而选取的较为适宜的发展之路，严格意义上讲，欧美日韩等文化产业发达国家的文化产业发展之路并不适合我国的基本国情。地方政府盲目模仿国外的美国市场驱动型、英法的资源驱动型以及日韩的政策驱动型等发展模式，会出现盲目开发而导致重复建设及资源浪费等问题，由此中国文化产业的道路选取将蒙上阴影。

　　2. 精神性空虚将导致不良文化入侵

　　现阶段中国特色社会主义已进入新时代，我国社会主要矛盾已经转化为人民日益增长的美好生活需要和不平衡不充分的发展之间的矛盾。经过改革开放四十年的积累和发展，我国的经济总量已经跃居世界第二，成为仅次于美国的全球第二大经济体，我国在物质财富的创造方面已经走在世界前列。利用以爱国主义为核心的民族精神和以改革创新为主要内容的时代精神，将中国精神弘扬传承至全国各族人民心中，创造出贴近群众、贴近生活的社会主义新文化产品，是目前文化工作者义不容辞的责任。然而，我国对精神财富的创造和精神产品的生产仍不能满足人们日益增长的美好生活的精神文化需求。

　　现阶段，我国国民的生存现状和生存方式出现了一个较为多元化的竞争场景。首先，虽然中国特色社会主义进入新时代，但一些"唯上、唯书而不唯实"的现象的确存在，依靠自我奋斗而实现自我救赎的能力型人才也宣告着另一种生活方式的成功，因此民众的生存和发展基本没有摆脱三种依赖的旋涡，即人的依赖、物的依赖、能力依赖三者多元化并存的阶段。因此，我国国民的生存方式也就呈现出权力化生存、物化生存、能力化生存三者同台竞技并共存的复杂场景。[①] 其次，我国虽然呈现三种生存方式并存

---

　　① 杨振闻：《能力化生存与精神世界重建》，《求索》2013 年第 3 期。

的格局，但不可阻挡的潮流依然是能力化生存。能力化生存不仅是今后中国人生存方式的主导面貌，更是不可逆转的生存方式的潮流和走向，这在多数学者看来是较为清晰的。自然地，这种走向无疑是建设社会主义伟大强国的客观要求，更是适应社会主义市场经济与知识经济时代的总体要求。在这样一个不可逆转的转型期内，较多民众还不能在短时期内提高自己，用科学知识武装自己，因此还无法适应社会转型期的新要求，自然其生存方式也不能短时期内自觉转向能力化生存，自然精神世界出现了困惑迷茫。

在国民精神世界迷茫和空虚的十字路口，消极文化价值引导会使人们走向拜金主义和享乐主义甚至是虚无主义之路。目前部分省市的部分农村地区，由于信仰的危机、道德的蜕化，加之农村精神文化生活的单调，各种不良文化乘虚而入，旧的糟粕沉渣泛起，争夺农村的思想文化阵地。一些农民的精神文化生活存在被宗教活动、封建迷信和赌博倾向和行为所包围的威胁。如果这种现象不能得到有效遏制，将会走向更加危险的局势，甚至会重蹈日本当代邪教泛滥的覆辙。目前在日本这个富裕的国家，"家庭、安全、社会、审美、金钱等，这些原本都是人们生活的重点，可现在却似乎渐渐在日本人的心中淡去。随着越来越多的报纸在醒目的地方抱怨国内存在的失业、校园暴力等问题，人际间的疏远和失望情绪在蔓延开来，并不断加深。民众渴望出现一个人，可以帮助引导整个民族的精神取向。东京国学院大学一位进行宗教研究的教授对《时代》杂志的记者说，在这个坏消息不断的社会中，人们需要精神上的慰藉。据宗教方面学者统计，日本目前有2000余种新兴宗教，这么多宗教派别中很多只是传统佛教和日本神道教的衍生或分支。宗教学者和警方还警告说，这当中不乏目的险恶的邪教，比如7年前，在日本地铁站散播化学毒气，用以攻击手无寸铁的百姓的奥姆真理教"。①

---

① 沈怡：《日本国民物质富足精神空虚，邪教大肆流行》，人民网，2002年7月8日，http://japan.people.com.cn/2002/7/8/200278161836.htm。

第二章

文化资源开发的双向价值引导分析

　　立足于文化资源基础之上的文化产品的生产和创造有着双重的效益追求，因此也有文化与经济两方面的价值引导。文化资源有哪些特征，文化资源的开发过程究竟怎样才能体现其多重性特征，如何体现其经济属性和文化属性，如何能在精神世界和物质世界都能发挥较好的引导作用，是值得探讨和深究的问题。

第一节　文化资源的二重辩证性特征

　　资源先于人类本身而存在，文化资源是人类自身文化生产与生活活动的产物，也是进一步从事文化生活和生产的前提和基础。迄今为止，世界上主要发达国家都在极力强调文化资源的重要性，甚至把文化资源看作是发展文化产业的重要基础。因为在较多学者看来，一个国家文化资源的数量多寡和质量高低直接会对当地文化经济的发展产生直接的多重作用。

　　事实上，文化资源有广义和狭义之分。文化资源是一个多重的复杂的辩证的复合体，从对人们的贡献大小来看，就存在广义和狭义之分。再者，由于文化资源是文化的重要载体和媒介，既然文化有广义和狭义之分，那么文化资源也应该有广义和狭义之分，只是在广义和狭义的理解上面，文化与文化资源的广义与狭义并不相同。广义的文化指人们在历史进程中创造的物质财富和精神财富的总和，而狭义的文化仅仅指精神文化这一部分。然而，广义的文化资源大多指的是"人们从事一切与文化活动有关的生产和生活内容的总称"，并且主要以精神状态为其存在形式。狭义上的文化资源则是那些"对人们能够产生直接和间接经济利益的精神文化内容"。在狭义的文化资源定义看来，文化资源要与经济建设发展相关，否则就谈不上是所谓文化资源。然而只要这些文化能为当地经济发展带来或多或少，或长期或远期，或直接或间接的经济效益，都将是文化资源。这也就是众多专家学者一致强调文化资源对发展文化产业至关重要的关键原因，甚至一些学者直接提出"文化资源的丰富程度和质量高低直接对当地文化经济的发展产生多重作用"。

从文化资源的不同层面来看，文化资源可以分为四个层面，但其主要成分仍然是软资源。结合文化的四分法，作为文化重要载体的文化资源，也可以从其载体和层次来划分为四个层次：以器物技术为主的表层；以行为为主的浅层；以制度组织为主的中层；以社会意识为主的深层。在这四个层面之中，表层主要是物质文化，而浅层、中层和深层则是精神文化，因此文化资源自然有物质文化的内容，也有精神层面的内容，且精神层面的内容为其重要核心内容。从这个角度看，文化资源主要是软资源，既是社会现有的文化底蕴，也是未来发展的文化基础。也就是说，文化资源一方面关注着我国文化传承与发展的命运，另一方面更决定着我国文化产业繁荣发展的路径及走向。尤其是对于中华民族的伟大复兴来讲，文化层面的繁荣更有赖于文化工作者和管理者对现有文化资源的合理保护与开发，从而创造民众喜闻乐见的文化作品，为社会主义文化大发展大繁荣做出应有的贡献。

因此，文化资源具有文化属性和资源属性。文化资源是多样性文化的堆砌和累积，更是等待开发并能产生重大社会效益和经济效益的产业资源。从文化的角度来看，文化资源因为在文化表征方面的文化层面、文化归属、文化色彩和文化时代的不同，而表现出不同的文化特性；从资源的角度来看，文化资源因为作为文化产业开发的产业资源基础，也因为文化资源在数量、传承与创新、开放与保守、是否可再生等方面影响着产业化的效益和规模，而表现出既对立又统一的资源特性。然而不论是从文化属性还是从资源属性来看，文化资源的多重性特征都表现出既相互对立又相互统一的辩证性特征，从而使文化资源的开发从始至终都要科学弘扬其正面特性，合理规避其消极特征，由于文化资源多为精神文化资源的客观事实，也使其在文化价值引导方面变得更加变幻莫测。

一　作为文化载体的文化资源的多样性特征

文化和文化资源有不同的概念和内涵，但几乎所有的文化都是文化资源的组成部分。文化资源的某些辩证性特征源于文化内容的辩证性特征，作为我国多样性文化的载体，文化资源本身就有古今之别、雅俗之分、物质与精神并存、整体与区域差异。

首先，文化资源有历史与现代之分，且在当代文化建设中彼此联系。任何一个时代的文化及其建设，都包含着现代元素和传统色彩，或者从根本上讲，中国特色社会主义文化体现了现代性与传统性的有机统一。例如，"当代中国的马克思主义，是当代实践的产物，具有鲜明的时代特征；再者，当代中国的马克思主义更是从中国传统文化中土生土长出来的，比如'两手抓'的辩证思想等，就蕴藏着传统的中国哲学智慧"。[①] 在现实中同样发现，也存在极端的民族主义和盲目的崇洋媚外心理，更不缺乏对传统中国文化的大肆讨伐和对现代文化的盲目漠视等态度。

其次，文化资源存在着雅俗之分，但两者没有明显界限。在我国的民族文化资源形成的过程中，精英文化与大众文化并存、雅文化与俗文化共在的状况贯穿始终。它是在不同文化土壤下孕育的不同的文化形态，为不同的地域、不同的人群所喜爱并传承。一方面，他们有时互相排斥、互相

---

① 郝立新：《文化建设中的现代性与传统性关系》，《光明日报》2011 年 3 月 7 日。

斗争；另一方面，他们有时又互相融合、互相吸引，彼此之间有着血肉相连的关系，难以将其割离开来。这虽然是众多精英文化知识分子不愿意看到的，但却是不争的事实。活跃在我国各个历史时期和各个文化舞台上的文化作品既有阳春白雪，为上层知识分子所神往，也有下里巴人，虽俗不可耐却为普通草根民众喜闻乐见。即使是在当代歌坛，既存在流光溢彩的华章，也吟唱着俗不可耐的歌曲。在历史上看，各种权威文献典籍、志略记载着官方正史，一些地方文献、杂谈怪说中也流传着挥之不去的"民间野史"，而似乎后者更耐人寻味；在现代社会，上流文化、官方文化、精品文化占据着大众视野，而大众文化、草根文化、山寨文化、恶搞文化也不甘示弱，一步步蚕食着传统文化的舞台，使一些传统媒体不得不将镜头转向他们。

再次，文化资源也存在物质文化资源与精神文化资源之分，同样存在彼此联系的特征。文化资源也是物质文化资源和精神文化资源紧密结合的综合体。由于文化内涵的复杂性，文化资源的物质形态和精神形态共生共荣，难以分开。就从文化的物质和精神两方面来讲，物质文化总是一些智慧、能力、知识和技能的体现，而后者则体现在精神文化层面，因此物质文化本身就包含和体现着精神文化。精神文化虽然大多附着在经典书籍和人们的传统观念之中，但精神文化可以衍生出较多的物质文明，五千年的中华文明更是我国各族人民群众劳动和智慧的结晶，而这些物质文明更是精神文化的直接产物。非物态性资源可以重复使用和更新发展，群体的历史文化传统可以代代相传，传说和历史也可以一代代传下去，其精神性的文化资源在不同的时代将通过不同的物质形态表现出来。科学思想、新技术、先进文化由于附带了时代的文化特征和延续了人类对自然和自身的探索成果又成为新的文化资源。

最后，文化资源也有国家层面的整体与地方层面的部分之分，即统一性文化资源与地域性文化资源共同存在。我国幅员辽阔，人口众多，既有大一统文化，又有多样性地域文化和多民族文化，这与我国悠久的历史和特殊的地理区位有着密切关系。五千年的历史总是在演绎着"合久必分、

分久必合"的天下大势，既有夏商周、秦汉、隋唐、元明清等大一统的
包容博大的繁荣盛世，也有春秋战国、三国两晋南北朝、五代十国、宋
辽夏金等版图破碎的民族融合时期。在近五千年的历史发展过程中，我
国的民族文化传统具有统一性特征，形成了群体共同的思想观念和行为
规范。从民族成分看，既有广居于祖国大地的汉民族，又有散落在华夏
大地的少数民族，各民族拥有不同的生活地域和习惯。从地域上来看，
我国东西南北都绵延大约 5000 千米，气候不同、地势不同。在这样不同
的历史、不同的民族和不同的地域影响下，我国统一性的文化资源和多
样性的文化资源是并存的。如中华民族天人合一的观念、万物有灵的观
念、重合的观念，都具有长时间的统一性，都是世代需要的理念和智慧。
同时，"一方水土养一方人"，各地文化资源由于历史积淀的过程、内容、
方式不同，其特征也不同，个性特色鲜明。从民族文化差异来看，不同
的生活方式和风俗习惯代表着不同的文化，有汉族特色和各少数民族特
色，从而代表着多样化的民族文化资源；从地域来看，我国又分为"秦
文化区、燕赵文化区、齐鲁文化区、三晋文化区、吴越文化区、岭南文
化区、巴蜀文化区等多种地域文化形态"[1]。在地域、民族方面存在差异之
外，各民族文化区、地域文化区内部又可划分为若干个文化圈[2]，甚至存在
主流文化和支流文化之分。我国区域文化和少数民族文化得天独厚的多样
性也形成了民族文化资源的独特性。

二　文化资源的辩证性特征

文化在流变中不断传承和发展，而又不断变化和革新。承载着不同文化
的文化资源，在作为资源属性的产业化过程中，由于开发方式和开发目的取
向不同，也表现出开放与保守、传承与创新、可再生与非可再生、渐增与递
减等辩证统一的特征。

---

① 陈华文：《文化学概论》，上海文艺出版社，2001，第 73 页。
② 卫绍生：《魏晋文学与中原文化》，学苑出版社，2004，第 276~328 页。

第一，文化资源是开放性和保守性的对立统一。文化资源的过度开放使我国的部分民族文化资源只能"为他人作嫁衣裳"，如风靡全球的《功夫熊猫》席卷了整个中国电影市场，但盲目的保守自闭也不可取，造成了部分文化资源"养在深闺人未识"，在人们的熟视无睹中慢慢发霉变质，终究没能发挥文化资源的文化传承与经济发展的双重功能。文化是全人类所共有的，经济全球化也深刻影响着政治文化各个领域，世界各国的文化交流与合作日益广泛深入，使文化资源也具有了开放性和世界化的特点。尤其是我国的世界级文化遗产，其本身已经拥有世界公有性的意义，具有相对的开放性。在学习西方先进的科学技术和管理经验的同时，中华民族的传统文化也被其他国家、其他民族共同学习、借鉴；一种新知识、一项新技术、新发明，都服务于全人类。孔子不光是鲁国的名人，也是中华民族、华人世界的名人，更是世界文化的名人。① 深深根植于西方社会的贵族精神，比如绅士风度和骑士精神，也并不是毫无可取之处。其贵族精神中富有却不炫耀、富贵却有社会担当的公共精神，是其他国家的富豪阶层需要学习的。对于这些符合正能量传递的文化精神，本身也具有极大的开放性，也要对其采取开放的眼光和态度。

第二，文化资源是传承性和创新性的对立统一。文化在时间和空间内的传播和传承，总是遵循着遗传和变异的规律。文化的特质在不同的时代和地域中流传，这是传承性的体现，而文化的表现形式和核心内容等随着时代的发展和地域的转变，也在发生着不同的变化，既秉承先辈的生活样式，又彰显出不同的表现形式，从而在形式和内容上都有可能实现创新、超越和发展。文化资源既能体现出文化的传承性，也能体现出文化的创新性。文化资源的传承性是文化的一种传递方式，是文化在时间上的连续性；创新性则是文化在扩布过程中发生的变异，是对文化资源的本地化改造。传承性是由文化的教化功能决定的，它体现的只是一种形式和手段。"在传统与现代社会

---

① 董雪梅：《公共历史文化资源的产业开发——以济南市为个案研究》，山东大学历史文化学院博士学位论文，2008。

中，每个人的成长，都离不开民俗文化的教化和熏陶。从孩提时代到成人，人们从民俗文化中学得一系列知识、技能和道德，甚至是祖先的成见。"①因此，不论文化资源开发的主体愿意与否，都在无形之中有意无意地传承和传播着先辈们的文化精神，同时又结合文化发展的时代精神，结合自身的智慧和创意，创造出具备创新性的文化产品。

第三，从同种文化及文化资源内部讲，文化资源是非可再生性与可再生性的对立统一。文化资源本身是一种资源，在某些特性方面与石油、煤炭无异，因此存在着非可再生性。然而文化资源的主体部分是精神文化资源，文化可以传承和创新，文化资源也可能在文化的发展中衍生出较多物质财富和精神财富，从而成为新的文化资源。非可再生性，是强调我国一些民族文化资源的稀缺性和不可替代性。物以稀为贵，稀缺的不可替代的文化资源（特别是历史文化资源）具有较高的可度量价值。一些文化资源（特别是物态文化资源），如历史文化遗存、古建筑、传统街区，由于时间久远，自然损耗而日渐衰微，最后成为稀缺资源，其物质形态有不可再生性，一旦被损坏就很难恢复，也就因此具有更加昂贵的价值，但其蕴含的文化精神和文化符号则为人们所铭记。另一些非物态的文化资源，往往由于其价值的巨大和形象的伟大而具有不可再生性。例如，"孔子的形象"是不可替代的。而可再生性，是因为文化资源本身具有衍生性。如一些精品的文化资源，当旧的损毁之后，历史进程中往往出现了它的代替品、复制品或者衍生品，这些文化资源是本真文化资源的衍生，他们在被创造之初虽然在价值上面与本真文化资源有天壤之别，但随着时间的推移，人们在个人感情上逐渐接受了这些衍生品。这些衍生的文化资源遂有了本真文化资源的价值。另一些精神文化资源更是如此，例如我国以爱国主义为核心的伟大民族精神和以改革创新为核心的时代精神，在不同的历史时期分别衍生出了井冈山精神、延安精神、"两弹一星"精神、九八抗洪精神、抗击"非典"精神、载人航天精神和抗震救灾精神等。

---

① 钟敬文：《民俗学概论》，上海文艺出版社，1998，第 14 页。

第四，从整个文化资源数量上讲，文化资源又是渐增性和递减性的对立统一。渐增性和递减性是旧文化的灭亡和新文化的诞生的体现。渐增性源于人们的创新和创造，也源于文化资源的衍生性；递减性是自然和人为破坏的结果，也是人们过度利用的结果。作为有形的自然资源来说，历史文化资源会随着大力开发而逐渐减少，但如果将文化资源看作是精神文化资源的衍生物，文化资源的数量反而会因为开发利用逐步增多。因为文化资源在产业化开发和利用过程中，也一定是文化创新发展的过程。劳动人民在传承和汲取先辈文化知识的基础上不断创新，不但总结出新的文化知识，更创造出了新的文化。

三 文化资源在文化传承与经济发展中的矛盾性特征

从文化自身的成分及文化产业发展的角度看，文化资源的八种看似对立实则统一的特性，赋予历史文化资源特殊的文化价值和时代内涵。本研究由文化资源的产业化开发中的实践问题指出民族文化资源的八大辩证性特征，并非是要绝对地排斥某些开发方式，片面地使用某些利用方式，而是要正确地认识各种实践方式的积极方面和消极方面，从而克服、限制每一种实践方式的消极方面，发挥其积极方面，把各种开发模式有机地统一起来，达到可持续性利用的目的。面对纷繁复杂的文化现象，面对鱼龙混杂的文化观念，面对民族文化资源的诸多特殊性质，"最根本的方法就是坚持唯物辩证法，用全面的、辩证的、对立统一的方法细心观察，寻求破解难题的有效途径，科学地将文化资源转化为文化资本，以推动中国特色社会主义文化发展道路越走越宽"。①

然而，在文化资源的开发过程中，面临其在文化传承及经济发展两方面的价值选取博弈的过程，尤其是在目前我国注重经济价值而忽视文化价值的观念占主导地位的情况下，文化资源的多种形式的辩证统一特性总是出现文化传承与经济发展方面的偏差（见表 2 - 1）。

---

① 《文化的双重属性是确定文化政策的根本依据》，《中国文化报》2011 年 9 月 14 日。

表 2 −1　文化传承与经济发展对文化资源依赖的特性偏差

文化资源的多样性辩证性特征		文化传承 角度偏重	现实经济发展 角度偏重
文化资源的多种成分并存	文化资源开发过程中的特征		
历史文化与现代文化	—	传统优秀文化	历史文化
雅文化与俗文化	—	雅文化	雅俗共赏
物质文化与精神文化	—	精神文化	物质文化
整体文化与区域文化	—	整体与区域并重	区域文化
—	保守性与开放性	保守型	开放性
—	传承性与创新性	传承性	创新性
—	可再生性与非可再生性	可再生性	非可再生性
—	渐增性与递减性	渐增性	递减性

第一，在对待历史文化和现代文化的态度上，应走"古为今用、洋为中用"的综合创新之路，因此存在历史文化资源和现代文化资源综合发展之路。传统文化资源和现代文化资源都存在一些积极因素与消极因素并存的情况，不能一概而论。在传统文化中有优劣之分，在现代文化中也有良莠之别。那么文化传承的关键在于，要把积极向上、科学健康、有益于人民和社会的文化作为中华民族共同的思想基础和共有的精神家园。我国的传统文化拥有较多的糟粕和过时的文化资源，但也拥有更多优秀的文化传统等积极正面的文化资源，值得现代人学习并开发利用。在中国特色社会主义新时代，我国文化自然是要走"古为今用、洋为中用"的路子，在优秀传统文化传承与发展的基础之上，融合时代改革创新的发展需求，并努力汲取西方文化等国外文化的先进经验，促使中华民族早日实现伟大复兴。从现代经济开发的角度看，由于历史文化资源拥有较高知名度和美誉度的先天优势，因此成为众多区域开发的主要对象，与文化传承多依赖优秀传统文化的做法明显不符。

第二，在对待文化中雅俗共存的态度上，一些人认为，雅文化才能登"大雅之堂"，俗文化"俗不可耐"；有些学者则认为，对于民众来说，雅文化过于做作，俗文化方能走遍天下。文化传承的坚守者认为应当选择雅文化进行传承和创新，而现实经济发展中往往是俗文化成为开发的重点，并能博得大众的关注与喝彩，两者之间偏差较大。面对两种观点无休止的争论是没用的，应当用辩证的眼光看待民族文化资源的辩证性特征。将雅与俗划清界限，从而使两者完全剥离，无异于问道于盲，难于登天。在保证遵循社会主义核心价值体系的基础之上，应在文化产业实践中合理地分配雅俗文化的比例，汲取两者中的优秀成分，舍弃其中的不良成分，为广大民众提供"雅俗共赏"的文化产品及服务。

第三，对于物质文化资源和精神文化资源来说，由于精神文化资源更具民族心理的代表性和特色性，成为文化传承的重要符号，而物质文化资源更具直观性和欣赏性，则成为现实经济开发的重点对象。如我国中西部的文化产业发展经验，大多在物质性历史文化资源上做文章，"重物质文化资源轻精神文化资源"的问题比较严重，尤其是那些驰名中外的世界级文化遗产便"首当其冲"，如故宫、长城、武当山等。由于此类文化遗产资源远近闻名，在感官上能给人以较大的冲击力，从而能在短期内给当地带来较大的经济效益，使传统旅游升级为文化旅游。在开发理念尚不统一、开发手段尚不成熟的今天，一味地盲目开发难免会造成文化遗产一定程度的损毁。实际上，民族文化不仅"体现在有形的物质方面，更多的则是体现在无形的精神方面，尤其在价值观念、生活方式、风俗习惯、心理特征、审美情趣等方面表现得尤为鲜明"①。一方面，我国的民族精神文化资源本身就非常丰富；另一方面，物质文化资源本身通常也包含精神文化内涵，长城凝聚了古代先民的勤劳和智慧。武当山蕴含了武当道教文化资源和武当文化。一旦采用粗放式的外延式的物质文化资源的开发方式，不但容易破坏文化资源物质实体的完整性和寿命，更可能走上一条资源耗费型的文化产业发展之路。一些专家提出，要以我国优秀的传统文化为基础，更多地开发内涵丰富、内容纯正的精神文化资源，从而大力发展富含正能量的精神文化产业。在未来的文化产业

---

① 唐德彪：《论民族文化的资源化》，《中央民族大学学报》（哲学社会科学版）2008 年第 2期。

发展中，我国要注重对中华民族优秀精神文化资源的开发，而不能只着眼于文化遗产的物质形态本身。

第四，我国文化资源表现出严整的统一性和多样性，文化传承注重整体文化与区域文化并重，一方面强调整体文化的正统性，一方面不能忽略民族文化和区域文化在各自文化区域内的特色性；从现实经济发展角度看，由于文化消费地域和文化消费市场的限制，我国文化产业的发展更注重多样化的区域文化，因此两者之间也存在基本矛盾。因此，在全国各文化行业的开发实践过程中，我国目前已经形成了"百花齐放"的多元化发展格局，但应在社会主义核心价值体系的指引下，遵循社会主义核心价值观，将代表中华民族特色、大一统观念、国家意志的文化资源开发出来，提升民族凝聚力和向心力。

第五，文化资源有保守性和开放性，文化传承侧重保守，现实文化产业发展侧重创新，两者区别不言而喻。中华民族众多的历史文化资源尤其是物质性资源具有稀缺性、独特性的特征，它们直接影响着我国学术领域的研究进程，关乎我国国家文化安全，甚至决定着未来中华民族文化发展的走向，因此应当坚守文化传承底线，避免文化资源流失。比如一些巧夺天工的历史文物、与世隔绝的民族文化、世外桃源般的自然遗产、祖祖辈辈流传下来的老字号等，这些文化资源是极其珍贵和稀缺的，本身就有着较为浓厚的保守性。相对于其他文化资源，这些文化资源要么是稀世珍宝，要么有着浓厚的民族文化烙印，对于这些弥足珍贵的文化资源，就必须采取保守性态度，将其知识产权和品牌资源牢牢掌握在自己手中，防止因文化帝国主义的"挪用"和侵占而使我国文化资源的独占性空间进一步缩小。在现实文化资源开发中，经济利益的获取成为首要目标，文化安全、价值导向等功能被弱化，使各种文化资料显示出了前所未有的开放性。因此，文化资源就容易流失。

第六，文化资源同样具备创新性和传承性，显然文化传承注重其传承性，而现实文化产业发展则注重其创新性。在文化产业发展过程中，一味地传承传统文化会泯灭创新的灵感，无中生有的创新同样也会陷入理想的旋涡。"开发文化资源，一要保护，二要创新，在保护基础上创新，保护与创新相结合。"① 既要秉承中华民族的精神和意志，延续我华夏子孙五千年来的厚重文化，不能盲目崇洋媚外，又要不断改革创新，与时俱进，利用我中华儿女用之不竭的创造力，实现民族文化资源在新世纪文化全球化中的现代性转变，不能抱残守缺，一味恪守传统，而应该走综合创新之路，建设优秀传统文化的传承体系，汲取西方文化中的可取之处，以确立中国文化在世界民族之林中的重要地位。

第七，文化资源的不同种类也使其作为资源拥有可再生与非可再生两种特征，文化传承注重对其可再生性的挖掘，现实经济发展中却注重对其非可再生性的利用。如在文化创新基础之上的传承，能使传统文化在现代社会条件下获得新生，焕发青春活力，而现实中受经济利益的驱使而大规模地对原生态民族文化资源进行掠夺式地开发则令人痛心，一味地进行模仿式的重复建设更让人愤怒。

第八，文化资源的渐增性与递减性也是同时存在的，文化传承同样注重文化资源的渐增性，使文化资源的数量不断增多，而现实经济发展却显示出文化资源的递减性，使各类文化遗产数目不断减少以至濒临险境。从文化传承角度出发，文化建设需要汲取古今中外各种文化要素，创造出新时代符合民众基本文化审美需求的新文化，以满足时代发展和社会进步的需要，从而使文化资源的数量不断增多。从现实文化资源开发情况看，不少人抱着这样的观念：我国历史悠久，幅员辽阔，五千年华夏文明灿若星河，其民族文化资源的数量和质量都是十分可观的，是取之不尽、用之不竭的永久性宝藏。正所谓"前人栽树，后人乘凉"，应该利用传统文化资源走资源依赖型的文化产业发展之路。在这个过程中，前代人的物质文化资源在自然和人为的作用下遭受破坏，正在一步步走向灭亡。而现代社会下人们对一切有形和无形文化资源的灾难式开发利用，无疑是对文化资源的一种毁灭性打击。从这个层面上来讲，可供利用的文化资源却是越来越少，中华民族的文化资源并非

---

① 胡兆量：《文化资源论》，《城市问题》2006 年第 4 期。

取之不尽、用之不竭。

　　文化资源开发过程中的文化传承与经济发展等问题是一个价值博弈与价值引导的综合问题，是一个涉及多学科和多领域的问题，需要多种研究方法和思维方式来进行跨学科研究。文化资源开发过程中的具体类型是多种多样的，要保持开发过程中开发程度和开发方式的"度"，认识到我国民族文化资源的辩证性特征，科学地指导文化资源产业化的实践，解决文化资源开发过程中资源利用率低下、浪费严重的问题，才能形成正确的积极的文化价值引导，从而服务于我国民族文化的复兴事业。

第二节　文化资源产业化之后的文化经济二重性

　　文化具有物质和精神两种形态，文化的载体文化资源具有资源属性和文化属性，而通过文化资源的改造、传播、升级和展示的文化产品则具有商品属性和文化属性，由此形成的文化产业就有追求经济效益和社会效益的双重价值选择。如图 2 - 1 所表示，在文化资源开发的整体过程中，我国不同形式、地域的文化包含的文化资源，成为各个省市文化经济一体化发展的开发对象，并经由人们的创意和科技的融合研发出文化产品，从而形成了各种传统文化业态和新兴文化业态。在整个过程中，由于文化具有物质文化形态和精神文化形态，因此具备物质属性和文化属性；相应地作为文化产业发展的重要基础，文化资源一方面是经济发展的重要资源，另一方面却是各种文化的重要展示和创新载体，因此文化资源也具备资源属性和文化属性；经由文化资源开发出的文化产品，一方面是商品经济的产物，因此具备商品属性，另一方面由于文化产品承载着一定的价值观念，是特定的文化群体将自身的价值和审美注入文化产品中的结果，因此同时具备意识形态属性；由文化产品流通形成文化市场的文化产业，自然也是经济效益和社会效益的综合体，而在文化产业的社会效益中更包含文化的传承和价值观的传输，因此存在经济价值和文化价值的博弈。

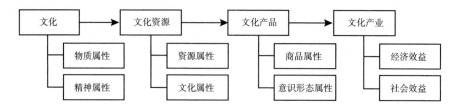

图 2—1　文化资源开发过程中各个主体的物质—精神（经济—文化）二重性示意图

一　极具物质与精神二重性的文化

文化本身是物质文化和精神文化的综合体。文化自然包含看得见摸得着的物质实体，而其中的优秀成分更是发展为现代世界的文明成果，为世界人民所敬仰。文化也拥有一些看不见摸不着的东西，知识、智慧、习俗、观念、技艺、心理、精神、法律和品行等，随着岁月的流淌不但没有消失灭绝，反而为现代民众所继承，成为全民遵守的习俗规约乃至国际法则。

文化本身具有物质属性和精神属性。文化拥有物质属性，不论是物质文化或者精神文化，不论是物质实体的创造或改变，其展示和呈现需要一定的物质实体。简言之，文化的传播和传承需要一个物态化的过程。然而，要改变物质的实体形态，不可避免地需要涉及自身的生产力和生产关系的问题。文化中艺术等精英文化的产生和发展深受生产力的影响和发展，而其中又以物质性的生产力影响最为明显，例如科学技术带来的生产力变革不容小觑。文化的物质属性侧重文化作为人类文明成果的物质性前提，也因为这一前提性基础决定着文化会不断创新和发展，从而为文化的本质奠定了物质性基础，更为文化的产业化提供了前提和基础。文化具有物质属性，昭示着文化与商品也存在相通之处，与一般的作为物质实体的商品相比，文化又不是单一的物质商品，文化具有的精神属性注定着这种商品注定与众不同。

精神属性是文化的本质属性。精神文化是文化的主要组成部分，无论文化是以何种形式存在，其生产、创造和改造、呈现和展示的过程总是以一定的精神文化为基础，以创造主体——"人"作为精神文化的载体，将自身的知识、技能、技艺、思维、智慧和创意付诸现实的过程。文化的精神属性尤其是审美文化，即是创作主体经过对象化的生命活动确定自我的存在，并且"按照美的规律"展开创作的劳动实践。因此，文化的精神属性是一个复杂的综合体，是包含知识、审美、技艺、娱乐和思维等多个侧面的复合体。文化的本义是"以文教化"，是用美好的物质文化和精神文化教化万民，使民众知书达理并和谐相处。文化的精神属性特别强调了文化的创新发展是为了实现人的自由和全面的发展，并将此作为文化产业化发展时期的指导思想。

实质上，文化本身具有物质性与精神性两重性，是自身物质文化和精神文化的外在体现，更是经济和文化密不可分并愈发融为一体的最好见证。文化将教化人作为最终的发展目标和指导思想，目的是使物质性和精神性在经济和文化中相得益彰。文化具有物质性与精神性，因此在经济和文化（狭义的文化，特指精神文化）中也发挥着极大功能。文化的教化目标，或者是文化价值引导的基本要求在经济上是物质的，而在文化上是精神的。即经济上要追求物质生活的富足，同时在文化上要追求精神生活的富有，如此才能实现人的自由和全面的发展。如果文化的双重属性在经济和文化中发生错乱，就会产生不可控制的不良后果。"物质需求依靠精神胜利缓解，精神需求依赖强烈的物欲满足"，就会走向两个不同的极端。前者缺乏物质食粮，可能会导致食不果腹，冻死街头；后者缺乏精神食粮，俨然浑浑噩噩，如同行尸走肉。

二　身兼资源属性与文化属性的文化资源

作为文化重要载体的文化资源，由于其身兼经济发展与文化传承的重要使命，因此也具备资源属性和文化属性。在文化经济一体化发展中，文化资源是获取经济价值的重要资源基础；在文化传承中，文化资源同样发挥着重要的作用，必须加以保护并进行合理传承。

文化资源之于文化产业发展的重要程度，是类似于石油等化石能源之于工业发展的重要性，因此拥有极强的资源属性。文化产业本身就是以文化资源为重要基础，运用文化技术等手段和文化创意人员的理念开发出符合人们精神需求的文化产品，进而获取经济价值的新兴产业。相对于工业制造工业产品的过程，文化产业的创造过程更具创造性：工业制造工业产品的过程是将原材料进行加工，使之成为供人们使用的商品，文化产业创造的过程更需要创意人员的创意和价值，更需要文化科技等手段，而文化内核则是文化产品的文化内涵的核心，并使文化产品成为具有文化价值的文化产品，而并非单纯的经济商品。

作为各种形态文化的重要载体，文化资源承载着一个地区、某个民族特定的文化，并以物质和精神等层面的文化表现出来。民族文化、地域文化、国别文化等各种各样的文化，并不是实实在在的存在物，而是附着在有形或者无形的文化物体之上，这些有形或者无形的文化物体就是文化资源。文化需要通过文化资源来展示和表征，同时各种文化资源也昭示着不同的文化，因此文化资源也存在文化属性。

三 拥有经济属性与文化属性的文化产品

如果将文化物化，文化产品也有物质性与精神性，更衍生出物质世界的经济价值与精神世界的文化价值。文化产品在经济世界与文化世界中分别体现出商品属性和文化属性，分别显示出在物质世界和精神世界不同的价值引导功能。

文化产品在文化与经济方面的双重属性，马克思和恩格斯早在《德意志意识形态》一书中进行过专门的论述。马克思和恩格斯谈到文化产品是科学思想、政治思想、法律思想、哲学思想等观念形态的成果。与思想的存在形式不同，文化产品必须借助一定的载体才能得以展示和呈现，即必须附着在一些物质实体外壳才得以保存。如科学思想和哲学思想要通过一定的图书、报纸、期刊等来反映，一定的政治思想和法律思想也可以通过电影、电视、网络等来传播和显现。从而，这些饱含着各种思想的物质实体就成为一种有精神内涵的特殊物质，就是文化产品。然而，这些文化产品并不是自给自足的，随着人们物质生活水平的提高和经济收入的增加，文化产品的生产和创造渐渐走出自我满足的牢笼，从而提供给社会公众消费和享受，自然也就有了商品性，文化产品也就有了商品属性。因此，文化产品成为既有精神内涵（或者可以称为意识形态），又有商品属性的文化经济二重性的双重物质。在文化属性上，文化产品必须符合基本的文化规律和人文精神，注重基本的社会功能，注重文化资源变为文化产品过程中的文化价值引导功能；在商品属性上，文化产品就拥有了使用价值和价值，广大人民群众可以享受和消费，并在市场的流通过程之中获取经济利益，依赖这些经济利益用于扩大再生产，以获取更多的经济利益。文化产品在生产和经营过程中的"双重属性"表现出相应的社会效益和经济效益。①

　　然而，在现代化科技大发展的前提之下，在社会主义市场经济条件日趋成熟的时代背景下，文化产品的文化属性和商品属性既有一般产品的一般性，又表现出与众不同的特殊性，这些一般性和特殊性在文化资源的开发过程中都要谨慎处理，否则也将带来文化经济发展错位的可怕后果。将文化产品分开来看，它既是文化又是产品，因此也体现着意识形态属性和商品属性。从意识形态属性来看，文化产品的目标和宗旨是教化民族、引导社会，满足公众不断增长的精神文化需求，从而使社会走向文明与和谐，使人变为"文化人"而得到全面的发展。但从其作为产品的商品属性来看，文化产品最终还是商品经济的产物，要遵守市场交易原则和商品经济规律，自然也必须以在商品交换中获取更多经济利益并实现再生产为根本目标。以上论述皆是文化产品在文化和经济两方面的普遍特性，其中意识形态属性是本质属性，而商品属性是一般属性，因为意识形态方面的教化远比经济利益的获得更重要。从另一个角度来看文化产品，作为意识形态的商品和作为经济交换的文化都表现出较强的特殊性，这些特殊性远非一般的意识形态和一般的物质商品所能比较。文化产品同其他文化在意识形态属性方面的特殊性，是由于文化产品也必须像其他物质性的商品一样，以供消费者消费的物质对象的形式进入市场，也必须经历生产、流通、交换、消费等环节，也需要进行宣

---

① 王保纯、庄建：《怎样理解文化产品的"双重属性"和"两个效益"》，《光明日报》2010年6月7日。

传和营销，以促进更多的人享受和消费。这样才能实现其在物质世界的经济价值，从而获得较多的经济利益，有利于文化产品的生产者继续生存下去，从而获得继续扩大再生产的原始资本。总之，文化产品不能像其他文化一样只求教化民众获得文化认同而不求经济回报，其同样要以盈利为目的，像普通商品一样尊重消费者的偏好和需求，获取消费者的认可从而获取经济收益。文化产品同其他商品在经济属性方面的特殊性，是源自文化产品必须像其他意识形态一样，顾及文化价值引导的后果及民众的心理感受，甚至要承担一定的社会担当，教导民众进行道德的感化和知识的提升。因为文化产品与其他纯物质性的商品不同，它不仅拥有大多数物质商品拥有的使用价值，更承载着能直接作用于民众思想行为的意识形态层面的内容，从而作用于消费者的思想和心灵，继而影响乃至操纵人们的思想观念和行为准则。再者，物质商品无论如何坚固耐用，都免不了被遗弃的命运，然而文化产品却大大不同。例如报纸一类的纸质文化产品，虽然其物质实体纸张随着年代的久远终将化为灰烬，但其承载的知识内涵却为民众学习并牢记。尤其是一些内涵丰富、寓意深刻的富含正能量的文化产品，即使其物质性的外壳最终消失，附在上面的知识、智慧和创意等精神层面的内容却能永久流传下去，历经百年、千年甚至万年而不腐朽。如我国劳动人民早已有的艰苦奋斗、勤俭节约的精神，在任何时代任何地点都不过时。因此，物质产品有使用周期，精神产品却没有使用周期。因此，文化产品的意识形态属性至关重要，其在精神世界的文化价值引导作用非一般的物质商品所能比，因而不能把文化产品等同于一般的物质商品。那么，在文化资源开发过程中，生产和创造何种文化产品，并合理处置文化产品这两种属性之间的关系，关乎文化价值引导功能良莠强弱。①

四　追求经济效益与社会效益双重价值目标的文化产业

既然文化可以成为商品，由文化资源的改造和创新升级而成的文化产品

---

① 冯皓：《文化产业发展需处理好两个关系》，《云南日报》2012 年 4 月 27 日。

便具有了意识形态属性。那么，文化资源开发的最终结果是形成了依赖资源从而形成了文化产业，那么文化产业自然也在其产业目的上背负了双重的属性和双重的效益追求。文化产品在生产和经营过程中的"双重属性"表现出相应的经济效益和社会效益。

文化产业毕竟是市场经济的产物，在社会主义市场经济条件下，以文化资源为基础，利用科技和创意等手段生产和制造文化产品，进而追求经济利益最大化是其重要目的和宗旨。十七届六中全会提出："发展文化产业是社会主义市场经济条件下满足人民多样化精神文化需求的重要途径。"为此，"加快发展文化产业、推动文化产业成为国民经济支柱性产业"，[①] 成为我国进行文化建设的必然选择。

文化产业要追求广泛的社会效益，这已经成为各个文化产业发达国家的共识。随着文化软实力在国家竞争中占据越来越重要的地位，民族文化在民族内部的传承和创新发展在提升民族凝聚力和向心力、提高民族自信心和自豪感方面发挥着不可替代的作用；民族文化走出去，在世界范围内获得认知与认同，从而提升民族文化软实力和竞争力。[②] 在推动建设社会主义精神文明与和谐社会面前，在建设"美丽的文化中国"面前，在建设"优秀传统文化传承体系"面前，在全面提升个人综合道德精神素养面前，文化产业发展的历史使命责无旁贷。

文化产业在文化经济一体化发展中对双重属性和双重效益的追求，不免会在文化和经济之间出现冲突，进而在社会效益和经济效益的追逐中难以取舍，从而影响文化产业在现实世界和精神世界的不同引导功能。从长远发展来看，文化资源开发过程中要始终以社会效益的获取作为最后的关键标准，并将此标准应用于文化产业的整个发展过程，才是解决社会效益与经济效益发生矛盾时采取的基本原则。对于文化产业链中的各个文化主体，对经济利益的狂热追求要保证符合社会效益获取的基本底线，一旦两者发生冲突，经

---

① 《中共中央关于深化文化体制改革　推动社会主义文化大发展大繁荣若干重大问题的决定》，中国共产党第十七届中央委员会第六次全体会议公报。

② 李君如：《从文化古国、文化大国到文化强国》，《北京日报》2011 年 11 月 7 日。

济效益必须服从于社会效益。个别文化生产者和经营者盲目追求经济效益而不顾社会效益的恶劣行径，会导致不良文化的毒瘤误导一代又一代的民众，这比获得任何经济利益的损失都要严重得多。

第三节　文化产业在物质世界与精神世界的双核同心圆理论

由文化资源开发为文化产品，形成文化产业链条最终形成文化资本的过程，实质上也是文化一步步向经济靠拢的过程，是文化经济化和经济文化化的文化经济一体化过程。自然也就存在文化与经济的二元纷争，存在文化资源的文化属性和资源属性的双重属性，也使文化产品具备意识形态属性和商品属性。在文化产品的生产、流通、交换与消费的过程之中，自然就存在社会效益与经济效益的双重效益追逐的纷争。

一　肩负双重世界价值引导的资源型文化产业

在文化产业追逐双重效益的过程之中，存在两种形式的文化价值引导过程，即以经济为主导的现实世界和以文化为主导的现实世界。文化产业尤其是资源型文化产业拥有两方面的文化价值导向，与其拥有精神内核和经济内核是密不可分的。我国目前一些地域存在的多样的不良文化现象，是文化事业和文化产业发展过程中忽视了文化意识形态属性的原因，从而使部分人的做法违背了社会主义核心价值观。在稳步推进社会主义文化建设中，面对文化资源的诸多特殊性质和复杂多样的文化现象，不应将个别地域的个别现象孤立起来，应该全面地、长远地、发展地看待目前存在的问题，服务于我国社会主义文化的大发展大繁荣。①

文化资源是辩证统一的复合体，如何规避和克服其对立统一的特征，是在开发文化资源中必须首要考虑的问题，思考的是如何正确认识文化的双

---

① 《文化的双重属性是确定文化政策的根本依据》，《中国文化报》2011 年 9 月 14 日。

重属性。文化产业的发展是一个双核同心圆模型。文化资源的开发过程是一个在物质世界和精神世界都显示出价值引导的同心圆模型。在物质世界中，从其存在方式与发生作用的方式来看，文化以产品和服务的方式存在，是一种商品。文化资源经历了文化资源到文化产品，再到文化品牌和文化资本的蝶变，依次包含内核内部的文化资源同心圆、内核外部的文化产品同心圆、文化品牌同心圆和文化资本同心圆，而在对应的精神世界中，它是价值观、是精神、是审美，因而它具有意识形态属性，资源型文化产业一步步优化并强化着国人的文化行为、文化价值观和文化性格（见图2-2），形成了文化价值导向同心圆，避免了文化普遍主义盛行之下我国文化同质化的危险。

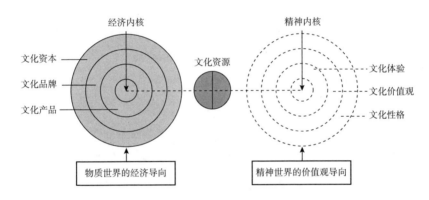

图2-2 文化资源开发过程"双核同心圆"

二 "双核同心圆"衍生发展模式中现实世界的经济导向作用

文化资源的开发过程经历了文化资源到文化产品和服务，再到文化品牌和文化符号的蝶变。在文化资源的开发利用中，由于文化资源的稀缺性，必须对其进行科学合理和有限度地开发。从文化产业发展形态来看，中西部城市利用本地丰富多彩的文化资源（尤其是民族文化资源），注重文化产业与旅游业的结合，形成与旅游业的互动，体现了资源型文化产业的特征；东部沿海城市强调以创意为先导，利用高新技术突出产业的附加值，通过创意提升产业层次。① 针对资源型文化产业，由于其发展模式严重依赖文化资源的质量和数量，如果不能在保护文化资源和维护文化生态基础之上进行保护性开发，很容易发生文化资源浪费、利用率低下的现象，而如果抛弃不用，我国的一些文化资源又有濒临消失甚至灭绝的危险，而其中的优秀部分则会被文化产业发达国家挪占和利用。《功夫熊猫》通过对中国文化资源的掠夺式开发，在中国的强势登陆就是前车之鉴。如果任由这样的"悲剧"发展下去，即使拥有再多的文化资源，都存在被国外抢先开发注册，乃至被文化产业开发主体进行外延式开发的命运。

从文化资源开发过程中的"双核同心圆"模式的经济导向来看，物质世界对经济利益的追求依次形成了从文化资源到文化产品、文化品牌，最终形成以文化资源的经济内核为基础的文化资本的全过程。在这个以物质世界为主的同心圆中，也依次形成了内核内部的文化资源的同心圆、内核外部的文化产品同心圆、文化品牌同心圆和文化资本同心圆。

（一）经济内核内部的文化资源同心圆

文化资源是非可再生性与可再生性的辩证统一，也是精神性与物质性的辩证统一。因此文化资源就存在多层面和多元化的差异，根据开发方式和开发时间的不同，将其划分为多种形式，且都以原始的文化资源为核心，其多种形式也发生在文化资源的经济导向的内核内部，由此形成了文化资源内核内部的文化资源同心圆。文化资源的"双核同心圆"衍生模型将文化资源的开发利用分为四个层次：文化资源及其不同层面的衍生文化资源（文化资源的表层）；在现代社会中的低端衍生资源（文化资源被赋予的时代精神资源和意义）；文化资源的深层次挖掘及其现代转化（产业化过程中的衍生资源）；衍生产品的文化资源化（文化产品成为文化资源的过程）。

最内层是文化资源及其不同层面的衍生文化资源，指代文化资源本身及

---

① 中国海洋大学国家文化产业研究中心：《我国东部沿海城市与中西部城市文化产业模式比较》，载文化部文化产业司编《国家文化产业课题研究报告（2007 年度）》，云南大学出版社，2008，第196页。

其所代表的与原资源有明显统属关系的文化资源（见图2-3）。文化资源一般是物质性和精神性的结合体，任何一个文化资源都不会是单纯的物质或者精神的单一文化资源，它总涵盖历史进程中不同形态的文化资源。物质的包含精神方面的资源，精神的也常常寄托在物质性的文化资源之上。物质性的文化资源总是在精神性的文化资源的冲击下不断改变着外壳形态，而精神性的文化资源也总在物质文化资源的不断变化中积累出新的内涵。

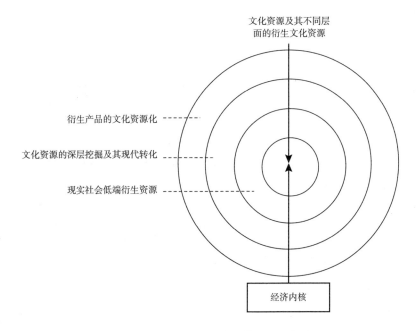

图2-3 "双核同心圆"衍生发展模式之文化资源同心圆

外三层的文化资源是文化资源在开发过程中所衍生和转化的文化资源，也是文化资源所代表的文化在时间和空间上的传承、传播和创新而形成的。针对外三层的文化资源的开发能缓解对文化资源开发中非可再生性造成的压力，使文化资源的递增性和可再生性发挥出来，客观上有利于文化遗产资源和历史文化资源的保护。这不仅较为有效地解决了在产业化的开发过程中对本真性极强的文化资源进行损害的问题，也给文化产业的发展提供了更多优质的文化资源。它使一些弥足珍贵的非可再生的文化资源变得具有可再生性，并提高了文化资源的质量，丰富了文化资源的内涵。

在外三层的文化资源中，位居第二层的在现代社会中的低端衍生资源，它指文化资源精神或物质层面的资源再次衍生的物质或精神文化资源。我国众多地市在文化产业发展过程中进行的外延式的粗放型的文化资源开发方式，大多只对文化资源开发至本层次。这些开发主体较为重视文化资源的浅层次的开发和低水平的重复建设，造成了我国众多地市在发展文化产业中偏重单一发展文化旅游业的不良后果。第三层，随着人们消费水平和欣赏层次的不断提高，更多的人追求高品位、多元化的文化消费，这就需要传统与现代元素相结合，在历史文化资源的基础之上，掺入现代时尚和创意色彩，使历史文化资源更贴近群众，贴近生活。第四层，在前三层文化产品品牌化之后，历史文化资源的发展便进入了一个良性发展循环。其文化品牌也成为一种文化资源，成为一种与文化遗产不同的精品文化资源。其文化产品不仅具有品牌价值功能，由于其有较为浓厚的历史文化底蕴，他们也成为一种文化资源，而以这些文化品牌为资源为基础进行的文化产品和服务的生产，是第四层的历史文化资源衍生资源。

以河南省新乡市牧野大战为例，依次来阐释环环相扣的历史文化资源体系。处于最基础地位的最里层是牧野大战所包含的物质层面的资源（如牧野大战遗址、出土的兵器等文物）和精神层面的资源（如周武王奋勇革新的敢为天下先的精神、同盟文化精神和得胜文化精神等）。随着现代科技的发展和研究成果的问世，带来了牧野文化的深层次的历史文化资源，第二层的历史文化资源有如牧野大战时各诸侯的礼乐、士卒的饮食、舞蹈、酒类、服饰等，使现代人们近乎完全地了解商周人民的生活状况，使拍摄古装影视剧成为可能。第三层与现代的节庆文化、网络文化和人们的大胆创意相结合，进入较为高级的文化产业发展阶段。到了第四层，此时前三层依次开发的牧野文化产品已经不是纯粹的产品，而是具有象征意义的文化符号。如牧野酒已经不是酒的概念，而是成为一种品牌，其他任何以"牧野酒"为名号的文化产品都可以"利益均沾"，得到前所未有的品牌辐射效应，而"牧野酒"也成为一种文化资源，它是前三层文化产品的文化资源化。

（二）经济内核外部的文化产品同心圆

通过文化科技等手段将文化资源开发为文化产品，就形成了各类文化业态。在产业这个层面，传统历史类文化产业循着资源衍生的道路经历着由内到外的扩展演变，并研发出各类文化产品，依次为资源密集型文化产业、科技密集型文化产业、创意密集型文化产业和符号密集型文化产业。与此相对应的四层文化产业生产的文化产品分别为：第一层，以牧野文化博物馆、牧野大战纪念园、牧野遗址公园、同盟山遗址和牧野文化学术研讨会为代表的文化产业类别，大部分是文化事业类别和较为低端的文化旅游业，以耗费大量的历史文化资源、生态文化资源为代价，开发出多样化的以牧野文化为代表的各类公共文化产品和服务，多为资源密集型文化产品（见图2-4）。第二层，为寻求牧野历史文化资源与现代生活的接壤，出现了古今结合的牧野酒、牧野宴、商周服饰，严格还原历史的影视剧和较为低端的主题公园等浅层次开发的科技密集型文化产业，这类文化产业主要依赖一定的科学技术，或者完全依赖科学技术，从而减少了对文化资源本身的耗费和伤害，这类文

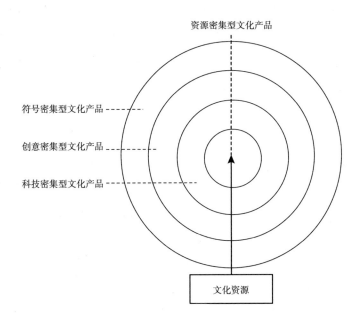

图2-4　"双核同心圆"衍生发展模式之文化产品同心圆

化产业多产出科技密集型文化产品。第三层，与现代时尚流行元素相结合，出现了"牧野文化节"、大型的现代化的牧野文化主题公园、网络剧本为主的牧野影视剧、牧野为题材的穿越剧、牧野舞台剧等文化创意产品，可以成为创意密集型的文化产业，此类文化产业多依赖文化资源开发主体的创意理念，将自身的价值观念、审美情趣等加入文化产品的设计之中，从而开发出了极具文化内涵的创意密集型文化产品。第四层，针对前三层的文化品牌，依次开发文化产品的衍生产品，而此时新乡市拥有的最宝贵的东西不是某个文化行业的优势权，而是众多具有品牌价值的文化符号，此时的文化产业可以成为符号密集型文化产业，众多文化产品因为牧野文化符号而获得文化价值和经济价值，此时的文化产品多为符号密集型文化产品。

（三）经济内核外部的文化品牌同心圆

当文化产品形成一定的品牌时，文化品牌的衍生效应也随之而来。当历史文化资源被开发为传统历史类文化产业的文化产品，久而久之就会形成一个文化品牌（见图 2 - 5）。文化产业的发展最终要以文化产业园区为载体，形成一个文化产业园区的品牌。当一个地方因为一个文化产业园闻名于世时，加上其他文化产品品牌和优势文化产业，会形成一种地域文化品牌。而当我国以传统优秀历史文化资源为基础发展传统历史类文化产业时，会形成中华民族的优秀品牌。此时，微不足道的历史文化资源在我国文化软实力的提升层面功不可没。

以牧野文化为例，当新乡市当地的文化产品"牧野酒"成为中原首屈一指的"文化酒"时，"牧野酒"就理所当然地成为当地的文化品牌。依托在此文化行业的"牧野文化产业园"渐渐为人们认识、了解和熟知，以牧野文化资源为依托，将牧野文化产业园发展成为集旅游、生产、销售、文化创意设计等一体的文化产业集聚区，"牧野酒"的光环渐渐扩展至"牧野文化产园区"上来。随着牧野文化资源较多地开发出来，其文化品牌越来越多，人们对新乡市的牧野文化系列产品耳熟能详，由此形成了一个思维定式：一提起新乡，就让人联想到"牧野"，"牧野"遂成为新乡的代名词，不知不觉中新乡成为一种地域文化品牌。作为一个在河南

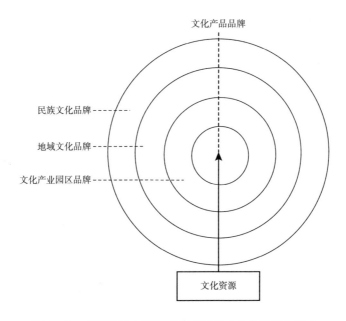

图 2 - 5　"双核同心圆"衍生发展模式之品牌衍生形式

省经济较为发达的地级市，新乡在全国的知名度并不高，与其近邻郑州、开封、洛阳、安阳等四大历史古都相比，新乡的历史文化资源虽精却较少，在中国历史文化发展中具有不可泯灭的地位。中国文化包含商周文化，而商周文化不可忽略牧野文化。当牧野文化被提升至中国文化的高度，牧野文化酒就成为一种民族文化品牌。新乡牧野文化资源的文化产品品牌是整个"品牌同心圆"的内核。牧野文化产业园区品牌是"品牌同心圆"的主体部分，是"牧野文化精神"的外化和延伸，其个性是包容、和谐、智慧、勇敢。而新乡市文化品牌是"品牌同心圆"的中间层，新乡的城市精神和城市文化塑造要和牧野文化相关。民族文化品牌是"品牌同心圆"的最外层，是地域文化品牌的提升，将牧野文化提升至国家民族文化的高度，是这一时期的主要战略任务。[①] 至此，牧野文化品牌也形成

---

① 张立波：《文化旅游的同心圆》，载叶朗主编《北大文化产业评论（2010 年下卷）》，金城出版社，2011，第 174 页。

了以牧野文化为核心的文化资本，完成了由文化资源到文化资本的蝶变，也使资源优势转化为资本优势。

（四）经济内核外部的文化资本同心圆

作为特定文化资源的经济价值，就是文化资本，也就是文化本身所包含的个体层面的文化的经济价值。从资本价值的角度看，当文化产品形成知名文化品牌，就有形成文化符号的可能。当文化资源蝶变为文化资本，其自身的经济价值就至少包含三个方面的内容（见图2-6）：一是作为物质形态的文化商品资本，也就是文化资源开发为文化产品之后在物质层面的经济价值；二是作为精神形态的文化精神资本，是其在文化产品传输的价值观、知识、审美等方面所形成的对其商品经济价值影响的感染力和控制力；三是作为文化品牌符号为主要形式的文化符号资本，即是作为一种产权、商标、品牌等的存在符号，具备了品牌价值等无形文化符号所具备的经济价值。

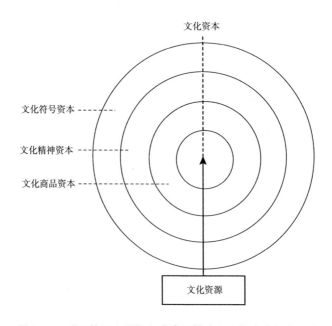

图2-6 "双核同心圆"衍生发展模式之文化资本衍生形式

同样地以牧野文化为例，在文化资本同心圆内，文化商品资本是物化的文化商品的物质载体所承载的经济价值，是其商品作为一种物质实体存在而表现出的与一般商品无异的经济交换价值，如围绕牧野文化开发的各种公共文化服务设施中的公共文化产品，以及各类书籍、碟片、光盘等物质实体的经济价值。文化精神价值是以牧野文化为资源开发的文化商品所包含的精神文化所蕴含的价值，如书籍中描述的牧野文化精神等传递正能量的文化价值，是其文化商品的无形文化所蕴含的经济价值。最后的文化符号价值是作为一种牧野文化的知名文化品牌，其形成的牧野文化标识等符号所形成的经济价值，同样构成了形成资本的条件，且是文化资本中最为重要的资本。

三　"双核同心圆"衍生发展模式中精神世界中的文化导向作用

由于文化产品具有精神属性，与其他一般的物质商品相比，文化产品的消费并不随着商品消费的结束而终止。相反，文化产品的物质形态即使被消费主体丢进垃圾箱里，其附着在文化产品上面的精神文化内涵也没有随着物质实体的消逝而灰飞烟灭，而是在一步步影响和改变着消费主体的文化观念、文化价值观及文化性格。这就是"双核同心圆"模型之中精神内核的作用显现，其在精神世界里的文化价值引导作用同样是一个精神内涵不断发散和扩张的过程。在这个过程之中，影响最为直接的就是人们各自的文化体验，随着文化体验的逐步深入而影响和改变着人们的价值观，随着人们文化价值观的改变又有使文化性格改变的可能。

（一）文化全球化带来的文化体验同质化

随着世界范围内经济全球化的飞速发展，文化产业发达国家的文化商品变得触手可及，使全球文化经济一体化进程逐步加快，文化也渐渐走向了全球化步伐加快的进程。

极为重视主权国家软权力（亦称"软实力"，Soft Power）提升的约瑟夫·奈（Joseph Nye），早在20世纪就提出了利用文化手段扩张国家权力的主张。他指出美国等国家在处理国际争端中的传统做法，如经济制裁和军事打击等一些极端手段无异于"用导弹打自己的投资"。因此他更主张以"文化植出"为主要的文化渗透和扩张手段，以无形的手段达到扩张的目的。两者对比就发现，军事打击等武力手段是硬实力，与之相对应的单纯依赖文化输出影响国外民众的生活方式和意识形态的方式，则是软实力。后者虽然无形无声，却能依附在文化传播中发挥比前者更大的影响，且其影响的过程伴随着大量的无差异的文化产品输出，进而在意识、心灵、爱好、信仰等方面去影响其他民众，能达到代价损失小却收获巨大的惊人效果。软实力等手段显然没有像导弹一样的军事打击那样雷霆万钧，却能在无声无息间充斥于世界的各个角落，一步步改变和同化着这些无差别的文化商品消费者的生活方式，使五湖四海的人们享受着相同的文化生活体验，并能最终改变货轮和导弹的归属。① 因此，文化产业发达国家利用跨国公司在世界各地的世界工厂不遗余力地进行大批量无差别的文化商品的生产，逐步打破了主权国家和地区的地理疆域界线，使世界范围内不同生活方式、不同风俗习惯和不同文化心理的文化消费者带来了统一化的文化体验，进而逐步剥夺了多元化文化和拥有独特个性的人作为"异"的权利。

在全球文化传播中占据主导位置的美国文化，以其闻名于世的三片（电脑芯片、好莱坞大片和麦当劳的薯片）一步步进行着"非领土扩张"。同样，人们也在经济全球化时代逐步融化并体验着共同的文化氛围，吃标准化的快餐、穿同样款式的潮流前线衣物、欣赏来自世界各地的歌剧、观看语言不同却内涵相同的好莱坞大片、进行同样的生活作息方式，甚至不同肤色、不同种族、不同语言的人们在一起谈论和争执某个超级影星带的是何种手表的话题，就这样在统一的标准化的文化体验下，多元化的本土文化逐步失去了本真，失去了应有的灵韵，进而也就失去了自我。在这样同质化的文化体验之中，日趋完善高端的传播媒体功不可没，它一步步在缩短着人们在时间和空间上的距离。迈克·费瑟斯通（Mike Featherstone）尖锐地指出："我们通过新媒体技术等传播的讯息使我们自身与远方的他人关联在一起，

---

① 〔美〕约瑟夫·奈：《美国能独占世界吗?》，军事译文出版社，1992，第160页。

并使我们自身和他人之间都能产生所谓的'人格的共同体'与'心里临近感'。"① 因此，虽然这是一种非领土扩张，这种扩张并非表现在地理界线上的冲破，但能产生更严重的后果。

（二）文化体验同质化同化了文化消费主体的文化价值观

文化消费的流行是文化经济一体化发展到一定阶段的产物，当人们的物质消费得到满足之后，或者在获得基本的满足之中，便开始为了寻求精神需求和发展需求而进行精神性的文化消费行为。这种文化产品可以是附带着表层文化的物质商品，也可以是物质化了的精神商品，总之都有一定的物质性的载体。在类似的精神性的消费行为结束之后，往往伴随的是消费主体在内在精神层面的文化观念和文化价值观的认知、认同乃至变更，在外在的行为层面则附带着生活方式和行为模式的模仿和改变。当人们的精神性文化消费都基本相似的时候，文化体验则同质化发展，由此带来的将是文化价值观的变更和同化。

在当今文化全球化的进程之中，原本多元化的民族文化体系中的民众受到文化体验的同质化影响越来越明显，由此带来的文化观念和文化行为模式也在一步步同质化。颇受世人关注的体育比赛，如美国篮球职业联赛（NBA），聚集在电视荧屏和电脑前面的人们关注着同样的球星带来的同样的比赛，为勒布朗·詹姆斯、科比·布莱恩特的个人表演而雀跃，为全队成员的集体协作的团队精神而雀跃，为他们追求荣誉而永不放弃的精神所折服。在表演结束之后，人们争相谈论他们身边的诸多无聊话题，购买相同号码的队服、相同名字的球衣，或者像他们一样在篮球场上挥汗如雨，并以这些超级明星在球场和生活中展示的生活方式和文化观念作为自己的行事准则。如此这般，从物质实体到制度文化，再到思想观念和生活方式都被疯狂的球迷和粉丝一一消费并接受。渐渐的，不少人在浩如烟海的文化符合中片面地追逐感官层面的享受和满足，放弃了理性的自我思考，个人在舒适安乐

---

① 〔英〕迈克·费瑟斯通：《消解文化——全球化、后现代主义与认同》，杨渝东译，北京大学出版社，2009，第163页。

和自我满足的假象中销蚀了生命意志，如他们所愿，成了拜物教的信徒，沦为文化工业的牺牲品。

从西方消费主义的表面来看，西方文化强国通过推行的消费主义同文化消费风马牛不相及，似乎与文化体验的同质化所引起的文化观念和行为的同化毫不相干，但是仔细分析发现，西方发达国家强制推行的物质消费几乎在无形之中宣扬和标榜着西方文化主导的价值观。就是人们习以为常的快餐食品，其精神影响也并不是随着餐饭的消耗而终止。可口可乐向民众推销的绝不仅仅是消暑解渴的饮料，而是一种"可口可乐"的感情色彩的汇集和宣泄；星巴克也一样，他们广为营销的，也不仅仅是一杯简单的咖啡，他们宣称这更是一种特殊的文化体验，能给人们与众不同的感觉；麦当劳里面忙碌的场景熏陶下的员工们，售卖的也不只是那些炸鸡腿之类的垃圾食品，而是在推销一种对快餐文化的认同感和喜悦感。他们所做的更多的是想以这些快餐文化来打开异国的大门，从而改变其民众的饮食生活习惯，认同麦当劳宣扬的快餐文化。所有这些承载一定文化的产品，其文化的效用在这一过程中得到发散、膨胀和增值。

文化消费容易引起人们的文化价值观变更的原因在于，文化消费的形式能为人们提供阶级区分的标志，由文化消费的模式所维持的"趣味"区分将人本身与社会意义上的客体联系在一起，并且还包含了一种在客体之间进行区分时实施判断的能力。[①] 人们在文化消费过程中的初衷，大多追寻的是一种心理上的慰藉，类似一种精神鸦片式的自我陶醉，抑或阿Q精神式的自我精神疗养。在这样的文化消费中，个人的荣誉感、自豪感等得到了诠释和放大，从而使自己的与众不同的地位得到彰显。在消费过程之中，消费的内容比消费的过程更重要，才能更深层次地显示其阶层的"趣味"，并演化为基本的文化观念和行事准则。因此，文化体验的同质化就这样一步步影响着文化消费主体的文化观念和行为模式逐渐走向被同化的道路。

---

① 柏定琴、周琴：《国际分工背景下文化同质化分析》，载叶朗主编《北大文化产业评论（2010年下卷）》，金城出版社，2011，第28～29页。

（三）文化价值观的同化成为文化性格同化的前提

当文化体验被扩展至文化价值观层面，文化消费主体的文化观念和行为模式发生了由浅入深、由表及里的改变，并有可能成为消费主体文化性格变更的前提。在这里的文化性格不是文化消费者的个人本身的文化性格，而是作为消费者整体的文化性格，即是一个群体、一个区域集合乃至一个民族整体的文化性格。文化性格是一个民族和区域的典型特征，是用来区别于其他民族特征的重要标准。当讨论起某个事物，所能想到的首先是这个事物有何种特征，用来与其他事物进行特别的区分；同样想起某个人来，也会想到他是何种性格特征，是内向还是外向，是豁达沉稳还是保守鲁莽。也许，性格特征是区别人与人、群体与群体、民族与民族之间不同的最明显、最重要和最深刻的特征。环顾整个世界，可以清晰地指出每个民族的不同的性格特征，英国人绅士、法国人浪漫、美国人傲慢、德国人严谨、日本人严肃、韩国人顽强。

在文化观念及行为模式被同化之后，消费主体的一切行为举止、思想观念都有可能面临同化的可能，甚至在吃、穿、住、用、行等方面都进行着改变和同化。在全球化愈来愈明显的社会里，更多的消费者拥有相同的生活方式、相同的购物欲望、相同的生活节奏、相同的消费偏好乃至相同的文化观念和价值标准。大家学习英语以便交流，关注着苹果新产品的发布会，谈论着是否拥有高级住宅和跑车作为自我身份的标志，是选择麦当劳还是肯德基，是在婚姻度假时候选择马尔代夫还是富士山。在物欲横流的社会中，消费主体渐渐失去了自我，国民曾经引以为豪的艰苦奋斗的精神、勤奋好学的意志和勤俭节约的美德不复存在了，相反引以为豪的不是我国自己的东西。在以西方文化的传播为核心的文化产品消费中，强势的西方文化逐渐禁锢了人们的思维方式和行事准则。[①] 在这样文化体验总体同质化的背景下，看似偶尔的思想观念的改变和行为模式的改变代表不了什么，但是量变终究会引起质变，等到文化性格改变那一天，将为时已晚。

---

① 姜华：《大众文化理论的后现代转向》，人民出版社，2006，第6页。

四 从文化体验到文化价值观再到文化性格的整体同化过程

以耐克公司策动的篮球运动在中国的发展来看一下，我国国民的休闲方式、文化消费方式及部分文化观念是怎样随着耐克公司的一步步文化推销而一步步发生变更的。这是一个外来文化逐渐改变人们思想观念的一个过程。

篮球是起源于美国的一项大型球类运动，其激烈的对抗性和强烈的观赏性吸引着世界上的所有热血男儿，但是作为一种体育锻炼，篮球并没有因为起源于美国而成为美国的特有文化，所以不能完全称之为美国文化代表。耐克是世界上最为著名的运动品牌，它的产品设计，各种运动商品装备，当然包含和篮球运动相关的一切商品：篮球、篮球鞋、护具、篮球服、衬衫等多种运动商品和装备。拥有几亿篮球迷的中国，无疑是耐克公司要开拓的最为重要的海外市场。早在 1980 年，耐克公司的创始人菲尔·耐特就来到中国，准备进军这个世界上所有厂商都最为垂涎的运动市场。当时中美两国并没有实现互通港口，中国更是在"文化大革命"的热潮中刚刚缓过气来。当中国孩子们穿着解放鞋和回力鞋打球时，没有人意识到这有什么不妥，但这对耐克公司来说是一种极大的商机。耐克公司的前首席执行官更是雄心勃勃地谈到，"这里有 20 亿只脚，我要全部拿下"。20 世纪 80 年代中期，耐克公司开始通过韩国和中国台湾地区向中国大陆大量销售出口自己的部分产品。然而，当初令人欣喜的各种愿望迟迟没有到来。耐克公司对中国市场仔细研究后分析，中国是一个重视教育的国家，也是一个消费观念薄弱的国家，从孔子时代开始，教育、测试是博弈和比拼的主要战场。以当时中国公民的工资水平和消费观念来看，是不大可能用两个月辛勤的汗水来换取一双运动时穿的篮球鞋，一是他们不太喜欢运动，很少打球；二是工资主要用来养家糊口，而不是用来娱乐和休闲。耐克公司的销售团队深深体会到，在中国这样一个体育元素缺失的国家里，篮球鞋几乎没有多少市场。当时在中国的耐克体育市场总裁更是直言不讳地说道："我们认为如果他们不运动的话，他们根本不会买我们的运动鞋。"因此，耐克公司的执行官们做了一个震惊世人的决定，也给自己提出了一个难比登天的挑战：改变中国人的文化。当时在中国的耐克公司发言人特里·洛哈德敏锐地感觉到，篮球就是打开中国市场并改变中国人文化的敲门砖。在今天看来，这样惊世骇俗的决定似乎成功了，耐克公司在文化体验、文化价值观和文化性格中实现了三重变化。

第一步，耐克公司通过各种手段创造了与美国人相同的运动生活体验，使中国民众尤其是年轻一代的高中生和大学生成为他们潜在的消费者。同样的运动体验需要有运动的氛围，耐克公司组织各种各样的篮球比赛，甚至斥资组建中国最早的高中篮球队；有了打球的人，中国没有太多的运动场所，耐克公司就不遗余力地建设开放式的篮球场地；表演的人和表演的场地都有了，孩子们没有表演的道具和护具，洛哈德就向上海的多个高中捐赠篮球器械；为了营造和扩大这种运动氛围，耐克公司组织高中篮球队到全国17个城市巡回访问，宣传这种运动潮流和快乐无限的精神理念。同时，耐克公司提供给中国最好的运动员基本的运动装备，并在1995年赞助中国的篮球职业联赛。当耐克公司向学校捐赠篮球设施时，也开始向中国学生兜售耐克鞋。当有一天一个孩子穿着耐克鞋跟大家打球时，大家以一种羡慕的眼光看着那双球鞋，竞相购买。总之，为了制造相同的运动体验，耐克公司可谓煞费苦心，当然耐克公司并不是一个无私的奉献者，当更多人要运动时，他们不得不自掏腰包来买鞋。这双球鞋也在不经意间掀开了一个开端。耐克公司不遗余力地宣传和营销，使其在1990年得到了丰厚的回报，当年的销售量足足增加了60%。

第二步，文化体验的变化带来了文化行为模式的变更，并逐步扩展到文化观念层面，从而使中国民众的文化价值观被美国观念同化。运动鞋为勤勉的中国人带来的，不仅仅是篮球。在课堂中待久了的高中生和大学生们，得空就到运动场上打发无聊时光，并将运动作为生活中的一部分，从而促使部分年轻人的行为模式乃至文化观念开始发生变化。年轻人开始将运动视为生活中不可或缺的元素，将运动消费视为时尚和高贵的一种象征，甚至将这种文化消费行为和文化观念传染给自己的年长一代。就这样，耐克公司带来的商品、习惯、观念和文化逐步挑战着孔夫子式的年长一代。"在上海的一家颇为流行的耐克专卖店内，身穿迷你短裙的年轻人在不厌其烦地说服穿着国产的便宜的运动鞋的婶婶买一双 60 美元的耐克新鞋。年轻一代认为，耐克鞋代表的并不仅仅是对运动的热爱和消费的高端，而是穿着一双高品质带有芬芳气息的鞋子能够使自己看上去更体面，更能显示自己作为一种阶层的与众不同。发生在消费观念上的变化远不及此，在中国的传统文化里，许多年老的长辈们身体力行地向年轻一代传承着儒家文化和民族精神，而到现在完全相反了，家长甚至更年长的一代的衣着打扮和日常饮食更像他们的孩子。在中国的五千年之久的历史上，发生这样的身份交换往往是不可思议的。"①伴随着行为模式变更的，是年青一代的文化观念的变化，耐克带来的文化价值观逐步为青年人所接受。在耐克所有商品的营销中，耐克将美国文化作为自己炫耀的资本和卖点，试图将中国人传统的集体主义意识和团队协作的观念彻底打破。耐克公司在因特网上不断播放着亚洲人面貌的高中生做着突破防守动作的各式广告，无形之中在不停地宣扬着英雄崇拜和个人主义的文化观念。也许挑战中国的传统文化是极其困难的，但中国年轻人的观念在这些文化熏陶中的确开始发生些许的变化。耐克公司更是毫不掩饰地说，中国大概 4000 万的中产者基本上在形成一种新的文化价值观，即个人主义。耐克公司利用全国直播等多种形式，宣扬美国的个人英雄主义与中国集体主义的不同，两者之间形成了鲜明的对比。耐克公司甚至在中国各大城市的巡回展示中，到处撒播类似高中生价值观念的各种问题。比如，"你的自我价值是什么？"，竟然收到了 500 万份高中学生的回信。借助 NBA 这辆皇家马车，耐克公司早就娴熟地运用此种运作方式来推动市场。因为此时的 NBA 早已经实现了在全中国的现场直播，并在休赛期，如暑假的时间请来 NBA 的大牌球星来中国进行巡回访问，安排各种形式的明星挑战赛和球迷见面会。目前，类似此种的球星中国行早就成为球迷们疯狂的假日盛会，中国人已经开始称运动鞋为"耐克"，并逐步接受着耐克宣扬和传播的各种文化。

---

① 〔美〕马修·福涅：《耐克是怎样算计中国的》，金晶译，《国外社会科学文摘》2006 年第 1 期，载美国《时代》杂志，2004 年 10 月 25 日。

第三步，在文化观念逐渐变化的同时，文化性格也在逐步发生变化，勤奋内敛的中国人开始变得热衷消费、外向活泼、热衷于个人主义的打拼。耐克公司在营销自己商品的同时，也在不断营销美国人本身的文化观念及文化性格。耐克在各种转播的篮球比赛的间歇，往往播放中国传统音乐与 Hip - hop 相混合的背景音乐，以亲近的方式推销着美国的街头文化。在比赛过程中，耐克公司鼓励和资助那些腼腆的小球迷放声呼喊，刚开始还过分拘束的高中生逐渐变得外向活泼，并逐渐乐于向外人展示自我的喧闹与疯狂，而这些曾经不被国人接受并鄙夷的娱乐方式无一遗漏地在电视和网络上播放，并逐步演化为大家习以为常的生活方式。更有心机的是，耐克将眼光放在了更有潜力市场的小孩子身上，让他们从小就养成活泼好动的性格，从小就成为美国文化的俘虏，从而逐渐成为其潜在的消费者。谈到这样的营销计划时，特里·洛哈德这样说道："我们的目标是让小孩子从小就爱上耐克，并且一生都爱。"在各种商业活动和已经被美国文化俘虏的年轻球迷的推动下，城市 Hip - hop 文化早就在中国落地生根并日新月异地疯长着，更在年轻的中国人中间掀起了一股竞相模仿的热潮。着迷于美国文化的中国商人们也努力出售这些东西，曾经被人们视为另类的衣着和饰物在一些顶尖的俱乐部中销售一空。通过类似于这样的专卖店和网络销售公司，年轻的"耐克迷"和叛逆的青年们得到了梦寐以求的东西。曾经在书桌面前刻苦勤奋的一些年轻人，已经变得对分数和人生不屑一顾。对于他们来说，成绩是无关紧要的，听那些被禁止的音乐同样是叛逆的表现。虽然这只是个别的例子，但曾经勤奋好学、内敛腼腆的中国学子们已经有较多变得注重物欲、外向活泼，并注重个人的展现和成功。

这是一个噩梦不知何时开始却仍在不知不觉继续的过程。自从穿上耐克鞋的那天起，孩子们发觉耐克舒适耐用，既时尚又实用，并没有发觉任何不妥与危机。接着，大家开始穿戴 NBA 球衣和各类护具，这本没有什么不妥。下一步，大家发现不仅美国的商品好，美国人打球的技术更是世界一流，大家竞相观看 NBA，甚至能说出一大串明星和球队的名字。当中国人也开始建立自己的篮球联赛时候，梦魇就逐渐扩大并蔓延开来。在中场休息的片刻时间，穿着暴露的篮球宝贝在球场上尽情表演，她们并不觉得有任何不自在，反而觉得这是时尚和美的表现。而那些深受这种运动氛围感染的孩子们，总是在竞争思考怎么样扣篮、怎么样投球更帅，先前还是学习美国球员一样打球，久而久之便成为一种独夫行为的单打独斗。这时候突然感觉文化意味变化了。这还不算完，很多人习惯了美国人的生活习惯，接受美国的价值观念，喜欢吃快餐，喜欢逛夜店，喜欢超前消费。拜金主义、享乐主义、个人英雄主义、自由主义开始流行。最后，人们对资本主义莫名的好感接踵而至，一步步掉进了西方文化包围的陷阱，却对中华民族的优秀传统文化逐渐蔑视和丢弃。因为他们觉得这些与繁华的都市格格不入。我国国民的文化性格塑造将转入一个恶性循环。文化较为强势的一方通过对弱势采取价值观的渗透、文化认同的争取实现自身文化的扩张，这种扩张并非表现在地理界线上的冲破，却能产生比之更严重的后果。在文化产业国际分工的大背景下，人们逐渐接受外来文化，并直接导致了世界范围内的文化价值观同化，"平面性"取代了"深刻性"，"同质性"取代了"差异性"，"一元叙事"取代了"多元叙事"。

五　可能的对策思路——本土文化的传承与坚守

虽然文化同化是一个艰难的长期的复杂的过程，但我国不能坐视不管文化帝国主义的文化渗透和文化入侵，走开发我国历史文化资源之路，大力发展传统历史类文化产业，将对我国国民性格的良性塑造大有裨益。在"双核同心圆"衍生发展模式中，精神世界的价值观导向作用由浅及深分别经历了文化体验趋异、文化价值观优化和文化性格的良性塑造三个过程（见图2-7）。在文化体验时段，文化消费者接受不同区域文化产品的熏陶，其个人审美、娱乐、教育和超越现实都会充斥中国传统文化元素，这就为人们的文化价值观的本土化和优化做了铺垫。世界上没有一种文化是单一的、纯粹的、单独的[①]，我国的民族文化和区域文化保证了其在文化产业发展中的

---

① 柏定琴、周琴：《国际分工背景下文化同质化分析》，载叶朗主编《北大文化产业评论（2010年下卷）》，金城出版社，2011，第21页。

多元性和独特性，传统历史类文化产业的发展避免了中国各阶层人民的文化价值观被同化的危险。而当我国民族文化产品成为一种"文化符号"时，当人们处于中国文化符号的"覆盖"之中时，文化性格就得到了优秀传统文化的良性塑造。它将与城市文化精神、民族精神结合为一体，使国人更能体现出中华民族的文化特质，更能体现东方人的特色。

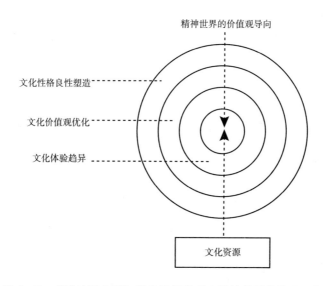

图 2 - 7　"双核同心圆"衍生发展模式之精神世界价值观导向

目前我国的文化产业发展，东部等经济发达的城市处于创意密集和高科技密集型阶段，而广大中西部地区则处于资源密集和科技密集型阶段，[①]这对我国历史文化资源的保护、中华优秀传统文化的传承和我国文化产业的转型升级都极为不利。"双核同心圆"衍生模式是发展文化产业的一条路径，也是在现代社会发展下保护历史文化资源的一种模式。当然，双核同心圆衍生模式也适应于对地方民族文化的开发和保护，它将是有效传承和发扬区域文化和民族文化的现实依赖。在快餐文化流行的年代，发展颇具中国优

[①]　张胜冰等：《我国东部沿海城市与中西部城市文化产业模式比较》，载文化部文化产业司主编《国家文化产业课题研究报告（2007 年度）》，云南大学出版社，2008，第 196 页。

秀传统文化内涵的文化行业将迎合并引导现代人的文化消费和需求。为此，在新时期文化产业的发展下，应加大中华优秀传统历史文化资源的开发力度，在"文化政策展示"中，应适当对其进行政策倾斜，抵制新自由主义全球化的影响，加强放大国家形象的文化政策的制定和实施。[①]

在新的历史时期，对历史文化资源的开发和利用要做到如此。其一，要注重对民族文化和地域文化的开发利用。其二，必须采取分众化取向，创造适合不同层面人民喜闻乐见的文化产品，满足不同人们的基本文化权益和文化消费需求。其三，要坚持走出去的文化产品政策，坚守中华优秀传统文化的民族自信。"巴黎是历年来最受欢迎的城市，一直以来难逢敌手。法国极少为促销自己做广告，法国人根本不太在意你去不去；即使你去了，他们也没怎么理会，他们还是依照自己的个性生活……这种发展是因为他们对自己的文化有信心。"[②] 其四，保护历史文化资源与创造新的及其衍生的历史文化资源并存。其五，保护和开发并重。在这样一种形势下，历史文化资源的"双核同心圆"衍生发展模式满足了现代社会中中国文化资源发展的现状。

当现实世界不能满足人们的要求时，人们会进而追求彼岸世界，以获得精神世界的满足。在现今社会，国外新自由主义泛滥，文化资本主义猖獗，现代文化符号资本大增。如果我国不注重对本国文化资源的开发，不注重对民族文化符号进行培育，那么将有可能面临"过度西化"的危险。而我国拥有多元化的民族文化资源和地域性的文化资源，与其让它在博物馆中发霉变质，或者被美国等其他文化产业发达国家所利用，不如大胆地开发利用，针对不同层面的历史文化资源，进行不同程度的保护和开发，是促进社会主义文化大发展大繁荣的可行之路。

第四节　文化产业发展中的文化认同与经济感知

随着文化经济一体化进程逐步加快，文化产业双核同心圆理论的影响将

---

① 〔英〕吉姆·麦圭根：《重新思考文化政策》，何道宽译，中国人民大学出版社，2010，第3页。
② 〔马来西亚〕冯久玲：《文化是好生意》，南海出版公司，2003，第19页。

逐步显示出来，从而使文化产品自身的含义也逐步加深。相应地文化经济的魔力远没有随着文化产品到达边界而终止，而是继续冲破文化产品的牢笼，囊括了几乎所有的物质化的商品，更使包括文化产品在内的物质商品发生了社会性的转变，使文化扩展至社会的整体性层面。

一　物质化的商品具备了文化属性

广义的文化包含物质文化和精神文化，狭义的文化主要是表达意象和象征体系的精神文化。然而，一旦将物质和物质商品的生产也纳入文化的体系，文化的内涵将转变为人类社会整体的生活样法。不同的共同体之间乃至同一个共同体内部，人们自身建构起来的文化总是被冲突和融合等多样化的形式表达出来：游戏法则的制定者和游戏的参与者既有包容、融合，也有排斥和冲突。这是因为在被建构的文化内部，存在一整套的生活方式和样法，规约着人们的个体活动和整体活动遵循并坚守着默认的准则。从历时性和共时性的时空来看，文化在历史中不断流变沉淀出来，表现出变化和不稳定性，从而文化就不仅可以成为人们生产和被生产的对象，同样能被操控在不同的个人和共同体中。

带着这样的观念，文化就不再仅仅是狭义的精神文化，也不仅仅是人为创造的物品的静态呈现，更体现在共同体内外不同人们的生产和生活行为中。那么，文化产品自然就代表着在满足不同共同体内人们的精神需求的客体。就这样，文化产品基本上涵盖了几乎所有物质生活和精神生活的所有内容。一者，人们最为日常的和最为普遍的生活实践的创造物，常常以文化产品的形式表现出来；二者，生活在同一生活样法规约下的共同体内部的人们，存在早已内化于人们思想意识和生活样式的根本法则，即人们总是用自己建立的文化准则来对物品和商品进行挑选和使用。然而，就在这个挑选和使用的时刻，物品和商品的内涵不是由物体本身决定的，而是由人来决定的，同样的物质与人的深层关系也因为人而得以体现。由此带来的是作为社会主体的人的特定的社会关系不能通过自身而实现直接的表达，而是通过物品和商品这种媒介得以实现。很容易看到，不同的民族共同体都在遵循着不同的文化样式，生产和创造着不同的物品和商品；而不同的物品和商品，在不同的共同体之间和不同的共同体内部个体使用时常常表现出截然不同的文化价值。从这里不难看出，人世间存在的一切物质实体，不论在生产还是在使用，无可避免地都与特定的群体的深层的文化结构有关，因此表达着不同的文化意义。换句话说，人类社会的一切物质产品都具有了文化的要素，"整个生产系统就是一个充满了文化意图的领域"。① 由此更得出这样一个结论：人类社会的现实世界可以因为人们对其价值的赋予和精神的臆想而存在，人类社会也没有能决然孤立与人的自然实体。从而，人类和物体本身的自然性和社会性达到了久违的统一。

在人类自身的自然性和社会性的统一下，其自身的物质生产和使用的一切活动，就变为了自然性和社会性的统一体，也是实在性与意象性的复合体。关于此论调，马克思讲解了一个良好的实例，他在《资本论》中谈道："还没有一个化学家在珍珠或金刚石（的物质结构）中发现交换价值。"② 然而，人类社会中的价值体系和文化结构赋予了珍珠和金刚石新的使用价值，其使用价值源自珍珠和金刚石的自然属性，却能在人类创造的价值体系下发生交换。就在珍珠和金刚石的物质要素被赋予特定的文化象征价值时，这种体现出来的文化范畴和关系的象征性就存在着物质性。不同的文化模式展示了不同的文化思维，从而创造了不同共同体眼中不同的客观实体。当世界经济一体化带来的市场经济变革时，几乎所有物质都难以幸免，都作为一种商品形式存在，由此使现实社会呈现出可度量的、有价值的、宗教淡化和神圣性消失的特点，真正体味到了马克思所说的商品拜物教。在这种商品拜物教的熏陶下，宗教和信仰似乎失去了原有的魔力，商品似乎取而代之，自身就承担着神灵的角色。如此一来，商品就不仅仅是单纯经济世界的功能，而且承担着某种精神价值的功能，这样的商品就和文化产品有着异曲同工之妙。当人们购买这些商品的时候，获取的远远不是商品本身，而是在购买这

---

① 〔美〕马歇尔·萨林斯：《文化与实践理性》，赵丙祥译，上海人民出版社，2002，第172页。

② 《资本论》第1卷，人民出版社，1975，第100页。

种商品时候才能体味到的满足和快感。但不难看出，人们获得的一切物质力量（包含珍珠、金刚石和其他商品）以及依附在之上的快感和满足，统统是经由人类创造的文化经过建构并通过某种文化符号象征体系而建立起来的。由此，在文化的多重功能的赋予下，某些物质的使用价值的自然属性也具备了社会属性的功能，使文化产品成为一种普遍性的存在。

二　由整体性文化商品价值转换至社会整体层面

在不同的历史时期，人们总是以两种学科的价值眼光来评价文化产品的单一价值。从艺术学的角度看，文化产品阐释的美学的内涵体现其价值的多寡；从经济学的角度看，文化产品则体现其作为商品在市场经济中的可交换性和预期收益等问题。然而，当文化产品成为一种普遍性的存在时候，以上两种解释似乎过于狭隘，并没有体现出文化产品的深刻内涵。既然文化产品可以物化并成为一种普遍性的存在，连物质化的商品都成为一种文化产品，那文化产品的内涵就远不止体现在美学和经济交换价值这两个层面之上。

在不同的民族和国家看来，文化产品是两种属性的博弈和两种利益的冲突，或者是两种属性的集合和两种利益索取的集合。文化产品体现着某种文化的要素向经济商品靠拢，又能展示出文化要素通过市场经济的商品形式而获得传播和表达。那么，文化产品要转换为社会性的商品就必须满足一定的前提和基础，而这个前提和基础就是社会共同体的身份认同的基本需要。由此而来，文化产品的社会性转换就产生两种不同的境遇。在不同的共同体之间，文化产品的社会性转化就必须要取决于外人对此种文化的认知度和认可度；在同一个共同体内，文化产品的社会性转化基本取决于内部人员集体记忆的感知和确定。文化产品的社会性转换是一个文化的基本要素和实质内涵传播、认知和再传播的过程。在共同体内部，文化传播才能使全体成员得到身份的一致认同，才能唤起集体荣誉感和自豪感的集体记忆；在共同体外部，文化要素和实质内涵经过传播才能使外人得到对陌生文化的认知和认可，才能使陌生文化得到在共同体外部的传扬和发展，而这两项过程都满足之后，一些物质产品才能被称为文化产品。

在共同体内部进行的文化产品的社会性转换是一个由个体创造到群体认同的过程。作为广义存在的文化产品，当没有获得群体内部成员社会普遍的认同感的时候，这个产品就不能称之为文化产品，而只是一个普通的物品。当这个产品能突破个人的认可和使用，成为社会群体普遍认同的产品，并一跃成为共同体社会普遍认可的集体记忆和文化要素时，才能成为真正的文化产品。而当这个产品只限于单独的个人或者较少人使用时，这个产品就不能成为文化产品。因此，在一个民族共同体的内部，与其他的民族共同体相比，如果不能传承和创新历史上的优秀的象征体系，而与其他民族相比没有不同的社会运行机制和特色的生活样法，那样产品就不能获得转换的文化产品的文化要素和资本，社会性转换就无从谈起，从而使文化产品具有强烈的社会公共性质色彩。

在民族共同体外部和不同的民族共同体之间，产品获得文化产品的资格有着较为科幻的色彩，一些物品获得文化产品的资格不是在共同体内部，而是在共同体外部，然而通过这种形式获得的文化产品往往并不是随时随地可以获得的，这是一个长期的而又取决于共同体内部文化核心要素变化的过程。例如，在一个现代化的民族国家和一个发展中的民族国家互相贸易的过程之中，由于经济方面的不发达，发展中的民族国家总体成为一种落后的贫穷的土里土气的文化色彩，而发达国家总体上是一种优越的先进的时尚高雅的文化色彩。在这种感情定性的背景下，在先进民族共同体文化的排斥和压力之下，落后民族中被冠以"文化精品"的物品在先进民族中的文化视野中相反成为一种"落后"的文化象征。因此无论在落后民族还是先进民族的共同体内部，总是以先进民族中的文化产品取代落后民族中的"文化精品"。而当落后民族获得现代化经济的发展之后，原本落后的土里土气的文化色彩就逐步发生了变化，原本"土得掉渣"的落后物品等通过其不同文化表达色彩的"土"而获得"文化精品"的美誉。当然，这个美誉是在不同的民族共同体之间都能获得的，甚至逐步取代了原本先进民族中的文化精品，其价格和文化价值都远远超越了原本先进民族所谓的文化精品。这似乎是一个奇妙的过程，其实落后民族的文化产品没有经历任何变化，但其本身却发生了社会性的转换，实质上转换发生在共同体内外不同群体的意识层面。

然而，当人们的文化实践活动的结晶没有超越个体的使用范围时，就不能得到社会的一致认可，那么就不能成为共同体存在的一些必备条件，也就不能使物品转换为文化产品，因此并不是所有的物品都能转换为文化产品。尤为重要的是，这些物品也并不是所谓的贵重特殊物品，更不是因为其特殊性和贵重性才能成为文化产品的，而是作为一种普遍的被人们认为是习以为常的物品，其普遍性获得了社会的普遍认同，成为共同体存在和身份确认的基本标识，并且被纳入共同体社会的持统治地位的文化价值体系之中，所以才能由物品转化为文化产品。

三 文化产品的社会性转换文化价值观念及社会标准竞争的过程

通过共同体内部和外部的文化产品的社会性转换可以看出，转换的内源性动力是共同体内部人们对共同体制度的认知和认同，但这种认知和认同不是显而易见的，而是深藏于共同体内部成员的意识之中。通过这样一个社会性的转换，文化产品就产生了极大的裂变效应，产生了比经济内核和文化双核同心圆模型更为剧烈的功能效应。同样，文化产品的社会性转化也存在一个由外及内的模型。在最外层是共同体的日常生活层面，宣扬和赞颂的是整体社会的主流价值观念和核心价值体系，并通过各种各样的文化产品的生产、使用来强化并固化整体社会的基本准则，用来规约个体行为；在中层则是制度文化的层面，通过文化产品的运行逐步确立一些统治地位的身份和权力，并通过各种各样的文化生产结晶使这种地位和权力获得合法性地位；在共同体社会的最深层，是信仰、价值体系文化运行并彰显的过程，通过文化产品的运行，共同体内部成员逐步获得认同感，并因这种象征性而获得身份资格，从而不论是真的共同体还是假的共同体都能借助文化产品的这种象征性的符号表达而获得群体内部的社会凝聚力。

通过这样一个由外及内的过程来看，文化产品的社会性转化不能单纯从经济社会意义来进行考虑，而应该了解其对于整个共同体的深刻的社会意义。文化产品得以转换的根本条件是深埋于共同体内部群体的意识层面的制度和标准，是作为主导地位的价值观念和社会标准。在这里需要提出的是，这个根本条件对制度和标准的选择是多重的，价值观念和社会标准是多种多样的，而处于统治地位的价值和标准只有一个，这是不同的主导价值观念和社会标准之间竞争的结果。在这种竞争中出现了这样一种可能：处于不利地位的社会共同体有可能获得升迁自身社会地位和权力的机遇。在这种社会性转换提供的机遇中，绝不仅仅体现在日常生活的普遍性的文化产品之中，而是延伸和扩张至整个社会总体性的层面，吞并和涵盖着整个社会的经济产品。由于物品绝不仅是自然的产物或者仅仅作为生产的产物，在整个社会整体内都无可避免地被烙上了文化的印记，从而使人们对文化的选择，也对主导价值观念和社会标准的选择和对物品的内涵和价值的建构中，才使物品成为文化产品。在现代市场经济体制的感染下，资本支配了整个社会，现代社会根据主导资本的利益和需求，将人们的一切文化实践变为可以度量的商品。无可辩驳地，资本就成为经济社会占据主导型的一种社会力量，其生存条件转而被"当作支配一切的规律强加于社会"。[①] 由此，资本原则便作为社会存在与运行的一个标准和准则。当资本原则确定后，由此就开启了其他社会共同体的文化实践结晶转化为商品并获得资本化运作的可能。因此，在当地经济社会的资本原则主导下，通过文化产品的转换而获得的象征符号的过程，似乎比商品本身的获得和流通更重要。而对于经济社会中存在的不同的个体和群体来说，得到物质利益和精神需求的保障，就必须获得进入整体社会的通行证。这个通行证的获得，理所当然地要通过对象征性符号的结构性控制来实现。因此，文化产品的商品化存在的必要性和必然性，正是奠基于符号的结构性控制基础上的。

从以上的论述中不难看出，文化产品的内涵由狭义的精神文化产品，波及具有象征意义的物质文化商品；当物质商品获得了社会属性之后，文化产品又将所有的物质商品囊括进来；当资本进入整体社会并成为一种象征性文

---

① 《马克思恩格斯选集》第 1 卷，人民出版社，1972，第 266～263 页。

化符号后，文化产品便成为一种整体性的社会产品，成为一种象征性符号的结构性控制。在文化产品的内涵不断扩大和提升的过程之中，文化价值观念和社会标准的选择是一个动态的过程，这个过程既是主导地位共同体的下降的过程，也存在处于边缘地位的共同体的提升的过程。如果将文化产品的社会性转换提升至民族共同体之间，转换过程将演变成为发展中国家文化共同体与发达国家文化共同体之间的文化竞争的问题，是不同文化要素之中文化价值观念和社会标准的竞争问题。竞争的结果则取决于民众对不同物质化的文化商品的选择结果，自然也决定着不同文化共同体的命运和前途的问题。因此，民众获得或者想获得怎样的身份认同的通行证，进行何种价值观念和社会样式的文化生活和消费，是未来文化产业发展竞争的主要阵地。

第三章

城市核心文化定位中的城市文化集散过程

美国学者奥康纳认为，文化产业的发展在城市。这个观点的根据在于：一方面，城市是文化资源的载体和容器；另一方面，相对于经济相对落后的乡村地区，城市有更多的文化产业发展基础。例如，较多的文化资源、雄厚的产业资本、发达的文化科技、广阔的文化市场以及畅通的现代通讯传媒等。我国在文化资源开发过程中想要追寻正面的积极的文化价值引导，就必须在城市文化产业发展中处理好经济效益和社会效益两者之间的关系，发展具备积极的文化价值引导的文化行业，那么作为城市文化产业发展的先导，在众多城市文化中选取富含正能量的文化作为城市文化定位是首先要解决的问题。

第一节　中国文化自身有富含正能量的文化精髓内容

物质贫乏不是社会主义，精神空虚也不是社会主义。充分利用本国的文化资源开发文化产品，形成正确的文化价值引导，找寻富含正能量的文化资源至关重要。在利用本土文化资源进行文化产业发展的过程中，究竟何种文化资源才是富含正能量的文化资源，中国五千年文明有没有独具特色却又崇高正义的文化呢？

优秀传统文化凝聚着中华民族自强不息的精神追求和历久弥新的精神财富，是发展社会主义先进文化的深厚基础，是建设中华民族共有精神家园的重要支撑。针对传统文化的继承传扬和大力发展文化产业等问题，十七届六中全会提出"建设优秀传统文化传承体系"，为建设中华民族共有精神家园、为人类文明进步做出更大贡献①。由此看出，我国优秀的传统文化丰富多样，这也让发端于近代的中西文化论战有了答案。

一　"招魂与复兴"问题的提出——传统文化现代化的争论

关于"招魂与复兴"问题，汤因比在《历史研究》中做了较为明确的论述："逝去的文明对现存文明的这种特殊影响，远非只有希腊文明与西方基督教社会这一个孤证。我们把这类现象统称为'复兴'。"②　"文明在空间上的碰撞乃是不同文明的冲突，而冲突通常总是出于偶然；另一方面，文明在时间上的接触（复兴）乃是一种招魂活动，即召唤先辈文明的幽灵。"③目前我国进行的社会主义文化大发展大繁荣的实践，到底是一种优秀传统文化的复兴，抑或历史复古主义者一样的招魂？很自然地，汤因比对"复兴"和"复古主义"进行了更深一步的论述："析复兴现象之前，我们还必须注意把复兴与古今文明接触的其他两种形态区分开来。意识垂死或死亡文明与尚处于胚胎或婴儿时期的继承文明的传承关系。复兴乃是一个成熟文明与久已逝去的先辈文明的'幽灵'发生接触。还有一种不同于复兴的古今文明接触方式，我们称之为'复古主义'，这个词表示复古主义者企图开历史的倒车，使社会回到过去的状态。"

实质上，无论是"复古"还是"复兴"，都是对古代文化④取与舍的一种态度。当然也可以采取与前两者完全不同的第三条道路："舍弃"。具体

①　《中共中央关于深化文化体制改革推动社会主义文化大发展大繁荣若干重大问题的决定》，中国共产党第十七届中央委员会第六次全体会议通过。
②　〔英〕阿诺德·汤因比：《历史研究》，郭小凌、王皖强、杜庭广、吕厚量、梁洁译，上海世纪出版集团，2010，第827页。
③　〔英〕阿诺德·汤因比：《历史研究》，郭小凌、王皖强、杜庭广、吕厚量、梁洁译，上海世纪出版集团，2010，第838页。
④　也可以通俗地讲是传统文化，因为传统文化是古代文化的核心组成部分，而传统文化的精髓则是其中优秀的文化传统。

到现实社会中，自近代以来围绕"中西文化优劣"和"中国文化的走向"问题，也一直进行着至少三种路径的博弈。"即以陈独秀、李大钊为代表的唯物史观派，主张实现社会主义；以胡适为代表的自由主义西化派，主张在中国实现资本主义"①；以梁漱溟为代表的文化保守主义，主张恢复中国固有精神。以辜鸿铭为代表的保守派却"逆流而上，热烈赞扬中国固有文化（包括其中的落后事物），激烈抨击西方物质文明和精神文明"②。陈独秀、胡适是"舍弃"的代表，属于激进派；辜鸿铭是"保守派"的代表；梁漱溟则是"复兴"的代表。但无论是"新儒家"还是"中国本位文化建设派"，都主张在中国已有传统文化的基础上，进行"中西文化的调和"。

复古者显然偏爱一种与现代截然不同的社会状态，否则又何谈复古呢？一个经历复兴的社会往往召唤与后代文明处于不同乃至相反发展阶段的先辈文明的幽灵。③ 那么，目前我国现阶段的文化建设主张"建设优秀传统文化的传承体系"，是否是一种对传统文化的"招魂"，抑或优秀传统文化的"复兴"呢？

17、18 世纪之交，西方也发生了类似的论战：

> 在这场论战中，双方围绕"古人"与"今人"孰优孰劣展开争论。争论的焦点在于，西方文化究竟是故步自封，只知一味沉湎于过去，仰慕和效法"古人"，还是超越"今人"，继续向前探索未知的领域。以这样的方式来提出问题，必然使得这个问题只可能有一个合理的答案。但是，这个问题本身回避了一个先决问题，即仰慕和效法"古人"，我们不妨称之为最广义的"现代西方古典教育"，是否真的阻碍了"现代"的发展。这个问题的答案显然偏向"古人"④。

---

① 郭建宁：《五四时期的文化论争与当代中国的文化选择》，《学术论坛》1999 年第 3 期。
② 孔庆茂：《国学大师丛书——辜鸿铭评传》，百花洲文艺出版社，2015，第 2 页。
③ 〔英〕阿诺德·汤因比：《历史研究》，郭小凌、王皖强、杜庭广、吕厚量、梁洁译，上海世纪出版集团，2010，第 828 页。
④ 〔英〕阿诺德·汤因比：《历史研究》，郭小凌、王皖强、杜庭广、吕厚量、梁洁译，上海世纪出版集团，2010，第 839 页。

既然是传统文化的复兴，又将复兴什么时代的"传统文化"呢？"只有后继社会的文化水准提高到前辈社会创造出日后成为复兴目标的成就时所达到的水准，才谈得上复兴昔日的文化。"① 很显然，汤因比是想复兴在古代"有辉煌历史"的文化。

这是一件多么可笑的事情，到头来发现中国文化的方向依然在中国人自己的传统文化中，在中国人自己手中。

> 就好像一个慈爱而欠考虑的叔父把一本 T. S. 艾略特先生的诗集作为侄儿 13 岁生日的礼物。侄儿把诗集大致翻了翻，便随手扔到自己小图书室最深的角落里，之后显然完全忘了自己有这么一本书。6 年——若是把个人从青春期到成年的时间跨度放大，6 年相当于文明史上的 6 个世纪——之后，已是牛津大学学生的侄儿再次接触到这些诗，迷上了它们，就到布莱克维尔书店买了一本。等他假期回到家中，异常吃惊地发现自己的书架上早就有了这本书。②

但这本书已经不是一本简单的传统文化的书，更应该是一本"古为今用、洋为中用"的书。这些内在的差异颇为微妙，民众实际上很难或无需区分"复兴"究竟是与一个消亡社会直接接触产生的"纯粹"的复兴，还是上述任何一种"混合"的复兴。③ 中国文化的路向应该是"中西优秀文化的调和"。

二　激进派、折中派与保守派的最终调和——文化现代化

关于中国文化的未来发展走向及建设路向问题，早在 1949 年以前，我国

---

① 〔英〕阿诺德·汤因比：《历史研究》，郭小凌、王皖强、杜庭广、吕厚量、梁洁译，上海世纪出版集团，2010，第 839 页。

② 〔英〕阿诺德·汤因比：《历史研究》，郭小凌、王皖强、杜庭广、吕厚量、梁洁译，上海世纪出版集团，2010，第 839 页。

③ 〔英〕阿诺德·汤因比：《历史研究》，郭小凌、王皖强、杜庭广、吕厚量、梁洁译，上海世纪出版集团，2010，第 827～828 页。

的知识界和文化界就进行了较为激烈的争论。当然，中国文化的走向一个无法回避的问题是，中国自身的文化有无可取之处，是全盘否定，还是全盘继承，抑或另外一种发展方法。依次来回顾新儒家、中国本位文化建设派、全盘西化派以及唯物史观派的各自观点，以此可以作为我国文化资源开发中应该进行何种文化价值引导的标尺。

新儒家的主要学说被称为"新儒学"，是我国现代文化保守主义的主要思想代表。以熊十力、梁漱溟、张君劢、钱穆和冯友兰为代表的新儒家，对中国文化表现出了极大的热情，他们重视的是儒家的心性之学，认为它是中国传统文化的本原和核心，并把它看作中国传统思想的核心和开发现代科学与民主事业的根据。他们认为中国文化的最高理想是儒家人文主义，其是道德精神和宗教精神的统一，只有在充分认同中国传统文化的基础之上，才能谈得上对西方文化的吸纳和会通。在中西文化的对比之中，新儒家引用了"本体世界"（价值世界）与"物理世界"（事实世界）的概念，指出前者是真善美和道德形而上学的根据以及人生价值之所在，后者则只会用理智分析的方法去认识物理世界的事实。中国哲学多为价值哲学和人生哲学，但忽略对物理的认识，没有形成精密的逻辑，而西方哲学多为认识哲学、逻辑哲学，所以自然科学发达却没有真正达到对人生价值认识的程度。中国哲学和文化因此呈现出"内生强而外王弱"的特点，西方在进入"后现代化"阶段后，出现了科技成果与人文价值严重不平衡的危机，人们在享受科技带来便利的同时，明显地感到人的价值意义的失落。因此，中国的传统文化不仅要现代化，而且可以世界化，中国的传统核心文化的世界化有助于解决"后工业文明"所面临的许多问题。

全盘西化派（亦称彻底西化派、西化派、欧化派、西洋派或者世界化派等）则对新儒家的观点极不赞同。在20世纪30年代的中国文化建设路向的论战中，全盘西化派主张对西方文化进行主要的学习和模仿，从而建设中国自身的文化。他们以胡适和陈序经为代表，但总体来看，除了陈序经和吕学海等极其少数人坚持"全盘西化"之外，欧化派的知识分子大多都不坚持全盘西化的观点，却主张"大部分西化""根本上西化"等，如主张"更广泛更深刻地西洋化"的梁实秋，主张"尽量西化"的严既澄，主张"从基础上从根本上从实质上西化"的张佛泉，主张"大部分西化"的张奚若，主张"西学为体、中学为用"的熊梦飞等。虽然这些学者的观点与陈序经的观点没有实质上的差别，但抛开他们对待西方文化的态度，大部分西化派学者对中国文化还基本持少许肯定的态度，并不像陈序经描述的那样一无是处。尤其是胡适的观点是比较有代表性的，他主张全盘西化或者充分的世界化，是以"全盘西化"在严格意义上不能成立为前提的，实质上他更倾向于"部分的西化"。他认为人们的生活方式，处处都受到人民的经济状况和历史习惯的限制，这就是"文化惰性"。在文化惰性的影响下，全盘西化或者充分的世界化最后会走向选择性的现代化。而胡适为什么不直接走"有选择性的采纳"这条道路呢？这条道路就是"可以摘取某些可取的成分并摒弃她认为非本质的或要或要不得的东西"。胡适自己也给出了解释，他认为主张接受性的现代化，最终会受到文化惰性规律的自然作用，从而成为保守主义的庇护所，因此他主张全盘西化，通过文化惰性的自然作用，从而达到自身"选择性接纳"的最终目的。在此也可以看出，即使认为中国文化无论是在物质上还是精神上都不如西方文化的西化派，也存在"西学为体、中学为用"的影子，存在部分对中国文化的认同感。

中国本位派更不同，它由《中国本位的文化建设宣言》的十位教授①及其声援者组成，他们主张中西文化的调和。中国本位派认为："从文化的领域去展望，现代世界里面固然已经没有了中国，中国的领土里面也几乎没有了中国人。要使中国能在文化的领域抬头，要使中国的政治、社会和思想都具有中国的特征，必须从事于中国的本位文化建设。"必须用批评的态度、科学的方法，检阅过去的中国，把握现在的中国，建设未来的中国。中国既要有自我的认识，也要有世界的眼光，既要有不闭关自守的度量，也要有不盲目模仿的决心。这认识才算是深切的认识。循着这认识前进，那我国的文

---

① 这十位教授分别为王新命、何炳松、武堉干、孙寒冰、黄文山、陶希圣、章益、陈高佣、樊仲云、萨孟武。

化建设就应该是：

> 不守旧，淘汰旧文化，去其渣滓，存其精英，努力开拓出新的道路。不盲从，取长舍短，择善而从，在从善如流之中，仍不昧其自我的认识。根据中国本位，采取批判态度，应用科学方法来检讨过去，把握现在，创造未来，是要清算从前的错误，供给目前的需要，确定将来的方针，用文化的手段产生有光有热的中国，使中国在文化的领域中能恢复过去的光荣，重新占着重要的位置，成为促进世界大同的一支最劲最强的生力军。[①]

由此看出，中国本位派对中国文化也表现出了极大的热情，号召全中国人民进行以中国为本位的文化建设。虽然本位派也被人诟病为"中体西用论"的最新式武器，但却在中国文化建设的论争中发挥着举足轻重的作用。

从三大文化派别的讨论中可以看出，中国文化不仅应该现代化，而且可以世界化，尤其是在对本体世界的追求之中，中国的传统文化有比西方文化更多的优势。中国文化有着较多的核心文化内容，有着富含正能量的核心文化内容，当然也存在古代与现代文化之别。其中的核心内容很多成为社会主义核心价值体系的重要组成部分。在文化产业发展中，不可能一一仔细点数中国文化的正能量内容，但可以给出评价文化是否为正能量的文化标准。因为无论对于任何一种流派的文化来讲，都是古代与现代、雅与俗、物质与非物质的集合。

三 具备正能量的核心文化与文化资源

近代中国在世界上落后挨打的局面，引发了中国的学术界对民族衰亡的反思，不少人把中国的落后贫穷归结于中国文化的腐朽和保守，并将其作为铲除和取缔的对象，希望在西方文化的指导下进入康庄大道。然而两次世界大战的爆发，也使中国人开始了对西方文化弊端的思考。梁启超西游欧美，

---

① 王新命等：《中国本位的文化建设宣言》，《文化建设》1935 年第 4 期。

寻找救国的真理，而西方人给他的建议是"西方文化已经破产，正等待中国的文化来救我们，你又何必又到我们欧洲来找药方呢"①。事实上，中国文化自身并不缺乏富含积极正能量的内容，也拥有较多的依附在这些文化内容之上的精华的物质文化资源和精神文化资源。

其中，历史文化资源是最能体现中国特色、最能显示中华民族文化精髓的文化代表。中华民族文化资源的主体部分是历史文化资源。② 在进行文化建设中，要以优秀传统历史文化资源为基础，发展传统历史类文化产业。这样"建设优秀传统文化传承体系"的伟大构想才能更好地实现。发展文化产业，所应坚守的文化应该是什么呢？"各有品，各有德，集此各品各德，放大光辉，此之谓人文，此之谓文化。人生所得，便是得了此文化，得了此人文之大化。而其基础，则在各人所得之一品一德上。"③

很多人认为我国在进行社会主义文化大发展的时候，应吸取外国人的经验，发展动漫产业、游戏产业、版权产业、创意产业等，这种做法造成了我国文化产业园泛滥的尴尬局面。究其原因，他们没有吸取工业社会遗留下来的经验教训，对文化产业没有一个全新的认识。文化产业是新兴产业，其产业特性和发展规模并不为我国政府、企业和民众完全了解。我国没有利用已有资源优势进行开发，更没有利用我国丰富的人力资源进行创意的汇集。尤其是在对待传统历史文化资源的问题上，出现了"舍近求远、避轻就重"的现象。我国进行文化建设的态度应该是：源于历史并高于历史，在坚持马克思主义基本原理的基础之上，立足于当代人民的需要和社会的发展。具体的做法就是要取其精华、去其糟粕，古为今用、推陈出新。那么富含正能量的中国文化的核心内容是什么呢？

从时间和空间上来看，我国五千年的文明孕育了太多的物质文化和精神文化，找出中国文化的核心内容是较为困难的。狭义的中国文化的核心，即

---

① 梁漱溟：《东西文化及其哲学》，商务印书馆，2010，第 23 页。
② 姚伟钧等：《中国文化资源的产业化战略》，载文化部文化产业司编《国家文化产业课题研究报告（2008 年度）》，云南大学出版社，2009，第 373 页。
③ 钱穆：《中国思想通俗讲话》，三联书店，2005，第 57 页。

中国文化的核心精神，或者中国文化的核心价值观，是完全可以寻找并一一列举出来的。有学者指出中国文化的核心文化价值是"人道主义、以人为本、贵和尚中、义以为上"，有学者指出"和谐"是中国文化的核心价值观，同样在中国文化中"以'和'为本的宇宙观，以'和'为善的伦理观，以'和'为美的艺术观，共同构成了中国文化核心价值观的重要内容"①。张利华也认为崇尚"和谐"是中华文化的核心价值观，并指出"崇尚'和谐'的文化价值观是中华文化繁荣昌盛的根本"。② 随着中国经济全球化的加速发展，我国与世界上其他国家在文化上的交流也会日益频繁并逐步增多，如果中国强大了，将把"和平"与"和谐"的价值观传遍五洲四海，为人类的和平事业做出积极的贡献，输出中国文化和平的文化价值观念。

2013 年 12 月 23 日，中央办公厅印发《关于培育和践行社会主义核心价值观的意见》，将 24 字核心价值观分成 3 个层面：富强、民主、文明、和谐，是国家层面的价值目标；自由、平等、公正、法治，是社会层面的价值取向；爱国、敬业、诚信、友善，是公民个人层面的价值准则。③ 三个层面24 字的基本内容构成了我国社会主义现代化建设的价值标准准则，作为社会主义现代化建设的重要组成部分，文化建设也应当遵循社会主义核心价值观，符合社会主义核心价值观基本内容的我国的传统文化资源及现代文化资源，都是我国具备正能量的文化资源。这个核心内容就是符合社会主义核心价值体系的中国文化的具体内容。社会主义核心价值体系包括四个方面的基本内容，即马克思主义指导思想、中国特色社会主义共同理想、以爱国主义为核心的民族精神和以改革创新为核心的时代精神、以"八荣八耻"为主要内容的社会主义荣辱观。这个核心价值体系是不断发展创新的，在不同的历史时期和不同的民族地域将会演绎出不同的精神内涵，因此中国文化的核心内容更是不断发展壮大的。在社会主义核心价值体系的精神指导下，符合

① 贾磊磊：《和谐，中国文化的核心价值观》，《人民论坛》2013 年 6 月 6 日。
② 张利华：《崇尚"和谐"是中华文化的核心价值观——驳"中国威胁论"》，人民网，http://world.people.com.cn/GB/1030/3643709.html，2005 年 8 月 25 日。
③ 《社会主义核心价值观基本内容》，《人民日报》2014 年 2 月 12 日。

社会主义核心价值观的中国传统文化内容，都是中国文化的核心内容，更是我国文化资源开发的重要内容。它随着社会的发展将产生出不同的文化内容，伴随着社会主义国家的发展繁荣而大发展大繁荣。

第二节　城市文化资源的开发亟待核心文化定位

站在世界文化市场竞争日趋竞争激烈的高度，发展和支持弘扬本土文化的文化产业，输出携带本国核心价值观念和意识形态的文化产品，自然是今后我国发展文化产业的走向。然而，对于我国区域文化产业发展来讲，是否也应该发展以区域文化为核心的文化事业和文化产业，对内向人们灌输本土文化价值观念，对外输出包含本土文化色彩的文化产品呢？答案是肯定的，只是发展的重心转移到了城市。城市作为文化资源集聚的宝地和文化产业发展的载体，责无旁贷地承担起了发展和传承本土文化的重担。

一　城市——文化资源集聚的宝地与文化产业发展的载体

文化全球化带来的诸多效应，深深地困扰着人类居住的城市。当代中国有663座城市，未来15年可能达到1500座城市。地球上几乎80%的人最终要居住在城市，城市该怎么办。截至2016年年底，我国城镇化率已达57.35%。① 我国也在不知不觉中走向了城镇人口超过农村人口国家的行列。大规模城市及城市群的出现是城镇化提升的最佳验证。2012年，我国城市群已经达到23个，其中"15个为达标城市群：长三角、珠三角、京津冀、山东半岛、辽东半岛、海峡西岸、长株潭、武汉、成渝、环鄱阳湖、中原、哈大长、江淮、关中、天山北坡城市群"②。不同城市的建设也日益更新，使城市由功能城市向文化城市转变。

---

① 此数据来源于国家统计局发布的内容：2016年中国城镇化率达到57.35%。
② 陈振凯：《中国城市群发展迅速增至23个功能定位日益清晰》，《人民日报》（海外版）2012年4月4日。

（一）城市由功能城市向文化城市转变

城市是什么？《雅典宪章》认为城市应该满足人们的居住、工作、游憩和交通四大功能。然而随着社会经济的发展，人们逐步认识到文化才是城市本身的核心和灵魂。

第一，城市是文化的载体和容器。人类所有伟大的文化都是由城市创造的。文化的创造、繁盛与创新都依附在城市之上。德国的阿尔伯斯（G. Albers）教授认为："城市好像一张欧洲古代用做书写的羊皮纸，人们将它不断刷洗再用，但总留下旧有的痕迹。"作为人类文明的产物，城市的发展程度标志着人类的文明程度。在人类发展的历史长河中，城市始终是最先进思想、文化和新的组织的诞生地：古希腊和古罗马的城市创造了人类文化的黄金时代，春秋战国时代的城市孕育了百家争鸣文化和地域学派。东西方的古代城市名副其实地共同创造了东西方两大文明的"文化内核"，造就了人类历史上有名的"轴心时代"①。刘易斯·芒福德认为："城市应当是一个爱的器官，而城市最好的经济模式应是关怀人和陶冶人。""如果说博物馆的产生和推广主要是由于大城市的缘故，那也意味着，大城市的主要作用之一是它本身也是一个博物馆：历史性城市，凭它本身的条件，由于它历史悠久，巨大而丰富，比任何别的地方保留着更多更大的文化标本珍品。"② 城市不仅是人类为满足自身生存和发展需要而创造的人工环境，而且是一种文化的载体和容器。它的变迁和发展，就是与城市有关的人类文化的变迁和发展。

第二，文化竞争力决定着城市竞争力。城市竞争力的概念由来已久，其多元综合的定义已经成为大家的共识。一般来讲，城市竞争力包含经济竞争

---

① 雅斯贝尔斯语：他在 1949 年出版的《历史的起源与目标》中说，公元前 800 ~ 公元前 200 年间，尤其是公元前 600 ~ 公元前 300 年间，人类文明精神取得了重大突破。在"轴心时代"里，各个文明都出现了伟大的精神导师——古希腊有苏格拉底、柏拉图、亚里士多德，以色列有犹太教的先知们，古印度有释迦牟尼，中国有孔子、老子……他们提出的思想原则塑造了不同的文化传统，也一直影响着人类的生活。

② 〔美〕刘易斯·芒福德：《城市发展史——起源、演变和前景》，宋俊岭、倪文彦译，中国建筑工业出版社，2005，第 586 页。

力，随着文化在城市发展中的地位越来越凸显，城市竞争力也逐步包含文化竞争力，并在城市的未来发展中发挥着不可替代的作用。当前，在建设宜居城市、和谐城市、生态城市等口号的要求下，文化竞争力无可辩驳地成为助推城市文化繁荣发展建设的核心力量，成为城市发展可持续经济的重要支撑。在目前我国推动社会主义市场经济繁荣发展中，文化与经济一体化发展迅猛，经济的突飞猛进越来越依赖于文化的贡献。其中，经济发展越来越依赖于文化核心，现代管理逐渐依赖文化修养，科学研究逐步依赖文化造诣，现代技术的熟练掌握需要的是精通技术的人才，而人才需要文化素质和文化精神作支撑，才能服务于现代化市场经济建设。

第三，城市文化的发展创新引领着城市的发展方向。城市文化经济的一体化发展有赖于城市自身文化资源的内涵式开发和利用，而城市文化资源的多寡优劣有赖于城市自身对传统文化的保护与城市现代文化的创新发展。一方面，城市的历史记忆依赖保护城市自身的历史文化资源，尤其是众多的文化遗产；另一方面，城市自身文化的发展依赖于优秀传统文化的传承和创新，在传统文化基础之上发展创新，才能孕育出独具特色而又焕发生机的新文化。然而目前我国不但面临历史文化资源保护不力的威胁，而且遭受着城市自身文化创新乏力的危机。一旦厄运降临，历史文化遗产消逝，城市会变为没有记忆的"死城"；一旦文化创新匮乏，将失去自身的文化特色和城市魅力。历史文化名城的有效保护让公众深深感悟到：城市自身文化创新的高度取决于城市对自身传统文化发掘的深度。

城市自古以来就是社会发展的重心，不但是国家富强和社会进步的经济重心，更是人类文明的聚集地和再生的载体。现代化的城市建设必然有赖于城市经济的发达，才能具备城市发展的物质基础，但同时也依赖城市自身文化的兴盛，提升城市的文化软实力。城市发展的重心是文化，文化也是城市发展的最终价值。城市自古也具备文化的聚集地和发祥地等重要功能。城市的文化建设离不开文化事业的稳步推进，更离不开城市文化产业的蓬勃发展。如何在城市建设中尤其是城市文化建设中彰显自我的独特魅力，合理地汲取城市文化资源，发展城市文化产业，提升城市文化资本，促进城市文化大发展大繁荣，进行别具一格的文化定位是重中之重。

（二）从"千城一面"到"千城一化"——城市建设的深度特色危机

"千城一面"是指我国在城市化建设中城市规划及城市面貌类同的现象。一样的玻璃幕墙、一样的立交桥、一样的大广场……走在许多城市的繁华街道上，会让人产生一种同样的错觉：不知此时身在何处。① "千城一化"则是城市化建设中文化建设千篇一律的现象，如很多城市一提城市精神文化，不外乎"兼容并蓄""海纳百川""传统与现代融合""与世界接轨"等，不仅空洞，且大而无当；一提公共文化建设，就兴建大歌剧院、大文化广场、大地标式建筑，或者不经科学考察地复古建筑等。② "十五"城市规划因为没有城市文化规划，造成了城市功能重复、产业同构、形象单一的严重问题；"十一五"城市规划因为没有城市特色规划，造成了城市"千城一面"、特色危机的严重问题。"千城一化"产生了比"千城一面"更为严重的后果，使城市中生活的人们有"身在家乡为异客"的感觉。

现在每个城市都从战略角度上提出了建设特色城市。可见特色城市建设已经成为当今城市建设的当务之急。"中国城市自1949年以来经历了政治城市、经济城市、景观城市、文化城市和生态城市五个阶段。"③ 我国大部分城市徘徊在"景观城市"和"文化城市"的阶段。在目前的各大城市现代化建设中，传来的各种文明成果似乎都深藏着内部隐忧。

城市景观趋同，城市规划相互模仿，城市经济快速发展中的"千城一面"的城市形态建设历来为国内外专家所诟病。张鸿雁认为："中国正出现'千城一面'的城市形态与格局，城市似乎成为'生产线下来的产品'，中国城市的个性文化和文化个性及'集体记忆'正在整体性丧失。"一些具有民族风格和地域特色的城市风貌正在消失，城市建设在建设中抄袭、模仿、

---

① 倪光辉：《"千城一面"是城市之悲》，《人民日报》2011年10月11日。

② 付宝华：《"千城一化"比"千城一面"更可怕》，《北京科技报》2013年9月2日。

③ 艾伯亭、刘建、田野等：《城市文化与城市特色研究——以天津市为例》，中国建筑工业出版社，2010，第15页。

复制，出现"南方北方一个样，大城小城一个样"的"千城一面"的特色危机。究其原因，是国内许多城市在城市定位上缺乏足够的认识，对自我城市资源的特点、人文历史缺乏客观认识，对城市未来发展方向缺乏科学思考和准确定位。由于城市定位雷同，不能彰显各城市自身的特点，相反，决定城市发展潜力的"独特文化"却无人问津。其中重要的原因之一就是城市定位缺乏厚重的历史文化内涵，形成了城市之间产业同质化。

"千城一化"的城市文化建设："文化"一词总是很热，众多城市建设者也认为文化是"经营城市"的重要措施。城市居民在感到高兴的同时也感受到了痛苦，高兴的是城市建设者和管理者、开发商们终于意识到了文化的重要性，难过的是他们在高举"文化大旗"的时候，却在肆无忌惮地兜售着私货。在一些开发商的眼中，文化成为一种随意打扮的商品。他们将"狭义的文化"① 概念当成了城市文化，将会对城市造成新一轮文化上的开发性破坏和破坏性开发。如此"千城一化"的城市文化建设，比"千城一面"的城市形态建设更为可怕。如果"千城一面"的城市形态建设是切肤之痛，那么"千城一化"的城市文化建设将是刮骨之痛。

（三）时代呼唤本土化的城市建设

城市在景观、文化趋同的同时，也失去了城市本身最昂贵的"精神血液"。美国著名哲学家爱默生认为：城市是靠记忆生存的。北京的故宫、西安的秦陵、洛阳的龙门、开封的龙亭，这些城市记忆不仅是一种历史的象征，更是构成了城市形态本土性空间关系，并规范着城市空间后续历史发展过程，这既是城市所属的财富，也是人类的财富，并以城市文化符号形式和"城市文化资本"形式存在和发展。② 我国的城市建设是对传统文化进行的弱化，由此城市记忆也在现代化建设中消失。没有农民的城市社会正在中国发生，同时城市形态的民族性也正在丧失，其主要表现是：城市景观文化的

---

① 此处"狭义的文化"不是指代与物质文化相对应的精神层面文化，而是部分开发商眼中的所谓"文化"。

② 张鸿雁、张登国：《城市定位论——城市社会学理论下的可持续发展战略》，东南大学出版社，2008，总序第6页。

西方化，城市文化符号的西方化，城市空间——广场和街区等超大尺度开发，城市建筑文化民族性符号的缺失与丧失，城市传统街坊格局的消失，城市色彩传统文化特质的变异，城市空间轮廓的整体性"失语"以及城市地名的西方化等。

城市建设在景观和文化上的趋同是对本土文化缺乏自信的表现，从而导致了城市和城市居民在强势的西方外来文化与东方本土文化面前迷失与困顿。本土城市文化的记忆也在逐步被外来文化的强势所淡化，浅薄了自身的文化底蕴。我国国际城市主题文化设计院院长付宝华也曾指出："全球化的浪潮将吞噬和同化着许多富有地域特色的城市文化。城市将丧失文化的独特性，从而丧失它最宝贵的'精神血液'。这又是一场人文领域内的城市灾难，也是一种人文和精神意义上的生态危机。……在西方城市化过程中出现的所有问题和败笔，在中国城市化进程中都被当作楷模和经典来加以实践；在西方城市文化深刻反思的时候，我们却给加上了绝对正确的注脚；在西方城市文化迷失的时候，在把文化转向东方寻找支点的时候，我们文化自卑的情节却高过了任何历史时期。"

城市的世界性和国际性，固然是一个国家经济与社会进步的标志，但是世界性和国际化又不能等于城市形态的整体西方化。中国的城市既应该有世界性、国际化的一面，更应该有民族性和本土化的一面；越是具有本土化的民族优秀性，才会越具有国际性这一前提，这才是世界城市发展应该遵循的原则。为此必须进行当代的本土化城市形态建设，不仅是在景观层面，更要是在城市精神层面。由于不同城市的历史传统、地域特点、经济水平、文化传承根脉、人文风俗，以及对文化理解的不同，往往造成各城市彼此间文化习俗、文化样式、文化品牌的差异。这种差异恰恰是文化的包容性、丰富性和多样化的表现，并因此形成各个城市独具特色的鲜明的城市个性。

未来我国城市的发展建设，应当建立在世界化和民族化辩证统一的基础上，寻求现代化与本土化的辩证融合。将现代化与本土化融合的课题拿到城市自身的文化建设上来，就是需要城市自身传统文化与现代文化的有效结合：既不盲目复古，成为现代化遗忘的角落；又不刻意迎合时代潮流，使城市变为现代化的排泄物和沉积物。将现代化与本土化有机整合，就是一要保持城市自身的文化特色，使其传统文化资源得到有效的保护和传承，这是避免城市建设"千城一化"的重要前提，更是城市自身对城市记忆、城市特色的有效推广和宣扬；二要和现代化城市相结合，将城市发展的现代化的一面体现出来，让城市中的市民感觉城市是人的城市，更加宜居的城市，既有独具文化内涵的城市特色，又不落后于现代发展，使传统文化和现代文化的辩证融合得到完美的诠释。

二　城市文化资本的构建需要对城市进行核心文化定位

在文化产业发展如火如荼的今天，各省、直辖市乃至各地市甚至各县区都提出了"文化立足"的口号。那么在文化产业的发展中，如何选择优秀并可以长期开发的文化资源，是一个不容忽视的问题。另外，一个城市的核心文化应该怎样定位才能满足城市在现代社会发展中的需求，才能为城市的文化产业发展提供动力和榜样。"千城一面"的城市建设面貌正一步步地优化。在一些城市的文化建设中，虽坚持了本土文化，但也吸收了众多时尚元素、外来文化，城市规划者认为要不断迎合外来流行的设计风格，结果运用众多时尚要素将城市变得"非驴非马"。

（一）现代城市中五彩缤纷的文化资源

文化资源是文化产业发展的核心要素之一，城市文化产业的发展离不开现有的文化资源。"无论是西方古希腊、古罗马城邦创造的人类文化奇迹，还是同时代中国春秋战国文化黄金时代所创造的'百家争鸣'的城市文化，城市文化始终作为城市的某种文化资本存在形式，而没有被人们所正视"。[①]文化资源有多种类型，要对城市进行文化定位，必先面对多元文化资源的选取和抉择。

姚伟钧先生根据资源禀赋的形态和功能，将文化资源分为有形的物质文

---

① 张鸿雁：《城市形象与"城市文化资本"论——从经营城市、行销城市到"城市文化资本"运作》，《南京社会科学》2002 年第 12 期。

化资源、无形的精神文化资源和文化智能资源。有形的物质文化资源包含自然生态景观，历史遗址和文物，民族、地方工艺饮食，文化设施与设备资源等；无形的精神文化资源包含优良的精神传统资源，艺术审美资源，品牌资源，口述与非物质文化遗产；文化智能资源包含复合型的创意、经营、管理与营销人才，既具备较高的文化艺术修养和创新能力，又具备文化产业经营管理的素质和能力。① 吕庆华认为文化资源是人类劳动创造的物质成果及其转化，按历时性可以分为文化历史资源和文化现实资源两类。②

从城市建设的实际来看，一个城市文化资源可以分为以下几个方面。

首先是一个城市的主体文化资源——历史文化资源。其中以辛亥革命为断点，前后推延分别为古色古香的历史文化资源和红色的革命文化资源。前者承载了城市的集体记忆，是一座城市文化资源的主体部分。后者虽属于历史文化资源的一部分，却与一个城市的精神和文化品格息息相关。由于其距离当今时代较近，革命遗址和遗迹众多，更由于其在文化消费引导和文化市场提供方面的偏好，近年来发展迅猛，已经单独成为一种文化资源，即红色文化资源，其内容包含从辛亥革命开始直至当代这一历史时间内的革命文化资源、社会主义新农村建设文化资源、杰出的政治家企业家等名人文化资源。

其次是由城市中山河城郭构成绿色的生态文化资源。其本身更多的属于自然资源的范畴，但由于在历史发展过程中，自然资源往往点缀着星光璀璨的人文资源，两者相得益彰，其本身也成为文化资源的一部分。

最后是在历次工业革命中诞生的蓝色的科技文化资源，既包含工业化时代的科技文化资源，又包含信息化时代的创意文化资源。这些文化资源互为一体，构成了城市文化及城市文化资源的整体，更成为城市精神的深刻内涵。城市精神同时体现着城市人的精神生活（自然环境、社会环境、历史

---

① 华中师范大学国家文化产业研究中心"中国文化资源的产业化战略"课题组：《中国文化资源的产业化战略》，载文化部文化产业司主编《国家文化产业课题研究报告（2008年度）》，云南大学出版社，2009，第374～377页。

② 吕庆华：《文化资源的产业开发》，经济日报出版社，2006，第32页。

传统和经济环境的总体现）。

（二）城市文化资源不等于城市文化资本

我国学者张鸿雁认为城市文化资本"是一个城市已经存在的精神文化、物质文化和制度文化的资本价值"。换言之，即城市自身的文化积累、文化遗存、生活方式、社会组织生产方式、文化象征与文化符号等所具有的资本属性与意义。城市既然拥有古色、红色、绿色、蓝色以及城市精神等丰富的文化资源，则可以简便地应用资源优势，建立城市文化资本的绝对优势，在信息化时代的文化建设浪潮之中立于不败之地。这种观点误导了城市建设中的一大批人。

任何仅仅凭借资源而生存的民族、地区和国家，都有面临资源枯竭的可能。我国的一些城市如本溪、抚顺、铜陵已经有了这方面的典型表现。文化资源如同自然资源一样，如果肆意开发，也终会面临资源枯竭的危机。一些人认为只要把城市文化资源整理出来，结合一下城市形象、城市旅游建设，就是建构"城市文化资本"了。这种观念是大错特错。文化资源不能直接转化为文化资本，只有通过某种运作，并把文化资源注入资本价值，形成一个建构过程，并通过生产、流通、分配和消费全过程，产生"城市文化资本"的剩余价值。①

另外，很多城市的集体记忆被整体遗忘，从而不能将文化资源转化为城市文化资本。我国的很多城市有两千年以上的历史，其集体记忆应该有着城市文化资本的价值，但是很多城市定位低俗化、流行化、旅游口号化，城市主体形象不鲜明，更主要的是缺乏历史感和社会整体认同感。很多定位只是一种流行语，很多旅游部门把某种流行语作为城市定位。例如南京把"城市文化资本"要素仅仅作为一种口号加以描述，没有进行整体内涵的挖掘、梳理和创新，因此被称为一个"最伤感的城市"。南京的许多"城市文化资本"要素的流失让人无法理解，如南京的太平天国文化、民国文化、历史名人文化（如海瑞、王安石）、温泉经济与文化、珍珠泉文化以及南朝佛教

---

① 张鸿雁：《城市文化资本论》，东南大学出版社，2010，第 229～231 页。

文化等都成为闲置的"文化资产"或"限制的文化资源"，而未能成为城市文化建设及城市文化产业发展赖以维系的"城市文化资本"等核心要素。[①]

（三）城市文化资本构建的终极目标和归宿

当今世界已经有接近60%的人口居住在城市里，城市化和城市现代化成为人类现代化的整体性表征，城市现代化无疑已经是人类现代化的一种结晶和时间切面。城市如家，城市应该成为人的城市，而不是汽车和公路的城市，应该是积极的正面的文化熏陶之下的文化宜居城市。

不要因为外来文化一时的强势而改变城市自身的文化定位，进而追求不合实际的城市形态。巴黎人从来不羡慕外来人，源自他们对自身民族文化的绝对自信。巴黎历来是最受欢迎的城市，一直以来罕逢敌手。法国人却极少为促销自己做广告，法国人根本不太在意你去不去；即使你去了，他们也没怎么理会。他们还是依照自己的个性生活，这种发展是因为他们对自己的文化有信心。[②]

三 困难与抉择：城市文化资本构建中的城市文化定位

"城市资源禀赋差异影响着城市文化定位的选择，进而主导特色文化产业和支柱型行业。城市资源禀赋是文化产业发展的内容基础。资源禀赋指一个地区资源内涵、发育程度、规模、结构等素质方面的综合状况解析，是对一个地区资源状况的全面评价。发展文化产业所需的城市资源禀赋主要包括两个方面，即基础资源禀赋和文化资源禀赋。基础资源涵盖了自然资源、社会资源和人文资源等，是整个城市资源的基础，是城市文化产业发展的外生性基础；文化资源主要是指城市的历史文化资源、人文资源、文艺资源等，它是城市文化产业发展的内源性基础。基础资源禀赋为文化产业发展提供了重要的外部性条件，而文化资源禀赋则是文化产业发展的内在性推动力，是支柱型文化行业选择的主要依据。支柱型文化行业的发展不可能是无源之

---

① 张鸿雁：《城市文化资本论》，东南大学出版社，2010，第287页。
② 〔马来西亚〕冯久玲：《文化是好生意》，南海出版公司，2003，第19页。

水、无本之木，必须依靠特色的文化资源要素才能获得更好、更大的发展。基础资源是发展文化产业的基础条件，文化资源则是城市特色文化产业或是支柱型文化行业选择的重要考核指标。基础资源丰富的城市更适合发展综合性强的文化行业，如会展业，而丰富的文化资源是城市文化旅游业、文化娱乐休闲业发展的依附体"。①

城市文化建设的最终目标，就是依赖自身的文化资源，利用各种各样的技术和创意，使之变为城市的文化资本。在这个发展过程中，繁荣城市文化产业尤为重要。城市是一个多种文化的共存体，利用城市的传统文化和时代精神创造城市的新文化，必须对城市进行新的文化定位。

（一）文化定位的先决性条件

人生最重要的是选择。城市也一样。不管提炼出的文化定位是什么，它必须满足以下条件。首先，与城市的历史文脉相契合，是对城市历史的一个概括；其次，与城市的现代发展相协调，可以将非物质的文化思想融入实实在在的规划并体现在可操作层面；再次，与城市自身的城市精神相协调；最后，与其他城市定位不能冲突，并强调自身的文化特色。

文化资源多而杂，时空交错，地域交错，要把一个城市的文化资源提炼概括为一个文化体系，至少需要解决时空四个方面的冲突和矛盾。

首先，时空层面上不同时代的行政辖域的冲突。我国许多文化古都和历史文化名城，从古至今，名称和统辖范围几经变更，直至现在仍在不断发生变化，如襄樊市改名为襄阳市。不同的时间有不同的地域名称及相应的文化特性，这是城市自身文化界定最棘手的问题。例如武汉市，古属荆州，经过改革开放几十年的飞速发展，已经演变为一个人口超过 1000 万的大都市，加上周围的卫星城，已形成了全国知名的武汉都市圈，在全国 15 个达标城市群中位居前列，武汉市文化圈内的其他城市文化也成为武汉自身文化的辐射和衍生，乃至武汉文化的一部分。

---

① 傅才武、宋丹娜：《文化市场演进与文化产业发展——当代中国文化产业发展的理论与实践研究》，湖北人民出版社，2008，第 384 页。

其次，时间层面上过去、现在和未来三个时段文化内涵的冲突。过去的城市文化是以历朝历代的断代文化为支撑的历史文化；现在的城市文化是以现代化发展中的城市文化为基准的新时代文化；未来的城市文化应是以正能量的城市文化为核心，并涵盖传统文化和现代文化内涵的与时俱进的城市文化体系。

再次，文明的历时性和文化的共时性的冲突。不同时代的文化有不同的文明表现，但文明在历史中湮灭，文化在流变中传承。对城市自身文化发展来说，文明是残缺的，文化是变异的，残缺的文明不足以承载流变的文化。只有将残缺的文明和流变的文化结合在一起，才能完全展示出完整的城市文化资源。

最后，空间层面上不同文化圈间的冲突。城市自身包含着核心市区、下辖县市和郊区等多个行政区域，那么不同的行政地域就可能属于不同的文化圈。文化区域的边界和行政辖域的边界不是相互重合，因此文化区域与行政辖域就会发生冲突，同一个城市下的管辖地带可能属于不同的文化圈，城市自身的文化定位同样要面临多个文化圈交叠的问题。

（二）城市文化定位应是对城市文化资本的传扬①

在现代城市发展的过程中，经济、政治、文化等多方面的协同作用显得越发重要。而城市文化已经从一个意识形态领域的话语转化为多功能的关于城市发展的动力源。在城市文化的多元化的功能中，对城市自身和城市市民的发展都起着重要作用。例如，"城市经济的飞速发展需要城市文化产业的助推；城市自身的政治文明建设基本以城市文化为精神内容；学习型城市的建设更需要城市文化提供最为重要的内容支撑；城市市民道德水平和文化素养的提升有赖于城市文化来反映。总之，城市文化逐步成为推动城市发展的

---

① 我国学者张鸿雁认为："城市文化定位是对城市文化资本的张扬。"笔者认为，城市文化资本固然需要张扬个性特色，更需要传承保护，无论是文化资源、文化产业企业和文化符号，都需要全方位地传扬。

内在力量"。① 因此，发挥城市文化的重要作用需要进行准确的城市文化定位。

笔者认为，越是具有民族性和地方性的城市，就越是具有独特个性，也越能真正具有国际性和现代性。最能反映一个城市民族性和地方性的，莫过于这个城市悠久的历史和灿烂的文化。"全球化时代，根据城市历史、地域性和在区域城市体系中的地位对城市进行合理定位，在维护城市文化乡土化的基础上，培养城市开放、宽容的个性，包容不同流派、不同层次、不同时代的文化及不同民族、种族、职业、性格和精神需求的人群，实现和谐共处和相容相生，形成城市文化群落和良好稳定的具有自组织功能的城市文化生态系统，是城市文化具有生命力和活力的保证"。②

第三节　城市核心文化定位借鉴：
多面性箭垛式人物理论

对城市的核心文化进行定位是个艰难的过程。如何在纷乱复杂的城市文化尤其是城市历史文化中寻找合适的城市核心文化，就必须处理城市多元化的文化困扰的问题。根据城市文化在发展中一脉相承的特点，借用箭垛式理论研究城市文化定位方法，有意想不到的效果。

一　"箭垛式"理论的由来

我国民间文学中有许多广为人知的人物形象，萦绕在他们身上的故事也层出不穷，令人回味。随着时光的流逝和地域的变更，众多人物的光辉形象不仅没有被人们所遗忘，民众反而将更多的光辉事迹堆砌和添加到这些人物身上，甚至达到了神化的地步。这些有名的人物有很多，黄帝、周公、包拯

① 范建华：《城市定位与文化产业发展》，21世纪中国文化产业论坛第四届年会政治论坛论文集，2006年7月。
② 艾伯亭、刘建、田野等：《城市文化与城市特色研究——以天津市为例》，中国建筑工业出版社，2010，第6页。

"包龙图"都属之列。这些"有福之人"有另一个响亮的称谓，就是箭垛式人物。

箭垛式理论广泛应用于民间文学的"箭垛式人物"。刘锡诚先生在《20世纪中国民间文学学术史》中认为，最早提出"箭垛式人物"的是胡适先生。胡适在《读楚辞》中谈到，他在当时十分怀疑《楚辞》的作者都为屈原的真实性，同时又认定"战国时代不会有奇怪的'忠君忧国'的观念，所以若真有屈原其人，也'必不会生在秦汉以前'。《楚辞》中那些奇怪的君臣观念是'汉朝的老学究'把当时的'君臣大义'读到《楚辞》里去，使'屈原成了一个伦理的箭垛'"。① 于是他便断定"屈原是一种复合物，是一种'如诸葛亮借箭时用的草人'的'箭垛式'的人物，与黄帝周公同类，与希腊的荷马同类"。② 何为'箭垛式'人物呢？胡适虽然没有给出明确的定义，但是也做出了较为明晰的回答。"古代有许多东西是一般无名的小百姓发明的，但后人感恩图报，或是为便利起见，往往把许多发明都记到一两个有名的人物的功德簿上去。"

此时箭垛式人物的典型特征已显而易见，"就同小说上说的诸葛亮借箭时用的草人一样，本来只是一扎干草，身上刺猬似的插着许多箭，不但不伤皮肉，反可以立大功，得大名"。③ 吴晗指出了两个"箭垛式"的人物，也如包龙图一样的"青天"人物——况钟和周忱。他认为"由于封建时代的青天极少，所以历史上屈指可数的几个青天，也就成为箭垛式的人物，许多人们理想中的好事都被堆砌到他们身上了"④，基本上同胡适及刘锡诚先生的感悟相同。

---

① 温洪隆：《重评"屈原——箭垛人物"论》，《华中师范大学学报》（人文社会科学版）1985 年第 5 期。
② 胡适：《读楚辞·屈原是谁》，载《努力周刊》增刊《读书杂志》第 1 期，后收录于《胡适文存》二集卷一，上海亚东图书馆，1924，第 141～144 页。
③ 胡适：《包公的传说·三侠五义序》，载《胡适文存》三集卷六，上海亚东图书馆，1924，第 661 页。
④ 吴晗：《况钟和周忱》，载《人民文学》1960 年第 9 期，后载入北京市历史学会主编《吴晗史论著选集》第三卷，人民出版社，1988，第 215 页。

在这里，胡适没有谈及这些"箭"的不同，也就是说萦绕在箭垛式人物周围的传说和故事并没有明确指出必须是相同类型或相似情节，却指出了这些"箭""不伤及皮肉"的本质。目前国内一些学者对箭垛式人物的看法发生了轻微的变化。韩致中认为箭垛式是"民间文学中……当一个具有突出特征的艺术形象树立起来以后，人们便相继往他身上垒积同一类型的故事，情况犹如万箭齐发，射向箭垛"。① 在这里强调的重点是"艺术形象树立后同一类型故事的相继垒积"。钟敬文先生在《民俗学概论》中认为鲁班也是一位"箭垛式"的传说人物。这类主人公性格基本定型，在长期流传过程中，故事数量不断增加，流传地域不断扩大。例如，鲁班是一个著名的巧匠，关于他的传说日益增多，由历史人物渐渐变成了一个"箭垛式"的传说人物。② 由此看出钟老对箭垛式人物的核心定义是"主人公性格基本定型，在长期流传过程中，故事数量不断增加，流传地域不断扩大，从而由历史人物渐渐变成了一个'箭垛式'的传说人物"，注重强调的是"定型的人物性格"。陈建宪在《中国民俗通志（民间文学志上）》中谈道："人们往往将同一性质的传说，全都附会在某个类型化的人物身上。"③ 并指出了箭垛式是民间传说中的现象，突出了箭垛式人物身上附会的基本都是同一性质，而人物形象是类型化的。刘守华先生在《民间文学教程》中也谈道，"所谓箭垛式，是民众把一些同类情节集中安置在某一个人物身上的现象"④，并指出民间传说在塑造人物形象时，往往将人物最具有代表性的某种性格进行集中描述，使这一性格在传说人物身上得到强化，逐渐定型下来，形成一个具有极强凝聚力和包容性的人物形象。总体看来，四位学者的观点虽与胡适先生的定义不尽相同，但他们对箭垛式人物的定义却大同小异。

---

① 韩致中：《漫画箭垛式人物》，《湘潭大学学报》（社会科学版）1986 年第 3 期。
② 钟敬文：《民俗学概论》，上海文艺出版社，1998，第 260 页。
③ 陈建宪：《中国民俗通志（民间文学志上）》，山东教育出版社，2005，第 116 页。
④ 刘守华、陈建宪：《民间文学教程》（第二版），华中师范大学出版社，2009，第 59～60 页。

通过查阅文献资料发现，箭垛效应存在正面人物的正面形象堆积、反面人物的反面形象堆积、正面人物的侧面形象堆积以及正（反）面人物的反（正）面形象堆积四种类型。

（一）正面人物的正面形象堆积

民间传说中的正面箭垛式人物非常多，应用也十分广泛。根据人物的类型可以分为政治人物、文化人物、能工巧匠、僧人道士和其他人物五类。胡适先生推举的箭垛式人物例子基本都是政治人物，有黄帝、周公、包拯等。在这些政治人物中，清官是最容易成为也最为典型的箭垛式人物。胡适在《〈三侠五义〉序》中谈道："包龙图——包拯——也是一个箭垛式的人物。古来有许多精巧的折狱故事，或载在史书，或流传民间，一般人不知道他们的来历，这些故事遂容易堆在一两个人身上。在这些侦探式的清官之中，民间的传说不知怎样选出了宋朝的包拯来做一个箭垛，把许多折狱的奇案都射在他身上。包龙图遂成了中国的夏洛克·福尔摩斯了。"① 吴晗也指出了两个"箭垛式"的人物——况钟和周忱。他认为"由于封建时代的青天极少，所以历史上屈指可数的几个青天，也就成为箭垛式的人物，许多人民理想中的好事都被堆砌到他们身上了"。② 包龙图与况钟、周忱共同的特点是"不畏权贵、清正廉洁"。

（二）反面人物的反面形象堆积

《礼记·檀弓下》有言："今之君子，进入若将加诸膝，退人若将坠诸渊。"人世间的人情大抵如此。《论文·子张》第二十章也谈道："纣之不善，不如是之甚也。是以君子恶居下流，天下之恶皆归之。"古人把一切罪恶都堆到桀纣身上，就同古人把一切美德都堆到尧舜身上一样。③ 往往把一切好事归聚于某个英雄伟人身上而把一切坏事归聚于一位与正面英雄作对的

① 胡适：《包公的传说·三侠五义序》，载《胡适文存》三集卷六，上海亚东图书馆，1924，第661页。

② 吴晗：《况钟和周忱》，载《人民文学》1960年第9期，后载入北京市历史学会主编《吴晗史学论著选集》第三卷，人民出版社，1988，第215页。

③ 胡适：《读楚辞》，《胡适文存》二集卷一，上海亚东图书馆，1924，第135~157页。

劣徒身上。一旦成为正面人物靶子，那么各种好事之箭都射向这个正面目标，在正面靶心上集中一切美德功勋。而一旦成为反面靶子，一切恶坏劣迹之箭也会汇射在这一反面目标上。于是好者滚雪球似的更好，直到完美无缺，坏者愈坏，直到坏得无以复加。历史上这样的声名狼藉的箭垛式人物数不胜数。"五帝"之世，黄帝与蚩尤就是正反对立的一对箭垛。作为一个历史人物，由于蚩尤是黄帝的死对头，所以成为反面形象的箭垛。① 陈世美也是一个反面形象的箭垛式人物，民间文人将社会上一些升官发财、忘恩负义而抛妻灭子的事迹串联在一起，造就了陈世美"忘恩负义、抛妻弃子"的反面形象。

（三）正面人物的侧面形象堆积

部分民间文学作者并不满足某一人物只是某一类型的故事，或者为了进一步表现其人物之所以会是这样便进而推测其过去，预想其未来，猜测其可能发生的纵横关系，于是便从另外的不同侧面幻化出种种不同的故事。民间传说中这样的例子数不胜数。《孔子借粮》② 表现叫花子总向读书人乞讨的"缘由"，《鲁班求教张班》③《鲁班学艺》表现了鲁班虚心学习、孜孜以求的精神，《天下无难事》反映战天斗地、凿海致穿的大无畏气概，《鲁班教子》④ 表现了他作为父亲家教甚严、哺育后人的良苦用心。上述故事与孔子、鲁班的核心人物形象显然不同，然而却具有一定的内在联系，可以彼此补充，互为因果，使人耳目一新。这些传说并非与他的主要性格特征毫无关联。这类故事开拓了题材的新领域，丰富了有关箭垛式人物的性格，又没有违背或者破坏他的主要特征，两者就像绿叶扶着红花，互为辉映，相得益

---

① 祁和晖：《夏禹之有无及族属地望说商兑》，《西南民族学院学报》（哲学社会科学版）1996年第 3 期。

② 《中国民间故事集成》全国编辑委员会、《中国民间故事集成·河南卷》编辑委员会编《中国民间故事集成·河南卷》，中国 ISBN 中心，第 70 页。

③ 《中国民间故事集成》全国编辑委员会、《中国民间故事集成·河南卷》编辑委员会编《中国民间故事集成·河南卷》，中国 ISBN 中心，第 167 ~ 168 页。

④ 《中国民间故事集成》全国编辑委员会、《中国民间故事集成·河南卷》编辑委员会编《中国民间故事集成·河南卷》，中国 ISBN 中心，第 171 ~ 172 页。

彰。这类作品往往很有特色，数量虽少，却从一个侧面反映了一些人物的光辉形象。

（四）正（反）面人物的负（正）面形象堆积

射向箭垛式人物反面的箭无疑是对人物形象的颠覆。从现实情况看，颠覆人物形象的传说故事的确是存在的，而且几乎是普遍存在的。包公在《鹰叼老鼠断不清》① 中，虽然也明察秋毫，机智过人，但毕竟没有破案，成为其断案生涯中不完美的一笔。《石棺葬包拯》中，包拯在自己的后世问题上自作聪明、糊涂一时。原来"包公儿子十分调皮，从不听包公话，做事情喜欢反着来。包公临死前想让儿子为自己准备一口木棺材下葬，直说怕儿子办不到，就故意要求儿子为他做一口石棺材。谁知包公儿子心想自己一辈子不听父亲的话实在不太好，就顺着包公的意思做了口石棺材。包公弄巧成拙，结果不能投胎转世"。② 《孔子问礼》③ 描述了孔子在问礼老子的路上被小孩刁难，不得不求助于老子的故事。《孔子求教杜三娘》④ 描述了孔子被"九曲明珠穿不过"所难，转而求助于采桑女杜三娘的故事，同样与博学多才的性格不符；《过虎君关》⑤ 反映了孔子迂腐的一面，能言善辩的孔子在《孔子住店》⑥ 里却被店小二辩驳得哑口无言。鲁班在《赛公桥》里面与自己的儿媳在武当山下比赛造桥，结果输给了儿媳巧巧，⑦ 反映了鲁班也有技不如人的一面。陈世美

---

① 《中国民间故事集成》全国编辑委员会、《中国民间故事集成·安徽卷》编辑委员会编《中国民间故事集成·安徽卷》，中国 ISBN 中心，第 132～133 页。

② 中国民间文艺研究会湖北分会、湖北省群众艺术馆编《湖北民间故事传说集·郧阳地区专集》，1982，第 220～221 页。

③ 《中国民间故事集成》全国编辑委员会、《中国民间故事集成·河南卷》编辑委员会编《中国民间故事集成·河南卷》，中国 ISBN 中心，第 67 页。

④ 《中国民间故事集成》全国编辑委员会、《中国民间故事集成·河南卷》编辑委员会编《中国民间故事集成·河南卷》，中国 ISBN 中心，第 68～69 页。

⑤ 《中国民间故事集成》全国编辑委员会、《中国民间故事集成·湖北卷》编辑委员会编《中国民间故事集成·湖北卷》，中国 ISBN 中心，第 47～48 页。

⑥ 《中国民间故事集成》全国编辑委员会、《中国民间故事集成·湖北卷》编辑委员会编《中国民间故事集成·湖北卷》，中国 ISBN 中心，第 48～49 页。

⑦ 中国民间文艺研究会湖北分会、湖北省群众艺术馆编《湖北民间故事传说集·郧阳地区专集》，1982，第 105～107 页。

尽管臭名远扬，但在均县的民间传说中却流传着陈世美好的一些传说。[①] 当人们读到此文时不禁大跌眼镜，如果传说属实，那么陈世美可能是历史上造成的冤案，但传说的真与假在这里已经不重要了，重要的是作为一个反面的人物形象，的确也存在扎在自身箭垛反面的"箭"。

二　多面性箭垛式人物的成因分析

作为民间文学尤其是民间传说的重要现象，箭垛式人物的形成与我国民间文学的作者是集体性的广大人民群众有着莫大关联。箭垛式人物呈现出多面性特征的也是与民众的集体创造密不可分的。

上古神话中的诸多箭垛式人物体现了中国古代文学鲜明的人文色彩和理性精神，是古代先民们对自身集体力量的艺术加工。与西方文学相比，中国古代文学具有特别鲜明的人文色彩和理性精神。在整个中国古代文学中，无论是抒情文学还是叙事文学，作家总是把目光对准人间而不是天国，他们关注的是现实世界中的悲欢离合而不是彼岸的天堂地狱。即使在上古神话中，中华民族的先民所崇拜的不是希腊、罗马诸神那样的天上神灵，而是具有神奇力量并建立了丰功伟绩的人间英雄。黄帝及其周围的人物被看作中国古代各种生产技术及文化知识的发明者（如嫘祖发明蚕桑、仓颉造字等），是人类自身力量的凝聚和升华。古代神话传说的英雄都是箭垛式的人物，是先民们对自身集体力量的艺术加工。他们的主要活动场所是人间，他们的主要事迹是除害安良、发明创造，实质上是早期人类对生产活动的艺术夸张，体现的是中华民族先民刚健有为、自强不息的民族精神。例如夏禹不是虚构的神话，而是实有的夏朝先民群体的合成体。"夏禹"这尊"箭垛"上既有一个姓拟名禹的酋长的事迹，又不只有"这一个"酋长的事迹。[②]

① 中国民间文艺研究会湖北分会、湖北省群众艺术馆编《湖北民间故事传说集·郧阳地区专集》，1982，第221~223页。

② 祁和晖：《夏禹之有无及族属地望说商兑》，《西南民族学院学报》（哲学社会科学版）1996年第3期。

古代社会一大堆相似人物的集体存在，在传播语境中逐渐演变为一个相似的"人物符号"，不仅增强了原有人物的性格，而且塑造了此类人物符号多元化的形象。日本学者藤惟寅在 18 世纪首次提出"古代活跃着多位扁鹊"，所谓"年代矛盾"的记述实际上与不同的扁鹊有关，在史学界颇具影响力。他认为扁鹊是上古神医，周秦间凡称良医者皆谓之扁鹊。治歌太子的是一位扁鹊；诊赵简子、见齐桓侯、骂秦武王、答魏文侯、为李醯所杀者，又分别是一位扁鹊。注疏者不了解，反而怀疑年代长久，可谓谬误。① 春秋时代，人们经常将医术高明的医生称为"活扁鹊"。但是，这种称呼也只是在一种赞誉的语境中才是有意义的，一旦变更了语境就有可能发生灾难性的后果。假如一位姓高的大夫治好了你的疑难杂症，你感激地称他为"扁鹊"，但你意指的却是高大夫；在口头传说传播过程中，很多人听到的是"扁鹊治好了你的病"，而这些倾听者在身份转换为讲述者时，更多时候传播的是"扁鹊治好了你的病"。也许真正的扁鹊只有一位，而世界上活跃的更多的是高大夫，即使高大夫与扁鹊的医术相差不大，但都顶着扁鹊的"符号"被大家传说开来，正是由于这么多的高大夫，所以才汇集凝合成现在民众心中的扁鹊。

弥散化过程中的"类型化模拟"② 及"本土化改造"，塑造了众多"可能的人物"。与先前的"一大堆集体人物"类似，但区别很大。前者人物差别不大，只是在传播过程中由于语境的变化而被误认为是一人；后者是因为区域、民族间的竞争而人为塑造或包装的一个明星。在类型化模拟中，我国经常见到，一个地方出现了一个明星式的人物，立马也会在另一个地方被模拟出来。"奶茶妹妹"之后，各个大学大都有所谓的"豆浆西施""豆浆妹妹"③，而将"豆浆妹妹"说成这里的"奶茶妹妹"之后，在口头传承中很

---

① 韩健平：《传说的神医：扁鹊》，《科学文化评论》2007 年第 5 期。
② 祁和晖：《夏禹之有无及族属地望说商兑》，《西南民族学院学报》（哲学社会科学版）1996 年第 3 期。
③ 黄琪：《华科食堂女店员被赞"豆浆西施"，清纯不输奶茶妹妹》，《长江日报》2012 年 12 月 12 日；乐毅：《"华师萌厨娘"走红校园》，《楚天都市报》2012 年 12 月 28 日。

多听众可能就以为这都是"奶茶妹妹",就有可能形成以"清纯可爱"为特征的"奶茶妹妹"的箭垛。与类型化模拟不同的是,本土化改造结合各地各民族不同的文化环境,注重对箭垛式人物进行自我的修正和评判。在陈世美的故乡均州,民众甚至不惜以改变大众心中的人物形象,将忘恩负义的陈世美说成了尊师重道、热爱乡邻的真君子。类型化模拟和本土化改造塑造了较多的可能的人物,虽然这些传说人物的真实性较低,却是多面性箭垛式人物形成的又一重要原因。

众人附会的集体加工,将民间传说和民间故事都叠加到箭垛式人物身上,增添了单个箭垛式人物传说故事的丰富性。我国民众至今都有集体塑造"箭垛式"人物的习惯。首先,众人附会的传说故事很多,从地域上讲主要是在箭垛式人物的家乡和其他主要活动地点,这与当地民众以家乡的自豪感来转述或宣扬此类人物的事迹有关。比如,包拯的故乡合肥和当官的地方开封府,张天师活跃较多的龙虎山,陈世美的故乡均州,等等,都有较多的民间传说故事汇集在他们身上。其次,从附会的民间文学题材看,主要有民间传说和民间故事两种类型。在民间故事中,由于没有固定的人物和地点,一旦民众将类似故事情节转移到一个历史人物(或机智人物)身上,就有利于箭垛式人物形象的形成和强化。民间故事中不少情节类似的作品,不止在一个民族中流传,可以分别纳入以不同的机智人物为主角的故事中去。二者在民间传说中,由于作者的层次有限及作者群体的广泛性,民众塑造人物形象的能力极强,本身就具有造就箭垛式人物的多样性格和另一面的可能性。由于受阶级和时代限制,下层民众很容易陷入迷信的谜团,对一些人物盲目地崇拜,甚至不惜以谶纬来修饰。例如,孔子就被附会成异表(四肘)、符命(受金符帝箓)、祥瑞(黄鱼出坛)、感生(感黑龙之精)的怪物;刘邦也几乎从头到脚都被谶纬的叙述者打扮了一番,连同姓氏和辅助的人都被纳入了五行之说。最后,事件本身也可能箭垛,例如狸猫换太子的故事经过明清两代民众的锻造,终于完成滚雪球式的堆积,成为一本大戏,当然这些传说都自然地堆积到包龙图身上。

三 多面性箭垛式人物在民间传播中的积极效应

箭垛式人物形象的产生和堆积与民众生活的环境息息相关，包括地理环境、社会文化环境等。箭垛式人物的形成与民众的日常生活紧密相连，人物的形象灵敏地反映着当时民众对人物形象和现实生活的态度和愿望。虽然箭垛式人物形象的真实性有待考证，但其人物形象的形成和传播在民众生活中起到了较为积极的效果。

首先，箭垛式人物具有极强的凝聚力和吸附性，从而塑造了不完美但足够完善的活生生的人物。其极强的凝聚力，就有可能将同类情节继续吸附到箭垛上去；其包容性，可能将人物的另一面也吸纳进来，虽然不随大流，但也无碍大局，更是使民众看到了一个更有血有肉、更真实活泼的人物原型。一千个人眼中有一千个哈姆雷特，一千个人中眼中也有一千个包龙图，把大家眼中的包公统统汇集起来才能成为一个完整的包公。倘若箭垛式人物中描述的只是一个人物形象，那么就如历史中只有一个民族和一个姓氏一样，便不是完整的历史。可能的人物是各种文本形态中出现的人物形象的多种可能叙述，各种人物可能性加在一起才形成一个相对完整的人物。虽然一些传说故事不忠于箭垛式人物的基本性格，甚至脱离了原来的固有形象，但其人物形象更加鲜活明朗、真实。金无足赤、人无完人，孔明的某些失败反而拉近了与大众的距离，由高高在上的神变为平易近人的人。同时，孔明智慧多谋的"质"，并不能因为其失街亭之失误而改变，因为孔明在其他多方面的智慧远远多于失街亭的失误。

其次，人物形象在弥散化过程中在各地区和民族中发生传承和变异，而核心人物形象在"竞争叙事"中脱颖而出，不管其人物形象如何，都起到了"惩恶扬善"的积极效果。虽然箭垛式人物周围有多面性的箭，但其核心人物形象只有一个，这是与"可能的人物形象"和"真实的人物形象"竞争的结果。无论是孔子还是其他帝王，在正统历史叙事中是一种形象，在稗官野史中又会是一种形象，在传说中又是一种形象。中国子书、史传、经传、杂史等丰富多样的典籍文本催生了中国叙事传统中的一大批可能的人物。众人在传承记载中经过筛选和过滤，其他人物形象在竞争中被淘汰。如孔子一生的至理名言很多，《论语》中记载了他的诸多名言警句，但他一生还讲过海量的空话、套话、废话、错话，甚至胡话、瞎话、梦话，全部被过滤和筛汰了，前者加后者，这才构成孔子完整的语言系统，但前者却是孔子的核心形象。为什么人们只记得《论语》而很少谈及那些胡话梦话，是因为后者在竞争中输给了"仁义礼智信"。在多数情况下，民众在传说过程中对不利和质疑进行了有效过滤和善意改编，使箭垛式人物的核心形象不断强化。在强化过程中，"惩恶扬善"始终是民众传播道德观的主流，正面的人物形象不断得到净化，反面的人物形象越描越黑，且都得到了应有之报，这无疑对社会的发展进步有积极意义。

最后，箭垛式人物的复兴和再生，在一定程度上缓和了社会矛盾。箭垛式的人物形象隐藏着下层民众对自我感情的宣泄和对现实的表征。箭垛式人物形象的堆积和传播一定程度上是现实生活中矛盾存在、发展并激化的结果。在封建社会，由于民众没有相应的舆论工具，只能通过口头传播这种较为隐晦的信息传递方式来表达对现实的自我看法。不可否认的是，凡是历史上贪官污吏横行的年代，一般都是青天式的箭垛式人物盛行的时代，这在包龙图等一些箭垛式人物中反映最为突出。民众生活困苦却敢怒不敢言，因此借宣扬包公来讽刺现实的黑暗，包公正义的形象因此脱颖而出。一些反面的箭垛式人物形象，更是较为直接地表达了对现实的不满。民众借传说中的恶人来比喻现实中的恶人，以便在传播中对号入座，以此发泄对恶人的痛恨。虽不免有"精神胜利法"之嫌，却是民众自我减轻压力的手段之一。

第四节　城市文化定位中的核心文化集散过程

箭垛效应在民间文学中的积累和应用，尤其是箭垛式人物的典型人物形象在众多"可能的人物"形象中脱颖而出的过程，为在多元化的城市文化中选取具备正能量的核心文化提供了参考和借鉴。

一　城市核心文化定位的多样性前提

城市的核心文化定位有着多重的艰难与困惑。核心文化定位在传统和现代、历史和经济、区域和整体、科技和人文之间游离不定。然而，不管能否利用民间文学中的箭垛式理论来寻找城市的核心文化，这个核心文化都应该满足一些基本的先决性条件。这些先决性条件是为了有效整合城市的文化资源，是形成具备积极的文化价值引导功能而设置的。这些先决性条件主要体现在城市核心文化之上，即城市的核心文化必须具备以下特征，才能像箭垛式人物一样即使出现射在反面的箭也能出现积极效应的结局。

第一，阳光正义。这是城市核心文化必须具备的前提特征。核心文化必须是积极向上的、健康纯正的文化代表，其核心文化精神必须是阳光正义的正能量的文化因子。如果违反了阳光正义的特性，城市核心文化可能沦为过度娱乐化的甚至存在各种负面影响的文化代表的栖息地，如不少城镇竟将潘金莲、西门庆等作为城市的核心文化代表人物，不能不说是对当地历史文化的一种误读。经由此目的而确立的核心文化树立了反面的人物形象，容易造成较为恶劣的社会影响，毒化社会风气，不利于当地的社会主义精神文明建设。因此，城市核心文化的核心精神必须是阳光正义的化身，必须对城市文化起到良好的价值引导作用。

第二，时空延伸。城市核心文化要能代表一个城市的文化形象，就应当涵盖现代社会下城市辖域内从古至今的文化事象。从纵向的时间上来看，城市核心文化要具备城市从建立之初到现代发展的文化内容，包含城市从古至今的不同时代的文化精神，即能代表不同历史时代的断代文化。在横向的空间上来看，城市的核心文化应该包含城市内各区域内的文化，包含市区、郊区乃至下辖各县的文化。从古代来看，即包含城市作为一个文化地域六个方面的文化，从内到外依次为城、郭、郊、牧、野、林。城依市而建，遂将城由中心向外围分为"城、郭、郊、牧、野、林"① 六个分区（见图3－1）。

---

① 从朝歌城由内向外，分别称作城、郭、郊、牧、野、林。来源于《尔雅》："邑外谓之郊，郊外谓之牧，牧外谓之野，野外谓之林。"意思是说，在邑落（相当于今天的城市或城镇）的周围叫郊区，那里是人们耕种的地方；郊的外围叫牧，是放牧的地方；牧的外围叫野，是野兽出没的地方。

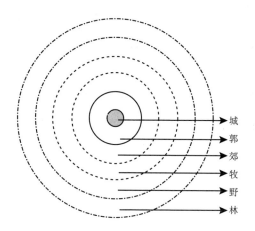

城

郭

郊

牧

野

林

图 3 – 1 古代城市辖区"城、郭、郊、牧、野、林"的排列次序

第三，多元包容。城市在历史时空中先后出现了多个断代文化，每个时期的文化都具有典型的精神文化代表。在这些文化代表中，通常表现出多元化的色彩，如部分地区主流文化和支流文化多元共存的现象，还有汉民族和其他多个少数民族文化交流融合的情形。但也有部分文化之间出现相互抵触的情况，如长城附近农耕文化和游牧文化的冲突，通常演绎为战争和灾难。同时一些文化之间，你中有我，我中有你，共同构成了一个城市文化的总体。城市核心文化就是要将这些不同的文化囊括进来，共同构成城市多元化的包容性的文化体系或文化整体，像一张大网将这些文化张罗进来，从而显示出全面性和整体性的城市核心文化特征。

第四，一脉相承。城市核心文化的核心文化精神是城市核心文化的主流价值观，但它并不专属于城市核心文化，而是属于城市整体文化的核心精神。换句话说，城市核心文化的文化内核精神在城市历史发展进程中呈现出纵向的一脉相承的总体趋势，虽然在不同的历史时期和不同的地域中城市呈现出不同的文化形态，但其经过提取的城市核心文化的核心精神却是一脉相承的，其表现形式随着社会的发展和地域的扩大一步步增多。就如同中国共产党的井冈山精神、长征精神、抗战精神、延安精神、西柏坡精神是其代表一样，那么新时代的"九八抗洪"精神、抗击"非典"精神、抗击"冰灾"精神、"抗震救灾"精神就是其精神实质的发展和升华。虽然这些不同的精神表现出不同的事迹和形式，但其艰苦奋斗的精神内核却是一脉相承的。因此，城市核心文化的精神内核也必须是一脉相承，贯穿整个城市文化发展的始终。

第五，典型特征。城市核心文化的典型特征，是指城市核心文化必须源于城市文化，并能代表城市的主流文化。城市核心文化由一个单纯的断代文化变身为城市总体文化代表的过程是人们文化自觉的过程，更是自我的文化选择的过程。城市核心文化选择的是具有代表性的文化，能反映城市的主体文化及主流意识形态，是众多断代文化中的光辉榜样，拥有主流的富含正能量的文化价值观。

二　箭垛效应在城市文化定位中运用的可行性

人可以发展成为箭垛式的人物，从一个凡夫俗子到"青天大老爷""文曲星"，以及"日断阳事，夜审阴司"的终极判官。那么，文化是否也可以成为众多文化资源中的幸运儿呢？文化中的众多箭垛能否拥有部分相同点，不同的文化能否拥有相同或者相近的文化特质（即文化因子），然后密集地射向一到两个核心文化身上，从众多的文化资源中脱颖而出呢？答案是肯定的。事实上，包公在历史长河中由"人"变为"神"的演进过程，其本身也是一个"包青天文化"的形成和发展过程，是包公依次对同质不同源的"智慧离奇断案"文化元素的大汇集，而依次由传说的箭垛变为伦理的箭垛—文化精神的箭垛—文化的箭垛的一个形成过程。那么，在一个文化因子向箭垛式文化成长的过程之中，除了这个具备正能量的文化因子之外，还应具备哪些因素呢？

刘锡诚先生分析"胡适的这个表述与他提出的'历史演变说'是一致的，但比先前的表述更完善了"。箭垛式人物这个名词或概念的提出，显然与胡适早先提出的"历史的演进"有着渊源关系，既适用于古史传说，又适用于人物传说。① 顾颉刚先生认为："层累造成的古史观"与历

---

① 刘锡诚：《20 世纪中国民间文学学术史》，河南大学出版社，2006，第 229～231 页。

史演进法如出一辙，并认为"时代愈后，传说中的中心人物愈放愈大"，如舜，在孔子时只是一个"无为而治"的圣君，到"尧典"就成了一个"家齐而后国治"的圣人，到孟子时就成了一个孝子的模范了。[1] 胡适将层累法概括为：研究这件史事的演进，由简单变为复杂，由陋野变为雅驯，由地方（局部）的变为全国的，由神变为人，由神话变为史事，由寓言变为事实。[2] 由此得出了箭垛式人物形成过程的四个关键词：主体、粘连、堆砌和放大。

在这个过程中，罗列核心人物的多面性人物形象——主体募集、选取符合历史人物特征的核心形象特征——主体选择、将符合核心形象的故事传说集中堆砌到人物身上——粘连程序、将可能的人物形象也粘连到这个人物身上——堆砌程序、利用民众符号积极效应的舆论效应将核心人物形象放大——放大程序，最终形成了完整的箭垛式人物整体形象。粘连过程为什么能牢固地粘连在一起，是由于这些故事具备一个共性特征，就是符合当初主体人物的核心形象。堆砌程序为什么能堆到人物身上，是因为这些故事虽然与主体的核心人物形象不符，却不足以推翻人物的核心形象，围绕着核心人物进行描写和论述，如此堆砌上去更显示出了一个完整的人物形象，体现出了诸葛亮虽有街亭之误仍然不失为足智多谋的军事家的形象代表。最后将这个主体形象和口碑的放大过程，适时增加了其光辉事迹，抹去了部分不利影响的污点，从而保证形象的完美无缺和精神的正面引导，从而给社会和崇拜者创造一个旗帜性的形象；同时又不仅仅是简单的时间和空间放大的过程，而是使之形象由丑变美、地域由小变大、时间由短到长的过程，且在这个过程之中仍旧进行着对核心人物形象事件的堆砌和叠加，更多的是具备正能量的积极事件。

那么模仿箭垛式人物看看城市核心文化集散过程是否也存在这样一个"主体募集、主体选择、粘连程序、堆砌程序、放大程序、放大完成"的过

---

[1]　顾颉刚：《与钱玄同先生论古史书》，顾颉刚：《古史辨》第1册，第60页。
[2]　胡适：《古史讨论的读后感》，顾颉刚：《古史辨》第1册，第192~193页。

程？首先，城市核心文化的选取也必须具备一个主体，这个主体就是具备正能量的一个文化或者一个文化因子，或者是城市在千百年发展之中凝练出的具备正能量的核心文化精神，能成为公众信服并不断传承发展的核心文化价值观及文化精神，并能将城市在历史进程中发生和发展的多元文化贯穿起来，并能一脉相承这样的文化精神。因此，这个主体的选择是一个慎之又慎的过程。其次，粘连的过程就是将同类的一脉相承的断代文化和文化精神附会到这个"主体"上，使这个文化主体不再局限于当时的一个断代文化或者文化因子，而是成为一个广义的并在历史中不断向前和向后延伸的文化整体，这时候的这个文化主体就不再是简单的文化因子或断代文化，而是一个具备相同文化精神的同类断代文化的集合体，他们之间都被原始的文化主体精神牢牢地维系在一起，从而使他们显得并不是杂乱无章的拼凑，而是有条不紊的被核心文化精神所吸引的文化集合体。最后，堆砌则是把和堆砌的文化相关的文化附会到这个"主体"上的过程，这时候堆砌的文化与粘连过程的文化相关，也与城市文化相关，但可能是与城市核心精神不相干甚至相悖的文化代表，不能在粘连程序中被主体文化吸附进去；同样这些文化的存在不足以泯灭城市核心文化精神的正义性和阳光性，反而会因为城市文化也能显示出其平凡、鄙俗甚至丑陋的多样化的一面，使整个城市文化更活灵活现。城市核心文化集散过程的放大程序则是利用核心文化精神的正面影响，合力打造一个全新的以传播正能量为主的核心文化体系，使其负面效应的影响因子随着时间的流逝而不断泯灭，将其正面形象的文化元素不断放大，直至累积放大为城市居民主流的文化价值观和意识形态。这样放大的过程不仅将城市各个时空的文化囊括进来，又能吸附和继续创造新的具有积极正面的价值引导的新文化，从而形成一个面向新时代的新的城市核心文化体系。

表3-1　箭垛式人物及"城市核心文化集散过程"中"箭垛式文化"的形成过程模仿

不同程序	主体		粘连	堆砌	放大	
箭垛式人物	主体募集	核心人物形象选择	粘连程序	堆砌程序	放大程序	放大完成
"城市核心文化集散"	文化募集	核心文化精神选择	粘连程序	堆砌程序	放大程序	放大完成

就这样，城市文化定位就基本诞生于具有本土文化特色并且富含正能量的城市的传统文化之中，形成了城市文化自身的箭垛式文化，同时在城市核心文化的传播与散发中进行合理有序的控制，就是城市核心文化集散过程。

三　从"箭垛式人物"到"城市核心文化集散"

城市核心文化集散过程，源于民间文学中对箭垛式人物理论的吸取和升华。

其一，"青天式""英雄式"的人物极易成为箭垛式人物，那么历史周期长、主流精神好的文化也就容易成为城市的箭垛式文化，才能体现城市核心文化的阳光正义和典型的特征。包龙图、况钟、周忱成为"箭垛式"的人物，因为他们都是青天，善于惩治贪官，为老百姓说话。舜、禹、关羽等都是英雄式的人物，也容易成为箭垛式人物。那么，在进行城市文化定位时候，也必须做出合适的文化定位，而且这个文化定位既能代表城市文化，又能具有极大的正义性和积极意义，或者是具备正能量的文化代表。因此，箭垛式文化的母题也必须是具有极大积极意义的文化代表，自然就联想到城市发展历史上的时间长而且影响深远、口碑良好的文化，最终大多是这些文化成为一些城市的核心文化。一些地区因为"西门庆故里"① "潘金莲故里"而陷入之争，此举也引起了众多学者的谩骂。② 围绕这些文化大做文章的政府行为是应该被取缔的行为，这种文化不应该纳入箭垛式文化的备选文化代表之列。

其二，从箭垛式人物"主人公性格基本定型"可以看出，箭垛式文化的核心文化精神也是一样的，其文化精神是一致的，才能体现城市核心文化一脉相承的特征。换句话说，箭垛式人物身上的箭和箭垛式文化的箭多

---

① 裴钰：《鲁皖三地争西门庆故里，大淫贼追捧成文化产业英雄》，《中国经济周刊》2010 年
　　5 月 4 日；《三地否认争夺"西门庆故里"改打"潘金莲"牌》，《广州日报》2010 年 5 月
　　26 日。

② 凌河：《秦桧"故里"："站起来"的秦桧，呸》，《中国地名》2012 年第 1 期；潮白：《修
　　复秦桧墓看来为期不远了》，《南方日报》2011 年 8 月 18 日。

是具备相同或相似特征的事件或文化的集合，才能紧密地围绕在箭垛式人物和箭垛式文化的周围，即使箭支林立也毫不违背其和谐感，反而相得益彰，众星捧月，拱卫着箭垛式人物和箭垛式文化。例如包拯这个箭垛式人物的典型形象是"不畏权贵、清正廉洁"，于是很多围绕包拯的民间叙事就重点刻画了为民做主、公平办案的为人处世原则，很多冤案的最终昭雪都归功到了包拯头上。这些民间传说故事的典型特征基本是一致的，就是反应包拯的典型人物形象。那么，箭垛式文化也是如此，粘连在箭垛式文化周围的其他文化代表也都具备相同或相似特征，共同表现着箭垛式文化的核心文化精神，从而构成了箭垛式文化的典型表现形式。然则，城市各种文化资源与箭垛式文化是相互依附的，不是背离的；或者即使是背离的，但总体上核心基本精神还是比较稳定的；然而背离的城市核心文化精神，只是占据了少数部分，并不能引起总体文化精神的质变。有部分文化如果与箭垛式文化不相干，没有必要"拉郎配"式地硬扯到一起，要与核心文化"同宗同德"。

其三，箭垛不是箭靶，也不是"众矢之的"，而是箭最终归宿的港湾；箭文化扎向箭垛，但是并不伤及皮肉，反可以立大功得大名，以多元的文化特征反映着箭垛式文化时空延伸和多元包容的文化特征。不论是箭垛式人物还是箭垛式文化，射向箭垛的箭有三种，一是正面的，二是侧面的，三是反面的。对于一个处于正面形象的人物（文化）来讲，正面的支箭大量存在是客观事实，并成为箭垛式人物（文化）的核心内容；侧面的支箭则是与箭垛式人物（文化）不太相关的人物形象（文化代表），在感情色彩上也基本出于中性代表；反面的支箭则是有反面色彩的支箭人物形象（文化代表），它出现在任何地域和任何时间都是可能的，面对这些人物形象（文化代表），并不能完全抹去，合理地研究它、批判它形成反面教材，教导人们形成正确的价值观，也是这些支箭存在的价值，当然箭垛式人物（文化）不会因为这一小部分的支箭而变得臭名昭著。对于箭垛式文化来说，支箭文化不会伤及箭垛式文化，而是他的左膀右臂，是它的羽翼之箭，不能喧宾夺主、登堂入室，就有反客为主之嫌。换句话说，箭垛式文化本身并不因为射向他自身的箭而遍体鳞伤，反而使其满身携带箭镞而威风凛凛，如虎添翼。即支箭文化向来能为箭垛式文化带来诸多好处，并成为诠释箭垛式文化核心精神的主要体现。

其四，"在长期流传过程中，故事数量不断增加，流传地域不断扩大"，核心人物形象和可能的人物形象构成了一个完整的箭垛式人物；同样，箭垛式文化中的核心文化和支箭文化也共同构成了一个箭垛式文化体系。甚至在必要时，很可能支箭上也逐渐形成一个小的箭垛，不过支箭的箭垛和支箭本身都属于核心箭垛的体系。在箭垛式人物中，包拯青天式的人物形象也有失灵的时候，一些民间传说不仅不能反映包拯的多谋善断，反而因为其自作聪明而遗憾终身。这些反映包拯"不甚聪明"的事件也构成了一个箭垛，这个分箭垛的核心是与包拯正面形象相抵触的反面形象。虽然这些事件较少，但是也能形成一个分箭垛。除了这个反面形象的分箭垛之外，还有侧面形象的分箭垛等。当然，这些分箭垛自然而然地成为箭垛式人物的一部分，共同构成了包拯这个箭垛式人物完整的人格。在箭垛式文化中，文化资源隶属于支箭文化，支箭文化包容于箭垛式文化，整个箭垛式文化形成一个文化体系。它并不是一个大的箩筐，将五味杂陈的文化资源搜罗至城市文化定位中的巨大容器之中，而是利用地域历史文化的传承性和互动性，提取其核心文化因子，将相关的文化乃至文化资源分层阶、分批次地与城市核心文化相连接，构成一个从核心到外围、从密切相关到形同陌路的一个多层次的文化体系。箭垛式文化中的核心文化与其他分箭垛文化呈现"两者珠连合璧、肝胆相照、荣辱与共"的特征，同时箭垛式文化的文化精神与城市精神紧密契合。因为"城市形态建设与其城市内居民行为的高度文明化发展是正相关的关系"①，因此这个文化体系也呈现城市精神的内核特征。

箭垛式文化不是无中生有的凭空捏造，而是对城市文化资源的复线式整理和归类，是城市文化资源向城市文化资本转型中的中转站。在利用城市文

---

① 〔美〕C. 赖特：《白领——美国的中产阶级》，杨晓东等译，浙江人民出版社，1987，第11页。

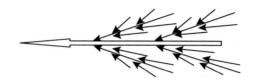

图 3 - 2　"箭垛式文化体系"中主箭垛与分箭垛示意

化资源促进城市文化产业发展并形成积极的文化价值引导中，城市的箭垛式文化有着多重的现实意义。第一，在多重的城市文化中，箭垛式文化选取并成为城市的核心文化，给多元的城市文化确立了一个标准的旗帜和方向，从而使城市文化定位后文化创新有了基石和依靠，在多元文化发展的格局中确立了主流文化的发展方向，为确定文化建设的基本方向、基本城市文化精神及基本的精神文明建设准则提供了前提和基础，直至影响和指引城市整体文化功能的发展；第二，确定以箭垛式文化为核心的文化事业发展内容，利用以箭垛式文化为主的文化资源大力发展公共文化，构建以箭垛式为主的城市传统文化传承体系和公共文化服务体系；第三，利用箭垛式文化资源和箭垛式文化的核心价值观，确定文化产业发展路径和方向，使城市核心文化、城市精神、文化事业和文化产业都具备富含正能量的文化特征，从而构建起以箭垛式文化为主的城市文化发展新格局。

总之，城市文化定位一旦确定，就要坚持对它的绝对自信。箭垛式文化是区域优秀文化的总代表，是千百年来城市精神的总体概括，它熏陶着文化空间地域内部的民众，不因外来文化的强势而自卑，不以民俗文化的落后而自恼，更不为历史文化的辉煌而自大，应当以箭垛式文化为城市的文化功能新标识，传承和创新箭垛式文化的核心文化精神，发展创造核心文化精神的新的表现形式和新的辉煌。

四　城市核心文化集聚阶段：集聚并抉择的博弈

在城市核心文化集散过程中，箭垛式文化是城市文化定位的核心文化，并构成在城市多元化文化传播中的富含正能量的文化源头和归宿。围绕着城市核心文化——箭垛式文化，城市核心文化集散过程就包括核心文化的集聚和核心文化的传播两个阶段。在核心文化的集聚阶段，富含正能量的文化会朝着箭垛式文化不断集中，在城市的多元化文化中彰显自身健康正义的力量，从而使自身与腐朽的、落后的、不健康的文化划清界限，使城市多元文化中的正能量文化发生集聚，构成城市正能量文化的坚强堡垒。然而，城市核心文化集聚的首要前提是定位城市核心文化，即在城市多元的断代文化、地域文化和城市现代化建设中选取"箭垛式文化"的过程。因此，城市核心文化集聚过程是一个在城市多元文化聚集中选取箭垛式文化的过程，或者说是城市核心文化的选取促使了城市正能量文化的集聚，同时集聚的过程又使得城市的核心文化得到彰显和突出。箭垛式文化是对城市发展的肯定，在选择的主体传统文化向城市核心文化的过渡中，箭垛式文化在时间和空间中就发生了两次飞跃。这是一个正能量文化集聚的过程，又是一个核心文化抉择的过程，同样使箭垛式文化发生了两个阶段的集聚和飞跃。

第一次飞跃是城市各个区域历史文化和各个时间段历史文化集聚的过程，也是从共时性的空间文化和历时性的时间文化中选取核心历史文化的过程。在这个过程中，历史文化中的某个具备正能量文化特征的断代文化，跃迁为整个历史时期的"箭垛式历史文化"。在一个城市的历史进程中，总有一个或者几个引人注目的时期脱颖而出，成为引领区域内部历史文化的总代表。以我国的古都为例，西安、洛阳以汉唐文化闻名，开封以北宋文化著称，以较短时间内的文化定位为整个城市的总体文化，并成为各自城市的核心文化。自然，这些文化也是各个城市富含正能量的文化代表（见图 3-3）。

第二次飞跃是在现代化建设中，城市为追求精神文明、社会文明、生态文明和城市精神定位而使箭垛式历史文化跃迁为一个区域文化代表的过程，这个过程同样发生了城市的生态文化、科技文化、区域文化和城市精神文化的集聚过程。一些专家认为，历史文化资源是一个地区最为重要的文化资源。历史文化在科技文化、生态文化以及城市精神的文化集合中更具文化内涵，更厚重，更能代表一个城市的记忆和地域特色（见图 3-4）。

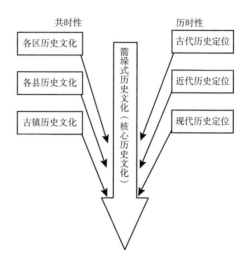

图 3 - 3　第一次飞跃：历史文化的集聚及"箭垛式历史文化"选取过程

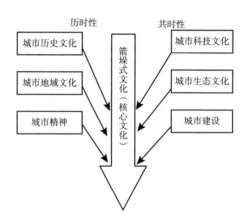

图 3 - 4　第二次飞跃：城市现代化建设中多元文化集聚及"箭垛式文化"选取过程

五　城市核心文化散播阶段："文化意见领袖"的传播控制

城市核心文化发生集聚之后，正能量的效力并没有随着其自身集聚的完成而停止，而是会按照一定的形式和渠道继续传播和散发出去，在特定文化人群的宣传下，因"晕轮效应"而感染和激励着其他人们认知并接受城市自身的正能量文化，并践行到自身的文化生活中。在城市核心文化散发阶段，"文化意见领袖"的作用不可忽视。

在城市核心文化的扩散阶段，城市核心文化的传递和传播不像聚集过程一样有条不紊地进行，而是存在多变的因素和风险。首先，城市核心文化在符合社会主义核心价值观的前提下，较为容易地得到学术层面和官方层面的肯定，而市场竞争中企业本身追求经济利益最大化的本质导致城市核心文化的传递"束之高阁"或"流于形式"，民众层面也容易出现"曲高和寡"的现象；其次，城市核心文化单纯地通过传统媒体（广播、电视、报纸）以及传统的文化事业单位（博物馆、文化馆、科技馆）等的散播方式显得较为呆板单调，"灌输式"的文化散播使文化接收者（民众）与文化散播者（地方政府文化工作者）之间缺乏互动，容易使文化信息的传播出现事倍功半的效果；最后，伴随着新媒体技术的成熟，网络社会逐步变为一个贴近民众的最为开放的信息量丰富的文化信息传递窗口，也使每个人都成为信息的接收者，也更是创造者和传播者，在多元文化信息对抗的情况下，由于缺乏较为完备的舆论监测机制，核心文化受到多元文化的冲击，尤其是大众文化的流行使民众逐步变为流行时尚文化的忠实宠儿。因此，在城市核心文化的传递中，必须对传播过程进行控制，使文化传递向健康和谐的方向发展。

在城市核心文化的传递中，单纯地依靠传播的"子弹论"① 似乎并不是稳妥的方式：利用传统媒体将文化信息（包含观念、情感、知识和欲望）毫无变化地传递给民众，就好像可以把某些东西注入人的头脑一样直截了当，结果可能差强人意。因此，利用"意见领袖"② 式的传播方式可能取得

---

① 又称魔弹论、靶子论、皮下注射论，是强效果阶段的代表性理论。它的基本思想就是大众传播具有强大的传播效果，其情形犹如子弹（大众传播媒介的信息）射向坐以待毙的靶子（受众）。表明大众传播媒介具有无法抵抗的传播效力，受众只是被动地接受信息的刺激。他们所传递的信息在受传者身上就像子弹击中躯体，药力注入皮肤一样，可以引起直接速效的反应；他们能够左右人们的态度和意见，甚至直接支配他们的行动。

② 意见领袖是指在人际传播网络中经常为他人提供信息、意见、评论，并对他人施加影响的"活跃分子"，是大众传播效果在形成过程的中介或过滤的环节。由他们将信息扩散给受众，形成信息传递的两级传播。

意想不到的效果，它将单纯的子弹论的一级传递方式改变为两级，通过一些活跃分子使信息和观念在普通民众之间传播，但在两级传递之中，"意见领袖"的作用无可替代。那么在城市核心文化的传递中，传递文化信息的自然成为"文化意见领袖"。

在这个城市核心文化的两级传递过程之中，"文化意见领袖"担任了重要角色，加快了正能量文化的传递速度，提升了传递能量的质量。在第一级传递中，由于自身职业的便利、知识层面的高端、道德水平的提高等因素，城市核心文化先通过简单便捷的方式被"文化意见领袖"熟知并认同。"文化意见领袖"将城市核心文化的各种信息进行初步的分析和加工，使之更容易为民众理解和接收，并践行到自身的实践之中，做好了文化信息传递的准备。在第二级传递中，"文化意见领袖"通过自身的努力，包含知名度、美誉度、人格魅力、知识水平、鼓动能力的提升，使自身具备了有影响他人态度的能力，从而介入大众传播，使民众接受"文化意见领袖"传递的文化信息，并使民众自身认知和认同城市核心文化，从而使城市核心文化的散发过程得以完成。

选好"文化意见领袖"，是城市核心文化散播过程中的重中之重。由于"文化意见领袖"存在构成复杂性、行动独立性和信息多变性等特征，因此城市核心文化的散播也是一个全民参与并监督的过程。任何人都可能成为"文化意见领袖"，政府官员、知名学者、电影明星、非物质文化遗产传承人可以利用其职业的特殊性来影响并教化民众，网络上的活跃分子、日常生活中的工作者也可以成为"文化意见领袖"，只是其影响的力度不同、广度不同而已。

在现代传媒技术飞速发展的情况下，讯息的传播通常被传播手段和传播途径控制。一些不法分子通过网络媒体的快速化传播，使一些不良信息迅速进入大众视野，造成了民众对群体事件、突发事件等不同程度的误解，使我国蒙受了巨大经济损失。因此，正能量的传递除了要选好文化意见领袖，借助传统的电视、广播、报刊等媒体进行传播扩散之外，更要通过新兴的网络媒体进行宣传，使新兴的科技手段为我所用，使城市核心文化内容得到最大程度的传播和发挥。在具体的城市核心文化的传递中，一是要保障城市正能量文化传播内容的数量和质量，将城市核心文化通过多种最鲜活的形式表达出来，如电影、电视、图书、电子小说、网络电视，使城市正能量文化的传播在整个媒体传播中占据重要地位；二是保障利用最先进的传媒技术和传播技术对核心文化进行传播、监测和控制，为文化传播过程创造良好的技术条件，使正能量文化的传播能利用最为先进的技术在最广大人民群众中得到最快的传播；三是以政府为主导、高校和科研单位为主体的核心文化的长效传输机制，将核心文化的创造、传输、接收、监测、反馈、再传输等过程连接起来，为正能量文化的传递构建良好的体制机制。

六　城市核心文化定位选取的局限性

城市，让生活更美好。文化，让城市更具魅力。世界上较多文化城市的成功转型，赢得了中国人对21世纪内中国文化城市建设的无限幻想与渴望。文化产业的繁荣在城市。文化产业是以文化资源为重要基础的新兴产业，我国文化资源的主体部分是历史文化资源。因此，城市历史文化资源的开发利用将对文化创意产业的发展起着重要作用，城市核心文化也与传统历史文化有着莫大关系。城市核心文化集散过程利用历史文化资源定位城市文化有其合理性，更有其适应的文化空间和时间地域。应该看到，由于城市形态各异与城市文化的多样性，其理论内容同样有其使用的具体范围。尤其是在定位一个城市的正能量的核心文化——箭垛式文化时，有其一定的局限性。

首先，箭垛式文化的选取一般最适合我国的八大古都和其他历史文化名城，以及一些历史文化资源较多的大中城市；在一些历史文化资源较少但却涌现出部分特别突出或者著名的事件的中小城市，依据城市核心文化集散过程也能轻而易举地选择城市的核心文化，指引当地文化建设和文化产业的发展方向。因为这些地区的历史文化足够突出并极富正能量，核心文化的选择基本是有说服力的，能被城市内外人们赞同。在生态文化、科技文化、宗教文化和工业文化等占统治地位的城市中，单纯地将城市核心文化定位为历史传统文化并不合适，如何选择这些城市的核心文化虽有基本路径，但有基本的难度。

其次，在多元化发展的城市，箭垛式文化同样将面临如何抉择的窘境。例如，某个城市的历史文化虽然很出名，但是呈现出多元并列的格局，即出现了多个具备箭垛式文化潜质的历史文化代表，但没有一个特别出众、能代表城市的总体文化，这样同样面临着文化选择难以取舍的境地。另外，在多元的工业文化、多元的生态文化和多元的民族文化和宗教文化面前也将面临同样的问题。如何找寻出多元文化中一脉相承的文化精神，是解决这些城市文化定位的最终答案。

最后，城市箭垛式文化可能是一个文化代表，但更多的时候可能表现为城市在历史进程中传承下来的文化精神。这个一脉相承的城市文化精神，是城市赖以生存和发展的根本精神，也是城市在现代社会发展中能保持极大凝聚力和感染力的最终保证。如何凝练和选取一脉相承的城市文化精神，是城市核心文化集散过程的重点和难点，因此具有极大的艰巨性与复杂性。

第四章

国外对文化产业及其文化价值引导功能的认识

面对文化产业及文化产品的双重属性，世界上文化产业的发达国家是如何处理这种双重属性和双重矛盾的呢？按照世界文化产业发展的基本形式来看，美国、英国、法国、加拿大、德国、澳大利亚以及韩国、日本是当今世界上文化产业较为发达的国家，基本和世界上主要经济发达国家一致。在全球化愈演愈烈的今天，面对文化经济一体化进程日益加快的背景，世界上的主要发达国家对待文化产品贸易以及文化产品消费引来的文化价值引导的政策和措施，对我国文化资源开发过程中的文化价值引导有着极为重要的借鉴意义。

第一节　国外对文化产业概念的认识及其启示

文化产业在世界范围内有着多种称谓，即使在我国内部也有文化产业、创意产业和文化创意产业这样至少三种称谓。世界文化产业发达国家中也出现了不同的文化产业称谓。这些不同的称谓并不是翻译者的失误，而是由文化发展路径和发展重点的不同造成的。针对文化产业发展而采取不同的文化产业发展目的，自然对我国文化产业发展在文化价值引导方面有着极为重要的意义。

一 国外文化产业的名称及定义

文化产业作为一种特殊的文化形态和特殊的经济形态，影响了人民对文化产业的本质把握，不同国家从不同角度看文化产业有不同的理解。从内容到形式，再到国民经济统计的行业分类都大相径庭，甚至其称谓也是多重的。美国主要以"版权产业"作为文化产业的总体理念，英国、澳大利亚等国主要推出的是"创意产业"概念，日本、韩国等更重视的是"内容产业"。[①]

美国没有文化产业的提法，他们一般只说版权产业（Copyright Industries），主要是从文化产品具有知识产权的角度进行界定。版权产业根据联合国教科文组织的分类方法又分为：核心版权产业、交叉版权产业、部分版权产业和边缘支撑产业四部分。[②] 英国最早提出创意产业（Creative Industry）概念：源于个人创意、技巧和才华，通过知识产权的开发和运用，形成具有创造财富和就业潜力的行业。它强调艺术创造力对经济的渗透和贡献。[③] 加拿大文化遗产部在其职能框架中曾对文化产业作了如下定义：文化产业包括以国家社会、经济及文化为主题的出版、广播、电影、电视、图书、杂志、音像等在内的印刷、生产、制作、广告及发行；包括表演艺术、视觉艺术、博物馆、图书馆、档案馆、书店、文具用品商店等在内的服务，新近还增加了信息网络、多媒体等内容。澳大利亚按照联合国教科文组织的标准定义创意产业，包括遗产类、艺术类、体育和健身娱乐类、其他文化娱乐类四大类。[④] 法国延续本杰明的传统，使用"文化产业"这一概念："通过物质材料的使用或者信息交流技术的支撑，将观念、创造性和产品功能结合起来，形成大批量制造、生产和销售的产业链，这一系列经济活动称为文化产业。"[⑤] 一个重要的衡量标

---

① 欧阳友权：《文化产业通论》，湖南人民出版社，2003，第4页。
② 吴存东、吴琼：《文化创意产业概论》，中国经济出版社，2010，第54页。
③ 唐任武、赵莉：《文化产业——21世纪的潜能产业》，贵州人民出版社，2004，第212页。
④ 〔澳〕斯图亚特·坎宁安：《从文化产业到创意产业：理论、产业和政策的涵义》，载林拓等主编《世界文化产业发展前沿报告（2003～2004）》，社会科学文献出版社，2004，第134页。
⑤ 胡惠林主编《文化产业概论》，云南大学出版社，2005，第65页。

准是"大批量复制是主要的输出方式"。德国文化产业和创意产业并用。创意产业定义最广，就是将相关产业的生产与服务部门都涵盖进去，即利用科学技术等手段使艺术和大众产品获得创新，都属于创意产业的范畴。韩国的游戏产业较为发达，其文化产业的发展更多依赖于政府的强有力政策引导和调控，并提出"文化内容产业"的概念，[1] 认为是"作为与文化产品的开发、制作、生产、销售、消费等有关的服务产业，是与音乐、动画、游戏、电影、卡通、漫画、广播有关的产业"。日本政府则认为，凡是与文化相关联的产业都属于文化产业；而文化产业统称为"娱乐观光业"。[2] 娱乐观光业又分为三类：内容产业、休闲产业和时尚产业。异常发达的漫画、游戏和动画等都属于内容产业，所以很多学者将日本的文化产业称为"内容产业"。

以上国家对文化产业的定义主要集中在"版权产业、创意产业、文化产业和内容产业"这四种名称之上。"版权产业"侧重知识产权的归属，它从知识内容、市场权益出发做出分类，与美国这个版权大国的国家利益有着密切关系；"创意产业"强调文化产业的智能化、创新性和技术性特征，它是从创造者、策划者、设计者的个人创造力出发而做出的定义；"内容产业"则关注当代数字类产品的文化内容，它是知识经济浪潮中以信息高新技术、互联网与数字化为基础产生的概念，是文化产业和高新技术结合的产物。在文化产业发达国家的定义中，德国对文化产业的定义较为正确地界定了不同概念之间的区别和联系。一般来说，版权产业最为宽广，可以涵盖创意产业、文化产业以及分销产业；同样地创意产业次之，它包含了文化产业并有不属于文化产业的部分行业。

二　文化产业多重称谓催生的四种发展模式

从以上的介绍不难看出，八大强国的文化产业定义千差万别，就连名称

---

① 李思屈、李涛：《文化产业概论》，浙江大学出版社，2007，第59页。
② 汤莉萍：《世界文化产业案例选析》，四川大学出版社，2006，第8页。

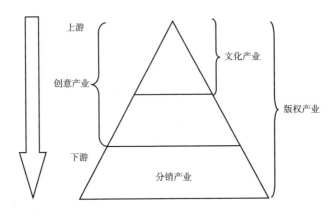

图 4 - 1　文化产业、创意产业和版权产业之间的归属关系

也不尽相同，但基本上集中在版权产业、创意产业、文化产业和内容产业四种名称之上，也形成了发展文化产业的四种模式（见表 4 - 1）。①

表 4 - 1　世界文化产业发达国家文化产业概况

模式	国别	主流名称	"三核"侧重点②	主导文化行业类别
美国模式	美国	版权产业	版权（知识产权的归属）＋科技	电影、音乐、电视节目、图书杂志及计算机软件、音像业
创意模式	英国	创意产业	创意（艺术创造力）＋科技	广告、数字媒体、动漫、电玩游戏、设计、时尚、音乐、电影、电视、出版、表演艺术
	加拿大	文化产业	创意＋多元文化（英法文化、土著文化）	文化遗产旅游、音像制品、电影、录音、录像、表演艺术业、出版
	澳大利亚	创意产业	创意＋多元文化（土著文化、移民文化）	表演艺术、影视业、图书出版业、商业性艺术展览
传统模式	法国	文化产业	本国传统文化	图书出版、电影、奢侈品市场
	德国	文化产业、创意产业并用	艺术文化、传统文化	图书出版、影视、表演艺术、会展

① 本文只从各国关于文化产业的名称及其定义入手，并没有从各国发展的应用理论入手，分析各文化产业成功国家的成功路径，所得出的四个模式仅供参考。

② "三核"指发展文化产业所依赖的三个基本要素：文化（资源）、文化创意和文化科技。详见第三章第一节第三部分"文化产业多重称谓的深层次解析"。

续表

模式	国别	主流名称	"三核"侧重点	主导文化行业类别
文化创新模式	韩国	文化内容产业	科技＋文化（民族文化资源）	数字游戏、影视剧、动漫、音乐、图书
	日本	娱乐观光业（内容产业）	科技＋文化（日本文化符号）	数字视听、游戏软件、动漫画、日剧

第一，美国模式。美国是世界上文化产业最发达的国家，自成独家模式。美国模式以知识专利、市场权益为中心，注重发展新兴文化产业。文化行业众多宽泛，文化企业实力雄厚，为很多国家可望而不可即。美国的历史文化资源并不丰厚，所以特别注重对已有文化资源的创新，不仅如此，美国还网罗全世界各国的文化资源来为其所用，为本国的文化产业发展和文化品牌价值传播服务。由此以来，对知识产权的保护显得格外重要。美国模式只适合美国自身，其发达的文化产业当然也与其广阔的文化市场、强大的科技和资金支撑、完备发达的三大产业体系不无关系。

第二，创意模式。创意模式以专利、商标、设计和版权为核心，注重个人的创造、技艺和才华。创意模式的国家发展文化产业之困仍然是本国文化资源的贫乏和传统文化产业的没落，但与美国模式不同的是，他们更注重为本国的土著文化和移民文化资源，发展较为单一的现代创意类文化行业。创意模式走的是"创意＋科技"之路，偶尔利用本国的土著文化资源和移民文化资源。英国是世界上创意产业最为发达的国家；澳大利亚和加拿大是移民国度，强调走多元化文化发展道路。

第三，传统模式。传统模式即法、德两国发展文化产业模式。他们利用本国较为久远的历史文化资源和较为完备的产业链条，发展本国实力较为强劲的传统文化产业。面对美国文化的步步紧逼，法德两国深深感受到自我文化有被同化的危险。为此，传统模式注重对传统文化产品的复制和商业化营销，表现出对传统文化的极大尊重和对文化商业化的疑虑和抵触。

第四，文化创新模式。文化创新模式即韩日模式。韩日模式注重利用现代化的科学技术等手段，对本民族文化资源进行符号化的改造，使之成为具备民族文化标识的文化产品和服务。韩日具有极强的民族主义倾向，在文化全球化愈演愈烈的 21 世纪，他们感受到前所未有的民族文化危机，希望通过输出大量的文化产品来达到文化输出和经济发展的双赢。由于发展文化产业有文化资源有限、市场狭窄等缺陷，不得不走外向型发展的道路，使民族文化资源经过现代创意和科技手段的包装，将有限的文化资源变为无限的民族文化产品，并极力推崇本民族文化的世界化。文化创新模式适合有一定的文化基础但没有广阔的消费市场作为民族文化产业长久持续发展的支撑的国家，从而不得不借助科技手段提升文化产品内涵。

三 文化产业多重称谓的深层次解析

由于国家战略、地域特征和文化政策等的差异，不同国家和地区对文化产业也有不同的提法，这是由多种因素造成的，也是文化产业发展在世界范围内共性和个性的体现。

（一）文化的多元角度定义和多重层面内容

文化的定义纷繁复杂，可谓众说纷纭，百家争鸣。新旧进化学派、传播学派、历史地理学派、功能学派、文化形态史观派、结构学派等都从各自学科的视角出发，阐发了不同的文化定义。迄今为止，文化的定义已达两百余种。一方面，文化有浓重的概括性，它的实质性含义是"自然的人化"①，能将所有的人类活动囊括进来。《辞海》这样定义广义的文化："人类社会历史实践过程中所创造的物质财富和精神财富的总和。"文化定义大而化之，包罗万象，兼容并蓄，就连文化产业本身，也难"逃出'文化'这张大网"。这是造成各国文化产业定义的原因之一。另一方面，文化定义又有狭义的解释。《辞海》定义狭义的文化："社会的意识形态，以及与之相适应的制度和组织机构。"而各国家、民族的意识形态千差万别，其广义和狭

---

① 冯天瑜、何晓明、周积明：《中华文化史》，上海人民出版社，1990，第 26 页。

义的选择也各不相同。再者，随着历史的发展，人们对文化的理解逐渐向着广延度和深刻度不倦地进军①，文化的概念也自然地不断演化。而各国由于民族性、地域性差异和民族文化惯性的因素，其文化的现代化演化也各不相同。

针对文化的不同形态，通常有两分法（一般分为物质文化和精神文化，冯天瑜称其分为"技术体系和价值体系"）、三分法（众多学者认为文化可分为物质、制度和心理三个层面；梁漱溟则认为文化是"生活的样法"，应分为精神生活、物质生活和社会生活）、四分法（马凌诺斯基将其分为"物资设备、精神方面的文化、语言、社会组织"②，冯天瑜将其分为"物质文化层、制度文化层、行为文化层和心态文化层"③）等。各国文化形态各不相同，其文化产业发展也往往偏重不同的文化层面。由于文化的定义和多重层面内容至今没有在全世界范围内得到统一，各国文化产业的定义才迥然不同。换句话说，文化的多重性定义和多重层面内容是造成文化产业多重性定义的重要原因。

（二）各民族国家的文化资源现状引发的文化产业发展基本国情千差万别

从各国文化产业的表面定义来看，发展文化产业或多或少地都要倚重于文化，从图4-2中可以看出，文化在八国的文化产业的定义中出现次数高达七次，是定义中出现最多的关键词。文化出现次数之多，更多的是指代"文化资源"。而从文化资源来看，首先，各国文化资源具有多元性，因为世界各国的文化自成一体，共同构成了一个文化多元化的世界；而一些移民国家，如澳大利亚、加拿大等，其国家本身就是多元文化的载体；即使一些国家由单一民族组成，其文化也有主流文化和支流文化、官方文化和民间文化之分。其次，各国的文化资源良莠不齐，多寡不一。文化资源包括有形的物质文化资源、无形的精神文化资源和文化智能资源三部分。④ 因为文化是

---

① 冯天瑜、何晓明、周积明：《中华文化史》，上海人民出版社，1990，第11页。
② 〔英〕马凌诺斯基：《文化论》，费孝通译，华夏出版社，2002，第4~7页。
③ 冯天瑜、何晓明、周积明：《中华文化史》，上海人民出版社，1990，第31页。
④ 姚伟钧等：《中国文化资源的产业化战略》，载文化部文化产业司编《国家文化产业课题报告（2008年度）》，云南大学出版社，2009，第374页。

多重层面的，故文化资源也是多个层面的，涵盖了文化的方方面面。各国的文化虽没有优劣之分，却有先后、多寡之别。在各国大力发展文化产业之时，美国等历史短暂的国家文化资源短缺，不足以支撑庞大的文化产业体系，不得不以创新型的版权式文化产业为发展重点。而法德等国家在文化的现代化转化和开发利用中，有雄厚的古典文化资源可利用，并且这些文化资源的转换率较高，法德等国家则创立传统模式，大力传扬和开发传统文化，发展传统文化产业。另外，文化的精神层面如文化的民族性格、文化价值观甚至文化心理各不相同，其对民族文化的态度大相径庭，也影响着一个国家文化产业发展行业的选择和界定。日本、韩国等对民族文化尤其是精神性的民族文化特别推崇，并大力传扬。

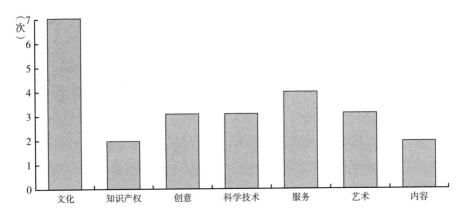

图 4-2　八国文化产业定义关键词出现次数

（三）文化产业"三核"之间的选择个性鲜明

从图 4-1 分析得出，文化产业的定义虽多，但其核心要素只有三个。文化产业实质上是文化（资源）、文化创意和文化科技三个要素的合作称谓。各国的资源禀赋不尽相同，发展文化创意产业的文化基础、文化表现、经济基础以及其他内外部环境也存在差异，因此其文化创意产业的发展特点和模式也有所不同。实质上，各国文化产业的定义和发展的路径选择，是"三核"之间的力量博弈（见图 4-3 和图 4-4 对比）。

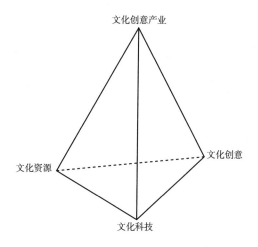

图4-3 以"文化资源、文化创意和文化科技"为核心的文化产业金字塔模型

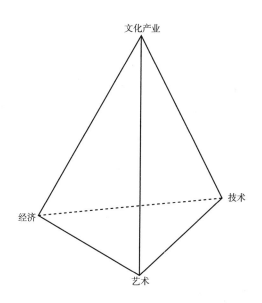

图4-4 芮佳莉娜·罗马定义的文化产业的金字塔模型

第一，文化资源是文化产业发展的基础，它的多少决定了各国文化产业发展路径的选择，进而决定了其文化产业发展的行业类别。第二，文化创意是文化产业发展的核心，文化创意包含各种形式的文化创新和文化创造，包含版权、专利、商标等内容。第三，文化科技发展是文化产业的重要手段，是文化产业发展的不竭动力。

芬兰学者芮佳莉娜·罗马（Raija-Leena Luoma）以金字塔式模型来展现文化产业的概念发展史，该模型总结了文化产业概念的各个方面和涉及的范围。如图4-4所示，如果将文化产业视作金字塔的顶端，而经济、艺术和技术分别是支撑金字塔矗立的基石。罗马认为，只要三个基石中的任意两个交汇，就能形成文化产业，到达金字塔的顶点。如通过技术手段生产出来一个可以获取经济利益的产品，就形成文化产业；这件产品虽无利可图却符合艺术的创新标准，也可形成文化产业。另外，艺术与经济结合也可形成文化产业，比如一场高端的艺术表演。①

二者都重视技术的经验。艺术属于较高层面的文化资源，是发展文化产业的基础之一。从此把文化产业分为传统历史类、时尚科技类和新兴创意类。分别以资源、科技和创意为核心来发展文化产业，三者两两相加，便具有文化产业的性质。三者共存，便是真正的文化创意产业，其发展最具潜力和前景。从现实情况看，几乎所有的文化行业都包含以上三种因素，那么，如何判定文化行业的类别归属呢？三者之中谁占主角，以谁为核心？在文化市场中谁能成为吸引消费者的卖点，谁就决定了本行业的性质和归属。

美国文化资源较少，所以它注重创新，并善于利用自己的发明创造，同时凭借其世界顶尖的科学技术，发展以知识产权为核心的版权产业，走"版权＋科技"之路。英国、加拿大、澳大利亚看重创意的价值内涵，也考虑到自身文化资源的因素，走以创意为中心兼取文化和科技的创意产业之路。德法两国自恃传统文化深厚，同时国内有雄厚的传统文化市场，认为只有发展本国传统文化产业才能抵抗以美国为主的文化殖民主义侵略，成就文化产业发展的以文化为中心的传统模式。而日韩两国不仅以本国的文化资源为基础，尤为重视本国文化发展的精神层面，注重文化在现代社会和现代世

---

① 苑洁：《文化产业行业界定的比较研究》，《理论建设》2005年第1期。

界文化中的前途和地位，注重本国文化的现代性转换和长期可持续发展，发展以本国文化为内容、以现代科学技术为手段的内容产业，创造了文化产业发展的文化创新模式。各国文化产业发展的侧重点不同，自然其称谓和定义呈现目前这种多元化趋势。

四　文化产业多重称谓对我国文化产业发展的启示

世界文化产业强国对文化产业的不同定义和侧重点，形成了多样化的文化产业振兴之路。这给世界上其他发展文化产业具有后发优势的国家和民族提供了可资借鉴的发展模式和经验。

其一，要以其自身的文化资源和自身文化生态语境定位自身的文化产业。首先，注重理论和实际相结合，发展适合本国国情和实际的文化产业门类。其次，在发展相关文化产业的同时，注重文化遗产的保护。从各国发展文化产业的道路可以看出，文化产业发展并非同时求大与求全，而更多的是求精求专。比如，美国的大片，英国的音乐，加拿大的音像，澳大利亚的国际性教育，法国的图书，德国的会展，韩国的电视剧，日本的动漫。除美国的文化产业几乎全线占据优势以外，其他的国家都只专注于其中一两个行业。而他们标志性行业的发展和发达，除了与其广阔的文化市场和雄厚的产业基础密切联系外，更重要的是他们拥有文化行业赖以生存和发展的文化资源。从图 4 - 2 中可以看出，文化出现次数最高也说明了，文化资源是文化产业发展的基础，是决定文化产业持续健康稳定发展的关键。紧紧围绕本国文化资源发展文化产业，没有资源也要创造资源，哪怕引用外国资源，也要吸收成为本国文化资本。可以说，文化资源的质和量影响着一个国家文化产业发展的规模与层次。

其二，注重建设创新型国家和发展文化产业相结合，同时保护民族文化产业的知识产权。不管是版权还是知识产权，抑或品牌、创意、内容，无不和创新联系在一起。而这种文化产业的创新，首先是观念层面的创新，创意就是源于人们精神层面的创新，从图 4 - 2 中可以看出，"创意"在各国文化产业的定义中出现了三次，但是按照约翰·霍金斯的观点，如果把版权也算在创意范围之内，那么创意出现了五次之多；即使是"内容"，也与创新有千丝万缕的联系。那么在发展文化产业时，要特别注重创意的生产和利用，唯有创意才能让文化产业焕发出勃勃生机。同时，只有观念上的创新是不够的，必须要从科学技术上进行创新，其是文化产业发展必须依靠的重要手段。科技手段的发展促进文化产业发生了多次革命，从纸质媒介到电子媒介，每一次的科技发展都为文化产业的发展提供了新的手段和支撑。最后，在建设文化产业创新型国家时，要注重保护民族文化产业的知识产权，防止文化资源被他国窃取，防止自我的知识产权被人侵犯，并需要建设一个国际化的保护本国文化知识产权的健全机制。

其三，极力发挥民族文化产品的文化属性，促进民族文化的域内传承和域外推销。应注重凝结着民族精神文化的民族文化产品的域内传承和域外推销，极力发挥文化产业的文化属性。文化是"以文教化""文治教化"。《易·贲卦》中《象转》言："观乎人文，以化成天下。"其意思是："人类有文明礼仪则能止其所当止，观察人类社会生活的这种现象就可以教化天下人走上正途。"① "文化的实质性含义是'人类化'，是人类价值观念在社会实践过程中的对象化，是人类创造的文化价值，经由符号这一介质在传播中的实现过程，而这一实现过程包括外在的文化产品的创制和人自身心智的塑造"。② 首先，文化产业不仅有经济功能，更有文化功能；不仅在物质现实世界有增值功能，更在文化精神世界有导向功能。日本动漫是为医治战争创伤，韩国影视则引领韩国经济复苏和发展，给金融危机中的韩国人民以心灵慰藉。其次，文化产业的发展是在伴随着保护本国文化主权、抵制国外文化入侵、维护文化多样化的前提下进行的，是在为抵御发达国家积极推行文化扩张政策的过程中进行的。德法两国处心积虑发展传统文化产业，是为夺回被美国文化日益吞噬的文化市场阵地。澳大利亚在丰富以英国文化为主体的主流文化的同时，大力提高土著文化的影响，不断吸收移民文化的精华。加拿大在多

---

① 冯天瑜、何晓明、周积明：《中华文化史》，上海人民出版社，1990，第13页。

② 冯天瑜、何晓明、周积明：《中华文化史》，上海人民出版社，1990，第26页。

元文化主义的影响下，加拿大人能够广泛接触到世界范围内的各种文化产品，同时确保加拿大能够享受到自己的文化产品，并保持加拿大的文化多样性。

其四，谨记文化产业的服务业属性，加快居民收入增长的步伐，培养市场潜在的消费者。文化产业是以文化资源为基础①，以创意为核心，以科技为手段，满足人民精神文化需要的现代性服务业。文化产业属于服务行业，自然属于第三产业。反观八大文化产业强国，其经济实力、居民收入水平、第二产业、科技手段和人才储备都在一个较高层面上，也就决定了其文化产业的发展有较多的投资资金、宽阔的市场、科技水平和人才队伍。即使是文化资源贫乏的美国也跻身文化产业强国之列，乃至文化产业强国之首。可以想象，文化产业属于享受性产业，当物质消费尚处于较低层面时，谈论高消费的精神消费无疑是天方夜谭，那么其文化消费也必处于较小规模和较低层次。从世界范围内文化产业的发展来看，文化产业强国也基本都是经济发达的第一、第二世界的资本主义强国。怎么样提高我国工业化程度和居民的收入水平，也许是文化产业大发展的重要途径。

第二节　美国文化贸易中的"门罗主义"
与"门户开放"政策

作为世界上经济最为发达和文化产业最为发达的国家，美国的文化产业贸易政策和对内文化产业的政策措施，无疑最具研究意义。美国是主张自由经济发展和自由经济贸易的国家，强调采取市场调节和尽量少的政府干预。然而，美国也是最早在经济贸易中提出"文化例外"的国家，拒绝进口那种可能对本国文化产业造成危害的文化产品，表现出较为善变的两面性。在对待本国国内及美洲文化市场时候，美国实行如同在经济领域内的一样的"门罗主义"的政策；但在对待国外文化市场的时候，美国则提倡文化经济

---

① 这里的文化资源更多的代指历史文化资源，或者传统文化资源。

贸易自由，反对各国政府采取各种形式的贸易壁垒，以确保美国文化产品能横行世界。

一 美国文化市场的"门罗主义"

美国是较为重视文化产业经济属性的国家，然而针对本国的文化市场，美国通常采取较为保守的文化产业的政策，这些政策不仅来自政府，更有可能来自美国民众的文化自觉。这些文化保守因素主要体现在以下方面。

第一，以推动本土电影业发展而实行的保护政策。美国针对国外影视业对于自身文化的影响的保护政策始于 20 世纪初，"1905 年现象"的出现令美国政府焦虑不已。在 1905 年，美国全国播放的电影几乎被欧洲电影所垄断，美国大概 70% 的票房业绩都被欧洲电影掳去。于是在当年，美国人就发起了国产电影的自救运动，几乎所有的美国人都喊出"支持国产电影、抵制国外电影"的口号，连美国总统也呼吁保护国产电影，这是其他国家到现代也不能做到的。尤其是一些美国媒体更是令较多国外的媒体汗颜，美国媒体一边倒地宣扬国产电影的优点，将欧洲电影贬损为颓废堕落的垃圾产品，而将国产电影称为健康的、阳光的、人道的艺术精品。[①] 就这样发展了 7 年的时间，美国的电影界发生了翻天覆地的变化，大约 80% 的新的电影都是国产电影，自此美国也结束了欧洲电影长期垄断的时代。

第二，加大文化产业发展的财政资金投入，对部分文化行业实行特别的税收优惠支持。据不完全统计，美国政府每年在文化产业领域内的投资就超过了 20 亿美元，其中就包含对美国博物馆等文化事业单位每年高达 10 亿美金的财政支持。不仅如此，美国自 1965 年以来，曾专门成立处理国家在文化方面巨额投入的委员会和基金会，这对美国文化事业和文化产业的发展起到了推动作用。另外，美国对一些特殊的文化行业采取了一定的税收优惠政策，用以鼓励相关文化行业的繁荣发展。截至

---

① 江肃京：《感受到美国文化入侵了吗》，《环球时报》2010 年 2 月 12 日。

2010 年，美国对这些特殊文化行业实行特殊优惠政策的州已经达到了 46 个。如夏威夷州就明确规定，对文化产业发展过程中发生的研发费用可以实行税收抵扣优惠。

第三，首次提倡国际文化贸易中可以实施"文化例外"政策。在国际贸易领域，美国曾是"文化例外"的首倡者，是美国在对待文化产品政策中保持两面性的重要体现。如在美国文化产业相对不发达的 20 世纪 50 年代，美国《佛罗伦萨协议》中提出了所谓"保留条款"，即号召各国同意禁止进口一些"有对本国文化行业发展而构成损害的文化产品"。① 然而随着美国国家地位的上升和文化产业发展的成熟，美国一反常态，抛弃了所谓的"文化例外"政策，并提倡在国家市场中坚持自由开放的文化贸易政策。由此，美国开始反对一些国家（法国和加拿大）针对通过贸易壁垒等政策对国外文化产业活动的限制。② "文化例外"原则可以说是一个彻头彻尾的贸易政策壁垒，为了保护美国本土文化产业的飞速发展和美国文化不受损害。在美国文化产业发达但不足以完全横行世界的年代，"文化例外"原则有效地避免了国外文化产品横行美国文化市场的悲剧。

第四，通过建立和完善立法推动本国对知识文化产权的绝对保护。美国对本国知识文化产权的保护，到了近乎完美苛刻的地步。首先，以《版权法》为基本原型，并随着社会的发展不断对《版权法》进行修改和完善，以适合美国自身文化产业的发展。其次，与时俱进地修改和完善法律法规体系，不断完备以保护美国知识文化产权核心利益的法律体系。为顺应历史发展潮流，迎合数字化等新媒体技术对文化产业发展的冲击，美国于 1997 年和 1998 年先后颁布了《反电子盗版法》和《跨世纪数字版权法》。最后，通过对涉及知识文化产权的国际法的修改和制定，保护美国知识文化产权在国际社会中的核心利益。如美国利用 1988 年《综合贸易与竞争法》中的特别 301 条款，逼迫国际社会在其他国家加强对美国知识文化版权的保护；

---

① 李怀亮：《当代国际文化贸易与文化竞争》，广东人民出版社，2005，第 121 页。
② 李宁：《"自由市场"还是"文化例外"——美国与法 - 加文化产业政策比较及其对中国的启示》，《世界经济与政治论坛》2006 年第 5 期。

1994 年达成的《与贸易有关的知识产权协议》，使美国自身日益强大的版权产业得到了行之有效的国际保护。

二　美国国外文化市场的门户开放政策

与美国政府宣扬的自由与民主相比，美国文化产业的发展在塑造和生产着"大规模烦心武器"①（Weapons of Mass Distraction），用来宣扬和传播美国的主流核心价值观和信仰。好莱坞作为美国文化输出的主要阵地，本身就是这种大规模烦心武器的重要生产集散地。

其一，在本土市场稳固之后采取的世界文化市场的倾销政策。例如在美国电影业的发展方面，在 1912 年美国的国产电影占据了国内荧屏的绝大部分份额时，故事远远没有随着美国电影的兴起和美国票房的变革就此终结。美国的电影节将矛头继续外指，不仅要收复国内的失地，更要侵占国外的市场，让美国电影走出去并在世界市场上发芽生根。对此美国的政治家也都毫不掩饰，1915 年伍德罗·威尔逊就说："电影已达到了传播大众思想的最高境界。"这位前普林斯顿大学校长还透露："由于电影使用的世界语言，更有助于它表达美国的计划和目标。"看来美国不仅将电影看作传达美国文化和价值观念的重要手段，更将其看作美国走向世界的重要战略步骤。时至今日，美国电影已经成为一种非常成熟和成功的传播美国在全世界范围内权力话语的媒介载体。环顾整个世界影坛，美国大片几乎将整个世界市场囊括进来。在国外输出大量的好莱坞大片而获取大量经济利益的同时，也在不知不觉间将本国的文化价值观、生活方式和意识形态等传输至远方，使各国的电影消费者成为美国文化的俘虏。美国电影中几乎都会利用各种画面展示自身现代化的科技和军事力量，并在世界遭受磨难时承担起扶大厦之将倾的重任，为自身描绘

---

① 此术语来源于加拿大学者马修·弗雷修。他曾大篇幅地阐述过好莱坞帝国与美国政府、五角大楼的关系，在其代表作《大规模烦心武器：软实力与美国帝国》里，他很讨巧地套用了"大规模杀伤性武器"（Weapons of Mass Destruction）三个单词的词首，然后揭露道："好莱坞永远负有传播使命，向世界传播美国的核心价值观和信仰。"

"世界救世主"的伟大形象。就在这样的文化输出下，个人主义、自由主义、享乐主义等逐步成为国外民众的主流价值观。①

其二，极具扩张性的文化外交政策。在从二战结束到冷战结束的时间内，美国实行了极具侵略性的文化外交政策，这也是美国有史以来对文化产业干预最多的时期。尤其是为对抗苏联等国家的意识形态输入，美国对本国的文化产业进行了大规模的扶持和资金投入，以使自身的文化产品和生活方式等影响其他国家的公民。这些扩大本国文化影响的手段主要有：设立重要文化部门，颁布扩大文化外交的法律等。然而，此时美国重视文化产业的发展政策与当时"冷战"的国际背景有着密切的关系，美国的文化输出更多的是以输出本国的意识形态为主要内容。如成立于1953年的美国新闻署，虽然不断变更名称，但其职责始终为宣传美国文化，宣扬美国的意识形态和生活方式。到冷战即将结束的1990年，美国新闻署的年度预算竟然达到了7亿美金。当然，这些预算支出多用来宣扬美国的意识形态，如美国之音就分得了1.72亿美元资金支持。②

其三，在对外进行文化扩张和文化贸易壁垒限制时，对本国文化产业放宽限制。美国在文化产业发展中的矛盾政策，可以用"外紧内松"来形容。随着美国文化产业的不断发展和逐步壮大，美国文化产品在世界文化市场中具备了不可撼动的地位。尤其是世界电影市场，好莱坞电影具备着垄断地位，相比其他国家的影视业有着绝对优势。在20世纪80年代起以后的时间里，为取得本土文化产业的进一步发展，美国政府逐步放松了对文化各个行业的管制，取得了不错的效果。比如电视台和电台的营业执照的有效年限都得到了延长，并取消了部分过于烦琐的政策规定，严格保证公民自身的利益。马克·福勒更是直言不讳地说："无须提出换新执照的申请，没有追查行动，无须规限内容，除了普遍适用于媒介的限制外没有对所有权的限制，自由转售财产，不拒绝陈情，做对

---

① 王孟举：《警惕美国霸权文化入侵》，《时代报告：学术版》2012年1月18日。

② 〔美〕迈克尔·埃默里等：《美国新闻史》，展江译，中国人民大学出版社，2009，第389~390页。

了没有称赞，做错了不摇手指。"① 相对自由的文化政策助推了美国文化产业的进一步繁荣，并促使美国诞生了一批实力惊人的文化产业集团，在世界范围内几乎占据垄断地位。

其四，在冷战结束后，将意识形态输出作为其文化贸易领域的重要内容。当苏联解体、"9·11"事件出现之后，美国的文化产业发展政策又发生改变，逐步变为了将文化输出尤其是意识形态输出作为文化产业政策的重要内容。美国文化产业政策的改变也是应对自身在国内外遇到的新危机和新挑战而做出的有力回应。网络信息技术等的运用，使世界成为一个多元文化的整体；国际社会上法国、日本和韩国等国家文化产业迅猛发展的事实，逐渐打破了以往美国"一家独大"的世界文化市场格局。在这样的严峻形势下，美国政府适时改变了其文化产业政策，对国内仍旧放任自流，而将国际文化贸易和意识形态输出作为其中一个政策的重点。如小约瑟夫·S. 奈在《重新界定美国国家利益》一文中就声称，"在信息时代，软力量正变得比以往更为突出"②。韦德曼也认为，"对外贸易……可以使美国思想和理念传播到中国去影响中国人的意识形态，为美国的文化意识形态的对外输出开辟国际市场"。③

总之，美国在文化产业发展中相互矛盾的政策，反映出了美国将国家利益放置在了至高无上的地位，这其中自然包含了政治目标、经济目标和文化目标。第一，始终以美国的最高利益为准则，由重视文化目标到重视经济目标又到重视文化目标的一个转变过程，从而最终确定了文化产业发展中文化价值引导方面的重要地位。第二，国内文化产业的快速发展是进行文化扩张的前提和准备，为文化意识形态的侵略创造了良好的铺垫。因此特别重视对国内文化产业的推动和扶持，包括积极投资、减免税收和知识产权保护等内容。作为世界上文化产业最为发达的国家，

① 〔美〕迈克尔·埃默里等：《美国新闻史》，展江译，中国人民大学出版社，2009，第514页。

② 〔美〕小约瑟夫·S. 奈：《重新界定美国国家利益》，《战略与管理》1999年第6期。

③ 李力洋：《试论西方文化渗透及应对策略》，硕士学位论文，吉林大学，2004。

美国义无反顾地为本国文化产业的发展铺平了道路。从最初的总统都参与的本土电影保护，到《版权法》的颁布对知识产权的有力保护，都可看出美国在本国文化产业发展中的诸多有力政策。不难看出，美国政府的做法很能让人理解，本土民族文化产业的发展和本土文化产品的强势是美国民众核心价值观一致的前提和基础，更是美国文化产品横行全世界的基石和保证。为了使全世界人民都能享受到美国的文化产品并接受美国文化的洗礼，美国可谓煞费苦心，对本国民族文化产业发展的扶持到了令人艳羡的地步。第三，美国文化产业的发展，既表现出美国核心价值观对美国文化政策的基本影响，又显示出其对美国核心价值观向外输出的重大决心。第四，重视通过发展文化产业进行文化认同意识的提升。美国文化产业政策的文化目标主要包括四个方面，其中就有提高文化艺术的创作和消费与强化文化认同。正是由于美国在文化产业方面的强势，因此不需要政府过多地干预文化产业的发展，相对于成熟的文化市场机制，美国政府的干预是一种阻碍，因此美国坚持各国都进行自由主义的文化市场贸易政策，为的就是发展中国家的政府也不要过多地干预文化产业的发展与建设，从而使发展中国家的民族文化产业不能与美国的娱乐文化产业相抗衡，使美国文化产品横行全世界。美国保住了其国内市场，使民众接受美国文化的熏陶和固化，进而又占领了国际市场，在获取经济利益的同时也宣传了美国的生活方式和美国人的民主自由的价值观念。

第三节 法兰西的"文化例外"保护政策

与美国在经济贸易中主要主张自由贸易的文化产业政策相比，法国的文化产业政策主要表现出极度重视保护文化多样性和文化产品文化属性的极端。这些不仅表现在对美国文化产品渗透的反对和抵制中，更突出表现在法国对本国文化遗产保护、文化艺术培养、本土文化产业的扶植以及国际文化产品贸易中的竭力保护等各个方面。由此，法国将文化例外原则发挥到了极致，并使之演化为文化多样性原则，甚至有学者提出，法国针对文化产业采取的诸多内向的政策，实质上是一种文化保护主义。①

一 欧盟内"文化例外"战争的最终胜利者

时至今日，法国仍将文化例外原则作为其对外贸易的重要原则，并最终在 2013 年 6 月 15 日的欧盟贸易部长会议上赢得了旷日持久的"文化例外"原则斗争的胜利。2013 年 7 月，欧盟和美国将会启动人类历史上规模最为宏大的自由贸易协定，就是"跨大西洋贸易与投资伙伴关系协定"谈判。一旦此协定达成共识，将会给美国和欧盟带来极为不菲的贸易收入，从而实现双边合作计划中的"双赢"。为尽快推动协议的谈判进程，以德国和英国为代表的自由贸易的倡导者积极地游说呼号，为协议的尽快签订扫平道路。法国则力排众议，极力主张文化产业本身具备极强的文化属性，为保护欧盟各国的文化多样性和文化产业发展，应当将包含视听产业在内的文化产业排除在与美国经济贸易的谈判之外，无疑是在打响一场捍卫"文化例外"的战斗。为了保证欧盟各国的赞同和支持，法国甚至声称不惜"动用否决权"来阻碍谈判的进程，而一旦欧盟在 6 月中旬前得不到所有 27 个成员国的集体授权，势必将无法与美国开启贸易协议谈判，那么经济贸易双赢无疑只是一个泡影。

在这场"文化例外"斗争中，法国无疑处于斗争旋涡，并成为斗争的先锋。法国从政府到社会团体以至艺术家们都参与到了此次的斗争当中，为了赢取这次斗争的胜利可谓全国人民上下一心。2013 年在位的法国总统奥朗德和外贸部部长布希克最先发表声明，欧盟同美国的协议中要保留"文化例外"原则。5 月 13 日，法国文化部部长奥雷莉·菲莉佩蒂女士极力奔走洽谈，成功地使以德国、奥地利为首的多达 14 个欧盟成员国的文化部部长集体致信欧盟委员会，强烈要求欧盟委员会要遵守在世贸组织框架双边协议中的协定，将音像产业、视听产业等文化产业从一切自由贸易的谈判中取消，从而维护欧盟在各种经济贸易中的一贯做法。5 月 17 日，奥雷莉·菲

---

① 肖云上：《法国为什么要实行文化保护主义》，《法国研究》2000 年第 1 期。

莉佩蒂在欧盟文化部长会议上进一步阐明法国的基本立场，并于 22 日致信全体欧盟议员。此时，法国艺术家积极响应政府的号召，自愿加入拥护"文化例外"原则的行列之中，并有 6000 多位来自法国电影界、音乐界的艺术家自发组织请愿活动，要求保护"文化例外"原则。5 月 20 日，在戛纳电影节期间，奥雷莉·菲莉佩蒂组织召开主题为"促进欧洲未来的'文化例外'"的研讨会，并得到了与会的欧美电影人对"文化例外"原则对电影发展的重要作用的认同。终于在 5 月 23 日，欧洲议会通过了"关于自由贸易协定计划的决议"，同意法国提出的在欧盟的经济贸易中要坚持并尊重"文化例外"原则，并将视听产业从贸易谈判中取缔出去。6 月 12 日，法国总理埃罗直言不讳地说："如视听产业等文化产业不能从谈判中取消，法国将启动'政治否决权'，力阻欧美贸易协定谈判。"6 月 14 日，奥雷莉·菲莉佩蒂女士在《世界报》上发表《法国：直面自由市场坚持文化例外的先锋》一文，再次阐明法国坚持"文化例外"的鲜明立场。然而此时的欧盟成员国内部依然没能达成共识，以英国首相卡梅伦和欧盟贸易委员为代表的势力，虽没有明确提出反对"文化例外"原则，但是他们担心一旦此项措施实施，可能引发美国对欧盟采取较为严厉的报复性措施，从而导致贸易协定谈判进程缓慢的后果。在多数欧盟成员国同意"文化例外"原则的背景下，终于在 6 月 14 日晚，欧盟贸易部长会议最终同意了法国提出的要求，将视听部门完全排除在谈判之外，并开始授权欧盟委员会启动与美国的自由经济贸易协定谈判。[①] 虽然直至今日欧盟各国仍旧存在对待文化产业在自由经济贸易中的地位和作用的分歧，例如当时的欧盟委员会主席巴罗佐就在美国《国际先驱论坛报》的访谈中宣称，法国的所作所为"属于反全球化纲领的一部分，是彻底违背潮流的"，他"赞成保护文化多元性，但并不能因此在欧洲四周设一条防疫线"；但是法国针对本国及欧盟其他国家文化的保护而提出的强制实施的"文化例外"政策，无疑对欧盟各国文化产业的发展提供了保护伞。

---

① 刘望春：《法国赢得"文化例外"斗争胜利》，《中国文化报》2013 年 6 月 25 日。

二 法国文化保护主义的主要文化政策

在法国内部的文化发展政策中，这种保护主义的倾向更是体现得淋漓尽致。

第一，对本国文化遗产进行保护，并对高雅艺术、精英文化高度支持和培养。即使在经济危机肆虐的时期，法国在文化财政预算方面也从不缩水，相反却稳步提升，保护本国的文化遗产和旅游胜地。据资料统计，法国在2012年的文化预算竟然高达106.2亿美元，相比2011年增加了0.9%。与之相一致的地方政府的文化支出也稳步提升，达到了11.68亿美元，比起2011年大致增长了0.6%。这些资金很大一部分用来保护本国的文化遗产，也有相当一部分用来支持本国高雅艺术的发展。如法国就对巴黎歌剧院等一批驰名海内外的优秀剧团提供强有力的财政支持，每年补贴十亿法郎用于其自身的发展。政府也强制这些高雅艺术剧团在设置票价时能根据不同民众的需求，从高到低设置较多层次的票价，使一些经济窘迫的年轻人也能享受到高雅艺术的熏陶。同时，法国拨巨款支持一些艺术表演院团，支持他们将法兰西文化带至世界各地，向世界人民展示法兰西文化。

第二，对以本国电影产业为代表的主流文化产业采取巨额资助等手段大力扶持，包括电影的创作、生产、发行和放映等整个行业流程。法国对电影产业的资助制度由来已久，早在1948年法国政府就创建了资助本土电影的"电影产业临时资助基金"。1959年，法国文化部下属的法国国家电影中心又设立了"电影产业资助账户"，并通过了旨在振兴法国电影的《电影资助法》，从而在法律上规定了本土电影产业可以获得国家资金扶持。该资助基金主要由国家拨款、电影票特别附加税、电视台营业税和音像制品营业税四部分组成。最初，资助资金不是来源于国家财政预算，而是针对向每张售出的电影票强制征收10.72%的所得税，直接纳入国家电影中心管理的电影产业资助账户中，该基金于1960年1月1日起正式启动，并成为资助基金的主要组成部分，1976年该税款为资助基金资金的90%之多。近年来由于电视和网络等新媒体的迅猛发展，其在基金中所占比例才有所下降，但2009

年也共征收了 1. 21 亿欧元的电影票特别附加税，占到资助基金总资金的 22% 。此后的 1984 年、1993 年和 2004 年，法国依次将电视台营业税、电影录像带和影碟营业税及付费点播营业税纳入此基金中来，最终形成了体系完备的电影产业资助体系，从而保证了法国电影能获得雄厚的资金支持。在如此大力的扶植之下，法国的电影业取得了十足的进步和发展，并能在国内电影市场中与美国电影分庭抗礼。据资料统计，法国 2009 年生产影片 230 部，观众人数在 2009 年更是创下近 30 年来的最高纪录，突破 2 亿人次大关。2008 年，法国影片《欢迎到北方来》就打破了《虎口脱险》在 40 年前创下的票房纪录，以近 2000 万的观众人次成为当年票房冠军，而当年美国影片的票房最高是 1900 万观众人次。法国影片自 1984 年以来，首次以 45. 3% 的市场份额超过美国影片 43. 2% 的市场份额，位居当年法国电影票房市场第一位。

　　第三，对以美国为代表的娱乐文化产品的疯狂抵制。法国号称欧洲电影业"最可靠的碉堡"，但是，法国的电影市场却被美国好莱坞电影不断蚕食：21 世纪 70 年代，美国影片在法国电影市场上的占有率为 37%；到了 21 世纪 80 年代，已占 57%，甚至一度上升到 58. 7% 以上。美国影片的泛滥引起了法国舆论的广泛不满。面对以好莱坞大片为代表的美国文化的疯狂侵袭，法国人民和法国各级政府都采取了不同形式的抵制手段，以保障法兰西文化得到继承和发展。如在国家社会的文化贸易谈判中，法国政府提出了"文化例外"的主张，认为文化产品有其特殊性，不能与其他商品等同起来，任其自由流通。2005 年 4 月，希拉克和时任德国总理的施罗德提出了建立欧洲自己的搜索引擎的计划，以对抗来自 google 的"文化入侵"。一些欧洲媒体甚至将 Quaero 称为"google 杀手"。Quaero 在拉丁语中意为"我搜"，这项计划得到了包括德国电信、贝塔斯曼集团、西门子公司、法国电信和汤姆逊公司在内的法德两国众多企业和机构的支持。这项计划预计在未来 5 年内投入 10 亿 ~20 亿欧元，所需资金将由法德两国政府以及两国企业共同承担。法德两国表示，这项计划的建设不排除其他欧洲企业的加入，甚至也欢迎美国企业参与。

对比美国的文化政策，法国和加拿大等国的文化产业政策相对保守，并不支持实行自由开放的文化贸易政策。因此可以说法国和加拿大的文化产业政策代表了文化发展政策的另一个极端——对于文化产业中"文化"属性的极端强调。加入"创造性欧洲"计划的加拿大，对于本国文化产业采取补贴、减免税收等多种扶持措施。对于视听媒体和期刊等，规定"加拿大内容"的比例。对于美国文化产品进入加拿大和美国对加拿大文化企业的投资，加拿大有保护性规定，为此贸易争端不断。由此看来，在保护本国文化产业的政策实施方面略显极端的法国并不是孤立的战斗者，因为加拿大和法国都看到了文化产业的文化属性，知道文化产业在文化价值引导方面的诸多效应，因此主张文化产品中散发的都是本国文化资源的"馨香"。

第四节　其他国家文化政策中的文化价值引导政策

美国和法国是文化产业发展中的两个极端：一个特别重视文化产业发展中市场的调节作用，把文化产业当作一般产业看待；另一个则认为文化属性是文化产业的根本属性，重视文化产品对不同文化人群在价值观念方面的价值引导作用，倡导文化例外原则。那么其他文化产业发达国家如何看待呢？

一　英国创意产业的管理政策

英国自 1998 年正式提出创意产业（Creative Industry），也是世界上第一个提出创意产业定义的国家。经过十余年的发展，创意产业已经超越其他产业，成为一个极具上升势头的新型经济增长点，帮助英国实现了从"保守绅士"到"创意先锋"的成功转型，同时也在全球经济、政治、文化融合以及文化产业浪潮汹涌的大背景下，为许多发展文化产业的发展中国家提供了成功的典范。很奇怪的是，英国一般不说文化，而说创意，英国的文化产业基本上都称为创意产业，极其重视个人创造，在发展重点上也放在创造性和知识产权上面。英国的十三类文化行业基本都与创意相关，分别为广告、建筑、艺术品和古董交易市场、手工艺品、（工业）设计、时装设计、电影和录像、互动性娱乐软件、音乐、表演艺术、出版、电脑软件及电脑游戏、广播电视。在统计创意产业对英国经济的贡献时，英国逐渐淘汰了传统的世界各国所采用的 GDP 的概念，转而运用更为有效的附加值总额（Gross Value Added，GVA）的概念。这是一个更加科学的新概念。附加值总额等于 GDP 减去税收后再加上政府的补贴，由此得出的结果更能显示出创意产业对经济的总体贡献，这个结果也比 GDP 低大约 11%。

GVA 公式：附加值总额（GVA）＝GDP－税收＋政府补贴。

根据英国政府相关文化部门在 2004 年发出的《创意产业经济估算统计公报》，在 2002 年英国的整个创意产业的经济贡献竟然占到了英国 GVA 的 8%，其附加值总额为 534 亿英镑，超过英国引以为豪的老牌金融业的 5% 的比重。英国的创意经济之父约翰·霍金斯认为，英国创意产业之所以能取得如此的成就，与英国雄厚的文化积累息息相关，也与英国人无穷的创意相关。[①] 英国在注重文化产业发展的同时，也注重外来文化产品的入侵和本国民众文化素养的提高等问题。早在 1923 年，伦敦《晨报》就明确警告："美国电影是侵入英国的旗帜。"不难看出，世界资本主义发达国家之间也同样存在文化竞争。英国政府重视本土文化产业的发展创造，也重视本土文化产业在提高人、塑造人等方面的奇妙作用。

第一，实行三级文化管理体制，但却对高雅艺术格外关照。第二级文化管理机构主要是地方政府和一些非政府的公共文化执行机构，用于执行文化政策和分配具体的文化经费；而第三级文化管理机构则是地方艺术董事会和各种行业联合组织，具体地使用文化经费。但是与第二级和第三级截然不同的是，英国的第一级文化管理部门是文化媒体体育部，由文化大臣、外交部、英国文化委员会、财政部、贸易和工业部、教育和就业部、科学和技术部、环境交通和区域部、苏格兰事务部、威尔士事务部、北爱尔兰事务部、妇女部等多个部分组成，制定文化政策并统一拨付文化经费，但是其投资重点

---

① 王涛：《英国："创意"推动文化产业发展》，《经济日报》2011 年 11 月 17 日。

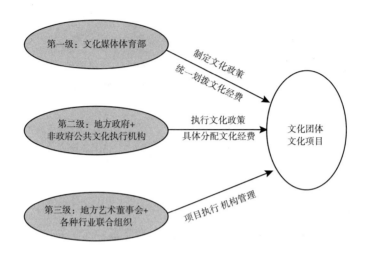

图 4 - 5　英国的三级文化管理体制

则主要放在关乎民众文化素养的公益性文化方面，足以看出英国对大众文化艺术品位提升的重视。这些公益性文化包含严肃艺术（戏剧、古典音乐、歌舞、芭蕾等）、国家级重点文艺团体和事业单位（皇家歌剧院、皇家芭蕾舞团、大英博物馆、大英图书馆、国家美术馆等）及一些高质量的艺术节目。

　　第二，在政策上给予文化产业很大的发展空间，目的就是使本国民众能在文化产品的熏陶中获得知识和创造力。文化产业具备双重属性，既能获取一定的经济利益，又能使民众在享受精神愉悦时得到文化的熏陶。英国政府正是看到了文化产业的双重作用，制定了鼓励提升民众知识水平和创造了的文化产业的相关政策。这些政策包含：首先，提供较多的文化艺术活动，让英国的普通民众尤其是其中的青少年能得到亲身体验的机会；其次，像法国一样支持高雅艺术的发展，尤其是对一些出类拔萃的、富含创造力的艺术部门给予一定的支持；最后，将文化艺术教育纳入国民教育体系，一方面提升英国公民的知识水平和文化素养；另一方面更能激发民众的创造性思维，从而使民众具备良好的综合素质。

　　第三，重视人才在创意产业发展中发挥的重要作用，大力培养文化创意人才。创意能赋予优秀传统文化艺术以新的生命力，并能在利用传统文化的基础上发展创新，使传统文化重新焕发生机，进而推动整个文化市场的繁荣发展。① 创意的灵感来源于各种各样的文化创意人才，因此英国在发展创意产业时尤为重视文化创意人才的培训和培养。如英国政府为构建联通高校和文化企业之间的桥梁，主动促成文化创意产业高等教育论坛的成立，以使学术界和文化市场能充分融合，从而使两者都能为国家文化创意产业的发展孕育出综合型的文化创意人才。英国还实施了旨在挖掘和培养文化创意人才的"人民网络"计划，将全国 4200 家公共图书馆中的图书资源数字化，以供各类人才查阅使用。②

第四，为创意企业和个人提供融资和产品"走出去"支持。为使中小文化企业和文化创业者能更好地获得政府和其他金融机构的财政资助支持，英国政府制定并出版了名为 *Banking on A Hit* 手册，用以专门指导相关企业或个人在资金申请中遇到的各种问题。与此同时，英国政府还与行业共同推动成立了众多基金，建立政府、银行和行业基金及创意产业之间紧密联系的融资网络，帮助创意产业解决最初的融资困难。另外，在政府融资支持下，英国的私人资金也为创意产业的发展提供了重要融资来源，使银行贷款和私人基金成为英国创意产业融资的主渠道。再者，英国政府为推动文化产品出口，成立了创意产业输出顾问团，对创意产业的发展提供咨询建议，并就促进创意产品出口、打造英国文化产业品牌等提供政策意见。在政府政策扶持下，2006 年英国创意产品出口总额达 160 亿英镑，占当年英国货物和服务贸易出口总额的 4.3%。创意产品的国际化帮助英国打造了许多世界级文化产品品牌，如享誉全球的"哈利·波特"系列文化产品等。

二　日本文化内容产业的管理政策

日本称文化产业多为"文化内容产业"。由于 20 世纪 90 年代以来的经济衰退，日本政府想以文化经济一体化的发展推动经济繁荣，文化内容因此

---

① 柯亚沙、常禹萌：《英国创意产业及其对我国文化产业的启示》，中国网，http://www.china.com.cn/culture/txt/2007-02/27/content_7875156_2.htm。
② 王涛：《英国："创意"推动文化产业发展》，《经济日报》2011 年 11 月 17 日。

被提上日程。目前，日本已经是世界上举足轻重的文化产业强国，并以其发达的动漫产业链闻名全球，是名副其实的"动漫王国"。据统计，日本每年出版的漫画作品高达 7000 种以上，年总值已逾 1 万亿日元。动画业仅次于旅游业，已成为日本国内六大支柱产业之一。几乎很少有中国的小朋友不知道日本知名动漫人物的，其动漫产业产值就达到日本 GDP 的 10%。更为可怕的是，日本每年的十大票房都被国产电影垄断，这在英国和法国等极度重视本土文化产业的国家也是较少出现的。

日本政府在文化产业推动方面更注重对本国文化的传承和传播，这些在日本文化产业发展方面可谓面面俱到。尤其是近些年来，日本对本国文化和本国文化产业带来的社会影响达到了前所未有的重视程度。2011 年日本确定其后 5 年为实现"文化艺术立国"的六项重点战略任务，其中有三条和日本文化在价值引导方面相关，分别是"以孩子和年轻人为对象充实文化艺术振兴政策""向下一代扎实传承文化艺术""推进和充实文化传播、国际文化交流"。出身外交官的文化厅长官近藤诚一的一席话令人深思：日本战后从废墟中崛起，许多数据表明日本位居世界前列。但在发达经济体中，日本自杀率非常高，幸福感调查排名极低。如此反差从何而来？战后日本偏重经济增长，价值取向偏重物质丰裕，教育过于单一化。其结果是孩子没有机会接触文化艺术，个人多样的创造才能没有机会施展，与人合作克服困难的能力没有机会培养。进入经济成熟阶段后，不能改变迄今惰性的经济运作，只盯着新兴经济体的赶超，于是自信丧失、自我闭塞，进而陷入社会缺失活力的恶性循环。摆脱恶性循环需要诸多对策，重要支柱之一是发挥文化艺术的力量。[①] 日本对内容产业的支持主要体现在以下方面。

第一，重视对地方区域文化的振兴，以保护和传承地方特色文化。1995年确立了日本在 21 世纪的文化立国方略，但是与其他国家不同的是，针对如何通过振兴区域文化借以保护和传承区域特色文化，日本却有独到的明文

---

① 于青：《关注国外文化管理体制之三：日本，聚合多方力量，打造流行文化》，《人民日报》2012 年 3 月 21 日。

规定。这些支持地方的手段包含：一是国家对地方举办的各种文化活动鼎力支持，更支持地方政府对当地文化遗产、无形文化财和民间祭祀等的深度挖掘和振兴；二是国家要制定中长期的文化发展规划，对一些能展示和宣传日本文化的区域文化艺术给予最有力的综合支持；三是国家与地方共同组织举办一些大型文化活动，以展示和振兴区域文化，并推动当地经济发展。

第二，完善可操作性极强的文化产业法律法规体系，以保护本土文化从业者的知识产权和推动本土文化产业发展，并在法律上规定了文化产业要注重对青少年的影响。日本的文化产业法律法规体系在文化产业的不断发展中不断得到完善补充，逐步形成了维护本土文化从业者的制度保障。更难能可贵的是，日本的文化产业法律法规有着极强的可操作性，能有效指导日本文化产业的飞速发展，制约不法分子的不良文化行为。如《文化产业促进法》在近年来对文化产业的发展和日本文化的推广，起到了至关重要的作用。该法规定文化产业就是通过人的创作活动所产生的属于文化教养或娱乐的内容。该法还规定文化产业的制作者在制作过程中也要尊重该法，要充分考虑文化产业对青少年所产生的影响。近年来，欧美不少国家的青年纷纷提出到日本学习文化产业，树立了日本的正面形象。

第三，注重文化和市场深入结合，主动将本土文化产品输入国际市场，并作为宣扬日本文化的重要窗口。其中最为引人注目的就是日本的影视产业和动漫产业，由于其结合了新媒体时代高新传输技术的优点，逐步成为传播日本文化的重要手段。影视产业认真汲取了一些国家在文化产品输出中遇到的"文化折扣"等因素的影响，使影视的制作能体现出国际化和本土化的优势，并深度结合计算机等高新技术制作"轻语言重表现"的"无国籍性"动画片，从而形成了"滚动式开发"的文化产业链条，不仅获取了经济利益的最大化，更传播了日本文化。动漫制作方面，日本通过"卡通漫画—动画片—卡通商品"的发展脉络，使日本漫画作品得到"二次"乃至"多次"开发，衍生出卡通产业、游戏产业和计算机动漫产业，进而带动电影、电视、音乐、出版、主题公园、网站资源的发展，既产生了巨大的经济效益，也作为"拳头产品"，成为向世界传播日本文化的有力载体。据统计，日本动漫产业发展十分成功，占据世界动漫市场70%以上的份额。①

第四，利用各种财政政策支持海外文化产业竞争与发展，大力宣扬和推销日本的特色文化和本土文化产品，试图为日本在各种产业中带来中长期的正面效果。在日本"文化立国"战略中，就有一定的向海外推销本国文化产品和宣扬日本文化的意图。2007年出台的《日本文化产业战略》中明确地写道："文化产业直接关系到我国的经济利益，以及通过软实力吸引别国民众而获得的外交利益。""文化产业对海外的影响，可以促进（受众）对日本生活方式以及文化产业背景中的价值观、审美意识的共鸣，加深其对日本文化、艺术和传统的理解。这种受众对日本综合文化实力的'憧憬'，能够为各种产业带来中长期正面效果。"为达到此目的，日本为内容产业的发展在资金支持、知识产权保护以及人才培养等方面创造了良好的环境氛围。日本政府制定积极的财政政策，支持本土文化企业参与世界文化市场竞争，以促进本国文化产品与服务的海外输出。② 首先，日本外务省利用每年"政府开发援助"中的"文化无偿援助资金"，从本国动漫制作商手中购买动漫播放版权，无偿提供给发展中国家播放，等这些国家的青少年对这种"免费午餐"形成依赖后，再实行正常的动漫出口贸易。这种推广策略，使日本动漫的国际市场占有率一度达到60%。③ 其次，在政府支持下成立由知名民间文化团体和较大的文化企业组成的内容产业产品海外流通促进会，通过财政补贴和综合援助等多样化的方式推动日本本土文化产品的出口，并适时监控其他国家的文化产品以保护本土文化产品，参加国际文化市场中和本国文化企业相关联的文化贸易纠纷，保护本土文化产品的知识产权，进而推动日本海外文化产业的知识产权不受侵犯。最后，利用财政、税收和金融等繁

---

① 中国文化产业编辑部：《日本的文化政策与产业振兴》，《中国文化产业》2010年第2期。

② 王永明、李宴群、吴丹：《提升国家文化软实力必须构建文化安全体系》，《理论探讨》2010年第4期。

③ 吕宇翔：《日本政府不"包办"内容产业》，人民网，http://world.people.com.cn/GB/17445706.html。

多的税费措施激励本国文化产业"走出去"，并在海外文化产品贸易中给予较大的政策性倾斜。例如通过出口退税、优惠利率、再投资退税、经费补贴、政府担保等综合性优惠措施，鼓励日本民间文化团体到世界各国举办具有日本文化特色的花道、跆拳道、相扑、茶艺、艺技等表演活动。这些特色文化活动不仅宣传了日本传统特色文化，更提高了日本文化的知名度，并获得了海外巨大的经济利益。[①]

三　政府推动的韩国内容产业

韩国文化产业在亚洲当属后起之秀。韩国政府通过制定各项政策措施，引导产业发展，是韩国成为世界五大文化产业大国的重要原因。根据韩国文化产业振兴院北京代表处首席代表姜晚锡的海外推广经验来看，韩国文化产品最有竞争力的是游戏，其次是连续剧和电影，动画片、卡通形象和漫画，大众音乐和出版居其后。[②] 全球知名的卡通明星"中国娃娃"（Pucca）就是韩国顶尖动漫公司 VOOZ 经过两年精心策划创作的网络动漫人物，诞生以来在韩国国内掀起 Pucca 热潮，随后通过网络热遍全亚洲，成为超人气卡通明星。韩国的文化产业也称"内容产业"，是指文化艺术商品制作和流通产业，包括动画、音乐、游戏、出版漫画、卡通形象、电视、电影等内容。随着科学技术的发展和一些高端电子设备的普及，人们日益将电子类文化产品的消费作为生活的重要组成部分，韩国文化产业的行业范围进一步拓展到电子书籍、互联网信息和手机内容等具有高附加值和高增长潜力的领域。韩国政府致力于发展文化产业，早在 1998 年就正式提出了"文化立国"方针，随后几年，又先后制定了文化产业发展战略和中长期发展计划，推出一系列重大举措，使韩国文化产业得到了跨越式的发展。2014 年，韩国文化产业

---

① 杨京钟：《日本文化产业财政政策对中国的启示》，《郑州航空工业管理学院学报》2011 年第 6 期。

② 昝春燕：《韩流竞争力：一个文化出口大国的政策样本——专访韩国文化产业振兴院北京代表处首席代表姜晚锡》，新浪网，2010 年 7 月 12 日，http：//finance. sina. com. cn/roll/20100712/05288273511. shtml。

增加值达 377051 亿韩元（1 万韩元约合 9 美元），占 GDP 的 2.54%。① 韩国文化产业市场规模在 1999～2003 年间年均增长 27.7%，2004～2007 年间年均增长 9.4%，远高于同期 GDP 增长速度。韩国文化产业发展迅猛，尤其在动画、游戏领域成绩斐然。

在政府的大力支持下，从 2000 年起，韩国网络游戏业年均增长率一直保持在 36.9% 左右。韩国动漫产业的产值超过汽车行业成为韩国第三大支柱产业，动漫产品及其衍生产品的产值占全球动漫产值的 30%，是中国的 30 倍。② 2010 年，韩国企业在亚太地区网络游戏市场所占份额超过 54%。韩国文化产业的发展与韩国政府的大力推动关系密切，但韩国政府发展文化产业并不是单纯的经济目的，而更多地也有展示和推动民族文化发展的目标。

第一，逐步建立并完善文化产业法律法规体系，为文化产业的发展创造良好的法律保障。在韩国众多的法律中，韩国政府在 1999 年出台的《文化产业振兴基本法》（以下简称《基本法》）是一部最重要的文化产业法律。随着国际文化市场竞争的日益加剧，韩国政府对《基本法》先后进行了六次修正，以维护本国在国际国内文化市场的利益。《基本法》的制定为韩国文化产业的发展起到了推动作用，是韩国政府为了振兴和扶持文化产业而采取的宏观调控。此后，韩国相继对文化产业的相关法律如《影像振兴基本法》《演出法》等进行了相应修订，为韩国文化产业的发展创造了良好的法律保障。在保护知识产权方面，"韩国非常重视著作权保护。韩国 IT 发展比较快，网络速度也快，网上比较容易看大容量的视频，在这方面的立法和执法上韩国在世界上是走在比较前面的"。"韩国每一年都修改版权法，今年正在准备修改，去年修改的主要内容是，如果侵犯著作权，被 3 次警告之后，可以强制关闭页面。上传用户，3 次警告不听劝，可以关闭其 ID。这些

---

① 阎彦、甘露：《"韩流"为韩国贡献多少 GDP》，《第一财经报》2016 年 4 月 19 日。
② 陈博：《韩国发展动漫产业的政策措施评析》，漫友网，2010 年 1 月 26 日，http：//www.comicfans.net/research/industry/2010/01/26/17225518064.html。

条令现在已经在施行。"①

第二，制定促进文化产业发展的奖励性政策，推动本土电影业和动漫游戏产业的发展。仅在电影业的发展中，旨在服务本国电影振兴的"电影振兴公社"在 2001 年融资 3000 亿韩元，保障了电影事业的发展。在动漫产业方面，韩国政府除了制定产业发展规划以外，并颁布全套的激励机制，对一些宣传韩国文化的动漫产业进行必要奖励。如在 2002 年韩国就评选出 12个获奖单位和 12 个获奖产品。为了鼓励本国动漫产品的出口，韩国政府早在 2002 年就开始设立"出口优秀奖"。为了鼓励动漫游戏产业在韩国本土文化开发的基础上进行创新，又于 2003 年将"国务总理奖"升级为"总统奖"。

第三，成立专门的文化行业振兴机构，专门负责本土文化行业的发展，并加强对外国文化产品进入韩国文化市场的管理。在韩国总统的特别指示下，韩国于 1999 年成立了"影视振兴委员会"，用以振兴本国的电影产业。为给本土文化产品以足够的发展空间，并抵御外来文化入侵，在韩国甚至一度禁止美国电影发行商设立办事处，乃至"把美国佬的电影赶出去"的口号时常出现。同样在动画产品的播放方面，韩国也采取了严格限制外国动画的规定，用以给本国动漫产业的发展释放自由发挥的空间。如在动漫的播出比例中，政府规定本国的动画播出时间必须占到 45% 以上，且任何一个外国的播放额度不能超出余下份额的 60%。在这样严厉的政策指导下，现在韩国荧屏上本国动画片、日本动画片、其他国家的动画片的比例分别为45%、33%、22%。韩国在对本土动画片的强有力的保护政策，急速助推了本国动漫产业的发展。

第四，规范文化产品市场，对一些可能影响青少年行为的文化产品进行分级管制。韩国政府考虑到文化产业的双重功能，也在逐步加强对一些特殊文化行业的社会影响，尤其是对青少年的影响，因此采取了一些严格的文化

---

① 昝春燕：《韩流竞争力：一个文化出口大国的政策样本——专访韩国文化产业振兴院北京代表处首席代表姜晚锡》，新浪网，2010 年 7 月 12 日，http://finance.sina.com.cn/roll/20100712/05288273511.shtml。

产品分级管制，用以促使文化产品能形成良好的文化价值引导功能。仿效美国对本国游戏软件的分级管制体制，韩国政府成立了"韩国媒体评等委员会"（Korea Media Rating Board，KMRB）。根据这些文化产品对不同年龄青少年的影响，将本国的影视和游戏产品分为全年龄、18 岁以上、15 岁以上和 12 岁以上四个级别。当青少年因为消费此类文化产品而产生了不良影响，生产厂家也必须为此承担重大责任。如韩国政府明确规定，如果玩家因沉迷于某个网络游戏而出现了诸如自杀等现象，开发此游戏软件的企业必须承担赔偿责任。由此以来，一些游戏开发商从游戏研发阶段就开始考虑文化产品的文化价值引导功能。

四 德国的"文化与创意经济"政策

德国称呼文化产业为"文化与创意经济"（Kultur-und Kreativwirtschaft）。虽然德国也是文化产业较为发达的国家，但是德国文化产业占 GDP 的比重与中国相差不多。2011 年创意产业实现了 1314 亿欧元的营业额，占总体经济的 2.7%。经过几十年的发展，德国文化创意经济已从当初注重发展文化含量高的相关产业部门逐步发展到包括版权、专利、商标和设计等在内的整个经济体系，进入了创意经济发展的新阶段，形成了一个涉及面广、跨行业的文化创意产业，主要涵盖音乐、图书市场、文化艺术市场、电影业、广播电视业、设计业、建筑师事务所、新闻出版业、表演艺术市场、广告市场、软件与电子游戏产业 11 个领域。① 德国文化产业的发展速度确实惊人，不论是其增加值的增长速度还是创造的就业岗位，都是其他行业不能实现的。然而，直到 2005 年德国人才发现文化产业的巨大魅力，文化产业在总增加值上与农业或者能源部门相比有更大的作用。2006 年度文化产业大会公布的数字显示，2004 年的增加值比前一年增长 4.4%，这是德国全部经济成分增长速度的 3 倍。

---

① 中国驻德国使馆经商参处：《德国促进文化创意经济发展的措施及其启示》，《市长参考》2010 年 4 月 22 日。

同样，对于德国这样一个严谨求实的国家来讲，其对文化产业的经济价值的获取与对文化价值的是基于同样的地位的。德国高度重视文化对社会进步和经济发展的推动作用，认为文化产业较少消耗自然资源，是一种高增长、高附加值的发展方式，但同时也是提高国民素质的重要手段、经济持续发展的推动力和综合国力的重要体现。德国学者认为：从个体艺术家到国际出版社的文化经济的参与者，他们创造的不仅仅是经济价值，他们为创造社会文化多样性做出了重要贡献。① 早在 1912 年，德国文化历史学者卡尔·兰普埃希特就在一次报告中提出，"当时英、法和北美人在世界各地区的活动，施行文化的影响是对经济进行渗透的先导"。② 20 世纪初的两次摩洛哥危机使德国人意识到，仅靠强硬的外交和军事手段不可能完全实现德国成为世界强国的梦想，从而开始重视"文化外交"的重要性。③ 德国注重文化与创意产业的文化价值方面的做法体现在以下几个方面。

第一，对于关乎人民文化素质提升、本土文化熏陶的文化教育事业和文化产业，提供充分的资金保障和税费支持。随着经济危机的加剧，德国政府不但没有削减在文化事业预算方面的支出，更是不断提高预算，从而为促进文化创意经济的发展提供财政支持。2010 年的文化预算比 2005 年提高 20% 以上，这已经是德国连续 5 年提高文化事业财政预算，庞大的政府预算资金为促进文化创意经济的发展奠定了坚实基础。针对一些有利于人民身心健康的文化产业，德国政府也给予特殊的融资及财税政策。德国对一般的商品征收 19% 的增值税，然而对于一些益智性的文化产品，征收的费用就相对较低，如对图书、报纸、杂志只征收 7%，用以鼓励这些有益于人们身心健康的文化产业的发展。④ 另外，德国政府对出口图书、期刊也做出了免收增值

① 〔德〕贝恩德·费瑟尔、迈克尔·松德尔曼：《德国：文化和创意产业发展报告》，达桑·意娜译，豆丁网，2014 年 3 月 19 日，http://www.docin.com/p-780248056.html。
② 鲍超伏：《德国的对外文化政策》，《德国研究》1998 年第 2 期。
③ 叶隽：《文化权力与外交解读——读〈德国对外文化政策〉》，《武汉大学学报》（人文科学版）2003 年第 5 期。
④ 中国驻德国使馆经商参处：《德国文化产业简介》，中华人民共和国商务部网站，2010 年 10 月 8 日，http://www.mofcom.gov.cn/aarticle/i/dxfw/jlyd/201011/20101107267529.html。

税的规定，政府甚至成立一定的"印刷补贴"基金，资助出版学术著作。德国还制定和修订多项推动关于文化产业发展方面的法律，给予文化产业尤其是文化产业者的核心利益——知识产权法律保障。

第二，由政府成立专门的基金组织大力扶持象征德国文化的电影业和视听产业走出国门，宣扬德国文化。在推动本土电影业发展方面，德国在2007年成立"电影促进基金"，联邦政府每年拿出6000万欧元用于支持本土电影的创作与发展，以返还在德国支出的电影制作费用的形式鼓励本国影视艺人创作，同时吸引外国制片商到德国拍片，宣传德国的风土人情。在不到两年的时间内，电影促进基金已向约198个项目提供了1.185亿欧元资金支持，有力地推动了德国本土电影业的发展。这一有力措施也带来了极大的经济收益与文化影响，德国国产电影2008年的市场占有率升至1/3以上。同时，德国还致力于"电影网站"建设，该网站由德国电影研究所负责运营，作为网络中心平台提供全面的德国电影信息，成为德国开展国内外影视试点与合作项目的主要渠道，同样用于向国内外最大限度地推广本民族的文化产品。在视听产业方面，2007年10月德国联邦政府成立了"音乐倡议行动组"，致力于对本国流行音乐的扶持和发展，并以此向世界展示德国流行文化。

第三，通过举办世界杯等重大赛事和海外巡演推广德国文化，培养德国文化产品的忠实消费者。德国通过联合组团赴海外参展、表演等方式，鼓励和支持文化创意企业参与国际合作开拓海外市场。这一举动不仅有利于国内的文化产业进一步走出国门，去开拓国际市场，更在无形中将德国的本土文化推广出去，使德国文化如流行音乐文化、会展文化等在世界范围内获得一定程度的认知与赞同。如连续多年组织中小企业联合参加法国戛纳国际音乐博览会（MIDEM）；2010年首次以德国联合演出的方式参加在美国得克萨斯州首府奥斯汀举行的西南西国际音乐节（SXSW），推广德国流行音乐。在2006年世界杯期间，德国借机筹办了一些推广文化创意产品的活动，向世界人民展示德国文化和德国文化产品，以提升德国的国家文化软实力。为此，德国政府竟筹资2000万欧元，在全国评选出365个文化创意之地，向世人每天展示一个创意之地，并助推了本国文化创意经济的发展。① 这些附带的重大活动一方面为德国文化产业的发展带来了巨大的经济利益，另一方面也向世界人民展示了德国的文化，展示了德国民众的生活方式和风土人情，为世界人民更为深入地了解和认同德国做了重要贡献。

第四，积极地推广德语教育，向世界其他国家不遗余力地推销德语教学，并将其作为德国文化政策的一个重要原则。德国积极地向世界各国推行对外语言政策，更积极地在世界上推广德语教学。德国联邦议会对外文化政策委员会指出，以互惠和公开为基础在国外不间断地、全面地推广德语是德国对外文化政策的一个重要组成部分。同时，德国政府认为"没有明智的语言政策根本就谈不上对外文化政策"。语言是人们沟通交流会晤的载体和催化剂。另据德国外交部的《1993~1996年对外文化政策年鉴》，当时世界上以德语作为外来语言进行学习的人有2000万，其中大概有2/3的人居住在中、东欧及独联体国家。为鼓励外国人学德语，德国1951年在慕尼黑成立了歌德学院，又相继在各州建立了18个分院。从1951年至1995年，共培训了75万外国人，其中仅1995年一年就培养了来自100多个国家和地区的22713名外国人，其中就有中国人856名。在国外，歌德学院还建立了151个分院，每年派出大约400多名德语教师分赴这些地区进行德语教育工作。据1995年统计，151个分院共举办了3233个培训班，参加的人数达20.7万。另外德国根据对外文化交流协定的内容，每年派出500多名德语专家，奔赴国外高校任教，进行德语的文化输出；德国的卡尔·杜伊斯堡协会培训中心为来自第三世界的技术和贸易合作人员培训德语。②

五 澳大利亚文化产业管理政策

澳大利亚是世界上独占一个大陆的国家，但其特殊的孤独的地理位置并不代表着它也创造着孤独的文化。当今世界一体化进程加速，然而纵观各国

① 中国驻德国使馆经商参处：《德国促进文化创意经济发展的措施及其启示》，《市长参考》2010年4月22日。

② 梁镛：《联邦德国的对外语言政策及其实施》，《联邦德国研究》1988年第1期。

的一体化进程，在经济上的一体化进程实现指日可待，然而在政治和文化上，世界各国多极化的现状往往使一体化进程频频受阻，甚至像美国等这样的超级大国都对政治、文化和民族的多极冲突无能为力。与世界其他国家截然不同的是，澳大利亚早在 20 世纪 70 年代就已经较好地解决了民族纠纷、文化冲突等问题，从而使澳大利亚在全球一体化的进程中走在了世界的前列。这得益于澳大利亚把多元文化体制作为其文化管理的一项基本国策。在多元文化体制下事务关系的准则，从而使澳大利亚的多元文化主义一举成为世界范围内多元文化发展趋势的排头兵。①

早在 1994 年，澳大利亚政府就颁布了名为"创造性国家"（Creative Nation）的整体规划政策，从而使本国的文化贸易迈入了高速发展的轨道。由此看出，澳大利亚也强调文化产业对经济发展的重要性，并认为文化政策也是一种经济政策，承认"文化能创造财富"。文化能带来附加价值，对创新、营销和设计有重大的贡献。它本身便是一种宝贵的输出品，更能吸引观光客与学生，也对发展经济至关重要。2008～2009 年，澳大利亚文化产业的平均增长率为 3.9%，明显高于国家整体的经济增长水平。② 澳大利亚在制定文化产业的发展目标时，将其清晰地定位为：更好地开展对外文化工作，"在国际上推广澳大利亚文化"，明显地标示出了发展文化产业的文化属性的初衷和决心。在文化产业具体的任务中，澳大利亚也有较多地涉及、注重文化产业的文化属性功能的措施和做法。在具体文化产业发展操作中，澳大利亚更重视文化产业在社会效益和文化价值引导方面的功能。

第一，重视文化产业发展不是单纯的经济现象，不仅要遵循基本的经济发展规律，更要重视文化发展规律，重视澳大利亚的多元文化在文化产业发展中的多重作用。在创造之国度这项文化产业政策的执行下，澳大利亚的经济得到了飞速的发展和提升。澳大利亚政府对文化产业的理解，越来越得到更多人的赞同。文化产业的核心是创意，因此澳大利亚特别注意对创意人才

① 牟岱：《澳大利亚的多元文化》，《辽宁公安司法管理干部学院学报》1999 年第 1 期。

② 赵立、袁媛：《澳大利亚创意产业发展战略亮点解读》，《中国文化报》2012 年 2 月 10 日。

的培养和创意在产业发展中的利用。澳大利亚政府认为：单纯依靠无创意的、程式化的、商业炒作的经济发展手段，只能带来大量的经济泡沫，因为创意产业的发展也遵循文化规律，而非只有经济规律。一味迎合市场只能让文化产业失去魅力。总之，澳大利亚政府已把文化产品出口提升到提高国家形象的高度，既要产生经济效益，更要重视社会效益。

第二，切实保护本土文化产业的发展，采取法律保护、设立专门机构等多种方式促进本土多元文化产业的发展。首先，为保护本土文化从业者利益不惜颁布限制外国文化产品进口的法律。澳大利亚曾经颁布图书版权的所有者有权阻止在澳市场以外发行的该图书进入澳市场的保护性法律。2000 年 6月，澳联邦政府在对国家竞争与消费委员会（ACCC）提交的报告中称，图书进口限制违反竞争原则、对出版和消费者不利进行反馈时，允诺对图书出版条例进行修改，开放市场，但此报告因受到图书业界的一致反对，该行动一直处于搁浅状态。直到陆克文政府上台后，2008 年 11 月责成创意委员会对此进行调查，才导致取消这个保护性政策的报告出台。① 虽然澳大利亚目前已经取消了这个保护性措施，但从这个举动可以看出，为了保护本土作者的知识产权和本土文化发展，澳大利亚不遗余力地为作者创造良好的社会环境。其次，对于一些关乎本民族国家文化形象的文化产业，设置专门的部门予以管辖，统一扶持此类产业的健康发展。② 再次，采取直接投资等多种方式激励本土文化产品的创作。如澳大利亚政府通过设立"总理文学奖"，每年拨款 40 万澳元，用以资助当代澳大利亚音乐巡演和土著当代音乐创作。③

第三，制定发展文化产业的一整套方案，利用投资、免税、奖励等方式鼓励发展多元化的传统及新兴文化产业。澳大利亚政府为了发展文化产业研

---

① 《澳大利亚限制书籍进口政策拟三年内取消》，河南文化产业网，http：//chuban. henanci. com/Pages/2009721140937. shtml。

② 汪志刚等：《澳大利亚：文化产业——创造之国度》，中国文化产业网，2008 年 2 月 4 日，http：//www. cnci. gov. cn/news/Policy/200824/news_ 12737_ p2. htm。

③ 赵立、袁媛：《澳大利亚创意产业发展战略亮点解读》，《中国文化报》2012 年 2 月 10 日。

拟了一套文化产业方案（Cultural Industry Development Program），尤其是对文化产业者在财税方面进行了多方面的优惠。例如，通过州和准州的艺术与产业部门合作发展的实验性计划，让文化产业从业者善用各种补助；透过税制奖励，鼓励民间企业赞助文化，并且促进电影电视制作的投资；以免税的方式，鼓励并建立文化单位的自主生存能力。在很长一段时间内，澳大利亚文化产业的资金来源渠道较为单一，大多数文艺机构的生存与发展主要依赖于联邦及各州政府的文化拨款。然而随着澳大利亚文化业的产业化和市场化进程加快，其资金来源也日趋多样化，包含政府拨款、商业赞助、私人捐赠、市场回报。但据澳大利亚国家统计局最新调查结果，目前澳联邦及各州政府的文化拨款仍为澳文化业资金的主要来源。① 此外，该计划还透露要增加和文化产业有关资料的搜集，分析文化产业的经济潜力，并研讨文化外销策略以发展本土文化产业。

第四，鼓励本土文化产品尤其是代表澳大利亚文化特色的多元文化产品的出口，向海外宣扬本土文化，从而发展壮大外向型文化产业。澳大利亚政府十分重视发展本国的外向型文化产业，鼓励和支持本国多元文化产品出口。首先，制定鼓励政策和文化产品出口战略，统筹各方面的力量，为文化产品出口创造良好的环境和条件，甚至不惜严格限制外来演出团体的权限。如国外演出团体申办入境签证时，必须得到当地演员工会的许可。其次，用政府资金扶植文化出口产业，但必须符合相关条件。例如对从事艺术出口的团体和个人可以直接申请项目经费支持，对艺术交易会、各类展览会等艺术出口活动也予以资助，对代表国家最高艺术水平的团体和项目，政府还给予了一定的政策倾斜。最后，政府有关机构为文化企业开拓国际市场提供服务等，通过促进文化产品出口来进行对外文化宣传，向外界展示和宣扬澳大利亚的多元文化。澳政府对外文化宣传战略中，文化产品和服务出口被认为是最重要的和最有效

---

① 《澳大利亚：政府经费投入仍为文化产业资金主要来源》，《中国文化报》2009 年 7 月 23 日。

的外宣手段，这点已经得到了充分的体现，这在其他国家中是不多见的。澳大利亚驻外使领馆的文化处还在驻外使领馆文化处中直接派遣懂外语的职业艺术经纪人为文化外交官，作为内行，他们能为文化企业走出去提供更好的服务。

第五节　国外注重文化产业文化价值引导功能的启示

英国的"创意产业"，美国的"版权产业"，欧盟的"内容产业"，日本的"感性产业"，中国台湾地区的"文化创意产业"，中国内地、韩国、芬兰等基本上直接使用"文化产业"这个概念。不管文化产业的称呼如何变化，在我国文化似乎被绑架到经济的战车，成为 GDP 增加的砝码，相反国外似乎"另有所图"，物化的商品被利用，成为向非共同体内部成员宣传和倾销的绝佳工具。

一　文化产业发达国家宣传和输出本土文化的初衷

在世界范围内，"文化产业"概念因各个国家的背景与需求等情况的不同，甚至其具体称谓也不尽相同，从而体现出各个国家对文化产业发展的侧重点不同。如英国的"创意产业"即面向大众，政府扶持优秀的有创意性的部门，这样大大提高了大众参与艺术文化活动的积极性；美国的"版权产业"即特别强化知识产权保护，放松和放宽媒体所有权限制，使得传媒业形成新的格局，培育了国际市场；日本的"感性产业"，做到政府与民间一起投入，积极倡导本土文化和国家化相融合；而澳洲政府则是针对移民的增加，采取措施防止外来文化对土著文化的侵略，保护土著文化使其成为澳大利亚的原生态。同时还加强文化的立法管理，不断改进文化环境，延长文化生命。不难看出，各国发展文化产业的最终目的并不是单单经济利益的获取那么简单，积极地传承和创新本民族的文化，并在文化产品的输出过程中宣传和输出本土文化，更是各国为之发展文化产业的重要目标之一。无论是对于国内还是国外的民众，发达国家对文化产业的发展也都重视本国"生

活方式、意识形态、价值观念、正义能量"等的弘扬和发挥。因为这四种
精神文化构成了一个民族和国家文化的核心部分。从民族国家内部看，价值
观念和正义能量的统一和弘扬至关重要；而在民族国家外部看，生活方式和
意识形态是最为重要的事情。无论是民族国家内部的民众教化还是民族国家
外部的文化同化，都需要文化产业的发展带动本土文化的传承与传播。

当今世界，一个民族国家的文化现状无外乎三种形式，即是国家内部文
化和国家外部不同国别的文化的共生共荣问题的三种形态。单纯从数量上
讲，如果一国的文化产品在本国占据主要地位，而国外的文化与本国文化基
本持平，但是由不同的国别组成的，那么这基本属于正常的文化交流与沟通
的范围，这也是一个国家应该有的文化发展的健康状态和理想状态（如图
4－6）。然而，一旦本国的文化不占主导地位，而来自不同国家的国外文化
的总量占据主导地位，就构成了文化入侵和意识形态侵略的可能（如图
4－7）；同样地，不管本土文化是否占据优势地位，只要在外国文化中，
某一个国家的文化占据主导地位，也构成了本土文化发展的危机状态
（如图4－8）。

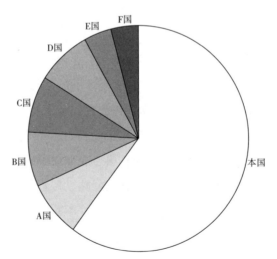

**图4－6　占主导地位的本国文化与来自不同国别但
分量相当的外国文化共存的理想状态**

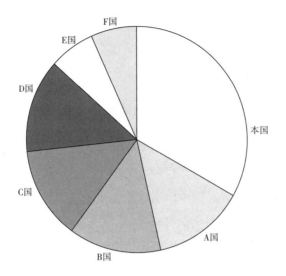

图 4 - 7　来自不同国别的文化的总量大于本国文化的危机状态

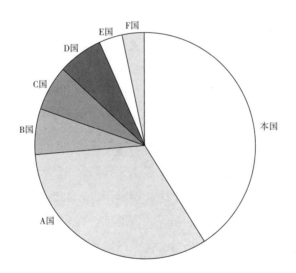

**图 4 - 8　占优势地位的本土文化与来自不同国别但却
一家独大的外国文化共存的危机状态**

当然，使一个国家的民族文化发展保持在健康的发展状态的最佳手段是传承和创新本土文化，使之永葆青春并焕发勃勃生机。因此，文化产业发达国家几乎都将发展文化产业作为其发展和创新本土文化的绝佳手段，只是由于不同国家的具体国情和文化资源基本特点不同，而导致政策的侧重点不同，发展路径也不同，才出现各个国家文化产业的多重称谓和针对不同的文化价值引导目的有不同表现形式。

二 国外注重的文化价值引导功能的基本手段

通过对七大文化产业发达国家的文化产业的发展政策看出，各国都在重视文化产业的经济利益的同时，也顾及文化产品的销售和消费所带来的文化影响，即在文化资源开发过程中所造成的文化价值引导方面的影响，甚至不惜耗费巨资以经济来发展文化，引导有利于本土文化发展尤其是本国意识形态、生活方式、思想观念以及正能量的传播和输出的正面的价值引导。因此都出现了众多的针对文化产品在宣扬本土文化和抵制外来文化方面的十大保护政策。

第一，大力扶植关乎本国核心文化利益的本土文化产业发展，尤其是与国家核心文化利益相关的电影业和特殊文化产业。电影业具备影响民众的意识形态，展示本国人民的生活方式，教导民众的思想观念，宣扬正义能量的积极效果，因此各国都将扶植以电影业为代表的特殊文化行业作为进行正面的文化价值引导的重要手段。具体措施一般包含设置专门政府机构、提供前期投资经费、给予较多的税费优惠、设置奖励基金等。

第二，保护本国民族精神记忆和本土文化的文化遗产，尤其是饱含民族集体记忆的非物质文化遗产。对于民族国家来说，文化遗产不仅体现着民族文化和民族精神的精髓，更有加强民族认同感、提升民族凝聚力和向心力等多种积极作用，因此各国都主张对文化遗产给予精心的保护和传承，尤其是法国对本国的精英文化和高雅艺术更是花费巨资进行支持和创新。具体措施是提供大部分甚至全额的经费进行整体性保护、将其纳入文化事业范畴进行特别对待、允许部分文化事业单位进行文化产业发展的倾斜以赚取部分发展经费等。

第三，利用本土文化资源大力支持本国的文化事业，由政府控制并资助这些导向型和公益型的文化事业单位。对于这些宣传国家意识形态和价值观念的文化事业部门，以及公益型的图书馆、博物馆、美术馆等，国家都重点扶持。利用这些文化事业部门向民众展示何为"美"，提升民众的本土文化素养，利用高雅艺术、民族文化来涤荡人们日趋浮躁的灵魂，陶冶民众的艺术情操，提升本土民众文化品位，从而培养本土文化产品的潜在消费者。主要措施有投入巨资建立和完善惠及全国各地各阶层人民的公共文化服务体系，大力扶植城市和乡村公共文化建设，并加大民族文化教育事业的投入，塑造青少年真善美的文化品格。如美国用于公益性公共图书馆的投入就主要由美国政府拨付，而地方政府投入占拨款的78%，其余主要由州政府和联邦政府共同提供，且逐年提高；英国历届政府从未对图书、期刊、报纸征收过任何增值税，图书与其他出版物始终处于"零税状态"；法国对公益性文化娱乐活动实行免税。①

第四，对文化产业在精神价值引导方面的功能根据"由崇高到低俗、由好到坏"采取阶梯式税收政策。针对有益人们健康发展的益智型、高雅型、发展型的文化行业，采取减免税收、出口退税等政策倾斜；对于一般的娱乐性的中性文化行业，实行较低的税收政策；针对色情的、不健康的、宣泄性的、变态性的文化行业不但征收重税，而且依法严格对其进行管理；对于违背法律的、反动的、有悖伦理道德的文化产业坚决予以取缔和打击。例如法国对新创作的剧目以及新编的古典作品，在演出140场之内，税收减免70%，对高雅音乐会以及赴国外的艺术演出也给予减税优惠，而对经营色情内容的演出活动则征收70%的高税；不少发达国家对主要的电台、电视台，限定在夜间22点之前不得播放刺激性、凶杀性和渲染暴力的节目。②

第五，通过各种国际性赛事和活动来宣扬本土文化，提升国家文化软实力。这种赛事和活动包含音乐节、电影节、文化年、奥运会和世界杯等各种赛事和活动，通过这一国际平台带来眼球效应，各国通常举办一些附带性的文化活动，将极具本民族特色的文化形式表现出来，使各国人民更加全面深

---

① 李青：《发达国家的文化管理政策》，《学习时报》2012 年 10 月 22 日。
② 李青：《发达国家的文化管理政策》，《学习时报》2012 年 10 月 22 日。

刻地了解本国的文化精髓和本国人民的生活方式。同时，各国不惜重金打造的赛事也赢得了世界的一致赞扬，在传扬文化的同时也塑造了较为良好的国际形象。德国 2006 年世界杯期间、伦敦 2012 年奥运会期间，东道主政府都举办了各种形式的文化活动，取得了良好的宣扬本土文化的效果。

第六，积极地推广以本国语言为主的教学模式，积极向世界人民展示本国语言的美妙和特色，甚至无偿地在世界各地开设教导外国人士学习本国语言的机构。语言是文化的载体，一国语言在世界上受到重视的程度，与这个国家在世界上的地位和文化繁荣程度有着重要的正相关关系。英语的重要地位与美英两国的霸主地位关系密切，随着中国经济和文化的强势崛起，汉语热也逐步在世界流行。因此发达国家都将本国语言的海外推广作为传输本国文化和推销本国文化产品的重要手段，而其中又以日本、德国和法国最甚。其主要做法包含：设置语言输出重要机构、编制语言推广教材和音像资料、在海外设置各种本土语言推广机构、免费向海外派遣语言教师、免费向发展中国家提供语言教材等。

第七，针对本土文化中现代文化与土著文化之争，采取严厉的措施保护原生态的土著文化。文化产业发展中的本土与异域文化之争是一个长期的"外患"，而本土内部不同民族的文化之争则是名副其实的"内忧"。内忧问题的存在，使外患显得更为严重；"内忧"越严重，异域文化则越有可能趁乱而入，改革开放后我国部分农村地区重新被"黄、赌、毒"文化占领就是例证。内忧中最为重要的就是处理不同民族间的文化冲突问题，处于弱势地位的少数民族文化如土著文化面临着消失灭绝的境地。发达国家一般采取立法形式保护原生态的土著文化，保持本民族国家内部文化的地域性和多样性。如澳大利亚就采取了一系列的措施来防止外来文化对土著文化的侵蚀，在大力发展土著文化的同时，还采取一系列保护措施，如加强对文化的立法管理，制定保护措施，不断改进文化环境，延长文化生命力等。

第八，重视本土文化熏陶下的文化人才的培养。文化人才是文化产业发展的重要人力资源，国际文化产业的竞争核心是文化人才的竞争。美国等发达国家许以高额的薪金待遇和优厚的物质条件在世界范围内招揽人才，通常在世界文化产业人才争夺战中屡屡获胜。在国内，发达国家也非常重视文化产业人才的培养，但与我国文化产业人才培养方式不同的是，美国等发达国家向来重视对人才进行本土文化的教育，例如利用爱国主义、民族精神等本土文化感染文化人才，使之喜爱本土文化并竭诚为本土文化产业服务，因此在文化产品的生产和设计中都能体现本民族的文化特色。

第九，重视对非本国文化产品的限量进口，严防异域文化产品的过量倾销和异域文化的蔓延渗透。不管是美国还是其他文化产业发达国家，都对非本国的文化产品进口进行了较为严格的进口政策。如美国对中国在美国本土设置的孔子学院曾经下达"限期离境"的公告，法国针对美国的好莱坞电影也采取了顽强抵制的态度，以致部分法国文化工作者将好莱坞的影片拷贝抢夺出来并当众烧毁。针对外来文化产品进口，各国都采取了不同的贸易保护政策，设置了不同的文化贸易壁垒。美国表面采取自由主义的贸易政策，实际上对于国内市场和国际市场采取截然不同的态度；法国则号召欧盟直接采取"文化例外"原则，对文化产品的进口要特殊对待。

第十，努力推销本国的意识形态、生活方式、价值观念，并努力使其成为世界准则，进而为本国在世界谋取中长期的利益。以美国为代表的文化产业发达国家，在文化产品的制作中通常将本国的意识形态、生活方式和价值观念等掺杂其中，向世人展示美国社会的民主、自由、和平，展示美国民众生活的安定和谐，展示美国道德观念的崇高向上，展示美国政府的高效、公正，展示美国公民高端的文化品位和高尚的文化素养，无形之间引诱着青少年及知识分子产生对美国社会的向往，并以拿到"绿卡"为荣。

三　文化产业发达国家的文化政策的经验启示

文化产业发达国家的文化政策表明，文化产业的发展并不是只有经济利益获取这样一个单纯的目标，更在乎本国文化软实力的获取，及文化软实力强大后本国整个文化社会整体的输出。汲取美国、法国和日本等文化产业发达国家在文化产业发展中的经验，传承和创新中华文化，宣传和输出民族文化是我国发展本土文化产业的合适选择。以本国的核心文化为基础发展文产业，注重文化产业的文化价值引导功能，将我国的本土意识形态（社会主义、团结安定）、主要生活方式（艰苦奋斗、敬祖孝亲、安土重迁）、核心正能量（尊老爱幼、打抱不平、公平正义）在各种不同的文化产品的形式中表现出来，对内教化民众，对外彰显特色，走一条中国特色的社会效益与经济效益双赢的社会主义文化大发展大繁荣之路。

当然一国文化产业发展模式不能单纯地依靠仿效别国，无论在社会效益的获取还是经济利益的争夺中，都应该时刻把握我国的基本国情和文化状况。从经济利益获取上讲，积极顺应新时代文化经济一体化的最新发展潮流，迎接文化全球化尤其是文化消费主义的挑战，在"全球化思考，本土化行动"的思维中找寻我国文化产业发展的必由之路。当然，相对于社会效益的获取，我国在文化资源开发中对经济利益的追逐和关注远远处于优先考虑地位，在未来的文化资源开发中，时刻重视社会效益的获取尤其是重视文化价值引导功能的发挥，将是产业发展选取的重要目标之一。

第五章

城市核心文化集散过程中的文化价值引导

世界上的文化产业发达国家都在本国的具体国情下，为获取经济价值和文化价值的双赢而采取了保护本国传统文化的创新发展、抵御外来文化入侵等多样化的文化政策手段。在城市核心文化集散过程的指引下，同时借鉴国外文化产业发达国家的基本经验，我国在进行积极的文化价值引导中应当走文化产业一体化发展的全程监管之路，构建具备正能量文化传递功能的文化产业发展机制：宏观层面的文化资源开发与利用要合法化合理化，中观层面的文化行业定位及示范应以正能量文化为核心，微观层面的文化产品和服务的流通应以正能量的产品为目标，并建立正能量文化产品的评价体系。

第一节　正确的文化价值引导下宏观
层面的文化资源的开发

依照城市核心文化集散过程发展规律，城市文化建设将具备基本的对象、方向和原则。针对以箭垛式文化为核心的城市文化资源，将多彩文化资源的开发利用与地方文化事业和文化产业的发展结合起来，并处理好社会效益和经济效益、长远与眼前、保护与传承等多方面的问题，明确开发主体的开发理念，选取合适的文化资源，实行科学合理的开发方式，才能发挥其在文化价值引导方面的积极正面功能。在有合理开发文化资源并利用正确的价值观念进行开发的前提下，不仅能形成正确的价值引导功能，同样能获取经济效益和社会效益的双丰收。

一　尽量选取积极的健康的主体文化资源

通过对文化产品产生的文化符号和文化价值观传输的功能进行比较，可知文化资源本身并不具备文化价值引导功能。即使是一些不健康的文化资源，本身的确不具备价值引导功能，只是一个客观事物或者精神价值，但其本身并不能教化人或者使人变坏。但不可否认的一个事实是，接触不良文化的确容易产生较为消极的社会影响，如经常接触暴力信息的人的确有模仿暴力的倾向。文化产品却不同，针对不同的文化资源采取不同的评价方式和表现方式，能起到不同的表达效果。因此，应当选取尽量健康正义的文化资源作为开发的对象，即是以箭垛式文化为核心的文化资源，并且以较为合适的方式进行开发和利用；对于那些感情色彩较为消极的文化资源，应该以批判的态度进行开发和利用，从而使这些文化资源成为反面教材和失败案例，使大众了解其严重危害，起到较好的正面的文化价值引导的功能。在对以箭垛式文化为核心的文化资源进行选择性开发时，应当充分考虑到文化资源的多元辩证统一性和如何形成积极的文化价值引导，因而应注意以下问题。

第一，城市核心文化的定位也将城市文化资源分为不同层次，由里及外其健康积极、阳光向上的程度就逐步降低，直至最后变为较为消极的文化资源。同时，由内向外的过程也是与箭垛式文化的联系性、紧密性降低的过程。为了保持在文化资源开发过程中形成正确的文化价值引导，可以通过不同形式的开发手段尽量开发知名度高、正能量足的核心文化资源，并使之成为城市的文化符号，形成文化品牌。如箭垛式文化等自然成为文化事业建设和文化产业发展的首选开发对象，进而延伸到地域文化的其他层面，再到较为中性的绿色生态文化资源和蓝色科技文化资源，最后为美誉度较低的较为消极的文化资源。

　　第二，对于这些积极的文化资源，一是要尽量开发其正面的健康的文化价值功能，尤其是其能激励人、鞭策人的精神文化价值，不能只开发其表面价值、名誉价值，而放弃其核心价值。根据文化资源物质文化和精神文化相统一的特征，应当注重开发物质文化资源的精神价值和非物质文化的物质层面资源，从而使文化资源能发挥多元化的功能，开发其多元化的文化价值。对于黄鹤楼的开发，不仅应当看到其作为物质文化遗产精髓的实体，可以用来发展文化旅游等传统文化产业；更应当看到黄鹤楼本身蕴含的"天下第一楼"的文化精神，是武汉先民智慧和能力的化身，因此在开发黄鹤楼文化资源的同时应当看到隐含在黄鹤楼背后的黄鹤楼精神，并使之成为现代武汉人城市文化精神的一部分，从而形成积极的文化价值引导，使历史文化资源开发与现代文化产业的发展产生良性互动关系。

　　第三，对于雅俗杂糅的文化资源，也应当谨慎处理其积极成分和消极成分。根据文化资源"静、雅、正"和"土、旧、俗"等元素混杂一体的特征，积极对待其合理成分和积极的一面，是科学开发此类文化资源的基本要求，而辩证地处理其中的其他成分和消极元素，更是形成正确文化价值引导的进一步要求。长城是我国的物质文化遗产，其蕴含的不畏艰险、众志成城的长城精神更是我国勤劳智慧的古代人民的真实写照。合理开发长城的积极的文化元素，本无可厚非，但不可回避的是，巍峨雄伟的秦长城背后也有着秦始皇横征暴敛等消极的一面，虽然长城在抵御马背民族入侵中发挥了重要作用，但是应当看到长城的修建给民族融合和劳苦大众带来的负面影响。为此，区别对待合理成分和消极成分是文化资源开发中应当考虑的问题。

　　第四，根据文化资源渐增性和递减性的特征，应当注重对文化资源的保护和传承、再造和再生。我国文化资源中如传世名画等物质性的文化遗产资源具有不可再生等特性，一旦损害便不可复制，从这一层面讲文化资源的稀缺性与不可再生性与石油、煤炭无异，因此对此类文化资源的开发应当摒弃在原址、真迹、原版上面修建、改造的做法，注重对其附属的精神文化资源的开发，并加强对其技艺和精神的保护和传承。同时如长城作为一个文化资源，不仅是一个物质实体，也代表着艰苦奋斗、百折不挠的文化精神，到现在已经发展成为一个文化符号，不管是文化品牌资源还是文化符号资源，都是由其物质实体本身衍生出来的文化资源，由此便诞生新的文化资源。因此，竭力发挥文化资源的再生性特征，也是形成正确的文化价值引导功能的重要措施之一。

第五，对于不良元素较多的文化资源，应当谨慎开发和利用，可根据"非到万不得已不能用，要用则采取辩证批判态度"的原则，合理对待此类文化资源的保护和发展问题。非到万不得已不能用，这是有原因的：如在电影作品中，大家总是对高大阳光的影视形象印象一般，相反对于那些阴险毒辣、龌龊不堪的反面人物形象念念不忘，一是审美疲劳，二是丑恶的形象的确让人印象深刻。文章作品中对凶恶的坏人形象也总是刻画得淋漓尽致，青少年儿童如果一旦模仿，就会产生较坏的引导效果。但此类文化资源并不是一无是处，采取积极批判的态度，陈述消极文化带来的负面影响和严重后果，使民众了解此类文化资源的可怕之处，也能起到正面的积极的文化价值引导功能。

二 正确合理的开发目标中"德艺双馨"的开发主体

任何文化资源的开发都必须靠人来完成，开发主体将自身的价值观念、艺术灵感、创意表达等融合到文化资源的改变和表现之中，从而使文化资源变为文化产品和服务。那么对于文化资源的开发主体来讲，就必须有较高的要求，使文化资源的开发整体过程能产生正确的文化价值引导功能。在文化资源的具体开发过程中，开发的主体种类较多，有个人，也有集体；有文化产业类的集团企业，也有文化事业类的公共文化服务体系；有政府，也可能有私人企业和外资企业。面对鱼龙混杂的开发主体，必定产生多元化的利益群体和多样化的开发目的，切实处理好社会效益和经济利益、长远效益和眼前利益、文化资源保护与传承等多方面的问题，就必须从文化资源的开发主体着手。

面对客观存在的物质文化资源和精神文化资源，开发主体不管是集体还是个人，行使最后开发权的还是人，也是人精神意志的体现，文化资源的开发问题实质上是文化人才的问题。因此，在文化资源的开发整体过程中，文化工作者和管理者的监管和培养是最为重要的事情。首先，文化工作者和管理者支配着文化企业事业单位的运行和目标走向，使各种开发主体能够按照自我的意志进行操作和运行；其次，作为文化事业和文化产业发展中的核心要素，文化人才的主观意志和专业素质也决定着文化资源开发的最终价值和开发模式的选取。对于原生态的文化资源来讲，作为开发主体的大多数人就决定着文化资源开发的最终归宿和走向。由于不论是物质文化资源还是非物质文化资源，都面临着因开发而导致有形和无形的损害的风险。物质文化遗产可能因为开发导致遗址的破坏和损毁，从而酿成人间悲剧；同样地，非物质文化资源也可能因为不当的开发方式使无形文化受到玷污和侵害。假如不能科学地处理好文化资源的保护传承问题，精神文化资源也可能因消极的文化价值引导而变得臭名昭著。理所当然，对开发主体的人来说，就要具备多方面的要求，至少满足"又红又专、德艺双馨"的基本条件。

这里所谓的"红"，是指具有开发主体具有科学健康的世界观、人生观和价值观，坚定的无产阶级立场，具体表现为社会主义文化大发展大繁荣事业而全心全意为人民服务的思想。在文化资源的开发过程方面，主要表现为开发主体思想观念的端正健康，符合社会主义核心价值体系，符合社会主义正能量的基本要求；更指在文化资源开发的过程中，要奉行正确合理的开发目标，"高唱主旋律、传递正能量"，将社会主义核心价值体系融入文化资源的开发利用之中，生产出贴近群众、贴近生活的、人们喜闻乐见的文化作品，从而使社会主义核心文化和核心文化资源得到合适的保护和传扬。

这里所谓的"德"，是指开发主体要具备良好的职业道德和思想素质，无论是在个人品行还是在具体的文化工作中，都能奉行良好的处事原则和维护基本的道德体现，从而在文化资源的开发和展示过程中发挥良好的榜样作用，而不至于为了经济利益做损人利己的违法勾当。在文化事业方面，不会利用职务之便倒卖文物，谋取不义之财，不会在公共文化产品面前"搭便车"，使公共文化权益受到损害；在文化产业发展方面，不会为了谋取片面的经济利益而去开发影响较为消极的文化资源，不会将积极的文化资源丑化成不良文化元素，形成消极的文化价值引导，更不会因为个人得失而损害国家文化利益，影响国家文化安全。

这里所谓的"专"，是指专门业务和技能，具体表现为在社会主义文化大发展、大繁荣过程中全心全意为人民服务的实际本领。具体在文化资源的开发过程中，开发主体要具备良好的文化知识和高超的文化技能。一方面，拥有良好的文化知识储备，从而熟知文化发展的基本规律，深谙文化与经济融合发展之道，不能违背客观规律，使文化建设受到阻碍；另一方面，在文化资源的具体开发过程中，拥有专业的复合型的开发文化资源的能力，使文化资源不至于在不适当的开发过程中遭受"建设性破坏""开发式破坏"，更不会因为片面扼守文化传统而故步自封地抱残守缺，将中华传统优秀文化封存在不见天日的"桎梏"中。换句话说，不会为了其他行业的经济利益（如房地产）而造成文化产业发展"竭泽而渔"的可怕后果，更不会片面强调意识形态而致使部分公共文化服务体系陷入入不敷出的两难境地。

这里所谓的"艺"，是指开发主体尤其是各文化行业的文化艺术工作者，要具备良好的艺术素质和文化技能。一是开发主体要有专业的文化资源的展示和转化技能，能将各种艺术发展至最高峰，从而产出为人民喜闻乐见的文化作品，既有乡谣俚曲的文化作品，又有黄钟大吕般的文化精品，为社会主义文化大发展大繁荣事业贡献青春；二是开发主体要熟知"艺术源于生活，而又高于生活"的基本原理，从而能将现实生活反映在文化作品之上，从而使艺术作品反映现实、取材于现实的功能体现出来，更要使艺术作品高于现实的功能发挥出来，使其激励大众、鞭策现实的一面体现于文化作品之上。

三 开发方式：科学发展观下的多赢式开发策略

文化资源转化为公共文化产品和服务还是私人文化产品和服务，都需要开发和利用并付诸实施。没有经历开发的文化资源只是具有潜在文化价值和经济价值的基础资源，并不能带来社会效益和经济效益，更不能通过展示和转化向民众传递正能量的文化思想，也就无所谓形成正确的文化价值引导。然而在开发过程中，却有着多种多样的开发方式，一旦开发方式不当，不但预期的经济效益和社会效益不能达到，更会使文化资源本身的有形价值和无形价值发生损害。因此，开发方式的选择直接关系着文化资源的命运和归宿，更关系着文化资源转化为文化产品带来的社会效益和经济效益的实现，关乎文化价值引导功能发挥的强、弱、好、坏。文化资源的开发方式有很多，部分城市和地区以经济效益为中心的片面的开发方法，以牺牲文化资源为代价，往往对文化资源造成极大的损害。

一是城市化进程和新农村建设步伐的加快，导致对有形的文化资源本身造成建设性破坏。如我国部分城市在城市化进程中，愈演愈烈的西化趋向，城市的文化生态空间意识被淡化或扭曲，历史文化资源相应地淡出了城市的时尚舞台，一些城市中原有的品性韵味、文化差异和地域特色全面退化，取而代之的是统一的格式化、秩序化和模式化。更有些城市深受社会达尔文主义影响，认为"新兴"即代表进步，一味追求所谓的"新兴"产业，缺乏区域特色，①而历史文化资源形象破旧、浪费用地，是落后文化的象征。在城市的空间建设中，这种城市化进程摒弃了历史文化资源。在此种开发方式的误导下，历史文化资源往往成为旧城改造中"除之而后快"的对象，更谈不上利用，却容易使文化资源遭到"建设性破坏"。

二是一些经济欠发达地区为了片面追求经济利益，以"文化搭台、经济唱戏"开展各种旅游节、食品节、博览会、交易会等，致使无形的文化资源遭受美誉度丧失或者削弱的威胁。通常这些文化活动的做法是使文化成为商品经济发展的幌子，美其名曰"文化与经济融合发展"，实质上是传统文化的元素稀缺，更谈不上对传统优秀文化的传承和传播，只能沦为经济发展的借口，不能不说是文化资源的悲哀，更难以形成正

---

① 刘素华、王晓静、王媛：《星星之火以待燎原——首届全国文化产业研究青年学者座谈会述评》，载胡惠林、陈昕主编《中国文化产业评论》（第13卷），第404页。

确的文化价值引导。

三是在具体的文化资源开发过程中，较多地区进行的粗放落后的文化资源开发方式，片面地讲求发展名人故居旅游等产业链较短的初级文化产业，从而对一些建筑遗址、文化遗迹进行大规模的改造升级，或进行大规模的文化产业园建设和主题公园建设。由于缺乏足够的建设资金和高端的文化科技手段，更没有较为合适的文化创意，使文化产业的发展停留在较浅层面，而相应的服务设施和城市基础设施建设却相对滞后，在市场客源不充足的情况下，游乐园变为一座空城，非但没能取得较好的结果，却使原有的文化遗产遭受了"破坏性开发"的威胁。

在积极的文化价值引导的驱使下，文化资源的开发必须追求一种科学发展观：一要与经济建设、生态文明建设、社会文明建设的科学发展相协调，走一条多种建设共同发展之路；二是在文化建设中要走可持续发展之路，既能满足当代人的经济建设和文化建设需要，又不能损害后代人经济利益和文化权益的发展之路。后者就要求不能对文化资源进行竭泽而渔式的开发，应该是长期的可持续开发。

那么在可持续的科学发展观指导下的文化资源的开发方式，究竟采取何种手段呢？这首先是文化资源的保护与开发问题的博弈。文化资源是保护还是开发，这个问题似乎早有定论，就是要在保护和开发之间寻求一种临界点，即把握好这个度。目前，我国学术界比较流行的一种观点是：在对以物质文化遗产为主的文化资源进行开发时，为了保护文化遗产免遭破坏常常实施"保护性开发"的方式；而针对一些非物质文化遗产等文化资源，为了能使其得到良好的长期的保护和传承常常利用"生产性保护"的方式。实质上，两者之间都是对文化资源开发和保护方式的一种探索，都是在开发和保护之间形成的一种较为折中的发展方式。虽然两种开发方式都处在一定的探索过程之中，但其保护和传承文化、保护和可持续开发文化资源的初衷是不容置疑的。在未来文化资源的开发过程中，同样需要在此两种开发方式之上进行新一轮的探索，从而能使社会主义文化得到大发展大繁荣，确保在开发方式的选择上能形成正面的、积极的文化价值引导。

第二节　以城市文化定位为核心的
中观层面文化产业发展

在宏观文化资源开发过程和中观文化产业链的核心价值得到有效引导的前提下，如何将美好的愿望得以实施，得益于文化事业中各个公共文化产品创造主体和各个文化行业主体对箭垛式文化为核心的文化资源的具体利用和开发。在对核心文化资源的开发利用中，在目前我国文化科技融合创新发展的新的要求下，既能形成正确的文化价值引导这个首要要求，又能取得良好的经济效益这个重要目的，并使得文化资源得以有效地保护和传承，就需要实施具体的操作性强的措施。

一　文化建设"以文教化、以人为本"的初衷和目的

文化是由人创造的，也是由人来享受和欣赏的，更是由人来创新发展和继承的。公共文化产品和私性文化产品不仅蕴含着各种各样的文化，同时也是新时代与时俱进文化的载体，甚至在多年以后，文化产品本身也成为一种文化资源，甚至是核心文化资源。似乎这种观点太过惊异，但仔细分析，这种现象的确发生过，并成为一种普遍现象。宋代的一个文化商品，到元代就变得珍惜无比，到了明代就奇货可居，到了现代可能就是无价之宝，并有可能成为一种独一无二的文化遗产资源。宋代盗墓者不小心遗留在唐代墓葬中的盗墓工具被现代人挖掘得到，成为文物的不仅仅是唐代墓葬中的坛坛罐罐，宋代盗墓者的盗墓工具甚至其骸骨都是现代开展科学研究和文化发展的重要文化资源。因此，一切的文化法则都是由人来制定的，文化本身孕育了人，还是人孕育了文化？尤其是在目前社会主义文化大发展大繁荣的当下，文化建设的目的是建设文化，还是建设有文化的人？文化本身的含义是"以文教化"，正所谓"关乎人文，以化成天下"。因此，在文化建设中，不仅文化繁荣发展的目的是为了人的全面发展，而且人的全面发展又能繁荣发展社会主义文化，那么文化建设的初衷和目的就要"以文教化、以人文

本"。两者互为一体，彼此联系，相得益彰。那么，在文化事业和文化产业的繁荣发展中，文化产品和服务的创造要以两者为最初导向和最终目的。要"以人为本、以文教化"，那么就是要以提高人、发展人为根本出发点和归宿，以文化和文化产品来传播和传递正能量，教育、感化民众，提升民众的意识形态、知识水平、道德素质、文化品位和个人修养。在具体的实施过程中，就要"以德为魂、以和为贵"，使文化欣赏和文化产品的消费能在人的自我发展中达到"教育人、引导人、鼓舞人、鞭策人"的积极效果，从而使人们在享受文化和消费文化后能在人与人相处之间"尊重人、理解人、关心人、帮助人"，达到建设"和谐社会"和"美丽中国"的真实目的。

文化建设的过程要教育人，就要使文化建设过程中的文化产品能达到提升个人文化知识水平和个人道德修养的基本目的。一是使其在个人自我发展中得到个人知识和技能的提高，使人的全面发展得到良好的知识储备和技艺基础；二是熟知并具备基本的做人做事准则，为发展成为德、智、体全面发展的优秀人才制定正确的航向。

文化建设的过程要引导人，就是要使民众在文化产品的享用过程之中有积极向善的品质和积极向上的精神。一方面，民众都有对特定时代民族记忆的影像，自然也都有对同根同源的认同感和向心力，文化工作者就是将民族记忆激发出来，将民众的关于民族记忆、民族认同的情感碎片连接起来，同时将人性善良的一面竭力宣扬扩大，起到良好的正面价值引导的作用，即使是较为消极的文化资源，也要合理开发，变为激励人、鞭策人的反面教材，让民众理解其严重危害。另一方面，文化作品要传播积极向上的正能量，使民众为了中国发展和个人幸福而奋斗不止，为建设美丽中国大家园和幸福和谐小家庭而孜孜不倦，不安于现状、好逸恶劳。

文化建设的过程要鼓舞人，就是要使文化产品达到激励人们敢于面对、百折不挠的正面效应。生活中不免有挫折、有失败、有各种不公平和不平等，在人性害怕失败、畏惧挑战的弱点下，少数人不免意志消沉、浑浑噩噩。文化创造中的励志类影片、喜剧电视等，不仅能调节人们的精神面貌，缓解精神压力，更能鼓舞人们使自己像偶像一样乐观、奋斗，从而改变精神面貌和文化观念，使自身出现改变人生轨迹的拐点。

文化建设的过程要鞭策人，就是针对现实生活中出现的形形色色的丑恶现象，拿起文化的武器对这些现象进行无情地批判，在价值引导中起到惩恶扬善的积极作用，进而使这些丑恶现象的元凶受到道德上的精神自责。人一半是天使，一半是魔鬼。文化作品的力量不是把人们另一半的魔鬼给引导出来，而是将天使的一面放大，并用天使的一面使自身魔鬼的一面消失殆尽。同样艺术源于生活，但却要高于生活，现实生活中的悲惨原型可以成为艺术创作的题材，但在创作中要进行恰当的改变，形成积极正面的文化价值引导，从而让正能量无限传递下去。总之，文化建设的目的是不断丰富大众的文化内涵，提高民众的综合素质，提升民众的理想追求、道德情操、文艺修养、生活习俗、审美方式，培育新时代的人民大众。

二　箭垛式文化引领下的文化行业定位及发展示范

在文化建设"以文教化、以人为本"的总体指导思想下，城市一旦确定了基本的核心文化定位，找寻出箭垛式文化，就应当以社会主义核心价值体系和箭垛式文化精神的具体要求，有限度、分层次地开发和利用以箭垛式文化为代表的城市文化资源，才能形成积极的文化价值引导。

以武汉市文化产业发展为例，"首义文化"的箭垛式文化的确定，就可以依其箭垛式文化对武汉市文化资源的分层，由内及外地发展与箭垛式文化资源相关的文化产业，形成正面的文化价值引导。以"首义文化"品牌塑造为契机，重点发展以"首义文化"为文化源泉的传统文化产业（文化旅游业和饮食文化业），以"首义文化"衍生文化相关的文化产业（休闲娱乐业和演艺文化业），以"首义文化"为创意源的文化创意产业（传媒业、动漫游戏产业和创意设计业）。

（一）以"首义文化"为文化源泉的传统文化产业

第一，以箭垛式文化为核心资源发展文化旅游业。旅游业作为世界上最大的产业种类，具有强大的辐射和带动作用。武汉市拥有优秀的历史文化资源、红色文化资源和绿色山水文化资源等，多为具备正能量的积极的文化资源，有良好的发展基础，不仅市场前景广阔，合理开发也能形成积极的文化价值引导。

第二，开发历史文化资源和红色文化资源发展影视业。以"首义文化"为核心的文化资源为原本，还原近代以来历史，在文化产品的消费和传播中进行爱国主义教育、红色文化教育等。这些发展路径已经在以往的文化行业发展中进行了相关尝试。

（二）以"首义文化"为衍生文化的相关文化产业

第一，通过箭垛式文化的外围资源如黄鹤文化、山水文化发展休闲娱乐业。通过发展龙头企业，塑造武汉特色休闲娱乐业链，打造武汉休闲娱乐业集聚区，提升休闲娱乐业的档次，使武汉休闲娱乐业由漫无目的的"散兵作战"发展为合理规划、协作发展的"集体作战"。

第二，利用木兰文化、知音文化等箭垛式文化外围文化资源发展演艺文化业。实施"十字发展战略"和"龙头企业带动战略"，打造演艺品牌，塑造演艺文化业链条，深化院团体制改革，整合演艺文化资源，实现武汉演艺文化业的长足发展，提升观众文化知识和消费品位。

（三）以"首义文化"为创意源的新兴文化产业

第一，结合武汉市文化底蕴丰富、文化科技发达的优势，发展动漫游戏产业。武汉市目前已经有较多的动漫公司，也生产出了如《天上掉下个猪八戒》等多部全国知名的动画片。比如，利用首义文化由知名网游公司掌上纵横开发研制的红色手游大作《辛亥革命》，就取得了较好的文化价值引导与经济效益获利的积极效果。

第二，结合武汉市设计业的良好基础，利用武汉市较多的文化创意人才，发展创意设计业。创意设计业包含范围十分广泛，根据武汉实际，应重点发展工艺品设计业、工业设计业等，通过创意设计的带动，实现第二产业和第三产业的结合及产业结构的优化升级。

在具体文化行业发展中，不但要利用箭垛式文化等对武汉文化资源进行开发，还应当利用文化创意对传统文化资源进行改造升级，并将正确的价值观灌输到文化资源的开发和利用中去。

首先来看利用创意对文化资源进行改造的案例。很多人认为，利用文化创意实现文化资源的改造升级是比较容易的事情，但要在文化资源到文化产品的转化过程中融入合理的价值观念，从而对文化消费者进行积极的文化价值引导，是较为困难的，更何况还要满足社会效益和经济效益等指标"多赢"的具体效果。从文化产业发达国家的案例来分析比较，我国传统文化资源丰富多彩，也受到了国内外人士的关注和喜爱；然而从世界文化产业发展较为成功的国家来看，美国、澳大利亚等国家的传统文化资源并不十分充裕和显著，却能实现其文化产业的繁荣发展，其中的文化创意功不可没。难能可贵的是，美国在取得经济利益的同时，没有忘记利用文化产品达到教育后代、传输价值观念的积极效果。

《东郭先生和狼》的故事在中国可谓家喻户晓，每当孩子课堂上听老师讲解这个故事时，无不听得津津有味。其故事梗概大致如下：狼受到猎人围捕——狼遇到东郭先生并求救于他——东郭先生救了狼——狼要吃东郭先生——农夫出现并设下圈套——狼上当并被农夫用锄头打死——东郭先生得救。然而，在美国人看来，如果将这个文化资源开发成为动画片或者舞台剧的话，必须对之进行改编，其结局应当从好的方向发展。美国版的《东郭先生和狼》的故事则很不同：快饿死的狼被东郭先生发现后，得到了他的食品和照顾，被救活后恢复了体力和本性，要吃东郭先生。东郭先生在无助的情况下，准备让狼吃掉。当狼咬了一口东郭先生后，东郭先生流下了眼泪，说："如果你真的要吃我，我就让你吃吧，你这种以怨报德的行为是不对的，但是我不后悔救了你。"于是，奇迹发生了，狼飞快地跑了。东郭先生摇摇头，忍着剧痛包扎伤口。一会儿，狼又戏剧般地回来，并且用嘴叼来了止血、消毒的草药。东郭先生的伤渐渐好了，准备将狼赶走，狼恳求说："就让我永远留在你身边吧，我的同类都吃人，我可以保护你。"自此，狼一直留在东郭先生身边，直到他老死。[①]

---

① 聂圣哲：《美国版东郭先生》，《芳草（经典阅读）》2013 年第 3 期。

由此看出美国版的《东郭先生和狼》的基本剧情：狼受到猎人围捕——狼遇到东郭先生并求救于他——东郭先生救了狼——狼要吃东郭先生——狼咬伤东郭先生——东郭先生流下眼泪并说"你吃我吧，但我不后悔救了你"——狼受感化并叼来草药——东郭先生获救并准备赶走狼——狼知恩图报留在东郭先生身边保护他。

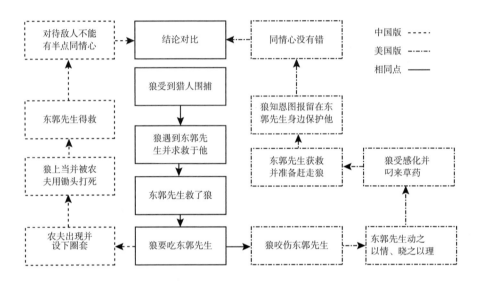

图 5－1　美国版和中国版《东郭先生和狼》故事情节的异同点及结论对比

通过对《东郭先生和狼》的中国版和美国版故事剧情的对比可以看到，前半部分的故事情节是一样的"狼受到猎人围捕——狼遇到东郭先生并求救于他——东郭先生救了狼——狼要吃东郭先生"。然而就是在后半部分，美国版故事完全采取了另一种方式来演绎整个情节曲折的故事，狼不仅没有吃东郭先生，而且成为东郭先生的仆从，是因为受到了东郭先生"真诚善良"的心感化而改变的。事实上，狼饥饿的本能使其本性上要吃人，然而却在艺术家的剧情中被人格化后人性化，使东郭先生的好心得到了好报。中国版的却不相同，狼是坏家伙，理应被处死，与美国版宣扬的价值观念大相径庭。中国版得出的结论是"对待敌人不能有半点同情心"，美国版则得出"同情心没有错"。中国版很容易造成一个误区"有同情心的人是傻子"，美国版却更注重对儿童价值观的引导，同情心永远是对的。通过图5－1中中国版和美国版《东郭先生和狼》的情节对比，不难看出美国人在对文化资源改变中的文化创意表现出的强大力量，也不得不佩服美国人为了教育青年下一代而付出的心血。

仍有不少学者认为，舞台剧、电视和电影等媒介，的确能通过高品质、高智商的文化创作者进行改编和提升，使原有的文化资源发挥应有的功能，并能形成积极的文化价值引导，但是一些娱乐性较强的文化行业，如网游游戏行业，如何实现其在箭垛式文化资源的利用中的积极的文化价值引导呢，仍可以通过一些案例来进行解析。

谈到游戏产业，不同学者对此褒贬不一，较多人认为游戏产业促进了文化经济的融合发展，是21世纪的朝阳产业，使人们在工作学习的同时，能够通过虚幻世界的宣泄来获得心理的平衡和宁静，更能缓解社会的压力和冲突。更多的学者认为游戏产业尤其是一些较为暴力血腥甚至有色情色彩的游戏，不仅使犯罪率上升，更使一些青少年迷恋其中，不能自拔，荒废学业。韩国更是将要出台对于将网络游戏与酒精、毒品、赌博等一同列入为"四大中毒"的"有关中毒预防管理及治疗的法律（游戏中毒法）"。不少学者指出，韩国此举无疑是搬起石头砸自己的脚。

2013年较为活跃的十大网络游戏主要有《英雄联盟》《地下城与勇士》《穿越火线》《魔兽世界》《梦幻西游》《QQ飞车》《传奇》《剑灵》《QQ炫舞》《龙之谷》，这些名字虽有传统文化色彩，但杀戮之声与血腥之味不绝，如何在网游市场形成积极的文化价值引导迫在眉睫。目前，类似于《辛亥革命》这类的红色游戏并不多，但不能借红色文化之名行暴力杀戮之实，从而获取较多的经济利益。更有些恶俗的游戏总以色情和暴力为卖点，如《掀美女裙子》《帮美女脱衣》等。在正能量文化传递中，游戏公司如果根据现实生活中正面的文化资源研发各种严肃类游戏，将健康正义的正能量价值观融入游戏之中，教导在线玩耍此类文化游戏的青少年也必须遵循这样的规则，一旦违反规则就要受到虚拟世界的惩罚，也能形成积极的文化价值引导。

三 文化资源的利用：高唱主旋律、传递正能量

文化事业的既定目标既为满足人民基本文化权益，也肩负着提升民众知识文化水平、灌输科学健康思想观念、传递正确的价值观和世界观、提高民众文化品位等诸多功能。在这些功能得到充分发挥的前提下，民众才能具备进行科学健康地消费企业文化产品和服务的能力和基础，才能在鱼龙混杂的文化产品中找出较为健康的文化产品，优化自身的文化消费结构，使自身得到个人修养和知识水平的提升。换句话说，民众在公共文化产品和服务的欣赏中不仅提升了知识文化水平，而且形成了较为正面的文化价值引导，同时为民众继续进行私人文化产品的消费奠定了基础，从而为文化产业的快速、健康和持续的发展提供了铺垫。文化产业乱象丛生，因此应当加强对文化行业的规约和管制，而文化事业稳步向前发展，更是取得了巨大的文化成就，其文化价值引导自然受到党和国家的高度重视和监督，收到了良好的效果。多数以箭垛式文化发展的文化事业都成为青少年爱国教育基地、素质拓展基地、党员发展实习训练基地等，起到了良好的提升民众知识水平和文化品位的作用，更是对民众的意识形态进行了全方位的灌输教育。然而，随着民众收入水平的提高，私人文化空间的扩大，如何使民众能走进博物馆、纪念馆、美术馆，并利用现有的核心文化资源，使民众不断增长的文化需要得到有效满足，是目前公共文化服务体系应当解决的重要问题。因此，文化事业的文化价值引导的方向不是问题，而是数量、质量和类型问题。

首先，从公共文化产品和服务的供给方面来看，应尊重民众的多样化文化需求，建构以民众需求为导向的公共文化产品供给制度，以箭垛式文化为核心满足民众在公共文化产品和服务上类型、数量以及质量上的诸多要求。随着我国民众生活水平的提升和文化产业的发展，人民的文化需求逐步显现出多样化、多元化、分层化的趋势，自然对公共文化产品的需求更多、更迫切。然而，目前城市的文化事业发展多局限于博物馆（纪念馆）、文化馆、美术馆、音乐厅、电影院、公园等硬件基础设

施，文化活动则较为缺乏，且大多公共文化产品不但并非完全免费，更是政府的单方面意愿提供的结果。不少城市的文化事业建设者简单综合市民意愿之后的一个后设性假设，凭借自己的意愿"替民做主"，使目前公共文化产品和服务的供需基本脱节。市民决定着城市公共文化产品供给的数量、内容、层次和次序。在未来公共文化产品的提供中，政府一方面应当满足民众的公共文化需求，制造和谐的城市公共文化空间，另一方面也要在公共文化产品和服务的中实现供需平衡。其一，从公共文化产品和服务供给的类型上来讲，应当扩大公共文化服务提供的范围，利用城市的核心文化资源尤其是箭垛式文化，创造更多类型和层次的公共文化产品和服务，如博物馆等公共文化设施，并不是简单地陈列、展览古代文物等单一的功能，结合自身及高校的科学研究，适时打造出民众喜闻乐见的音乐会、舞台剧等演艺节目，或者进行互动的鉴赏活动、比赛活动等，既能获得经济利益，又能实现文化事业的快速发展。其二，从公共文化产品和服务供给的数量上来讲，应当结合目前民众高涨的文化需求，扩大民众的基本文化权益，使公共文化服务体系提供的公共文化产品在数量供给上与民众的需求基本持平，而不是为防止出现"井喷"现象而禁止民众参与，使得"搭便车"现象时有发生。其三，从公共文化服务和服务供给的质量上来讲，应结合当地民众的切实文化需求，逐步提升公共文化产品和服务的品位和质量，使公共文化设施成为民众周末游玩的好去处，并使民众能参与其中。由于民众的知识水平和文化素质逐步提升，因此其消费品位自然提升，对文化产品也提出了高标准的新要求。

其次，以政府为主导，依托箭垛式文化资源，大力倡导市民参与文化事业建设的主体性，将市民的自觉性和创造性发挥出来。简言之，政府要就地取材，变废为宝，将"办文化"逐步向"种文化"转变。以农村社区的政府"送文化下乡"活动为例，其效果欠佳的原因与公共文化产品"自上而下"的供给体制有着很大关联。在政府的组织下，积极扶持城市社区自身的文化社团，并大胆创新、与时俱进，将会对改变目前城市公共文化产品供给形式与内容过于单一、脱离实际有较大帮助。尤其是活跃在城市广场上的一些文化社团和舞蹈团队，大多应市民自身的文化需求而成长起来，深谙城市居民自身的实际文化需求，俨然一种"自下而上"的供给机制。在基层政府，例如街道办的积极引导下，市民以社区为单位通过自发联络，以特色为导向，成立秧歌队、舞蹈队、器乐队、歌唱队、曲艺队等半公益性的文化艺术团队，将会成为城市乃至城郊接合部公共文化产品供给的生力军。

再次，抓住我国实行"国家文化科技创新工程"的历史机遇，深度推进"政、产、学、研"一体化发展，构建文化传承、数字化保护及利用、可视化传播的公共文化服务平台，同样对文化事业发展及形成正面的文化价值引导有重要作用。例如，建设从文化内容研究、文化人才培养、文化技术研发到公共文化产品开发的一条龙式的文化事业发展链条，按照"以政府为主导、以文化事业单位为主体、以市场化运作为主要方式"的原则，实现区域内"政、产、学、研"的协同创新，重塑文化科技融合创新新格局。例如，在对待我国博物馆在文化科技融合创新发展背景下发展的问题上，刘云山同志指出，"各种声光电技术、虚拟现实技术、人机互动技术、知识工程技术和新媒体技术都为博物馆陈列展览及相关活动提供了技术支撑"。因此，博物馆可以在做好文物修复保护的基础上，以文化教育与文化传播为核心，以公共文化服务为目的，应用最新科技，增强互动体验，提升博物馆文化科技融合整体水平；要以观众文化休闲为契机，以文化科技创意为焦点，突出技术设计，开发创意产品，创新博物馆文化科技融合产出内容。[①]

最后，从文化事业发展本身来讲，可以适当地进行产业化发展。文化事业本身是公益性的，提供的是无差别的、公共的文化产品和服务，不具有排他性是文化事业在进行文化教育和文化传播中的基本特征。在这种文化产品

---

① 周全明：《文化科技融合视野下博物馆事业的发展路径及趋向》，《江汉大学学报》（社会科学版）2013 年第 3 期。

供给体制下，以博物馆、美术馆等为代表的文化事业单位不仅是公共文化基础设施，而且要承担民众公共文化消费的基本职责。在民众文化消费需求不高的条件下，博物馆等公共文化服务体系能保障人民的基本文化权益，但在民众物质生活得到逐步满足的情况下，精神文化生活的需求逐步扩大，如何满足人们日益增长的文化需求就成为文化事业工作者的一个难题。尤其在对公共文化财政的需求上，博物馆基本依赖上级财政支持，一旦财政下拨无果，便面临"巧妇难为无米之炊"的境地，其他一些公共文化事业单位也在财政上处于"等、靠、要"的处境。因此，拓宽财政来源渠道是推动文化事业发展的重要措施之一。其一，可以提倡企业、市民捐赠，共同为地方文化事业做贡献；其二，适时通过发展文化产业，允许单纯公益性质的文化事业单位经营一些文化业务，如文化纪念品的设计及销售、文化旅游业务的承担和推介、文物复仿制、文物鉴定等，同时也能解决文化事业单位财源枯竭的问题。

第三节　微观层面的文化产业链过程各主体规约

在文化资源开发的整体过程中，对开发主体的目标取向、对象选择和开发方式的规约会起到保护和传承优秀传统文化资源的积极作用，同时能够形成较为积极的文化价值引导功能。然而，文化建设的过程是一个从上游的文化生产和创造到中游的文化信息和产品的传播和流通的过程，再到下游的文化产品和服务被消费的过程，同时整个过程又受到文化管理者的监督和协调。换句话说，尤其是在一些文化行业，整个文化产业链是文化生产者、文化传播者、文化消费者和文化监管者共同参与的过程。加之文化产品的消费不随着产品的消费完成和结束，因此整个文化产业链过程也必须对各个参与者进行规约。

一　文化产品和服务生产者：满足人民群众多样化的文化需求

文化生产者处于文化产业链的上游，是文化产品和服务的创造者。文化生产者决定着文化消费者消费的对象，也决定着大众的消费方式，更决定着消费者消费的质量和水平，同时为消费提供源源不断的动力。文化消费者所需要的一切文化产品和服务的种类、数量和质量都由生产者决定，所以没有文化生产就没有文化消费。根据经济学"生产决定消费"的理论，文化生产者对正能量的传递起到至关重要的作用，自然与正面的健康积极文化价值引导的形成紧密相连。在对文化资源开发过程基本规约成熟的情况下，也就是对文化产品的积极健康的性质不受质疑的前提下，在整个文化产业链本身，积极的文化价值引导对文化生产者和创造者又要提出新的要求，才能将箭垛式核心文化发扬光大并将其正确的文化价值引导最大限度地发挥出来。文化产品的生产者要满足文化消费者的多样化文化需求，同时要形成积极的价值引导就必须目的明确、扩大供给主体并形成文化自觉。

首先，文化产品和服务的生产者必须了解，生产和创造的目的是为了满足人民日益增长的多样化的精神文化需求，包含基本文化权益和私人文化需求，那么，无论是文化事业单位还是文化产业企业，其文化产品和服务的供给必须要符合消费者的基本需求。对生产者来说，为形成积极文化价值引导就必须做到以下几个方面。一是文化产品和服务的生产必须要符合群众的基本文化需求，必须符合消费者的欣赏层次和文化品位，也就是生产者和创造者必须生产和创造消费者喜闻乐见的文化产品和服务，才能发展社会主义文化事业，壮大民族文化产业，获取社会效益和经济利益。二是生产者要对消费者进行合理引导，不能盲目迎合观众需求。观众需要看戏剧、小品、电影等多样化的舞台作品，也要看《新闻联播》《今日说法》等宣传社会主义核心价值体系的文化产品。换句话说，生产者不仅应当生产观众喜欢看的，更应该创造老百姓应该看的，这才是健康的、积极的、持续的文化市场产销机制。如在对待激情戏的态度上，就不能过多地满足观众的低级文化趣味。一些生产者认为：激情戏是票房和收视率的保证，导演牌大、演员腕粗、宣传料猛，跟它比起来相形见绌。在色情与艺术的煎熬中拼死杀开一条血路，在赚得大把钞票的同时，免不了有激情戏。然而，在社会效益和经济利益双赢的要求下，在形成正能量传递和顾忌对青少年的积极引导的具体号召下，激情戏不仅不应该被宣扬，而且应该控制在合理的范围之内。三是在文化产品和服务的生产中要合理预估市场的基本销量，做好市场需求的前期调研工作，达到产品生产销售的基本预期，从而实现文化产品和服务的供需平衡，不至于形成"供大于求、供不应求"的市场失灵状况。

其次，为了满足人民群众多元化的基本文化需求，需要实行多元化的文化产品供给主体机制。在文化事业中，单纯由政府提供公共文化产品和服务，不仅容易使博物馆、图书馆人满为患，更容易发生"搭便车"现象；在文化产业中，单纯由市场提供私性文化产品，将容易发生为了经济利益而触发道德底线和法律条文的"市场失灵"现象，更不容易诞生大规模投资下的文化精品。因此，多样化的文化产品供给必须要有多元化的文化供给模式，例如，适时吸引社会、群众甚至个人纳入公共文化产品的供给主体中，达到多样化、多层次的文化产品和服务的均衡。一是公共文化产品与私性文化产品相结合，既要通过公共文化产品的生产满足人民群众的基本文化权益，又要通过文化企业生产私性文化产品满足大众的多样化文化需求；既要增加公共文化产品和服务的多样化、多源化供应，也要使私性文化产品符合社会主义法律和大众文化口味。二是文化产品和服务要追求多样化的层次，既要有阳春白雪似的雅文化，也要有下里巴人的俗文化；既要有黄钟大吕般的文化精品的诞生，也不能盲目排斥文化快餐；既要有符合大众文化口味的主流文化产品，也要有符合"小众"品位的亚文化产品。三是在文化产品的生产中，要"大力发展精英文化，合理监管大众文化，有效引导小众文化"，使文化产品和服务在生产的源头上能白璧无瑕、健康纯正。

最后，文化产品和服务的生产者要形成良好的文化自觉。文化自觉的理念来源于人类自身在历史文化发展中的现实实践，它一方面是对自身文化要有自知之明，具体表现为对我国传统文化的"批判继承"意识，既要继承和宣扬传统文化的优秀成分，理解传统文化的合理要素，又要批判其不健康的成分，取缔其糟粕元素，并使两者在现代化进程中做出必要的转换；另一方面是在对待外来文化方面，要有"兼容并包"意识，加强自身文化与其他文化之间的对话和交流，同样需要"批判学习"的意识，取人之长、补己之短，达到"师夷长技以制夷"的目的。可以说，推动社会主义文化大发展大繁荣，确立"文化自觉"意识是关键。传统文化作为历史文明的重要积淀，日益成为发展文化产业的基础资源，因此，文化产业需要重视"根"文化。具体到每个城市来讲，这个根文化就是每个城市的箭垛式文化。一方面要注重对箭垛式文化核心文化的宣扬和继承，坚持自身对箭垛式文化的绝对自信，同民族虚无主义做斗争；另一方面又不盲目地唯传统文化为尊，合理吸收箭垛式文化以外的优秀成分和合理成分，甚至是外来文化的先进成分，将箭垛式文化发展成为更完美、更健康、更阳光的文化，创造出在现代化发展中新的优秀成果，更是文化自觉的另一种体现，也是同极端民族主义划清界限。

二 文化产品和信息传播者：文化产品和信息的中转流通枢纽

文化产品和信息的传播者是生产者和消费者之间的中介桥梁，虽然不参与文化产品和信息的消费的过程，但却承担着文化产品和信息的传播、扩散、流通等重要作用，同时传播者本身也有鉴定和识别文化产品和信息的真与假、好与坏的能力，因此传播者和流通者是文化产业链中重要的组成部分。随着现代文化产业的发展，传播者和流通者有时也在扮演着生产者和消费者的角色，更使文化产品和信息的传播流通过程显得尤为重要。鉴于目前文化产品和信息传播中存在的"外来文化产品充斥"和"网络信息鱼龙混杂"两个缺憾，在积极文化价值引导的主体思想要求下，文化传播渠道要给民族文化产品以空间和时间来实现后发赶超，同时应该为营造良好的新媒体空间社会而自觉努力。

第一，文化产品的传播者主要为销售文化商品的流通部门和公共文化服务体系，为了形成积极的文化价值引导必须在箭垛式文化的核心指引下，助推以箭垛式文化为核心的本土优秀传统文化的传扬工作。首先，要求传播者和销售者要以"批判学习"的态度对待外来文化产品，不能过分宣扬，也不恶意贬损。外来文化产品同外来文化一样有着合理的成分，有着先进的文化科技和管理经验，值得国内文化从业者学习和借鉴，发展民族文化产业，创造民族文化品牌；同时，外来文化产品中夹杂着国外的文化价值观念等精神层面内容，过分地崇拜宣扬只会让更多的消费者迷失，使我国在文化贸易和文化价值输入方面"中招"，由此落入文化帝国主义的陷阱。因此，销售者做好文化产品的鉴定和识别工作，不能过分渲染以圣诞节、情人节为主题的西方文化节日，进而冲淡了以端午节、重阳节为代表的传统文化节日；在争取经济利益的同时，不能单纯为了金钱而只出售贩卖国外的文化作品，更不能刻意制造外来文化的崇拜者、疯狂者、痴迷者。其次，对待民族文化产品要以客观的发展的眼光来看问题，共同为民族文化产业的发展和城市核心文化建设贡献力量。一方面应该看到民族文化产品在外来强势文化的冲击下表现出质量不高、品位不高、创意不足、核心竞争力不强等缺陷；另一方面应该看到国内文化产业发展起步晚、基础差等劣势。当然，国内文化产业迅猛发展的势头，以及文化科技和文化创意的深度融合发展，民族文化产品定会迎来辉煌的明天。因此，为了兼顾社会效益和经济效益，为民族文化产品的提升、改造提供较大的时间和空间，在城市文化产业发展中要积极对待以箭垛式文化为基础资源的文化产业，彰显城市文化品位，提升城市形象。

第二，在文化信息传播较为集中的新媒体社会，尤其是在网络社会，文化传播者同样也要以积极的价值引导为主要目标，确保安全、绿色的城市网络环境。针对我国网络发展的现状，国信办鲁炜主任提出了网络空间的"七条底线"，每位网民在自由表达自己意见和诉求的同时，也要遵守"七条底线"，文明上网，争做文明网民。对于文化信息的传播者来讲，网络"七条底线"同样有效。其一为法律法规底线：有法可依、有法必依、执法必严、违法必究，任何时候，无论是网上网下，都将始终做到违法必究，不故意传递不法、不良信息，不能使不良信息大行其道。其二为社会主义制度底线：为全面建成小康社会提供了有力的制度保障，要积极拥护社会主义及社会主义制度。其三为国家利益底线：作为国家公民，时刻维护伟大祖国的利益，这也是宪法赋予每位公民的光荣义务。其四为公民合法权益底线：在网络反腐的同时，切忌不能以"艳照"等不健康、不正当甚至违法手段对别人进行威胁，否则不仅触犯法律，也侵犯了无辜者的合法权益。其五为社会公共秩序底线，网络世界必须也要遵循一定的秩序规则，唯有如此大家才能营造一个良好健康的网络环境。其六为道德风尚底线：崇尚美德在我国延续几千年的优秀传统，网络空间里也要讲道德，不做有违道德之事。其七为信息真实性底线：要求民众在上网时一定要实事求是，而不能以讹传讹、散布谣言，积极宣传政府部门发布的真实信息。

三 文化产品和服务消费者："自觉、不盲从"地优化文化消费结构

文化消费者是文化产品和服务的最终使用者，是文化产业链的下游。由于文化消费者的最终消费是文化生产者的最终目的，而且文化消费者的多样化的文化需求对文化生产的调整和升级起着导向作用，文化消费也是文化生产者进行艺术创作和内容生产的动力，同时为文化生产创造出新的文化劳动力。因此，从经济学理论上来讲，生产决定消费，但消费也对生产具有反作用。同时在文化产品的消费过程中，文化消费者的偏好又容易受到"明星效应"和"晕轮效应"[①]（The Halo Effect）的影响，即消费者偏好可能受到明星和亲朋好友的感染。在文化产业链中，文化消费者应该形成良好的文化自觉，养成健康合理的消费观念，并优化文化消费结构，才能继承和发扬箭垛式文化，并形成积极的文化价值引导。

首先，文化消费者必须拥有较好的文化自觉，对待本土文化和外来文化要有自知之明，自我寻找以本土优秀文化（例如城市箭垛式文化）和优秀文化产品作为消费的主要对象。在文化消费过程中，文化消费者的文化自觉与文化生产者的文化自觉不同，因为这个文化自觉不是处于文化创造和文化产品的生产过程中，不在于艰难的对文化资源的开发与改造、艺术创作等过程中，而是在琳琅满目的文化商品前，如何做出自我文化商品选择的过程。

---

① 又称"光环效应"，属于心理学范畴，"晕轮效应"指人们对他人的认知判断首先是根据个人的好恶得出的，然后再从这个判断推论出认知对象的其他品质的现象。在文化消费过程中，文化消费者热衷于明星代言的文化产品，认为明星的自身素质有保证，因此，也认为他代言的文化产品质量和品位也有保证。

虽然这个过程很简单，但却发生着较为深远的影响：一是对文化生产者艺术创作的认同；二是自身在文化消费过程中可能获得文化熏陶和知识的提升；三是对其他文化消费者也能体现出感染功能。因此，文化消费者要形成积极的文化价值引导功能，必须有良好的文化自觉。在对待外来文化商品中，要用客观的观点来看待其产品的先进性，但也应该看到文化产品蕴含的外来文化的潜在威胁性；在对待本土文化产品中，应该选取优秀传统文化和时代文化相结合的文化产品作为自身消费的首选；在对待自身城市文化产品的选择中，应该以箭垛式文化为基础的文化产品作为自身的消费对象。

其次，以城市箭垛式文化精神为支撑，塑造自身正确的文化消费观念，让优秀的文化作品熏陶涤荡出清纯阳光的灵魂。正确的文化消费观念的形成，有赖于对本土文化和外来文化的深刻认识，更有赖于对文化产品良好的辨别能力。随着社会生活水平的提高，人们既需要吃饭、穿衣等物质需求，又有不断上涨的精神文化需求，如听音乐、上网、看电影等，缓解精神压力。因此，文化消费者要有正确的文化消费观念。其一，必要的文化消费是合适的，不能只讲求物质消费，不讲求精神消费；第二，要以健康的积极的文化产品为消费对象，坚决杜绝消费价值导向较为消极的反面的文化产品和服务，让消极的文化产品无经济利益可循，自然生产渠道和传播渠道就逐步缩小乃至消亡；第三，形成自我独立的文化消费意识，不随波逐流，不盲目标新立异，一方面积极传递正能量，另一方面积极抵制负能量，做到"负能量到我为止、正能量永远传递"。

最后，文化消费的目的是知识和文化的精进，是教化人、激励人、改善人，因此，文化消费者必须优化自身的文化消费结构，合理处理自身基础型、娱乐型和发展型文化消费的比例。文化消费要取得正能量的文化传递，必须从自身做起，养成良好的文化消费习惯，也必须优化自身的文化消费结构。目前我国文化消费人群中有着多种不良文化消费倾向，例如一部分人热衷于娱乐文化消费、时尚文化消费，但却对提高自身文化知识的消费无动于衷；一部分人在夜店中一掷千金，大搞炫耀性消费，却不肯在书店买一份报纸提升自身文化修养；一部分人只热衷于自身的私人文化消费，却不去图书馆、博物馆等公共文化基础设施享受公共文化消费带来的快乐。为形成积极的文化价值引导，消费者的文化消费结构应当向以下方向发展：基础文化消费不能丢，娱乐文化消费适可而止，发展型智力型文化消费循序渐进，即将一部分钱投到基础文化消费中，花少量的资金进行娱乐文化消费，更多的私房钱可以用来进行提升自我的发展型智力型文化消费，才能提升自我，改变自我，对自身、文化生产者和其他文化消费者都能形成较好的文化价值引导。

四 文化市场和事业管理者：科学发展观指导下的文化管理

在整个文化产业发展过程中，整个文化市场都需要政府的文化工作者进行文化管理和监督，防止发生"市场失灵"，保证文化消费者的多元化文化需求能够得到满足。在公共文化产品和服务的供给中，同样需要政府对图书馆、博物馆、文化馆、农村文化大院等公共文化服务体系进行监管，防止因公共有效参与不足而出现"搭便车"现象，保证人民群众日益增长的基本文化权益得到有效保障。在城市整体发展和城市本身的文化建设中，文化管理者同样担当着不可替代的作用，应将箭垛式文化精神和箭垛式文化的传扬和发展放在城市文化名片中，以健康阳光的正能量文化和文化精神作为城市文化发展的基本走向和最终目标。在目前追求多元共赢的目标下，积极的文化价值将引导城市整体发展（包含经济、社会、生态、文化等）的共生和谐，并使城市文化经济在科学发展观的指导下融合创新发展。

首先，应当将科学发展观应用到城市经营者的政绩考核中去，适时抛弃"唯GDP论英雄"的观念。适时将公共文化服务体系建设、文化产业发展、城市文化遗产保护等指标纳入考核机制中，尤其是将城市文化建设对城市中人的积极影响和正面引导作为政绩考核的重要指标。由此，片面地以文化遗产换取经济利益的短期效应将会得到一定程度的遏止，进而以箭垛式文化为核心资源和基础，转向对民众有正面影响的文化产业发展和文化事业建设上来，并使文化指标成为政绩考核指标的重要指标。

其次，加强文化产业发展立法，根据文化产业发展核心文化价值传播功能的好坏作为征收税费的主要指标。由此将以法律的形式规定：对具备正能量文化传递的政策倾斜和补贴支持，对娱乐化渲染严重的文化场所进行有效压制，对有着消极文化价值引导的文化产业进行严厉制裁。第一，对一些不法分子采取的不健康文化活动和不健康文化资源的开发坚决取缔，对造成青少年成长严重负面影响的带有黄色文化、黑色文化、封建迷信文化的文化生产者追究法律责任；第二，对片面追求经济效益而争取上座率、收视率、票房、点击率的文化行业，如果出现过度娱乐化倾向则对之征收重税，并严禁青少年进入此类文化经营场所；第三，对核心文化价值旨在"高唱主旋律、传递正能量"的文化作品创造者则采取"以奖代补"的手段，加大对其税费支持的力度，免征税费并同时奖励其在文化创作上的积极贡献，鼓励其在文化艺术创作和文化价值引导方面做出突出贡献；第四，保护文化内容创造者的基本文化权利，加强知识产权保护，使广大文化艺术创作者深恶痛绝的盗版问题从根源上得到制止。

再次，以箭垛式文化为核心文化资源，脚踏实地进行公共文化服务体系建设，并着力打造城市文化名片。城市的发展和宣扬需要文化进行点缀，自然需要城市文化名片的打造。在世界范围内，每个知名的大都市几乎都有自身的文化名片，一方面起到了良好的宣传作用，另一方面也为城市自身文化产业的发展指明了方向。在我国，很多大城市也有自身的文化名片，用以彰显自身与其他历史文化名城、商品城、资源型城市的"异质化"发展。当然，这些文化名片大部分是城市自身的历史文化、生态文化或者科技文化。在追求以积极健康的文化价值引导功能的目标下，应当以箭垛式文化为核心，打造城市文化名片，从而使城市文化建设朝着正确的方向发展。而在这个文化名片的打造过程中，进行完备的、成熟的公共文化服务体系建设是主要手段。

最后，利用箭垛式文化进行城市的营销和宣传，摆脱恶俗营销带来的短期效应和眼球经济。城市文化和城市文化产业的发展，离不开对城市和城市文化产品的多样化手段的营销宣传。为了获取足额的经济利润，一些城市的营销渐渐突破了人们忍受的底线，为了博得一个"名"而使得自身名节颇受争议，在征得知名度的同时使自身的美誉度蒙受损失，从而使自身文化产业的发展大受影响。尤其是一些旅游名城的营销方式，完全背离了正能量传递的宗旨要求，并与箭垛式文化精神格格不入。在积极的文化价值引导要求下，应当以箭垛式文化精神为引导，利用各种文化创意宣扬城市和城市文化产品，从而达到利用外来文化需求发展本土文化产业的目的。

　　总之，在文化产业发展的整个产业链中，或者说在整个文化市场的诸多参与者中，自然有着不同的文化分工，也必须进行不同的文化责任和义务担当。在我国整体的社会主义核心价值体系的指引下，具体到各个城市的箭垛式文化的熏陶下，将正能量文化传递发挥到极致，自然会形成积极的文化价值引导，这是文化资源到文化产业发展中的中间层面的各个文化主体的具体职责。

第四节　积极文化价值引导下的文化产品评价体系构建

　　文化资源开发过程中追求文化价值的诸多问题，需要正能量文化的传播。在社会主义核心价值观的指导下，构建以积极的文化价值引导为目的的文化产品评价体系有着重要的现实意义。

一　时代呼唤文化产品文化价值引导功能的评价体系

　　依据文化经济的二重性理论，在目前我国文化产业飞速发展的情况下，按照社会主义市场经济规律形成的文化市场体系，使我国在发展文化产业时有着明确的经济价值目标，但在文化价值的获取方面稍显不足，因此构建经济价值追寻之外的文化产品的文化价值追求的评价体系很有必要。这是一个较新的命题，却不是最新的命题。在党的十七届六中全会公报中就提出"完善文化产品评价体系和激励机制"，并指出"坚持把遵循社会主义先进文化前进方向、人民群众满意作为评价作品最高标准，把群众评价、专家评价和市场检验统一起来，形成科学的评价标准"，从而能"褒优贬劣、激浊扬清"。

一些学者指出，我国文化艺术品交易领域就十分缺乏重要的文化产品的评价机制，并指出了我国部分地区文化艺术品交易产业繁荣发展背后的不少负面问题。如各种假拍、暴跌、违规经营等不良现象接连发生，并进一步指出"交易产品的评价体系和激励机制的缺失，是文化艺术品交易市场中亟待解决的问题"，而为何会造成机制的缺失以及谁"搅浑"了艺术品交易这池水，成为众人所关心的问题。[①] 近年来，在文化产业政策方面的倾斜和各级地方政府的有力推动下，我国的文化产业日新月异，文化产品日渐丰富，在快速发展的同时，一些低俗的文化产品乘虚而入，它们往往以满足于人的物质欲望而博得眼球。究其原因，是一部分文化产品出现只求"量"而忽略"质"的现象，并显示出目前我国在文化产品评价体系上的不完善的现状。魏鹏举也指出，在我国社会主义市场经济日益成熟的条件下，我国文化体制改革也正稳步推动，在市场化条件下进行文化产品的生产逐步成为共识。"在电视节目市场化的过程中，节目审查并不具体到文化产品是否通俗、有过分商业化的庸俗之气等，因此目前缺少一个很好的监管机制。"[②]李建中指出张艺谋导演的《金陵十三钗》热播后，各个阶层对此褒贬不一，学术界有人骂其是"情色爱国主义"，一些普通观众认为"张导走出低谷"。在这种种的悖论和吊诡的背后，李建中认为是文化产品的"评价机制"出了问题。[③] 因此，这些学者提出在文化领域"市场的失灵"的情况下，需要"有形之手"进行必要的调控和监管，并构建我国文化产品自身的独特的评价体系。

---

①　蒋梦惟：《文化产品评价体系与激励机制缺失》，《北京商报》2011 年 11 月 7 日。
②　蒋梦惟：《文化产品评价体系与激励机制缺失》，《北京商报》2011 年 10 月 24 日。
③　李建中：《文化产品创作生产的评价机制研究》，《长江学术》2012 年第 2 期。

二 我国目前的文化产品评价体系研究现状

构建适合我国目前文化产品的评价体系，尤其是以正能量的传递为形式形成以积极价值引导为目标的文化产品评价体系显得尤为迫切。然而，我国在文化产品评价体系方面的研究尚较为匮乏，成熟的文化产品评价体系也较少。

目前，我国对文化产品的评价侧重于评价者本身的主观判断，缺乏科学合理的定量权重评价体系。陈少峰认为我国目前的评价机制主要从文化产品的思想性、娱乐性、艺术性三个方面来评价，由于缺乏支撑点而主要取决于评价者的评价，未来我国应该制定更加客观科学的评价标准，制定衡量文化产品内容质量的标准，并用限定性的标准代替评价性的标准。刘春阳[①]认为文化产品作为精神生产的成果，其作用在于影响人们的思想和社会的精神。因此，建立一种科学的评价体系，为文化产品的创作生产提供一种衡量标准，对繁荣文化事业及文化产业具有重要意义，主张从评价标准、奖励机制、评价主体的人才因素三个方面入手构建适合于我国国情的评价机制。高文强主张从评价主体、评价路径和评价元素三个层面入手，从而形成大众与精英、生产与消费、官方与舆论三个评价的对立统一体，最后"综合主体—历史学路径—影响力元素"使三大部分要素构成一个有机整体，因而在构建文化产品评价体系前应该厘清各个有机体之间的关系和相互作用规律。[②] 刘建军提出我国文化产品综合评价指标体系的设计是基于文化产品的基本特性，从而设立了核心价值、社会效益、产品质量、市场水平、税利能力、生态环保、发展潜力 7 个一级指标子系统，并在一级评价指标下设立 43 个二级评价指标，认为在未来完善我国文化产品评价体指标体系的过程中，应加快制定出台我国文化产品评价的国家标准，实行文化产

---

① 刘春阳：《文化产品创作生产评价机制中的几个问题——以湖北影视产品的创作生产为例》，《长江学术》2012 年第 2 期。

② 高文强：《试论文化产品评价机制的构成要素及其内在张力》，《长江学术》2012 年第 2 期。

品执业评价师制度，整顿规范文化产品评价秩序，不断完善我国文化产品评价体系。[①]

从以上研究可以看出，我国较为成熟的文化产品评价体系虽然较少，但是部分评价指标体系已经成为衡量我国文化产品获取文化价值和经济价值的主要标准，起到了一定的评价作用。尤其是从文化产品的核心价值、社会效益、产品质量、市场水平、税费能力、生态环保、发展潜力七个方面设立的二级评价指标体系，不仅梯次较为完备，还采用了定性评价与定量评价相结合的方法，对每个一级指标进行了权重的分配，有利于文化产品评价中的价值比较。陈少峰等学者对我国文化产品评价体系提出了合理化建议，也成为未来我国建构新的文化产品体系的科学合理依据。然而，从目前仅存的指标体系看，其包含了核心价值、社会效益等多项文化价值指标，但产品质量、市场水平、税费能力和发展潜力等多从经济价值角度出发，不适合正能量文化集散过程中文化产品的评价，因而不利于产生积极的文化价值引导。因此，构建一个旨在传递正能量文化的文化产品评价体系刻不容缓。

三 积极文化价值引导中的文化产品评价体系要素构成

我国文化产品的评价体系由评价主体、评价客体、评价原则、评价目的和最为重要的评价内容等部分要素组成，在正能量文化集散过程中，这些要素也需要在科学合理确定的前提下，才能实现其具体的评价内容的权威科学。

评价主体履行着评价文化产品的重要职责。在正能量文化的集聚阶段，正能量文化通过民众自身的选取和抉择使正能量文化脱颖而出，并使其他正能量文化与之发生粘连和堆积，而在散播阶段，文化意见领袖的作用举足轻重。因此，正能量文化产品的评价主体首先是广大人民群众，其次是在文化散播中充当重要角色的文化精英。由此，才能保证文化产品的评价有着较为

---

① 刘建军：《中国文化产品评价体系探讨》，《学术论坛》2012 年第 2 期。

权威的专业素质和正确的思想倾向。

　　评价客体是被评价的文化产品。在我国新兴文化业态不断出现、文化产业蓬勃发展的今天，文化产品的形式和内容日趋复杂多样，但对正能量文化产品的评价多侧重于对其产生的文化价值和精神影响方面。因此，评价客体应多为在文化资源的开发过程中而形成的新时代的文化产品，尤其是富含精神文化的精神文化产品。这些文化产品多具有文化源知名度高、传播速度快、感染力强、艺术性高、思想性强等特点，其多得益于新媒体技术而得到快速传播，并依附于新型文化载体而便于携带，主要包含唱片、报刊书籍、影视作品、电视娱乐节目等。

　　评价指导思想和原则决定着评价内容指标的设定和权重的分配，更决定着正能量文化产品评价的实施效果。我国文化产品评价要遵循与社会主义制度和核心价值体系相适应的指导思想，从而给予一些核心价值观念好、文化艺术价值高、群众喜闻乐见的文化产品以较高的荣誉。在坚持原则方面，必须遵循社会主义先进文化前进方向，以人民群众满意作为文化产品评价的最高标准，坚持贯彻"双为"方向和"双百"方针，确保文化产品符合国家法律法规和产业政策的规定。

　　评价目的是在社会主义核心价值体系的指导下，维护社会主义核心价值观，促进我国思想性、艺术性、娱乐性兼备的文化产品出现，从而收到"传递正能量文化、形成积极价值引导"的良好效果，为实现"美丽中国"而贡献文化建设和经济建设中的双重力量。

　　评价内容是文化产品评价体系的核心部分，根据文化资源开发过程中的文化同心圆发展趋势，文化资源存在文化内核，使消费文化产品和服务的消费者由浅入深从文化体验、文化价值观到文化性格等各方面逐步发生变化。从这个过程看，正能量文化产品的评价体系中的指标设置必须包含文化资源的基本情况、文化体验的精彩程度等一级指标；再从文化产品的消费促进人们文化价值观和文化性格改变的事实分析，文化产品在消费者文化体验中传递的核心价值和文化观念，评价体系也必须要对文化产品的核心文化精神进行有效评估，并使其成为评价内容中的最为重要的指标之一；在文化产品消费结束后，其精神影响却远远没有停止，由此带来的社会效益和文化价值提升等都需要进行评估。由此看来，评价内容的一级指标体系包含文化资源、文化体验、核心精神、文化功能四个部分，其中文化资源的文化内核和核心精神体现着文化产品的思想性，文化体验体现着文化产品的艺术性和娱乐性，而文化功能则是文化产品的流通带来的积极效果评价。

四　文化产品评价体系的分指标体系构建探析

依据文化资源开发过程的文化同心圆发展趋势，将文化产品的影响过程指标分为文化资源、文化体验、核心精神、文化功能四个一级指标。

（一）文化资源指标及其分解

文化资源的文化内核指标是衡量文化产品传递正能量文化的最原始指标，代表着我国文化资源开发的方向和对象。正能量文化产品的优秀程度在文化资源层面上体现在真实性、积极性和代表性等方面。真实性主要表达本文化资源是否真实，是否为地域文化的组成部分，是否有一定的文化依据，并为民众熟悉及认可的文化资源。积极性体现在文化资源本身的文化精神内容是否为积极健康的文化，是否在民众层面有着广阔的市场需求。代表性则是指文化资源是否是地域文化或民族文化的代表，是否反映地域内一定时期的历史文化和地域特色，其知名度和口碑是否体现文化资源代表性的一个方面。

（二）文化体验指标及其分解

文化体验是文化产品借以各种技术手段和产品形式来表现其核心价值和文化精神，并让观众和消费者欣赏和体味的过程。文化体验过程的美好效果体现在艺术性、技术性和娱乐性三个方面。艺术性体现在文化产品的艺术造诣如何，是否达到了文化产品对"美"的追求，产生了何种程度的感觉效果，是震撼奇特还是平淡无奇。技术性则反映在文化产品的载体和文化产品本身的表现形式上，文化载体的技术先进性如何，以及文化产品利用文化科技融合创新实现的表现形式是否多样化等。娱乐性则是文化体验过程中文化产品的享受给人们带来的各种效果，如是否能缓解精神压力，给人以心理慰藉，是否能通过自身娱乐性的展示而吸引较多民众等。

（三）核心精神指标及其分解

核心精神就是文化产品在文化体验过程之中和之后的整个阶段内，自身蕴含的价值观念、人生哲理、文化精神等。核心精神的评定要坚持正义性、积极性和先进性的三大原则。正义性代表着文化产品是否足够正义和正气，是否符合社会主义核心价值观，是否符合国家法律法规和产业政策的规定等。积极性则是评价文化产品的核心精神能否振奋人心和陶冶情操，从而通过文化产品的消费散播正能量的文化，用积极健康的人生观和世界观武装文化消费者。先进性则主要体现在文化产品的核心精神是否与时俱进，符合时代发展需要，是否符合当代民众的精神文化需求。

（四）文化功能指标及其分解

文化功能指标是在文化产品的消费过程发生之后，所产生的文化资源开发客体和文化产品消费主体产生的功能性指标。对文化资源开发客体的影响主要体现在传承价值和资源价值两个方面，对文化产品消费主体的影响主要体现在主流文化的散播功能和对消费者的教化功能两个方面。其中，传承价值又包含对文化源流的积淀和延续，表现出在本源文化上的传扬和创新，从而使正能量的文化不断发展壮大。资源价值体现在对本真性的文化资源的保护和开发上，既包含对本真文化资源的原生态保护，又包含通过文化资源的开发是否促进了文化资源的积累和再生。教化功能体现在是否促进消费者道德观念提升，是否形成了积极的健康的正面的文化价值观塑造的效果。其散播功能则体现在其散播主流文化的过程中，是否弘扬民族性，以彰显民族文化特色，促进文化知识的普及和民族文化走出去；是否有利社会促进和谐性，维护国家的安定团结，为建设美丽中国提供良好的文化环境。

第六章

城市核心文化集聚过程的部分案例实践分析

城市的核心文化定位需要在城市发展中的文化资源中找寻，更需要在定位之后对核心文化进行创新和发展，创造性地传承城市文化精神，合理发展文化事业，大力推进文化产业，形成积极的文化价值引导。

第一节　中小城市文化定位的思考：以新乡市为例

在当今社会主义核心价值观的引导下，城市核心文化集散能否从多元的城市文化中脱颖而出，成为城市的核心定位文化，有待城市文化定位实践的进一步验证。河南省新乡市是我国历史文化资源较为丰富的北方城市，具有一定的代表性，深入研究分析河南省北部城市新乡市的传统文化与现代文化，提炼出新乡市的核心文化要素，可以借此来诠释箭垛式文化的选取及城市核心文化的定位过程。

一　多元化的新乡文化资源

文化资源是发展文化产业的基础和前提条件。新乡位于中原之地，是中华文明的重要发祥地之一，这里历史悠久，文化底蕴深厚，文化资源丰富。通过对新乡文化资源的概括总结，大致可以分为历史文化资源、红色文化资源、工业文化资源和民间文化资源四类。

（一）底蕴深厚的历史文化资源

其一，文化遗迹丰富。新乡历史悠久，文化灿烂，长期处于古代中国的政治、经济和文化中心区域，其最早文明可追溯到距今约 8000 年的新石器时代。境内现有各类历史文化遗址 76 个，已探明或发掘的古墓葬 75 个，石窟、石刻 157 处（个）。现有全国重点文物保护单位 9 处：潞王陵、比干庙、百泉、孟庄遗址、望京楼、西明寺造像碑、白云寺、共城城址、古长城；省级重点文物保护单位有平原省委旧址、同盟山武王庙、香泉寺、徐氏家祠、文庙、老爷顶真武庙、陈桥宋太祖黄袍加身处等；省级文物保护单位 42 处；市级文物保护单位 500 余处；历史文化名城 1 处；历史文化名镇 1 处。①

其二，历史事件、名人资源丰富。新乡是中国重要历史事件的多发地之一。据记载，新乡发生重大历史事件 24 次，如同盟山会盟、牧野大战、围魏救赵、官渡之战、陈桥兵变等。新乡涌现出有重大影响的历史名人 55 人，许多在中国历史上有重要影响的人物都生于斯，长于斯，如姜太公、比干、陈平、周勃、周亚夫、邵雍、徐世昌等，为新乡历史增添了光辉的篇章。新乡还留下了历代圣贤、学士、名流隐士、文人墨客、帝王将相的重要足迹：如孔子讲学杏坛、子路治宰于长垣、高适主政于封丘、七贤竹林高卧，李白、苏轼、元好问、乾隆皇帝等遍访新乡山水名胜，留下了千古不朽的华章。

其三，姓氏资源丰富。新乡地处中原，是许多姓氏的发源地，是中华民族主体的一个重要根源。据统计，有 67 个姓源于此，主要有姜（姜太公后裔）、林（比干后裔）、毛、封、宁等。姜太公是中国的"谋圣"，在海内外都有很大影响，卫辉是姜太公的故里；比干是中国林氏的祖先，卫辉的比干庙和林坚出生地是海内外林姓寻根问祖的地方；百泉的苏门山是苏姓的发源地，原阳是娄、师、祝等姓氏的发源地。

---

① 此数据来源于《2011 新乡年鉴》。

（二）继往开来的红色文化资源

新中国成立以来，新乡模范人物辈出，各类先进单位云集，涌现出了一大批全国知名的先进典型。合作社和人民公社化时期，封丘应举农业社和七里营人民公社受到毛主席的肯定和表扬；20世纪70年代，辉县人民苦战太行，兴修水利，开山造田，成为全国典型；改革开放以来，又涌现出社会主义新农村刘庄、乡村都市京华园、实践"三个代表"的时代典型回龙村等一批先进典型。被中组部誉为新中国成立40多年来在群众中享有崇高威望的共产党员代表史来贺、被选为全国十大女杰之一的刘志华、全国乡镇党委书记的榜样吴金印、实践"三个代表"重要思想的楷模张荣锁等，都已成为新乡在全省乃至全国独具优势的红色文化资源，更成为新乡人民宝贵的精神财富。

（三）特色鲜明的工业文化资源

新乡是中原地区重要的工业基地。自新中国成立以来，新乡以内源型经济为驱动，在产业集群、产业名都、产业名镇、产业名牌的建设中成绩斐然。作为一个以电子电器、化工纺织、建材、医药、机械、食品加工等优势产业为骨干，集科研、生产为一体的新兴工业城市，新乡培育出了新飞电器、白鹭化纤、金龙铜业、TCL、美乐彩电、太行电源等一批大型企业集团，开发出了"新飞"冰箱和空调、"白鹭"粘胶长丝、"鲸龙"铜管、"太行"电源、"中原"拖拉机、"幸运"方便面、"王牌"瓷砖等一批享誉国内外的名优产品。新乡市高新技术开发区已经形成了电子信息、新材料、生物工程等高新技术产业群体。众多的工业企业为新乡带来经济增长的同时，也形成了多姿多彩的工业文化资源，培育出新乡独具特色的工业文化。

（四）内涵丰富的民间文化资源

新乡民间文化资源丰富，传统民俗文化保存较好。新乡市延津大平调、辉县市民间剪纸和百泉药会被列入国家级非物质文化遗产名录；长垣烹饪、卫辉柳毅的传说、卫辉比干祭奠等10个项目被列入河南省第一批非物质文化遗产名录；西河怀梆和五彩皮影戏成为河南省第一批非遗保护扩展项目；原阳县太平镇等4个乡镇被命名为第一批河南省民间文化艺术之乡；2009

年新乡市推荐的小咚鼓艺术、马皮舞、小宋佛高跷等 11 个项目成为河南省第二批非遗保护项目；2011 年又有 8 个项目成为河南省第三批非遗保护项目；李爱荣等 11 名艺人被命名为首批"省级非物质文化遗产代表性传承人"；河南师范大学、河南省博大烹饪学校成为"河南省非物质文化遗产社会传承基地"。

（五）独树一帜的饮食文化资源

新乡的饮食文化特色鲜明。长垣烹饪艺术久负盛名，是豫菜振兴的重要基地。长垣为烹饪之乡，烹饪相传已有 1100 多年的历史。早在唐代中期，就有以烹饪为业的"烹工"。明末，烹饪技术又有新的发展，出现了"烹师"。到了近代，逐渐形成了鲜香清淡、四季分明、色彩典雅、质味适中的独特风格。目前，长垣厨师遍布海内外。据统计，共有 1 万余名长垣厨师分布在全国各大城市以及多个国家和地区的宾馆、饭店。其中，北京钓鱼台国宾馆总厨师长侯瑞轩、豫菜大师苏永秀、全国优秀厨师郝玉民等，都是身怀绝技、手艺不凡的烹饪高手。

二　新乡各种文化资源及新乡的多元化文化

新乡位于黄河冲积平原和太行山山前平原的过渡地带。从 2006 年开始，除了市区以外，新乡市下辖辉县市、卫辉市、新乡县、获嘉县、原阳县、延津县、长垣县、封丘县八县市，另有重新设立的与郑州接壤的平原新区（副厅级）。由于新乡市地域广大，各县区在历史发展过程中几乎都曾有过辉煌的历史，因此新乡市核心文化定位面临着较大的多元地域文化冲突的复杂性。

从文化地域上看，新乡历史文化属于中原文化的豫北文化区（郑卫文化）。从文化内涵上看，新乡文化较为集中地体现着中原文化中的郑卫文化，尤其是卫文化。新乡的史前文化更是中原文化的源头（河洛文化、仰韶文化和龙山文化）的一部分。具体来说，中原文化中的史前文化、神龙文化、政治文化、圣贤文化、思想文化、名流文化、英雄文化、农耕文化、科技文化、医学文化、姓氏文化、民俗文化、宗教文化在新乡文化中都有体现，新乡文化较完整地体现了中原文化根源性、原创性、包容性、开放性和丰富性的特点。总之，就地位上而言，新乡文化是中原文化的重要组成部分，是中原文化豫北文化区卫文化的主干和精髓。

然而，从中原文化的几大文化圈来讲，新乡文化是以郑卫文化圈为主（辉县市、卫辉市、新乡市区和新乡县等），并有部分地区属于河内文化圈（获嘉县、平原新区、原阳县）和陈留文化圈（封丘县、长垣县和延津县）①。

从具体的文化资源来看，新乡的部分文化资源也呈现出多元归属的状态。例如，新乡市经常自称以"牧野"的名称在商朝时期属于天子所在地朝歌的郊外偏远的地方，但朝歌却位于今天新乡市东北方鹤壁市的淇县；封丘县著名的陈桥驿景区带来的宋源文化，与南方以宋文化著称的八朝古都开封（东京、汴梁、汴京）惺惺相惜；北部辉县市和卫辉市卓越多姿的山水文化同属太行山脉，与西部山西省晋城市、西南部焦作市相生相连，例如辉县市八里沟等景区可与焦作云台山等景区共谋发展；凤泉区"世界水利工程史上的奇迹"——愚公泉，其战天斗地的精神气概与北部安阳市林州的"红旗渠精神"交相辉映；获嘉县同盟文化乃牧野文化一部分，但同西部焦作市修武县②（源自修兵练武）息息相关。③

另外，新乡在历史发展长河中也经历了史前文化、夏商文化、周文化（表现为牧野文化）、秦汉文化、宋源文化、明清文化（多表现为中原文化的一部分）、平原文化等，同时卫河文化贯穿其中。总之，新乡市先后的文化在时空上交错混杂，为其核心文化定位带来了极大的复杂性和困难性。

---

① 卫绍生：《魏晋文学与中原文化》，学苑出版社，2004，第 276～328 页。

② 修武县历史悠久，周代之前称"宁邑"，商末武王伐纣，大军途经宁邑时遇暴雨三日而不能行，就地驻扎修兵练武，故改宁邑为"修武"。"修武"之名历代传承一直延续下来，成为中华大地上最古老的县名之一。

③ 周武王命令全军驻兵于宁邑"修兵练武"后，曾率领八百诸侯在今获嘉县县城东北 2.5 千米处让士兵积土成丘（即今天的"同盟山遗址"），在丘上设坛盟誓，为牧野大战取得全面胜利奠定了坚实的思想基础。历史上称此丘为中华第一坛，后人称此丘为"同盟山"，并在山上修建武王庙，以示纪念，此庙为周朝第一庙（全国唯一）。

三　多元文化对比及核心箭垛式文化的提炼与萃取

将新乡市多元化的核心文化进行汇集，选取能代表新乡历史和现代整体特征的正能量的文化代表，是城市核心文化集散过程的重要一环。首先，这个过程不是将新乡的传统文化和现代文化打破，去建构一个新的文化秩序，而是在汲取新乡传统文化与现代文化的基础上，进行本土化与现代化相结合的城市文化建设。其次，这个过程是对原有城市文化精神的提炼和萃取，从而使其箭垛式文化符合新乡的文化历史和未来发展，更符合城市自身的文化内涵和城市精神。最后，这个过程是一个将正能量文化集散的过程，将正能量的文化集聚从而使其核心文化精神得以体现，形成正能量文化的核心内容；同时在正能量的核心文化精神的指引下，对城市文化精神进行积极的文化价值引导，从而使城市自身的文化建设和文化产业发展向着又好又快的方向发展。

通过对新乡市文化资源及蕴含的断代文化的逐步统计及分析，从文化内涵的深度、广度以及美誉度来看，新乡市可供选取的核心文化代表主要有史前文化（河洛文化、仰韶文化和龙山文化）、牧野文化①（同盟文化、比干文化）、平原文化、卫河文化，任何一个文化都不能完全概括新乡整个文化资源的全部。

从史前文化来看，史前文明的仰韶文化、龙山文化、河洛文化等多个地方都在新乡大地上有所展现。其核心精神表现为"和谐、智慧"，然而，史前文化过于久远，成为新乡市的核心文化过于牵强。

牧野大战的发生标志着周王朝的诞生，从而开启了牧野文化繁荣发展的篇章。在牧野文化时期，获嘉县的同盟文化、卫辉市的比干文化等都属于牧野文化的一部分，并随着社会发展出姜尚文化等新的文化代表。其核心精神表现为"包容、和谐、智慧、勇敢"，具备成为箭垛式文化的潜质和基础。

---

① 公元前 1046 年 2 月 5 日，周武王亲率佩甲之士 4.5 万人、敢死队 3000 人，并与早已跟武王结成联盟的其他封国军队相配合，在殷都的郊外牧野与纣王的军队展开了生死大决战。

从周王朝没落到近代，新乡文化都属于中原文化的一部分，尤其是属于中原文化中郑卫文化中卫文化的主体。这期间出现的寻根文化、潞王文化、"竹林七贤"、民俗文化、十四丞相、博浪沙文化、宋源文化、陈玉成等文化元素，都属于中原文化的一部分。其核心精神表现为"和谐、智慧、敢为人先"，然将中原文化作为新乡文化的定位，由于中原文化的时间和地域涵盖过大而略显不当。

新乡人民至今有着浓厚的平原文化情结。1949～1952 年，平原省曾在中国大地上名噪一时，然而短短三年的时间，平原省就被撤销，并入河南省，从而在中国的省级行政区域规划中消失。① 然而，作为一个时代的印迹，新乡人民至今仍有浓厚的平原文化情节。从其平原博物馆、平原新区等命名来看其情节之深。事实上，从抗日战争时期开始，平原文化就已经孕育并崭露头角。曾经活跃在平原大地上的"平原游击队"及李向阳，就是平原文化精神的代表。新中国成立后新乡人民将平原文化精神继续发扬，创造了"愚公泉精神"和社会主义新时期新农村的代表。其核心文化精神表现为"包容、智慧和勇敢"。

从以上分析大概可以看出，牧野文化成为新乡市的箭垛式文化最为可能，其核心精神"包容、和谐、智慧、勇敢"不仅是牧野文化的典型特征，更可以涵盖其他阶段文化，并能成为现代社会城市文化精神，从而为社会传递正能量。依据新乡市不同的历史发展时期，大致可以将其分为史前文化时期（史前至牧野大战）、牧野文化时期（牧野之战到周王朝灭亡）、中原文化时期（秦建立至抗战前夕）和平原文化时期（抗日战争到现代，可以称

① 1949 年 8 月 1 日，华北人民政府通令成立平原省，8 月 20 日，平原省正式成立，驻新乡市。平原省的土地来源是原河南、山东、河北三省。在河南省将武安、涉县、临漳三县划归河北省的前提下，河北省将本省南部南乐、清丰、濮阳县（含今濮阳县、濮阳市市辖区、内黄县中部）、长垣、东明 5 县，河南省将黄河以北剩余地区，山东省将大运河以西全部和以东部分地区（即今聊城市大运河以东地区）划归平原省。中华人民共和国成立后，平原省由中央直接领导。辖新乡、安阳、湖西、菏泽、聊城、濮阳 6 个专区。共辖 56 个县、1 个矿区、5 个城关镇。1952 年 11 月 15 日平原省建制撤销，将新乡、安阳、濮阳 3 个专区划归河南省；菏泽、聊城、湖西 3 个专区划归山东省。通俗地说，就是原属河南省的土地复归河南省，原属山东省的土地复归山东省，但原属河北省的 5 个县没有回归河北省，而是划归了河南省。

为新牧野文化时期）。四个文化时期都能表现出"包容、和谐、智慧、勇敢"的文化精神，成为牧野文化这个箭垛式文化粘连程序的重要对象，其下属的其他文化资源成为箭垛式文化堆砌的重要对象，从而使牧野文化成为新乡的核心文化，并在现代可以逐步发展成为牧野文化体系。

表 6 - 1　新乡文化时期分段及"牧野文化"核心精神表现

精神内涵 文化时期	包容	和谐	智慧	勇敢
史前文化时期（史前至牧野之战）	共和行政	共国文化	龙山文化、仰韶文化在新乡的诸多遗址、共工治水	得胜文化、鸣条之战
牧野文化时期（牧野之战到周王朝灭亡）	比干	同盟文化	姜尚	牧野之战
中原文化时期（秦建立至抗战前夕）	寻根文化、潞王陵、次妃墓	刘伶"竹林七贤"、民俗文化	十四丞相	博浪沙、宋源文化、陈玉成
平原文化时期（抗日战争到现代）	城乡一体化	新农村建设、生态文化	社会主义新农村典范、科技文化、工业文化	平原游击队、李向阳、太行文化、愚公泉

由表 6 - 1 可以看出，不同历史时期"牧野文化""包容、和谐、智慧、勇敢"的文化精神始终保持并延续着，这也就是"牧野文化"最核心的概念。而每一个历史人物，每一个历史事件，都是"牧野文化"精神具备特殊时代性的具体代表，也是新乡打造"牧野文化"、弘扬"牧野文化"精神的具体落脚点。

四　"牧野文化"核心定位的合理性

根据对新乡在中原文化中地位的认识，以及和周围城市文化定位的对比分析，新乡定位为牧野文化与其他地市实现"异质性"的发展，具备一定的合理性。

（一）与周边城市文化定位实现异质化发展

作为中原文化的一个区域，与周围其他城市相比，新乡文化不同于中原文化区域内其他任何一个城市的文化（见表6-2），其文化特征主要体现在"牧野文化"的独特性上。

表6-2　新乡与周边城市的文化定位比较

城市	城市定位	文化区域	文化圈	文化定位	文化源流
新乡	高新技术产业，汽车零部件，轻纺，医药工业，职业培训，现代农业示范基地，北部区域物流中心	豫北文化区（郑卫文化）	郑卫文化圈、河内文化圈、陈留文化圈	牧野文化	牧野之战、中原文化、卫河文化、史前文化、平原文化
郑州	省会，中国历史文化名城，国际文化旅游城市，全国重要的现代化物流中心，区域性金融中心，先进制造业基地和科技创新基地，东方文化遗产型旅游胜地	豫北文化区（郑卫文化）	郑卫文化圈、河洛文化圈	商文化	夏朝的都城阳城（郑州登封），商朝开国君主商汤所建的亳都，夏、商、邵、管、郑、韩6次为都（登封、新密、郑州、新郑）
开封	"宋城"，中国历史文化名城，国际文化旅游城市，纺织、食品、化工和医药工业基地，郑州都市圈重要功能区	豫东文化区（宋代理学）	陈留文化圈	北宋文化	夏朝，战国时的魏国，五代的后梁、后晋、后汉、后周，北宋和金8个王朝在此建都
洛阳	中国历史文化名城，国际文化旅游名城，中原城市群副中心，全国重要的新型工业城市，先进制造业基地，科研开发中心和职业培训基地，中西部区域物流枢纽	豫西文化区（河洛文化）	河洛文化圈	河洛文化、东周文化、汉唐文化	丝路起点、大运河、五大都城遗址，13个王朝曾建都于此
焦作	国际山水旅游城市，能源、原材料、重化工、汽车零部件制造业基地	豫北文化区（郑卫文化）	河内文化圈	商周文化	太极文化、山水文化、怀药文化、历史名人文化
安阳	中国八大古都之一，中国历史文化名城，中国优秀旅游城市，国家级园林城市，豫北区域性中心城市	豫北文化区（郑卫文化）	河内文化圈	殷商文化、周易文化	盘庚迁殷、甲骨文故乡、《周易》发源地
濮阳	具有龙文化特色的生态园林城市	豫北文化区（郑卫文化）	郑卫文化圈	龙文化为主体、杂技之乡	古雍国、龙文化、五帝文化、卫国文化、汉文化、宋文化、姓氏文化

（二）完美体现了箭垛式的典型文化特征

为了有效整合新乡市的文化资源，"牧野文化"成为箭垛式文化使新乡在时间、空间地域、文化意向三个维度来解构和结构该文化体系，体现了箭垛式文化的典型文化特征。

其一，体现了箭垛式文化时空延伸的特征。牧野文化体系是一个动态发展的概念，它既包含了时间的延伸，又包含了空间的扩展，涵盖了古往今来新乡的历史及凝聚在其中的文化。在时间上，包括了新乡从史前、商周、秦汉、唐宋、明清、平原到现代的数千年历史性时间演变，它以商末周初的牧野战争文化为原点，向前继承了史前文化，向后发展至商周文化、汉唐文化、明清文化，乃至今天的平原文化和现代工业文化；在空间上则由原来的牧野战争发生地扩展至北至太行山脉、南抵黄河北岸的广大地区。牧野文化最初代表一场战争文化，现在代表一座城市的文化，未来将是以新乡为文化核心区域，向外呈伞状辐射到周边文化关联地区的"牧野文化体系"。牧野文化体现出一种与时俱进的文化品格。

其二，体现了箭垛式文化多元包容的特征。牧野文化体系包含着新乡丰富的文化资源。由于新乡曾处于中国的政治中心、经济中心和文化中心区域，因此历史文化资源十分丰富。同盟山会盟、牧野大战、围魏救赵、官渡之战、陈桥兵变等重大历史事件也都发生于此，更有姜太公、比干、陈平、周勃、周亚夫、邵雍、徐世昌等历史文化名人生长于此。同时，新乡拥有丰富的文化遗迹，现有国家级重点文物保护单位9处，以潞王陵、比干庙、百泉、孟庄遗址、望京楼、西明寺造像碑、白云寺、共城城址、古长城为杰出代表，省级文物保护单位42处。新乡的民间文化资源丰厚，延津大平调、辉县市民间剪纸和百泉药会是国家级非物质文化遗产。牧野文化以其丰富的文化资料显示了新乡独特厚重的文化地位。牧野文化不是一枝独秀，而是呈现多元融合共生的格局，它不仅涵盖物质、精神、制度和行为多种文化形态，更包含不同时期、不同内涵、不同层次的多种文化。牧野大地上曾经出现过以"狭义的牧野文化"、卫河文化、比干文化、中原文化、平原文化、黄河文化、太行文化等为代表的多元历史文化，以及以近现代红色文化和工业文化为核心的新时代文化，然而，有且只有牧野文化体系能大而化之、囊括其中。牧野大战是文化空间的轴心，中原戏曲、祖根文化、成语典故等各级非物质文化遗产是其坚实的文化基础，而比干庙、潞王陵、七里营等有形文化遗迹则构成了牧野文化的物质载体。"牧野文化"是指从古至今在新乡市辖区内新乡人民创造的物质财富和精神财富的总和，它表现出新乡文化巨大的开放性和包容性特质。

其三，体现了箭垛式文化一脉相承的特征。牧野大地上曾经出现的各种文化，不管其形态如何变化，时间如何延伸，其精神内涵始终是牧野之战所表现出来的革新进取，尤其以比干文化、汉唐文化、明清文化、宋源文化和平原文化为代表，他们的精神内涵一脉相承。这也是牧野文化能脱颖而出，成为新乡文化最终代表的根本原因。

其四，体现了箭垛式文化代表、阳光正义的特征。牧野文化在一定历史时期内形成，并在传承中发展，铸造了它独特的文化精神。牧野之战是一场商周间的王朝兴替战争，不仅以"革命"实现了周武王君临天下，而且它所铸就的牧野文化，还对当时的礼法制度的承袭与变革以及后世中国传统思想、文化、道德和民族精神、气节的形成产生了深远的影响。牧野文化所秉承的"包容、和谐、智慧、勇敢"的精神，是新乡文化的核心要素。在长期实践中，新乡市总结和提炼出的"厚善、崇文、敬业、图强"的城市文化精神，既充分反映了古老的"牧野文化"的精髓，又体现了改革开放以来人们对城市未来发展的美好愿望和对现代文明的向往和追求。"牧野文化"是对建设效益新乡、生态新乡、创新新乡、和谐新乡的最好诠释。"牧野文化"将被打造成为全国知名的文化品牌，从而彰显新乡独特的城市品质，并引领新乡文化产业的发展。发展以"牧野文化"为核心的文化产业是实现新乡跨越式发展、转型发展、统筹发展、开放发展、和谐发展的重要举措。正因为是牧野文化的精神传承在新乡众多的文化中，牧野文化是新乡文化的代表性文化。或者说牧野文化是新乡最具典型的文化代表。牧野与新乡的关系是没有争议的。

（三）有效整合了新乡文化资源，助推城市文化及城市文化产业发展

新乡定位于"牧野文化"有利于整合文化资源，发挥新乡在文化资源向文化产业方向转化的能力，变资源优势为经济优势。新乡历史悠久，文明源远流长，文化资源丰富多彩，其优势可总结为：其一，文化资源时间跨度大，空间分布广，历史延续性好；其二，文化资源种类齐全，类型多样，内涵丰富；其三，人文资源与自然资源交相辉映，体现出文化生态和自然生态的多样性；其四，物质文化遗产资源与非物质文化遗产资源互为补充，既有承载厚重历史的文化遗产，又有充满活力的民间传统文化资源；其五，历史传统与现代文化和谐统一，这里既是千古牧野、古老文明之地，又是现代开放的新兴城市，充满时尚气息；其六，工业文明与农业文明相互促进，工业新乡与农业生态新乡和谐统一。牧野文化将众多文化有条不紊地联系在一起，使新乡的各种文化资源都能得到有效整合，无论是建设优秀传统文化的传承体系，建设市场经济体制下的现代文化市场体系，抑或统筹城乡公共文化服务体系的建设和发展，推动新乡城乡文化一体化，都将为新乡市文化大发展、大繁荣增光添彩。

从文化产业发展角度看，新乡文化资源又存在以下不足：第一，文化资源整体比较优势不明显，尤其是处于文化资源大省河南省域，新乡与周边的洛阳、开封等著名古城相比，无论是在资源丰富性还是资源品相上，优势都不甚突出，垄断性文化资源数量有限，文化资源的知名度也有待提高；第二，代表性文化形象模糊，无论是外界对新乡，还是本地人对新乡代表性的文化形象尚没有形成统一的认识，为新乡整体文化形象的塑造带来较大影响；第三，受新乡社会经济，尤其是文化产业发展制约，文化资源优化整合不够，资源的开发利用程度不高。定位于牧野文化可有效弥补这些缺点，从而提供了城市文化名片，并将使城市文化发展有了赖以打造的文化核心，从而推动整体城市文化功能的提升。

五　"牧野文化"的重新诠释及内涵

"邑外谓之郊，郊外谓之野"，古时"牧野"仅指都城之外的远郊，今日"牧野"特指河南新乡。

"牧野"是一个时间概念。自武王伐纣发动牧野大战至今已有 3000 多年，从隋文帝开皇六年（公元 586 年）始置新乡县至今也有 1400 余年。但作为历史文化的牧野是一个继承和发展的时间概念，上可追溯至仰韶文化、龙山文化时期，下可达今日崭新风貌的新乡。从商都牧野到中国新乡，从都城之郊到汲县之乡，从郊野之地到现代化新城，绵延上下 5000 年未断的文明。

"牧野"是一个地域概念。牧野古属冀州，商汤时期为京畿之地，新中国成立后曾为平原省会，现在为新乡市。古牧野战场在今新乡辖区内，关于周武王、比干、姜子牙的遗迹和传说在新乡俯拾皆是。新时期牧野的代名词——新乡，一个新字，意味着牧野是革新、培新、创新之地，将呈现新人、新貌、新气象。

"牧野"是一个文化概念。牧野大地上的比干庙、太公墓、潞王陵、七里营等有形文化遗迹和中原戏曲、祖根文化、成语典故等各级非物质文化遗产，构成了"牧野文化"的实质性内涵。"牧野文化"可以用时间、空间交合形成的三维空间模式来表达。在这个三维架构里，依次出现了狭义的牧野文化、卫河文化、中原文化、平原文化等主要的文化要素。而从狭义到广义的牧野文化，其核心要素——包容、和谐、智慧、勇敢的精神从牧野之战延续至今，牧野大地上涌现出的一代代杰出人物，发生过的一件件重大事件就是被牧野精神培育起来的。

"牧野文化"自成体系，是在牧野人文社会历史发展基础之上构成的一个文化意象发展空间，牧野大战是此空间记忆的源发核心，并逐渐由一场战争生发为一种文化精神、一种文化因子，现在成为代表新乡的一种地域文化，未来更能成为囊括新乡诸文化类别的牧野文化体系。

"牧野文化"是以"牧野"延续千年的历史时间概念为 T（Time）坐

标，以"牧野"的地域空间概念为 N（North）坐标，以体现"牧野文化"发展走势的意象符号为 C（Culture）坐标而构成的三维文化体系（见图 6 - 1）。换句话说，"牧野文化"即指从古至今在新乡市辖区内，新乡人民创造的物质财富和精神财富的总和。它在一定的历史时期内形成，并将在现代社会中继续传承和发展。

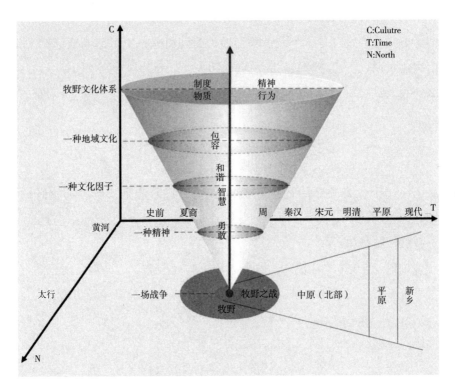

图 6 - 1　"牧野文化"三维体系

在"牧野文化"体系图中，以"牧野"延续千年的历史为横向 T（Time）轴，展示新乡从史前、夏商、周、秦汉、唐宋、明清、平原到现代的千年历史性时间衍变；以地理的 N（North）向为第二坐标轴，以"新乡—牧野"大地上的特殊地理标识黄河、太行山为坐标点；以 C（Culture）为纵向坐标轴，展示了牧野文化从一场战争向新乡文化精神和牧野文化体系的文化意象发展过程。

　　T 轴与 N 轴相结合，构成了牧野文化体系图中基于地域范围在历史中的变化。以牧野之战为牧野文化的元点，由此向上发展与 C 轴契合而形成牧野文化三维圆锥体，该圆锥体呈漏斗形，既象征着时间的流沙带不走"牧野文化"发展的动力，也展现了"牧野文化"从微弱元点迸发出的无穷张力。文化向上层层递进，最大的文化层，就是牧野文化体系，涉及物质、精神、制度和行为四个文化形态。在这个三维架构里，牧野大战是文化空间的轴心。中原戏曲、祖根文化、成语典故等各级非物质文化遗产是其坚实的文化基础，而比干庙、潞王陵、七里营等有形文化遗迹则构成了牧野文化的物质载体。

　　三轴结合同时又呈现牧野文化体系未来的发展态势。牧野文化体系是一个动态发展的概念，最初代表一场战争文化，现在代表一种城市文化，在未来将代表一种更大的区域文化。"未来的牧野文化"将是以新乡为文化核心区域，向外呈伞状辐射到周边文化关联体的牧野文化体系。

　　将牧野文化体系进行分解，可以看到该文化的核心是牧野精神（见图 6-2和图 6-3），即"包容（情怀）、和谐（文化）、智慧（品格）、勇敢（精神）"的文化精神。此种文化精神经升华提炼，既上承千古牧野战争，又下延当代新乡精神，是牧野人亘古不变的坚定灵魂。此种文化精神，虽始于一场开天辟地的战争，却是以中华民族之包容和谐为己任，始终秉承着和谐发展的文化宗旨。当此文化精神成为文化基因，就必然能贯通历史，影响深远，最终在物质、精神、制度和行为四个文化层次上体现出来（见图 6-2）。"牧野文化"凝聚了新乡不同历史时期的多元文化（见图 6-3），成为体现新乡精神的典型文化。

　　从文化的历史演变来看，牧野文化在不同的历史时期表现不同的文化形态：狭义的牧野文化（以同盟文化、得胜文化和生态文化为代表）、平原文化（以红色文化和工业文化为代表）、中原文化（以史前文化、姓氏文化和名流文化为代表）和卫河文化（以比干文化为代表）。从精神层面看，牧野文化在不同的历史时期的文化表现形态虽然不一致，但包容、和谐、智慧、

勇敢的精神内涵却贯穿了新乡自牧野之战后的全部历史进程（见图6-1），
连接了新乡的诸多文化类别（见图6-2和图6-3），坚实地将新乡的文化
资源凝聚在牧野文化体系之内。牧野文化的核心元素，并不是简单的历史堆
积，而是从历史中提炼出文化的实质和核心要素，它们是以历史上体现牧野
（新乡）精神的人和事为载体，但传承和发展的根基却始终不变，这也是
"牧野文化"品牌塑造的核心。

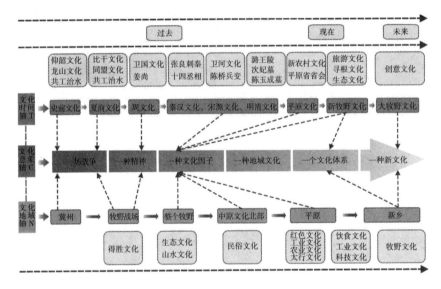

图6-2 "牧野文化"体系历时分解

作为新乡市的箭垛式文化，牧野文化的核心文化精神就应当在新乡
市文化建设各个方面进行扩散和传播。在文化建设中，应当利用正能量
的牧野文化精神对城市的文化事业建设、文化产业发展进行积极的文化
价值引导。在文化事业中，可将牧野文化精神纳入城市公共文化服务体
系的建设之中，运用正能量的牧野文化资源开发出众多公共文化产品和
服务，提升牧野文化标示在市民中的认知度和美誉度。在文化产业发展
中，在开发以正能量的牧野文化资源的基础之上，以正能量的文化精神
建设文化产品的评价机制，使文化产业的发展向文化价值与经济价值
"双赢"的方向发展。

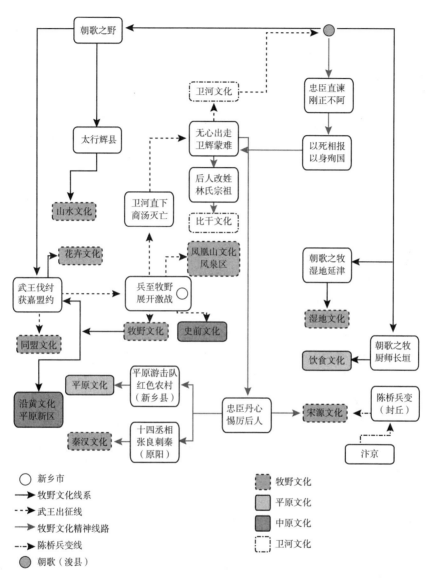

图6-3　"牧野文化"体系共时分解

第二节　我国大城市的文化定位实践：以武汉市为例

文化资源不仅是发展文化产业的重要基础，更是核心城市文化定位的重要基础。然而，文化资源特别是历史文化资源并不是城市文化的重要代表，而文化资源尤其是传统文化资源背后蕴含的传统文化精神，是城市文化定位选取和评判的最佳标准。

一　武汉市多彩缤纷的文化资源

作为华中地区特大城市和国家发改委支持建设的国家中心城市，武汉市是久负盛名的历史文化名城，从古至今有盘龙文化、三国文化、荆楚文化、首义文化等驰名中外，更由于其山湖相交的地理环境孕育了婀娜多姿的生态文化。三国时期，在武昌和汉阳筑有江夏和却月古城，唐代已是著名商埠，明清时为全国"四大名镇"之一。汉口的港口贸易运输业颇为发达，成为我国内河最大的港口，有"十里帆樯依市立，万家灯火彻夜明"（吴琪诗）状其景，"居民填溢商贾辐辏，为楚中第一繁盛处"，颇能反映其繁盛。清乾隆年间，汉口更盛于世，仅"盐务一事，亦足甲于天下"。1927 年初，武汉国民政府将武昌与汉口（辖汉阳县）两市合并作为首府，并定名为武汉。当下由武昌、汉口、汉阳三镇组合而成的"武汉市"，文化资源丰富，其四色文化资源形态各异，极具江城特色和魅力。

（一）承前启后的历史文化资源

武汉是一座历史文化名城，又是中国优秀旅游城市和"三国""三峡"旅游线路的中转站。其丰富的历史文化资源主要体现在文物资源丰富、历史街区林立、民俗文化遍布、名胜古迹众多、博物馆纪念馆众多、历史文学资源缭绕。

武汉是文物古迹之城。全市有名胜古迹 339 处，革命纪念地 103 处，国家级、省级、市级文物保护单位 178 处。国家重点文物保护单位有盘龙城商朝遗址等 11 处。[①] 另外，黄鹤楼是国家"5A"级景区，湖北省博物馆、武汉市博物馆、归元禅寺入选首批国家"4A"级景区（点）。其中，北郊黄陂区有近几年才发现的盘龙城遗址，是距今约 3500 年前的商代方国宫城。

---

① 《风景名胜》，武汉市人民政府网，2016 年 3 月 14 日，http：//www.wuhan.gov.cn/whszfwz/xwxx/whgl/201411/t20141109_ 13846.html。

黄鹤楼乃天下第一楼，巍峨矗立于长江之畔，并因崔颢"昔人已乘黄鹤去，此地空余黄鹤楼"而闻名海内外。佛教圣地归元禅寺是武汉佛教四大丛林之一，以五百罗汉、玉佛及悠久历史著称，高山流水觅知音的古琴台等。另外还有九女墩、行吟阁、楚天台、关公卓刀泉、放鹰台等多个名胜古迹。

武汉是历史街区之城。汉口汉正街（始建于 1525 年）是"古汉口之正街"，是汉口历史上最早的中心街道，是万商云集、商品争流之地。现在汉正街在全国十大市场中名列前茅，过去的汉正街则把握着武汉早期商业的命脉。汉正街自古就有"天下第一街"之美誉。现在在武汉已有了东汉正街、西汉正街、江汉路、黎黄陂路、武汉天地、花园道、吉庆街、汉口北、兰陵路、建设大道金融街、户部巷、红巷、昙华林、河汉街、光谷步行街、解放路、胭脂山、广埠屯、沌口法国街。

武汉是民俗之城。武汉的民俗文化较多，其中前四批国家级非物质文化遗产名录就有 15 个，到 2017 年底已有 167 个项目进入武汉市非物质文化遗产名录。其中国家级非物质文化遗产名录为木兰传说、龙舞之汉阳高龙、汉剧、楚剧、湖北评书、湖北大鼓、湖北小曲、木雕船模、汉绣、黄鹤楼传说、汉阳归元庙会、马应龙眼药制作技艺、武汉杂技、伯牙子期传说、三国传说·卓刀泉传说等。[①]

武汉是文博之城。湖北省博物馆、武汉市博物馆入选首批国家"4A"级景区（点）。现有各种类型的博物馆（纪念馆、陈列馆）38 家，涵盖了艺术、考古与历史、民族学与人类学、自然历史与自然科学等类别，各馆收藏和展示了一大批文物精品，文物藏品有 12 万余件。截至 2009 年 12 月，市区专业文博单位馆藏文物达 72105 件，其中经鉴定的一级文物藏品 139 件，二级文物藏品 556 件，三级文物藏品 16492 件。[②] 这些博物馆、纪念馆、管理所除办好本馆的基本陈列、辅助陈列外，每年还举办大量的临时展览，接待了大量观众，不仅为国家收藏保护了大量珍贵文物，还为武汉市精神文明建设、满足人民群众精神文化需求，做出了积极贡献。湖北省博物馆是湖北省唯一的省级综合性博物馆，主要承担着全省文物的收藏、保管、保护、

---

① 黄征、涂腊梅：《武汉非物质文化遗产十大代表项目》，《长江日报》2013 年 10 月 10 日。

② 《武汉市人民政府关于〈武汉市文物保护若干规定〉实施情况的报告》，武汉人大网，2010 年 7 月 23 日，http：//www. whrd. gov. cn/html/cwhgb/122324/2010/0723/5382. shtml。

陈列展览及藏品的研究工作，筹建于 1953 年，前身可追溯到湖北省人民科学馆，几经变更之后，形成如今的湖北省博物馆。该馆藏有反映湖北省从原始时期以来各个历史时期的社会制度、社会生产和社会生活的各类文物、标本 14 万余件（套），其中一级文物近千件（套），位居全国省级博物馆前列。

武汉是诗性之城。武汉有 3500 年文明传承史，特别是在中国近、现代史上，正因为有了武汉，才多了几分激情与活力；武汉"诗城"，从李白、崔颢、孟浩然，一直到毛泽东，在这里留下大量流传千古的诗篇。

（二）影响深远的红色文化资源

武汉在近代中国历史上发挥着不可替代的重要作用，曾经上演了武昌起义、二七罢工、八七会议、浴血抗日等可歌可泣的历史篇章。因此，武汉市的红色文化资源也基本上承载着革命先烈建设新中国的各个历史进程。

在中国近代史上，三镇遍布革命胜迹。迄今为止，革命遗址和革命纪念建筑物 56 处，革命纪念地 103 处。辛亥革命首义军政府旧址、中共"八七会议"旧址和武汉国民政府旧址是国家重点文物保护单位。武汉二七纪念馆、武昌中央农民运动讲习所旧址纪念馆和辛亥革命武昌起义纪念馆等被列为"全国百个爱国主义教育示范基地"之一。1911 年辛亥革命首义于此，现存有起义门旧址，武昌阅马场的红楼是当时的指挥中心，现存有孙中山的纪念铜像。

在武汉市江岸区，就汇集了"八七会址"、詹天佑故居、汉口中华全国总工会旧址、大智门火车站候车厅、汉口近代建筑 5 个中央级文化保护单位；八路军武汉办事处纪念馆、汉口新四军军部旧址、湖北共进会旧址、宋庆龄汉口旧居、德明饭店 5 个省级文物保护单位；中共中央机关旧址、汉口《民国日报》社旧址、汉口美国领事馆旧址、汉口麦加利银行大楼、汉口上海路天主堂、武汉防洪纪念碑等 23 处市级文化保护单位。① 除此之外，武汉市还有江汉关大楼、农民运动讲习所旧址、大智门火车站、汉口中华全国

---

① 宋兰兰：《武汉汉口："打包"旧址资源建红色主题景区》，《长江日报》2011 年 12 月 22 日。

总工会旧址、詹天佑故居、楚望台军械库遗址、工程营旧址、湖北共进会旧址、起义门、京汉铁路总工会旧址、孙中山铜像、孙中山纪念碑、黄兴铜像、黄兴拜将台遗址、辛亥首义烈士墓、贺胜桥北伐阵亡将士陵园、九女墩、庚子革命烈士墓、二七烈士纪念碑、中国共产党第五次全国代表大会会址、施洋烈士墓、八路军武汉办事处旧址、向警予烈士墓、武汉中央军事政治学校旧址、李汉俊烈士墓、汉口新四军军部旧址、郝梦龄墓、国民政府第六战区受降堂旧址、陈定一烈士墓、苏联空军志愿队烈士墓、三烈士亭、国民革命军第四军独立团北伐阵亡官兵诸烈士墓。

（三）生态文化资源

武汉两江交汇、三镇鼎立，有着独特的生态文化资源。近年来又夺得中国优秀旅游城市、中国金融生态城市、国家森林城市、国家园林城市等多个荣誉称号。早在百年之前，孙中山先生就在《建国方略》中，描述武汉是"沟通大洋计划之顶水点，中国本部铁路系统之中心、中国最重要之商业中心"。他设想，武汉要建成"略如纽约、伦敦之大"。

武汉是水域之城。武汉全境水域面积 2217.6 平方千米，覆盖率为26.10%，人均占有地表水 11.4 万立方米，人均占有地表水量居世界大城市之首，是全世界水资源最丰富的特大城市及中国最大的淡水中心。

武汉是绿地之城。国家森林城市拥有公园 70 个，公园绿地面积6038.48 公顷，人均公园绿地面积 9.42 平方米，建成区绿化覆盖率37.54%，湿地自然保护区面积 2.8 万公顷，森林面积 16.8 万公顷，森林覆盖率 26.80%。

武汉是百湖之城。武汉是全世界水资源最丰富的巨大型城市，除长江、汉水在城中交汇外，市辖区内有 166 个湖泊，水域面积占全市土地面积的1/4，构成了武汉气势恢宏、极具特色的滨江滨湖生态环境。在正常水位时，湖泊水面面积 803.17 平方千米，居中国城市首位。东湖是中国最大最美的城中湖（水域面积达 132.37 平方千米），梁子湖是全国生态保护最好的两个内陆湖泊之一。由于其为水城的典型地理优势，江河湖泊纵横交错，星罗棋布，为中西部较多缺水的城市艳羡不已。尤其曾经是中国最大城中湖的东湖，孕育了多样的生态文化，自然与人文相交的东湖文化，与杭州西湖交相辉映。东湖也入选首批国家 4A 级景区（点），并于最近成为国家 5A 级景区。

武汉更是湿地之城。在目前的全球内陆型城市中，武汉市的湿地面积位列第三位。到 2010 年共有 3358.35 平方千米湿地，占全市土地面积的 39.54%。现拥有国家住建部批准设立的金银湖国家城市湿地公园和国家林业局设立的东湖国家湿地公园、藏龙岛国家湿地公园，以及沉湖、杜公湖、后官湖等湿地公园及湿地保护区。

（四）科技文化资源

武汉是国家四大科研教育中心之一，是仅次于北京、上海的第三大科教中心城市，国家重要的综合性高技术产业基地、国家光电子信息产业基地、国家生物产业基地、国家数字出版基地，坐拥三个国家级经济技术开发区，光纤光缆生产规模居全球首位，2010 年起，东风汽车公司和武汉钢铁（集团）公司已连续 3 年位列世界 500 强。因此武汉有着多样的科技文化资源，这些虽然是现代科技资源，但是都令武汉充满诗情画意和文化魅力。

武汉是钢城。新中国第一座自己兴建的钢铁企业——武钢，效益雄居全国第二。

武汉是科技研究之城。据统计，2011 年末全市拥有政府部门属科学技术研究机构 100 所，国家重点实验室 21 个，国家实验室 1 个，国家工程实验室 3 个，国家级工程技术研究中心 22 个，国家级企业技术中心 18 个，两院院士 59 人。2011 年全市拥有国家级孵化器 15 家，国家级科技产业化基地 26 个，高新技术企业 597 家，民营科技企业 7500 家。全年实现高新技术产业产值 3448.90 亿元，高新技术产业增加值 1074.11 亿元。

武汉由于是"百湖之市"，因此也被称为"千桥之城"。因江湖阻隔，桥梁众多。武汉已建成 1300 余座桥梁，包括人行天桥、立交桥、过江公路桥、公铁两用桥等，涵盖三塔斜拉桥、双塔斜拉桥、双塔悬索桥、拱桥、连续结构桥、双曲桥等各种桥型，是名副其实的"桥都"，也被誉为"桥梁博物馆"。其中万里武汉长江大桥是世界知名的科技桥梁。

二 武汉市文化资源象征的各种文化代表

武汉市在历史文化资源、红色文化资源、生态文化资源以及科技文化资源方面的极大优势，使武汉本身成就了多样化的文化。不少学者更是指出：泱泱大武汉，处两江四岸，三镇鼎立，九省通衢，物华天宝；为盘龙之城、黄鹤之乡、明清重镇、首义圣地；载录着大禹治水、屈子行吟、伯牙鼓琴、李白放歌的佳话；上演了北伐战争、二七罢工、八七会议、浴血抗日的史诗。众多文化资源孕育了多种多样的富含正能量文化精神的文化代表，仅就历史文化资源和红色文化资源衍生的历史精神文化，就有首义文化、琴台文化、知音文化、木兰文化、盘龙文化等，而生态文化资源衍生的则有东湖文化、汉江文化等，科技文化资源衍生的武钢文化、桥梁文化等科技文化。据不完全统计，各类文化总共有 8 类 62 项。①

其中非常重要的和影响极大的就有五个。第一，盘龙文化因为其解开了武汉历史文化起源而闻名于世，盘龙遗址中巧夺天工的殷商青铜器，展示了长江流域灿烂的古老文明，从而开启了江城智慧的曙光，标志着聪明的武汉人早在商代就有着"开拓进取、追求卓越"的精神品格。第二，首义文化是武汉精神的代表。武昌起义拉开了辛亥革命的序幕，最终推翻了清王朝的腐败统治。武昌起义便从一场革命升级为一笔珍贵的精神文化遗产，而在首义文化中体现出的"敢为人先，顶天立地；革新进取，追求民主"的英雄气概，正是现代武汉文化精神的真实写照。第三，知音文化体现了武汉人重义守信的一面。高山流水，琴台知音，千古佳话，铸就武汉人重情、践诺、守信的品质。由高山流水演绎的古代知音文化精神表达了中华民族对人类精神文化交流的极度向往，是武汉人"思想敏锐、重义守信"的体现。第四，黄鹤文化极具传统文化内涵，刻画了武汉作为中华文化的一部分，深受中原文化影响并自成一体，是荆楚文化的具体支撑。它所体现的"包容并存、追求卓越"的文化精神，蕴含着深厚传统文化内涵。第五，木兰文化更是

---

① 杨梅芳：《武汉历史文化与武汉和谐文化建设》，《武汉交通职业学院学报》2006 年第 4 期。

中华民族的传统优秀美德的重要体现，木兰替父从军，巾帼不让须眉，传承着中华民族的爱国传统和尊老美德，主要表现有"尊老爱幼、敬祖孝亲"的传统美德以及"精忠报国、智慧勇敢"的爱国主义精神等。还有荆楚文化、三国文化、黄鹤文化、东湖文化、道教文化、佛教文化等，都浸润着这里的一草一木。一直到现代，令武汉人引以为豪的高校文化和"光谷文化"，都和珞珈、喻家、桂子这一座座山融为一体，反映的是多样的人与人、人与社会、人与自然的和谐共生的精神实质。武汉的历史和文化，就物化在这残垣断壁、亭台楼阁与山川湖泊之中。但其中的首义文化，是武汉这座城市最具分量的精神文化财富，更是融入武汉的城市文化精神中，成为现在武汉城市文化的代表文化。

三 武汉市箭垛式文化的选取

从盘龙文化、知音文化、首义文化、木兰文化和黄鹤文化等反映的文化精神，通过以上分析结果大概可以看出，首义文化表现的"敢为人先，顶天立地；革新进取，追求民主"的英雄气概和文化精神，是武汉市各个历史时期最具正能量和最具代表性的文化内涵，其精神内涵不仅是首义文化的典型特征，而且可能联系到其他历史文化阶段的精神内涵，成为武汉市古往今来的城市文化精神。由此，首义文化也成为武汉市的箭垛式文化，从而发挥其定位城市文化、传递正能量、助推文化事业与文化产业同步发展并发挥积极的文化价值引导功能。当首义文化成为武汉市的箭垛式文化，进而代表武汉的城市文化定位的时候，武汉市的文化精神进一步浓缩为"兼容并蓄（吐故纳新）、敢为人先（开拓创新）、舍生取义（精忠报国）、追求卓越（精益求精）"。依据武汉市不同的历史发展时期，大致可以将其分为盘龙文化时期（史前至先秦时期）、三国文化时期（秦汉三国时期）、码头文化时期（隋唐宋元明清时期）、首义文化时期（清末至新中国成立前期）以及现代汉文化时期（新中国成立后）五个文化分期。五个文化时期都能表现出"兼容并蓄、敢为人先、重义守信、英勇顽强"的文化精神，从而成为首义文化这个箭垛式文化粘连程序的重要对象，其下属的其他文化资源也成为箭垛式文化堆砌的重要对象，从而使首义文化成为武汉的核心文化，并在现代可以逐步发展成为现代的首义文化体系。

表 6 - 3 武汉文化时期分段及"首义文化"核心精神表现的文化元素

精神内涵 文化时期	兼容并蓄	敢为人先	舍生取义	追求卓越
盘龙文化时期（史前至先秦时期）	—	盘龙文化、盘龙城遗址	知音文化	屈家岭文化、石家河文化、古琴台、高山流水
三国文化时期（秦汉三国时期）	黄鹤文化	却月城	樊哙墓、木兰文化、关羽	灵泉山、黄鹤楼、南朝梁首都
码头文化时期（隋唐宋元明清时期）	黄鹤文化、东南贡赋转运中心、全国性水陆交通枢纽	东南巨镇	陈友谅、徐寿辉	天完政权、武昌放鹰台、中国内河最大港口、东方芝加哥
首义文化时期（清末至新中国成立前期）	汉剧、服饰文化、汉口租界	汉阳造、江汉关、武昌起义、八七会议	二七精神、新四军军部	首义文化、二七大罢工、汉剧
现代汉文化时期（新中国成立后）	饮食文化	新中国首个直辖市、多个国家级科技基地	抗洪精神	武汉长江大桥、形形色色的科技文化、民俗文化

由表 6 - 3 可以看出，在武汉市最早的屈家岭文化至现代文化的不同时期，"首义文化""兼容并蓄、敢为人先、舍生取义、追求卓越"的文化精神几乎在每个时期都始终保持并延续传承着，这也就是"首义文化"成为武汉市箭垛式文化的根本原因，也是武汉市城市文化精神的精髓。

四 "首义文化"核心定位的合理性

根据对武汉市定位为首义文化是否符合箭垛式文化的特征分析，武汉在荆楚文化中地位的认识和周围城市文化定位的对比分析，以及武汉定位为首义文化与发展文化产业的可行性而言，具备一定的可行性与合理性，能形成较好的文化价值引导。

（一）武汉城市圈及中部其他省份省会城市的异质化发展

作为荆楚文化的一个区域，与武汉城市圈周围其他城市相比，武汉文化不同于荆楚文化区域内其他任何一个城市的文化（见表6-4），其文化特征主要体现在"首义文化"的独特性上。

表6-4　武汉与周边城市的文化定位比较

城市	城市定位	城市精神	文化圈	文化定位	文化源流
武汉	中部地区最大都市、国家区域中心城市、中国长江中下游地区巨大型城市、中国内陆最大的水陆空交通枢纽、九省通衢	敢为人先、追求卓越	江汉文化	首义文化	武昌起义、二七罢工、木兰文化、盘龙文化
黄石	"青铜故里""钢铁摇篮""水泥故乡""服装新城""中国观赏石之城""中国男装名城""省级历史文化名城""中国挤出模具之都""国家园林城市"	开拓进取、求真务实、创新争先、追求卓越①	江淮文化	矿冶文化	商周铜都、汉唐铁镇、近代铁港、当代钢城
鄂州	中国优秀旅游城市、湖北省历史文化名城、"百湖之市"、"鱼米之乡"	开放开明、敢闯敢试、实干务实、创业创新	吴楚文化	吴都文化、净土宗佛教文化	鄂州作为其国都和陪都
黄冈	中国名人之城、荆楚诗词之市	承继先贤、自强不息、敢作敢为、开拓创新②	吴楚文化	历史名人文化	东坡赤壁、五祖弘忍、程颐和程颢兄弟、李时珍、熊十力、黄侃、汤用彤、闻一多、徐复观
孝感	中国孝文化之乡、中国唯一的中华孝文化名城——孝城、武汉城市圈副中心城市、鄂豫省际区域性中心城市	孝感动天、奋进争先	江淮文化	孝文化	东汉孝子董永卖身葬父、中国的孝德之都
咸宁	香城泉都、全国最适宜人居城市、中国魅力之城、中国温泉之乡、"桂花之乡"、"楠竹之乡"、"苎麻之乡"、茶叶之乡	香城泉都、万国咸宁	湖湘文化	生态文化（桂花文化、温泉文化）	香城泉都、中国温泉之城、桂花之乡

---

①　石教灯：《千年炉火淬出黄石城市精神》，《东楚晚报》2010年8月28日。

②　江凌：《城市文化精神及其定位策略——以湖北黄冈市为例》，《长江论坛》2011年第6期。

续表

城市	城市定位	城市精神	文化圈	文化定位	文化源流
仙桃	亚洲体操之乡、世界冠军摇篮、江汉明珠、武汉城市圈西翼中心城市、水乡园林生态城市	思想前卫、引领潮流,开放开明、仁爱兼容,自强不息、永争第一,崇尚正义、扶危济困[①]	江汉文化	一个轻逸流畅的城市、世界体操冠军的摇篮	绿色产业、园林城市、体操冠军之乡
天门	中国蒸菜之乡、状元之乡、竟陵派文学发源地、茶圣故里	—	楚文化	茶文化	茶圣故里
潜江	"中国小龙虾之乡"、"水乡园林"、中国民间文化艺术(荆州花鼓戏)之乡、"中华诗词之市"、曹禺故里、石油新城、龙虾之乡、水乡园林	崇文厚德、创新图强	楚文化	名人文化、历史文化、产业文化	曹禺故里、楚文化发源地

(二)完美体现了箭垛式的典型文化特征

为了有效整合武汉市的文化资源,"首义文化"成为箭垛式文化使武汉在各个文化分期、各个空间地域以及与其他城市文化相比,体现了箭垛式文化的典型特征。

其一,体现了箭垛式文化一脉相承的特征。武汉为九省通衢,自屈家岭文化诞生至现代的各式各样的科技文化、生态文化和高校文化的产生和发展,都体现着"兼容并蓄、敢为人先、舍生取义、追求卓越"的文化精神,自先秦文化时期至现代武汉时期,五个文化分期也几乎毫无例外地体现着首义文化的核心文化精髓,尤其是"敢为人先、追求卓越"的文化传统,更是历经千年而不变,薪尽火传,为现代武汉人所继承。武汉在地域和历史时空中曾经出现的各种文化,其精神文化内涵始终是武昌起义这一伟大历史事件所表现的大无畏的牺牲精神和爱国主义精神,尤其以三国文化、黄鹤文化、木兰文化、现代科技文化和现代生态文化为代表,他们的精神内涵表现

---

① 丁浩宇:《沐浴城市精神的阳光》,中国仙桃网,http://z.cnxiantao.com/csjs/csjs_pwcs/2008-5/12/0851209183953440797.shtml。

形式虽千姿百态但其实质却一脉相承。这也是首义文化能脱颖而出，成为武汉城市核心文化的根本原因。

其二，体现了箭垛式文化阳光正义的特征。首义文化的核心精神表现为"兼容并蓄、敢为人先、舍生取义、追求卓越"。一一分析来看，无论在古代还是现当代都体现着传递正能量的文化精神特征。"兼容并蓄"表达着对待外来文化和外来民众时武汉表现的宽广博大的胸怀和包容和谐的心态；"敢为人先"则体现着在民族危亡和国家急需的重要关头，武汉和武汉人能顶天立地，率先示范，敢打敢拼的争优创先精神；"舍生取义"则表达着在国家大义、民族大义和个人利益面前，武汉常能舍小家、顾大家，舍弃个人利益，维护国家安全和民族大义，甚至舍弃个人生命的大无畏的奉献精神；"追求卓越"更是古往今来武汉精神的代表，在我国历史发展的危急关头，武汉总能以争创一流、精益求精的奋斗精神向更高、更快、更强的方向发展。因此，首义文化精神是阳光武汉、正义武汉的总代表，能指引着武汉和武汉人民向着正确的方向前进。

其三，体现了箭垛式文化时空延伸的特征。首义文化是由一场武装起义表现的城市精神，为城市民众所接纳和传承，首义文化也由当时的一场起义文化变为武汉市自清末洋务运动至新中国成立前期这一时期的文化，并向前蔓延至盘龙文化、黄鹤文化、码头文化，先后蔓延至现代汉文化，从而使自身成为武汉市的箭垛式文化。相应地，围绕着首义文化也形成了一个首义文化体系，包含了武汉市在各个历史时期、各个区县创造的各种精神文化和物质文化的总和。首先，在时间上，以武昌起义爆发时间为原点，向前蔓延至史前至先秦时期、秦汉三国两晋南北朝时期、隋唐宋元明清时期，向后扩展至新中国成立后的新时期；其次，在空间地域上来看，以武昌起义爆发地点武昌为原点，扩大至汉阳、汉口等传统武汉三镇，并逐步扩张至现代武汉市域内所管辖的所有区县和经济开发区，成为一个完整建制的副省级市。自此，首义文化经由箭垛式文化的转变从而完成了在时间上和空间上的一个巨大的转变，体现着首义文化作为箭垛式文化也因其核心文化精神的一脉相承而表现的时空延伸的特征。

其四，体现了箭垛式文化多元包容的特征。首义文化作为武汉市的箭垛式文化，当其发展成为首义文化体系时，自然包含了武汉市在空间和时间内的多元文化和多样化的文化资源。由于文化资源都是依附在各类文化之上，以武汉市包含的各类各样文化代表为例，探析首义文化作为武汉市箭垛式的多元包容特征。武汉各类文化总共有 8 类 62 项，① 各类文化自然包含了其自身的各种精神文化资源和物质文化资源。首义文化作为箭垛式文化，其"兼容并蓄、敢为人先、舍生取义、追求卓越"的文化精神将盘龙文化、三国文化、码头文化、现代汉文化等紧密地联系起来，又通过这些不同历史时期表现出来的文化特征，将木兰文化、黄鹤文化、民俗民间文化等文化包容进来，将热干面、豆皮等饮食文化，将东湖文化、南湖文化、汉江文化等生态文化，大桥文化、光谷文化等科技文化，以及高校文化、市民文化、服装文化包容进来，从而涵盖了武汉市各个地域和各个时期的各种文化和文化资源，并使各类文化有条不紊地联系在一起，自内到外依次为：第一层首义文化（箭垛式文化），第二层为盘龙文化、三国文化、码头文化、现代汉文化，第三层为饮食文化、科技文化、生态文化、高校文化、市民文化、服饰文化等，体现了首义文化作为箭垛式文化极大的包容性。

其五，表现了箭垛式文化代表的特征。首义文化在一定历史时期内形成，并在传承中发展，铸造了它独特的文化精神。武昌起义是一场推翻清王朝，追求民主、自由的正义的举义，不仅号召全国人民实现了民主共和的初步构想，揭开了辛亥革命的序幕，并摧毁了统治我国长达两百多年的清王朝。在武昌起义中武汉作为一座城市所爆发的首义文化精神，对武汉城市发展及武汉人都产生了深远的影响，武汉人民继承并发扬了这一历史文化精神，发展创新了抗洪精神等多样化的文化精神。武昌起义所孕育的首义文化，无可辩驳地成为武汉市的箭垛式文化。首义文化是黄鹤文化、盘龙文化、木兰文化等文化的总代表，其文化精神内涵在其他文化中的典型显现，使首义文化成为其他文化和武汉市总体文化的代表。

---

① 杨梅芳：《武汉历史文化与武汉和谐文化建设》，《武汉交通职业学院学报》2006 年第 4 期。

（三）有效整合了武汉文化资源，助推武汉文化及城市文化产业发展

武汉作为一个有着多样化文化和文化资源的城市，定位于"首义文化"，不仅使武汉城市文化发展有了正确的导向，而且有利于整合各类各项文化资源，从而使武汉在文化资源向文化产业方向转化上能力增强，变资源优势为经济优势，扬长避短，使武汉城市文化和城市文化产业朝着正确的方向发展，从而发挥积极的文化价值引导功能。

首义文化将武汉市优势的文化资源连接起来，构成了一个成熟的文化体系。武汉地处两江四岸，文化资源丰富多彩，其优势可总结为：第一，总体来讲武汉市文化资源类型多样，且各类文化资源都具备数量和质量上的优势，这是其他较多区域中心城市所没有的，历史文化资源、生态文化资源、高校文化资源和科技文化资源都丰富多样，为城市文化建设和城市文化产业发展奠定了良好的文化资源基础、文化科技基础和文化人才储备；第二，武汉市的物质文化资源和精神文化资源都较为丰富，但是精神文化资源更胜一筹，历史上传承下来的木兰文化精神、首义文化精神、抗洪精神更成为中华民族优秀传统文化精神的一部分；第三，武汉市既有各类较为珍奇的国家级文物重点保护单位、国家级 5A 景区、国家级非物质文化遗产等质量上乘的文化资源，同时也有质量一般但数量众多的文化资源，由此形成了结构合理、梯次分明的文化资源系统，为各类文化产品和服务的开发创造了良好的先天条件，更为满足人民群众多样化的文化需求和多层次的文化消费结构提供了基础；第四，相比武汉市历史悠长的人文景观资源，武汉市的自然景观资源也不输于其他任何大都市，武汉市处于长江与汉江的交汇之处，东湖与南湖等构成的百湖之市风景宜人，将历史人文资源与自然生态资源联系在一起，浑然天成。武汉市将自身文化资源的多重优势发挥得淋漓尽致。一是形成积极的价值引导，由此引导武汉的精神文明建设，城市公共文化服务体系建设和城市文化产业发展；二是将多元化的文化资源联系在一起，从而使雅致与鄙俗、物质与精神、自然与人文、现代与古代、工农业与第三产业等形成了良好的关系，共同表现和展示着首义文化的精彩和精髓；三是使武汉市的精神文明、社会文明和生态文明建设联系在一起，形成了一个利益攸关的

集合体，形成了良好的共生共荣的关系。

同样，面对武汉市在文化产业发展中的诸多不足，首义文化的定位也能规避其不良倾向，使劣势和不足造成的影响降至最低。从发展城市文化建设和发展城市文化产业的资源基础来讲，武汉市也存在一些大城市较为普遍性的劣势：首先是相对于北京、南京、西安、成都等大都市来讲，武汉市的历史文化资源相对薄弱，尤其是各个朝代几乎没有在武汉定都的事实，使武汉市不能成为世界知名的"中国古都"。其次是武汉市内的文化资源相对分散，没有形成拱卫武汉市核心文化发展和核心文化产业发展的合力，这个"散"体现在区域上的散，这与武汉在历史上由武昌、汉阳、汉口三个城市发展而来有一定关系，且武汉面积不断扩大，文化资源在地域空间上相对分散，尤其是武汉旅游业的发展受制于市内拥堵的交通而速度较慢，另外武汉市的文化资源在形式上也是较为散的，按照类别来分有历史文化资源、生态文化资源、高校文化资源、科技文化资源、饮食文化资源、服饰文化资源等，形式较为分散，鉴于在地域和形式两方面的分散，很难将各类文化资源得到有效的整合。长远来讲，城市文化和文化产业的发展创新离不开文化资源，离开了文化内涵就失去了赖以生存和发展的源泉，因此首义文化的定位使武汉市在古代历史文化方面不足的一面得到合理规避，使其在近代中国历史上彪炳千古的历史地位毫无保留地发挥出来，使核心文化本身就具备了城市文化宣传名片的作用。最后，首义文化的核心文化精神使空间和时间上的武汉市文化资源发生了集结、凝练和升华，使散落在不同地域和不同时期的文化资源环环相扣，将发挥"1 + 1 > 2"的作用，使武汉已有的文化资源得到最大限度的保护和传承。

五 "首义文化"的重新诠释及内涵

"首义"顾名思义就是在辛亥革命这个具有历史意义的革命时期，武昌起义打响了第一枪，充分显示了其敢为人先、敢于斗争的精神。武昌起义，是敢于斗争的典范；从打响推翻清朝统治的第一枪，经历阳夏之战，到建立湖北军政府，体现了坚持斗争、不懈斗争的英雄主义革命气概。[1] 孙中山先生甚至将武昌起义比作是近代中国历史上的"汤武革命"[2]，以此来指出武昌起义的革命性、进步性与正确性，是符合历史发展潮流的战争，是符合人民利益的正义的战争，自然会得到民众"箪食壶浆以相迎"的礼遇。经由武昌起义衍生出来的首义文化，则在多年的传承和发展过程之中，由于其文化形式、文化类型、文化内容、文化性质、文化精神以及文化特征的独特性和正义性，使首义文化自身在时间、空间和文化三个维度都发生了较大的变化。由于其作为箭垛式文化的阳光正义性，因此能在其文化自身发生堆砌和粘连效应，从而能在时间、空间和文化三个维度都能发生升华和跃迁。

首义文化在文化形式上看，是我国各族人民在历史危亡的关键时刻创造的民族文化的重要组成部分之一。辛亥首义文化无疑是中华民族在近代创造的民族文化的重要内容之一，它上承几千年的传统文化，下启救亡图存的革命文化，是中华文化发展史上的重要一环，与中华文化是一脉相承的。从文化类型来看，首义文化是一种近代意义的文化，是我国近代救亡图存的历史主题的体现和丰富，不仅是我国人民在近代屈辱教训中的正确选择，更是近代我国先进的民众追求科学民主的最佳体现，同时表现了这一历史时期中民众的爱国主义精神。从文化的性质上来讲，以武昌起义爆发为开始的辛亥革命推翻了统治我国长达两千余年的封建帝制，是顺乎民意、符合历史潮流的正义的革命，具有极大的进步意义，不仅解放了民众的思想，更推动了我国历史的进步，因此首义文化是一种革命的进步的文化。再看文化的内容，首义文化由于对中国社会的影响至深，因此首义文化的烙印体现在从晚清到民国这一历史时期的中国社会的各个方面，如政治、经济、文化等，使中国社

---

[1] 张艳国、刘俊峰：《简论辛亥首义文化》，《光明日报》2005 年 3 月 22 日。

[2] 汤武革命指的是商朝开国国君商汤灭夏的战争。《易·革·象辞》中有"汤武革命，顺乎天而应乎人"的名言。这里所说的"汤"，就是中国历史上第二个统治王朝的开基者——商汤天乙。他曾经领导商部族和其他诸侯反抗夏王朝最后一个统治者——桀的残暴统治的同盟部族，运用战争的暴力手段，一举推翻垂死腐朽的夏王朝，建立起新的统治秩序。而"武"则是指周武王，他领导商王朝的诸侯国西周推翻了商纣王的统治，建立了新的王朝——西周。这两次王朝更迭合称为"汤武革命"。

会和中国人开始追求进步、追求革命，认同科学与民主。从首义文化的文化精神来看，体现着中华民族代代相传的强烈的爱国主义精神和"视死如归、敢为人先"的创新和开拓精神，更继承和发扬了楚文化中"楚虽三户，亡秦必楚"的革命精神和执着精神，也继承了中国文化中原本就有的"刚健有为、自强不息"的奋斗精神和开拓精神。从首义文化的个性特点来看，又不同于我国长达两年多年的封建社会的起义斗争，首义文化是进步的、创新的、发展的，即是对中华民族优秀传统文化的继承和延续，更是对我国优秀文化的发展和创新，具备科学精神和进步意义。

首义文化的时间扩展，自1911年武昌起义爆发至辛亥革命结束，前后约两年。自清末先进人士开展救亡图存的活动，如张之洞在武汉创办新式学堂、汉阳铁厂、湖北枪炮厂，设立织布、纺纱、缫丝、制麻四局等，至抗日战争时期李先念领导的新四军豫鄂挺进支队创建了鄂中、鄂东等根据地，直至取得抗日战争和解放战争的胜利，就几乎涵盖了中国整个近代史进程。史前时期盘龙文化和现代江城武汉文化与首义文化精神的一脉相承，就囊括了整个武汉地区上下约五千年的绵延不断的文明。

再看首义文化影响的地域，虽然武昌起义在武汉市传统意义上的武昌地区爆发，但武昌起义的地域范围却是涵盖武汉三镇，包含汉阳、汉口和武昌。由此向前看，发生在汉阳及汉口等地的文化历史也可累积和堆砌到首义文化之上。发展到现代，武汉文化包含了武汉市所有辖域内的文化资源和文化事象。

首义文化作为一个文化代表，因其"兼容并蓄、敢为人先、舍生取义、追求卓越"的文化精神而使武汉市内的各类文化资源都同归到首义文化体系下，使武汉市古色古香的历史文化资源、彪炳千古的红色文化资源、绚丽多姿的绿色生态文化资源及日新月异的蓝色科技文化资源都被吸纳至首义文化的范围，同样武汉各个文化时期（史前至先秦时期、秦汉三国两晋南北朝时期、隋唐宋元明清时期、首义文化时期、新中国成立后的新时期）和文化代表（盘龙文化、三国文化、木兰文化、黄鹤文化、知音文化），构成了首义文化的多元化内涵。首义文化可以用时间、空间交合形成的三维空间模式来表达。在这个三维架构里，依次出现了盘龙文化、知音文化、黄鹤文化、木兰文化乃至首义文化，时间也由史前时期发展至现代的武汉，其核心文化精神（兼容并蓄、敢为人先、舍生取义、追求卓越）从史前一直一脉相承至现代武汉市的发展。

在武汉市核心文化的集散过程中，同样经历了提炼、聚合、散发三个过程。首先，在武汉市众多文化代表中，根据城市箭垛式文化的基本内涵特征提炼出了首义文化作为城市文化的代表；其次，在箭垛式文化的引领下，符合城市核心文化精神的武汉文化发生了集聚，使其围绕在城市核心文化的周围，构成了武汉市文化的基本体系；最后，在武汉文化的创新发展及文化建设中，城市正能量的文化引导着城市自身的发展方向和建设目标，促使武汉文化在社会主义核心价值观的指引下大发展大繁荣。

第三节　积极文化价值引导下的文化产业发展成功案例

通过文化资源的开发和利用，发展壮大传统文化产业及新兴文化创意产业，变一个地方的资源优势为经济优势，不仅能推动当地经济的发展，更能推动精神文明建设和社会主义文化大发展大繁荣。在文化资源的开发过程中，如果正确地开发主体的目标取向、健康地开发客体的核心内容以及合理的开发方式的价值选取，那么一定会有学者担心：如此遏制和束缚文化产业发展的权限，将会成为文化大发展大繁荣的瓶颈，严重阻碍文化产业的飞速发展。这种观点的意思是，目前我国文化产业发展速度较慢是政策限制过多的结果，目前的文化产业发展的各种现象不仅不应当限制，而且应该放宽，以促进文化产业的飞速发展。笔者将举出国内外文化产业发展的一些案例，来证明在积极的文化价值引导下，优秀的文化作品和服务不仅可以取得"精神至上、教化民众"的积极效果，更能取得极大的经济利益。

以隶属于文化产业核心层的电影产业发展为例，就能发现在积极的文化价值观念引导下，取得成功的电影不胜枚举。纵观中国电影从 1989 年至今的票房数据，其票房数据经历了稳中增加阶段，缓慢增加阶段到最后的井喷式增加阶段，整体发展基本呈"U"字形（见图 6 - 4）。其中，1989 ~ 1993年我国电影票房都在 20 亿元以上，很难想象在那个票价只有两元乃至三元的年代能达到如此高度。而至 1995 年，我国票房跌至 10 亿元，其后几年之内票房一直维持在 10 亿元左右，这种现象一直持续到 2003 年，最低谷出现在 1999 年。2004 年开始，我国电影票房开始快速增长，尤其是近些年来，呈现井喷式增长状态，但直至 2006 年，我国的电影票房才基本达到 1989 年的水平，前后共经历了 17 个春秋。2007 年之后，我国电影票房开始快速增长。

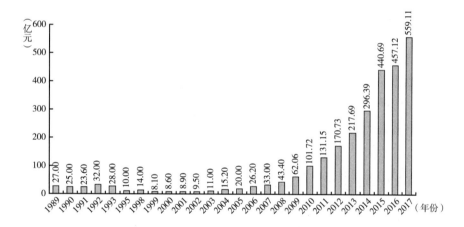

图 6 - 4　1989 ~ 2017 年中国历年电影票房市场状况[①]

说明：其中 1994 年、1996 年和 1997 年数据暂缺。

具体来看，我国的票房以 1989 年为较高起点，达到 27 亿元；1990 年为 25 亿元；1991 年为 23.6 亿元；1992 年全国的票房为 32 亿元；1993年全国票房下降到 28 亿元。随后，中国电影票房进入了下降阶段，1994

---

① 《1989 ~ 2009 年中国历年电影票房市场状况》，http：//i. mtime. com/fengyingshouce/blog/4611643；2010 ~ 2017 年票房数据根据网络资源整理所得。

年电影市场恶化严重，1995 年更是跌到 10 亿元。1998 年票房有所上升，达到 14 亿元，但美国分账影片就高达 7.85 亿元。1995～2000 年，中国电影最困难的时候，几乎看不到什么前途，大面积亏损、大额度亏损，媒体对中国电影几乎不屑一顾，然后中国电影产业纷纷转向，电影人拍电视剧去了，摄影棚搞成仓库了，电影院改成舞厅了，演电影的男、女演员都演电视剧去了。2002～2006 年，中国电影票房由 9.5 亿元增加到 26.2 亿元，连续四年保持了 20% 以上的增长率。2007 年、2008 年、2009 年的中国电影总票房分别为 33 亿元、43.4 亿元、62.06 亿元。2010 年，中国内地全年故事影片产量达到 526 部，较 2009 年 456 部增幅达 15%；全国城市影院总票房达到 101.72 亿元，较 2009 年增长 63.9%；国产电影的海外销售收入为 35.17 亿元，较 2009 年增长 26.9%。① 2011 年，中国共生产各类电影 791 部，总票房达到 131.15 亿元人民币。② 2012 年，中国生产故事影片 745 部（含电影频道出品的数字电影 92 部），生产各类电影总量达 893 部；全国电影总票房达到 170.73 亿元，其中国产影片票房 82.73 亿元；全年新增银幕 3832 块，平均每天新增 10.5 块，且全为数字影厅；截至 2012 年底，全国共有农村数字电影院线 248 条，放映队 5 万多支，全年共放映影片 800 万场左右，观众人次达 15 亿人次。③ 2013 年全国电影总票房达 217.69 亿元；2014 年全国电影总票房 296.39 亿元；2015 年电影发展取得突破性成果，全国电影总票房达 440.69 亿元；2016 年全国电影总票房为 457.12 亿元；2017 年全国电影总票房为 559.11 亿元，城市院线观影人次达到 16.2 亿次。

从 1989 年全国观影人数的 293 亿次到 2017 年的 16.2 亿人次，证明我国走进电影院的人数是减少的。在人们生活水平、工资条件相对较低，乃至物质生活、精神生活都较为贫乏的 1995 年之前，我国电影票的票价最高不

① 苗春：《2010 年中国电影票房过百亿》，《人民日报》（海外版）2011 年 1 月 8 日。

② 马海燕：《中国电影 2011 年产量近 800 部，票房超 130 亿》，中国新闻网，http://www.chinanews.com/yl/2012/01 - 10/3591910.shtml。

③ 李春利、李蕾：《2012 年全国电影总票房超 170 亿元》，《光明日报》2013 年 1 月 10 日。

过两元左右，然而就是在这样的消费水平下，竟然出现了票房上亿的影片，而且不是凤毛麟角的一部两部。时至今日，票房上亿的影片无疑是最成功的电影作品之一，毕竟这是衡量电影拍摄成功与否的重要指标。而在 1979 年、1980 年、1981 年、1982 年和 1991 年，都有票房过亿元的影片问世（见表 6-5）。更让人匪夷所思的是，这些电影票价是极低，最低的为 1 毛，最高也不过 1 元，平均票价在两毛左右。

表 6-5　"文化大革命"后至 90 年代初期我国部分票房过亿影片的基本情况

年份	影片名称	平均票价	票房	观众人数	经典台词
1979	《保密局的枪声》	0.3 元①	1.8 亿元	6 亿人次	我代表人民宣判你死刑
1980	《405 谋杀案》	0.2 元	1 亿元	6 亿人次	一切都会过去,唯有真理永存
1980	《神秘的大佛》	0.25 元	1 亿元②	4 亿人次	"双目可挖,佛财难得""河山永存,民众之功"
1981	《喜盈门》	0.3~1 元	1 亿元	5.7 亿人次③	不养老人,天理不通
1982	《少林寺》	0.1 元	1.4 亿元	5 亿人次	愿断一切恶,愿修一切善,誓渡一切众生
1991	《周恩来》	2 元④	2.7 亿元⑤	1 亿人次	你们谁要批斗陈毅,就先从我身上踩过去

　　一一来分析这些电影作品，来看看这些电影的成功之处。这些电影作品在文化价值引导方面是不用怀疑的，在"文革"结束不久的历史时

---

① 孙红雷在接受记者采访中说，"这部拍摄于'文革'结束时期的电影，人物造型比起样板戏里的脸谱化人物来说，还是生动许多。所以这部电影在当年获得 18000 万票房，有 6 亿观众也是理所应当的"。

② 《刘晓庆〈神秘的大佛〉票房 1 亿顶现在 200 亿》，http：//www. tudou. com/programs/view/jGJVL_ vvgq0/。

③ 腾飞中国：票房冠军《喜盈门》，http：//v. ifeng. com/history/lishijiemi/201209/ba1da693 - e715 - 4176 - 8b92 - 5df6980e46. shtml。

④ 《〈周恩来〉票房过 2 亿，谁说主旋律不卖座——回忆红色岁月，〈时代伟人〉导演丁荫楠谈电影》，http：//culture. people. com. cn/BIG5/22219/4522896. html。

⑤ 《主旋律电影〈周恩来〉创 2.7 亿票房神话》，http：//www. wasu. cn/Play/show/id/100953。

期，这些电影作品的主流色彩无疑是歌唱主旋律和传递正能量。这些电影是如何开发和利用文化资源，实现了正能量的传递和积极的文化价值引导呢？

一 《保密局的枪声》：红色文化资源的开发与革命热情的宣扬

1979 年上映的电影《保密局的枪声》是根据中篇小说《战斗在敌人心脏里》改编的，它描写了党的地下工作者刘啸尘等人在敌人心脏——保密局里的斗争，歌颂了当年紧密配合革命战争，战斗在第二条战线上的英雄们。编导自出机杼，在原著的基础上，在主题、人物、情节、风格等方面，做了加工、提炼与提高。影片获誉颇多，有的说它"形象生动，构思巧妙"，有的说它"情节曲折，手法新奇"，有的说它"悬念惊险，脱出俗套"。① 时至今日仍有很多年长一代人对此影片有着无数的美好回忆。本片以第三次国内革命战争时期即将取得胜利的前夕为背景，描述了地下党工作者如何舍生忘死、机智勇敢地同反动势力做斗争的感人事迹，热情讴歌舍己为人的革命精神、大力宣传爱国主义情怀是本片的主要价值观引导方向，故事虽没有波澜壮阔的大兵团作战的宏伟场面，但敌我不明、鱼龙混杂的胜利前夕的斗争同样惊心动魄，从而成就了《保密局的枪声》这部革命史诗般的影视作品。影片刻画了主人公对革命的热情、对同志的志同道合的友情、对牺牲战友的亲情，无疑是对革命战争的提高和升华。从现在的角度看，虽在当时没有文化产业的概念，更没有红色文化资源开发的观念，但是一部成功地将红色革命文化资源开发为激励人、感动人、启发人的完美作品。当然，作品在文化价值引导方面的成功也取得了积极的社会效应和可观的经济收益。该片观众人数超过了 6 亿人次，是内地电影史上观影人数最多的一部电影之一，即使按照每张票 3 毛钱算票房也超过 1.8 亿元。

① 韦华：《精巧安排，出奇制胜——〈保密局的枪声〉中的情节与悬念》，《电影艺术》1979年第 5 期。

二　《405谋杀案》：红色文化资源与"希区柯克"创意的完美结合

国产电影《405谋杀案》于1979年制作，并在1980年上映，是导演沈耀庭借鉴西方影片的商业模式结合中国影片摄制的成功尝试，即使在今天看来，依然精彩不断。影片通过陈明辉和方明山这一对战友关系，通过新中国成立前和1976年发生的两件十分相似的案件，揭示了"一切都会过去，唯有真理永存"的意念，使一般的刑事案件，逐渐随着公安局内部的斗争，引向深入。① 著名的电影演员仲星火也在自己年逾花甲的年纪，成功出演了影片的男主角公安侦察员陈明辉，其深明大义、忍辱负重的公安形象深入人心：任凭幕后黑手居心叵测杀机重重！人民公安警察掘地三尺斩草除根！沈耀庭这部作品反映了文化作品令人回味并发人深思的一面，真正跳出了他所鄙夷的"看看蛮热闹、过后不思量"的通常思维。电影的结束并没有随着观众消费过程的终止而结束，而是被主人公高尚的情操、友情的坚守与对国家和人民利益的誓死捍卫的精神鼓舞，以乐观豪迈的心态和公平正义的感情去投入到共和国的建设中去。由此，这部电影作品的文化价值引导依然是积极的，依然是正能量的传递。导演和演员们用中国式的希区柯克电影演绎了实事求是、一丝不苟的精神，真相只有一个，人民公安不放过一个坏人，也不冤枉一个好人，其公平正义的宣言才能吹响战斗自由的号角。《405谋杀案》让观众真正知道在20世纪80年代，在全国电影平均票价只有一毛钱的时候，中国的电影工作者就曾经生产出票房过亿的大片！《405谋杀案》上映之后，大大小小的城市影院都在上映这部充满惊险悬念题材的侦探片，取得了万人空巷的轰动效果。据一些老影迷回忆，上海当时顶级的大光明电影院的票价是3毛5分钱，青岛在80年代的电影票价只是平均1毛2分钱，至于全国其他中小城市票价大体也都在一毛钱左右，也就是说估计至少

① 沈耀庭：《〈405谋杀案〉编导札记》，《电影评介》1980年第3期。

有 6 亿人次看过《405 谋杀案》这部电影，是当之无愧的"票房霸主"，更成为当时电影观众心中的"大片"——惊险的故事、紧凑的情节、悬疑的样式以及大胆的拍摄手法。

三 《神秘的大佛》：文化遗产的内涵式开发与惩恶扬善精神的褒奖

《神秘的大佛》在 1980 年拍摄的国产影片中是一部较早的武打片和娱乐片，也就是因为其娱乐片的定位在当时遭受了诸多非议，如缺乏真实性和严肃的主题，影片过于追求感官刺激，简单模仿港台电影等。更有学者认为《神秘的大佛》由于屈"尊"俯就山川览胜和打斗中的刺激性，对旧时代阴暗、丑恶的社会关系的揭露、对生活意义的严峻思考，无形中就被冲淡了，呈现在银幕上的不过是某些牵强附会、任意摆布的旧怨宿仇，以及若干社会皮相的点缀，使影片原拟揭示的"河山永存，民众之功"的严肃主题流于一种平庸、肤浅的"劝善惩恶"的说教，使形象与思想同水与油一般难以融合为一，影片的认识价值受到了戕害。① 然而，从现代角度来看，电影所反映的文化价值引导却是至高无上的。作品围绕一批失传多年的"佛财"展开，从而使各色人物都卷进了这个旋涡之中。但在佛财面前，敌人的贪欲、凶恶、狠毒、处心积虑、卑鄙无耻体现得淋漓尽致，道尽了"人为财死、鸟为食亡"的世态炎凉，而海能法师"双目可挖、佛财难得"的铮铮之言，反映了一个普通民众在"公共大义与贪欲私利"之间的坚决立场，更是从一个普通人的表现体现出了"山河永存、民众之功"。文化是劳动人民创造的，文化也只有劳动人民才能真正继承它、保护它、发展它。在本部影片中，"惩恶扬善、舍生取义"是其宣扬的主流，由此形成了阳光正义的正面价值引导。再者，本部影片是对已有文化遗产资源的创意性开发，并兼带开发了武术文化资源，给观众耳目一新的感觉，尽管在当时的社会背景下有"娱乐过甚"的批评，却不失为一部"高唱主旋律、传递正能量"的宏

---

① 黄式宪：《美，植根于生活的土壤——〈神秘的大佛浅议〉》，《电影评介》1981 年第 5 期。

伟作品，更是一部人们喜闻乐见的艺术作品。作为中国改革开放后的第一部武侠电影，《神秘的大佛》一上映便在国内引起极大轰动，全国上万家电影院场场爆满，观众争先恐后观看《神秘的大佛》，影片的惊险和悬疑深深地打动了全国观众。更让人始料不及的是，有的观众连看十几场，全国电影院票房更是创收上亿元，然而那时的门票平均二毛五一张。①

四　《喜盈门》：源于生活又高于生活的农村电影

《喜盈门》是上海电影制片厂 1981 年摄制的轻喜剧，这部影片描写家庭中正确处理婆媳、妯娌、姑嫂、夫妇之间各种复杂矛盾的故事，反映了我国农村中提倡新道德、新风尚，"同心搞四化、携手立新家"的新气象。影片中塑造的待人宽和、善解人意、孝顺老人的薛水莲成为新道德和新风尚的杰出榜样。本片荣膺第二届中国电影金鸡奖荣誉奖、最佳音乐奖、第五届大众电影百花奖最佳故事片奖、1981 年文化部优秀故事片奖。本故事源于生活而又高于生活，是一部难得的成功的富有乡土气息的面向农村社会的喜剧电影。不同于《保密局的枪声》等几部革命影片，本部电影更贴近现实、贴近生活、贴近人民群众，并且将矛盾的展示和处理指向了人民内部，并非战争年代的敌我矛盾，这是影片的难能可贵之处。在 20 世纪 80 年代初期的农村经济改革中，农村家庭养老等问题成为社会焦点，影片更是把镜头瞄准了广大人民群众生活的农村社会，将群众最为关心和反映的农村多世同堂的家庭关系问题搬到了荧幕，在能够感染人、感动人、激励人、宣扬人的同时，更是起到了批判人、鞭策人等积极的效果，而并非为了博得观众的欢心而一味地迎合大众。据电影播放者透露，这部电影越靠近农民，越靠近家乡，赢得的观众和掌声就越多，当然赢得的笑声也越多。在上海放映的时候，观众的笑声为四五十次，到了县城平度，笑声达到了一百二三十次，而真正到了农村，笑声是一百七八十次了。这部电影取得的积极效果是远非用票房等经济效益来衡量的，它对于正确处理农村家庭关系提供了一个良好的

---

① 《〈神秘的大佛〉票房上亿，今再强强出击》，《华西都市报》2005 年 11 月 23 日。

范本，更是起到了激励人和鞭策人的良好效果，收到了良好的价值引导影响。在观看电影后一位老汉回忆：他在观看电影的时候仔细观察了周围的小伙子和小媳妇，害羞低头的往往是不太孝顺的，哈哈大笑的往往是比较孝顺老人的，本部作品的激励人、鞭策人的作用可见一斑。影片的票房和观众人数也是创造了惊人的数字，1981 年放映后的两年内，全国观众达 5.7 亿人次，票房超过亿元，发行拷贝多达 4212 个①，并成为 80 年代上座率最高的国产电影故事片之一。

五 《少林寺》：历史文化资源的开发与"侠肝义胆、匡扶正义"的赞美

《少林寺》是另一部在改革开放后较早拍摄的古装武打电影作品，故事以隋末唐初的动乱年代为背景，演绎了群雄逐鹿而引发的"十三棍僧救唐王"的故事。影片结合当时特殊的时代背景，将历史文化资源的开发利用发挥到了一定的高度，如少林寺的文化遗产资源、武术文化资源等。影片最为珍贵的不是在古装武打电影方面的尝试获得的巨大成功，而是作为一部电影作品所反映的价值引导和精神追求。影片无时无刻不在宣扬和赞美着"侠肝义胆、匡扶正义"的众多少林僧人的道德情操，也在展示着唐王李世民为何能得天下的重要原因。郑王王世充拥兵东都（古洛阳）潜号郑王，行暴政，民怨沸腾；而李渊父子则行德政，民众拥护。著名武术家"神腿张"抗暴助义，却被郑王侄子王仁则谋害；而唐王李世民却爱民如子，最终为少林寺僧人和天下民众爱戴，成功夺得大唐天下。同时，影片中少林弟子时刻遵守的"不妄杀生、戒淫欲"等规诫虽然是佛家的基本行为准则，但也能起到良好的教化民众的积极效果。尤其是少林弟子在天下大乱时表现出的"打抱不平、伸张正义"的侠义精神，更是在青少年的成长过程中发挥了较好的积极的价值引导功能。影片中"愿断一切恶，愿修一切善，誓渡一切众生"的经典台词，虽为佛教用语，

---

① 杨岭花：《民间话语的显影与借用——从影片〈喜盈门〉与〈喜莲〉看乡村电影》，《浙江工商职业技术学院学报》2009 年第 1 期。

但"惩恶扬善、拯救苍生"的观念却是积极的。在影片的基本价值观念引导正确且为民众认同时，《少林寺》也取得了令人震惊的票房成绩。据不完全统计，《少林寺》在当时中国的电影票价基本为 1 毛钱一张的时代创下了 1 亿元票房的成绩，另据称仅内地观影人数就超过 5 亿人次。在济南，最高票价竟然炒到了 10 元，整整是原价的 100 倍。① 张国立曾经说道："当年 1 毛钱 1 张的门票，卖出了 1 个亿的票房，如果换算成现在 20 元一张门票来统计，这部电影的票房将高达 200 亿，而今年中国电影票房总和才刚刚开启百亿时代。"②

六　《周恩来》：伟人文化资源的传扬与主旋律的绝美吟唱

《周恩来》在传记电影中是一座高峰，它的切入点非常大胆，这在描写伟人的电影中还是绝无仅有的。丁荫楠将周总理人生最繁忙和最悲怆的一段呈现给观众，虽然时长长达 148 分钟却毫不冗长。《周恩来》电影的成功更进一步明确了"主旋律不仅可以卖座，而且可以大卖特卖"的可能性。本部以伟人的生活纪实为背景的影片，绝对没有人怀疑它在传递正能量和唱响主旋律方面的努力。周总理"鞠躬尽瘁、死而后已"的奉献精神是最能感动人、激励人的正能量，不仅感动和激励了生产文化产品的文化工作者，更感动和激励了荧幕面前同样在低声抽泣的广大观众。观众通过看了周总理的生前的最后几年，留下的印象永远是慈祥的面孔、消瘦的身形和斩钉截铁的正义之言。虽然周总理不在了，但周总理为了社会主义事业奉献终身的伟大精神，却为人们所永远传扬。当人们回忆起此部电影的时候，不少人是带着悲恸的心情和对周总理的崇敬和崇拜走进电影院的，悲恸的心情是人们普遍存在的，崇敬的是周总理对人、对工作、对国际社会所做的伟大贡献，崇拜的是周总理精明强干的工作能力和豪迈洒脱的人格魅力。因此，《周恩来》取得的艺术成就和票房成绩也是骄人的。在当时的工资水平和消费水平下，并且在电影票价只为 2 元左右的情况下，《周恩来》竟然取得了过亿元的票

① 张文伯：《〈少林寺〉改变命运，一毛票价创上亿票房》，《新京报》2005 年 4 月 6 日。

② 《〈少林寺〉票房等同今日 200 亿——银都机构庆祝 60 华诞》，《合肥晚报》2011 年 1 月 5 日。

房成绩。直到现在，电影票房过亿的影片仍是一个奇迹，但是目前新片上市的票价，大概在100元以上，是当时票价的50倍，也就是说当时的观众人数是目前我国影视作品最成功的电影的50倍，而且当时的票房基本都是在粗略统计的，因为受条件限制，没有进行较为严格的统计，实际上观众数量远远超过原来的数字。

通过以上六部艺术风格各异、文化资源选取各异、宣扬主旨各异的电影来看，虽然出自不同的导演之手，但都取得了巨大的成功。这个成功不仅是票房上的，更是民众的口碑上的，更是对整体社会发展的积极的文化价值引导之上的。《少林寺》等一大批影片不仅取得了积极的传递正能量的效果，更是取得了令人羡慕的经济效益，当其优秀作品为世人所传诵时，更超乎了一般商品所具有的功能，具备了宣扬正义、传递阳光等意识形态功能。这些电影是对社会主义主旋律的早期的唱响，是对社会主义正能量的最好的传递。到了20世纪90年代，这种正能量的影视作品并没有随着民众生活水平的提高而淡出历史舞台，更没有因为观众要求层次的提高、市场经济的冲击、西方文化的渗透而变得票房惨淡。其中《离开雷锋的日子》以3000万元的票房成为1996年的票房冠军；《鸦片战争》以7000万元票房总成绩位列1997年国产电影的首位；《红樱桃》的票房成绩为5000万元，在1995年创下了纪录；《开国大典》在1989年上映，并以500万元的投资收获了1.7亿元的票房，更是在香港地区连续放映143天。另外，《大决战》系列、《大转折》系列在全国范围内的观众大概有10亿人次，票房至少过亿元，《焦裕禄》反映了焦裕禄同志全心全意为革命事业而奋斗终生的品质和精神，票房也在4000万；《生死抉择》以1.2亿元票房总成绩位列2000年国产电影的首位。总之，富含正能量并取得巨大经济效益的电影是层出不穷的，更在现代社会的发展中随着社会生活方式的变化而发生变化，变得更贴近生活，贴近群众，成为人们喜闻乐见的影视作品，更能高于生活，为经济危机之中的人们带来诸多精神激励和正面的引导。

抛开当时的演员演艺水平、电影拍摄水平、剧本的优秀程度等因素，这些影片在文化价值观念的宣传方面是不被人诟病的，是较为符合社会主义核心价值观念的，并且能起到积极正面的文化价值引导的作用。从文化产业发展核心层的影视业来看，中外部分优秀影片的票房充分表明，优秀的作品都为人们所赞美并接受，并能取得一些违背市场经济规律发展的"悖论"规律。一些又红又专的影视工作者利用红色文化资源、乡村文化资源和传统文化资源等，将家庭的温情、母爱的亲情、革命的热情、侠义的豪情、忠贞的爱情、诚挚的友情、强烈的爱国之情等融入主旋律的唱响之中，塑造了虽不完美高雅但却正义阳光的文化作品。同时也印证了"符合社会主义核心价值体系的文化作品都是大众文化品评的最终标尺"的假设。一些通过不法手段和不健康内容获得的文化行业的畸形繁荣，虽能图取一时的经济利益，但始终逃脱不了民众的口诛笔伐。这种利益的获取是单方面的、短期的，是危险的和危害社会的。

结　语

一　文化资源的无形文化内涵——文化经济发展的基础的基础

不同于传统经济产业的市场准则，文化产业有着特殊的仅属于自身的经济法则（见表7-1）。传统产业经济利用原材料进行生产，经过工人的无差别的劳动，生产出有价值的供人使用的商品。文化产业则是利用文化资源，经过艺术家等文化生产者的创意和灵感，并将这些有差别的理念付诸有差别的劳动，从而创造出千差万别的文化产品。

通过表7-1不难发现，文化经济中的文化资源地位，也就是原料的地位，是产业经济不能比的。文化资源是文化经济的基础，是金字塔的基石，没有文化资源的文化经济无异于海市蜃楼般的空中楼阁，仅仅依靠文化创意和文化科技创造的文化产品是空洞的、苍白的、没有灵魂的。文化资源的多元化促进了千姿百态文化产品的出现，每一件文化商品的问世都具有唯一性。艺术家等的艺术创造过程不同于产业工人将原材料的外形、构成等打破，而是将文化资源的物质文化尤其是精神内涵进行创新和提升，使其思想性和艺术性进一步升华，从而实现文化资源自身和文化艺术家自身的增值。文化消费过程同样不同于一般商品的消费过程，它并没有随着商品物质形态的消失而消失，其作用于消费者精神意识层面的激励与鼓动却刚刚开始，这些鼓舞、激励源自艺术家通过产品而传输的价值观念，发端于文化资源自身的无形文化内涵。

通过文化资源蕴含的无形文化，使文化产品的创造真正成为满足人们精神层面需求的文化产业，也使文化产品呈现唯一性、多元化等特征，也直接影响着文化产品的思想性、艺术性与娱乐性，更使消费者自身受到最为原始的文化认知与洗礼。因此，如果文化资源是文化产业发展的基础，那么文化资源的无形文化内涵则可以理解为文化产业发展的基础的基础。

表 7 - 1　产业经济与文化经济的整个生产消费过程的异同点

	生产者	劳动对象	生产工具	生产过程	产品	消费过程
产业经济	工人	各种农工原料	各种现代化机械	工人无差别的劳动	标准化产品	随着物品的终结而终止
文化经济	艺术家等文化生产者	文化资源	手工乃至最为先进的文化机器设备	艺术家等有差别的创意	千姿百态的文化产品	欣赏过程就是消费过程，而其影响随着欣赏结束却刚刚开始

二　文化经济二元主导的文化价值与经济价值双向获取的文化产业

文化资源本身具备资源属性与文化属性，使文化产业发展面临经济价值与文化价值的双重获取。考虑到文化资源自身的重要性，更考虑到文化资源具有的各种辩证性特征，使文化产业在获取文化价值时甚至要考虑文化资源自身的保护与传承，才能完整地将其文化价值发挥出来。在目前我国以追求经济价值和文化价值为主导的文化产业发展中，整个生产过程有着多样的不同点（见表 7 - 2）。第一，前者的生产者多为企业家和商人，后者多为艺术家和学者；第二，前者的劳动对象多为文化资源的物质层面，开发较为粗糙低端，后者的劳动对象多为文化资源的精神层面，开发相对集约高端；第三，前者的生产工具为现代化条件下的一切文化科技工具，后者则相对简单，甚至用手工实现生产；第四，前者的生产过程主要是制造各种能带给消费者的文化体验，后者则注重体现文化感知和文化启迪；第五，前者的代表文化主要为大众文化、流行文化、娱乐文化等，后者的代表文化主要是正能量文化，如红色文化、传统优秀文化等；第六，前者的产品特征主要体现在娱乐至上，带给人们前所未有的感官刺激，后者则体现出较高的思想性和艺术性，从而使人们的知识和文化品位得以提升；第七，前者的消费影响多为感染人、娱乐人，释放人的紧张情绪和工作压力，后者主要为提升人、感动人、教育人、引导人、鼓舞人、鞭策人。

表 7-2   文化产业生产过程中经济价值和文化价值获取的异同点

	生产者	劳动对象	生产工具	生产过程	代表文化	产品特征	消费影响
经济价值主导	企业家、商人	多为文化资源物质层面	各种现代化的文化技术工具	制造各种文化体验	大众文化、娱乐文化、流行文化	娱乐至上	感染人、娱乐人、释放人
文化价值主导	艺术家、学者	多为文化资源精神层面	手工工具、简单机械	体现文化感知和文化启迪	正能量文化，如红色文化、传统优秀文化	思想性、艺术性至上	提升人、感动人、教育人、引导人、鼓舞人、鞭策人

从以上可以看出，文化经济一体化中以文化价值的获取为主导的文化产业与以经济价值的获取为主导的文化产业有多项不同点，而单纯从文化资源开发过程来看，其社会影响主要体现在两个方面，一是对文化的载体文化资源的影响，二是对文化产品的消费者的影响。综合来说就是对文化开发客体与文化消费主体有着两方面的影响，也是文化资源开发过程中积极的文化价值引导体现的重要因素。总体比较分析，以文化价值为主导的文化产业在对文化开发客体与文化消费主体的影响方面无异都是较为正面的积极的，更符合社会主义核心价值观，更符合时代主旋律，更符合正能量文化传递的基本要求。尤其是在对文化消费主体的影响方面，其提升人（文化水平）、感动人（人间真情）、教育人（为人处世）、引导人（道德素质）、鼓舞人（奋斗励志）、鞭策人（反思悔过）的思想宗旨更符合积极的文化价值引导的要求。从表 7-2 得知，文化价值主导的文化产业注重开发文化资源的精神层面，也就是文化资源的无形文化内涵，因此注重开发"文化产业发展的基

础的基础"将是未来我国文化资源开发过程中进行积极的文化价值引导的
重中之重。

三　城市文化价值引导中的基础——城市箭垛式文化精神

文化产业的繁荣在城市。在城市文化建设以积极文化价值引导为目标的
前提下，城市自身文化的繁荣和发展也需进行核心正能量文化的定位，并在
核心文化的基础上建构和发展城市自身的文化，形成以城市核心文化精神为
基准的积极文化价值。城市箭垛式文化是城市的核心文化，是城市文化产业
发展的基础，那么城市核心箭垛式文化精神就是城市积极文化价值引导的基
础的基础。因此，以积极文化价值引导为目的的城市自身文化建设必须以城
市箭垛式文化精神为基础的基础。

首先，城市箭垛式文化是城市自身的文化，其文化精神是具备正能量的
城市文化资源的无形文化内涵。城市箭垛式文化源于历史，而又高于历史，
是城市传统文化与现代文化的结晶，是城市本土化与现代化建设的集合，因
此既代表着城市的历史文化底蕴，又指引着城市自身文化建设的方向；既具
备城市的别具一格的文化特色，又与时俱进，与城市发展潮流相得益彰。如
果城市箭垛式文化是城市文化建设及文化产业发展的重要基础，那么城市箭
垛式文化精神就是其基础的基础。

其次，城市箭垛式文化是城市核心文化定位的基准，是城市文化建构与
发展的基础。现代化城市建设中"千城一面"的发展之痛，使市民居住的
城市变得熟悉而又陌生。隐藏在"千城一面"影像背后的症结，正是城市
自身文化建设的"千城一化"，使城市不仅失去了应有的特色，更失去了城
市自身的灵魂。因而，建构城市自身的特色文化，传承与创新城市自身的历
史文化传统，变得尤为关键与迫切。城市箭垛式文化就在城市多元文化中脱
颖而出，使城市自身具备了与众不同的核心文化定位。如果箭垛式文化是城
市文化的代表，那么箭垛式文化精神就是城市文化发展的灵魂，是城市积极
文化价值引导的基础的基础。

再次，城市箭垛式文化是城市文化事业建设的重要源泉，积极文化价值

引导下的城市文化事业发展需建构以城市箭垛文化为核心公共文化服务体系。城市公共文化的建构与发展，与城市箭垛式文化利益攸关。这不仅体现在以箭垛式文化为核心的文化资源是城市文化事业建设的重要基础，更体现在城市箭垛式文化精神"阳光正义"的典型文化特征上，是城市传递自身正能量的最佳素材。

最后，城市箭垛式文化是城市文化产业发展的基础资源，积极文化价值引导下的城市文化经济一体化发展多依赖以城市箭垛式文化为核心的文化资源。文化产业的繁荣在城市，城市不仅是文化的聚宝盆，更是文化经济发展的重要载体。在社会主义核心价值观的要求下，在城市文化产业发展"重经济价值、轻文化价值"的现状下，城市自身文化资源的开发客体应逐步向以城市箭垛式文化资源为核心的城市正能量文化资源看齐，城市自身文化资源的开发重点也逐步由物质层面转向城市自身核心文化的精神层面，进而选取集约高效的开发方式，才能传承和创新城市核心文化，激励和鞭策深受城市箭垛式文化熏陶的城市人，以通过文化经济一体化发展的方式形成积极文化价值引导。

四　践行社会主义核心价值观视域下的城市文化资源开发原则

社会主义核心价值观的确立，为我国文化产业的发展提出了新课题和新目标。它所倡导的"富强、民主、文明、和谐，自由、平等、公正、法治，爱国、敬业、诚信、友善"的核心观念，适应于社会主义文化建设的方方面面，以此才能推动社会主义文化大发展大繁荣。在践行社会主义核心价值观的伟大实践中，城市文化资源的开发要形成积极文化价值引导，应当提出高标准和高水平的要求，维护城市自身文化资源开发客体与文化消费主体的利益。

第一，坚持社会主义核心价值观不动摇的原则，这是城市文化资源开发的重要前提。坚持社会主义核心价值观不动摇，就是无时无刻不在遵守并践行社会主义核心价值观在国家、社会、个人三个层面的要求，并不因时代的发展、地点的转移、国情的变更而发生改变。坚持社会主义核心价值观不动摇，就是将城市自身的文化建设同社会主义文化大发展大繁荣、伟大的"中国梦"结合起来，倡导城市自身的以箭垛式文化精神为核心的城市价值观，将城市发展、人民幸福、社会和谐、国家强大融为一体，并将在城市自身文化建设中集中体现出来。

第二，坚持文化价值与经济价值双赢的原则，即坚持社会效益及经济效益获取并重的原则。既要考虑到文化资源的保护传承与文化消费带来的后果影响，又要兼顾城市自身经济发展。单纯获取经济价值的城市文化建设有形成恶性文化价值引导、污染社会空气的危险，从而使文化资源开发客体身遭横祸，使文化消费主体迷失自我；单纯获取文化价值的城市文化建设同样有面临"财政枯竭、曲高和寡"的危险，使正能量的文化产品没有市场而无以为继，最终使文化停滞不前。当两者处于矛盾状态时，要毫不犹豫地坚持"以文化价值的获取为主，经济价值获取为辅"的态度，正确处理城市发展中文化经济二元对立统一的问题。

第三，坚持文化事业与文化产业协同发展原则，即坚持构建城市公共文化服务体系与发展多元文化业态相结合。在践行社会主义核心价值观的要求下，城市自身的文化建设既要有普适性的公共文化产品供给，又要保证多层面多元化的私性文化产品供给，才能满足民众多元化的文化需求。以积极文化价值引导为主题的文化资源开发，创造公益性的城市文化事业与营利性的城市文化产业同样重要。城市文化事业的发展以城市箭垛式文化精神的传扬为核心，以满足民众的基本文化权益为目的，是获取文化价值的中流砥柱；城市文化产业的发展同样开发以箭垛式文化为核心的文化资源，是获取经济价值的重要堡垒。既然坚持文化价值与经济价值并重，那么坚持文化事业与文化产业发展同样顺理成章。

第四，坚持文化保护与文化开发并重的原则，在保护城市文化得到有效传承的基础上选择可持续的开发方式。在积极文化价值引导的要求下，城市文化资源开发客体的最终归宿，同样是城市文化建设考虑的要素之一。在以城市箭垛式文化为核心的城市文化资源得到有效保护的基础之上，对城市文化资源进行高效集约型的开发是城市文化建设的必由之路。保护是开发的前提，一旦开发违背了社会主义核心价值观，损害了城市箭垛式文化的利益，就应当停止开发，保护城市文化得到有效的传承，以等待未来高科技手段下的集约式开发；开发是保护的最终目的，一切城市文化资源都能通过文化产业和文化事业的发展展现出来，满足民众的多元文化需求，这是文化的重要功能，也是文化自身的重要使命。将文化资源久居深闺的做法是不可取的，同样文化资源的开发也必须是可持续的。

第五，坚持教化民众与娱乐民众并重的原则，追求城市正能量文化产品塑造中"思想性、艺术性、娱乐性"的统一。城市文化建设的目的主要是塑造完美的人，在于娱乐人、教育人、鼓舞人、鞭策人，也就是要追求对文化消费主体影响中"教化与娱乐"的统一。追求城市文化资源开发中的积极文化价值引导，教化民众的目标则是其中的重中之重，才能使民众在文化产品的消费中提升知识文化水平、提升道德文化素质、提高文化知识修养，最终实现文化"以文教化"的初衷。同样，娱乐民众同样弥足珍贵，使民众在紧张的生活工作压力中得到释放与解脱，得到精神层面的解放，同样是城市自身文化资源开发的重点之一。当教化民众与娱乐民众发生冲突时，同样需要坚持"教化为主、娱乐为辅"的态度，处理好积极文化价值引导中"教化人"与"娱乐人"的矛盾。

五 面向未来的文化价值引导下的城市文化产业发展

坚持社会主义核心价值观，发展和完善社会主义核心价值体系，开发以城市自身箭垛式文化为主的文化资源，生产具备教化功能和娱乐功能的正能量文化产品，才能在文化产业发展中高唱主旋律、传递正能量，形成积极的文化价值引导。在未来城市文化产业的发展中，城市自身的文化建设将从产品评价体系、法律法规体系、文化政策扶持、城市文化定位、城市文化环境五个方面完善城市自身的文化产业发展机制。

其一，创新以积极文化价值引导为目的的城市正能量文化产品评价体系。根据开发城市箭垛式文化等重要文化资源而获得的文化产品的特性和消费影响，根据正能量文化产品评价体系建构适合于城市自身积极文化价值引导的正能量文化产品评价体系。除了具有普适性的产品评价指标的文化作品的思想性、艺术性、娱乐性外，更应该增添适合城市自身文化传承与发展、民众认可与感知等方面的评价指标，以促进城市自身文化箭垛式文化的发展和城市文化大发展大繁荣。如在文化资源一级指标下，积极性二级指标下应该增加是否符合城市正能量文化精神等三级指标，以保证城市自身文化产业的发展不背离城市的文化特色和核心文化精神；也可增加创新性等二级指标，保证城市文化产业发展不是在箭垛式文化等文化资源基础上的机械开发，而是以传承创新的态度发展城市文化和城市文化产业；在文化体验一级指标下，可在娱乐性二级指标下增添是否促进消费者对城市文化的理性感知等三级指标，以促进文化产品的消费体验不仅停留在感官层面，更能体现在对依托文化的理性认知层面，促进城市箭垛式文化传播的广度和深度，等等。

其二，完善文化产品生产、销售等城市文化产品流通过程中的法律法规体系。城市文化产业的发展形成积极文化价值引导，必须坚持不触犯社会主义法律底线，必须有完备严格的法律保证其强制实施，构成积极文化价值引导强有力的法律保障。这些完备的法律体系主要表现在对文化资源开发客体和文化产品消费主体的保护两个层面。尤其是对不符合社会主义法律允许的文化资源开发手段和文化产品，应当予以坚决取缔，对相关负责人和单位予以严厉的法律制裁。如可仿造法国、美国等相关针对文化产品流通的法律体系，制定适合本国国情的城市文化产品奖惩法律；对严重危害青少年身心健康发展的文化产品，坚决予以销毁和取缔；对严重损害文化资源物质形态和精神形态的开发行为，坚决予以制止；对符合法律却较易形成恶性文化价值引导的文化行业和文化经营场所，应当征收重税，用以补偿正能量文化产品的开发支出；对一些娱乐性较强的电视节目，应当严格限制其播出时段及播出地点，以免对青少年造成不良影响；对一些思想性强、艺术价值高的正能量文化产品，应当对生产制作单位进行必要的奖励，鼓励其进行文化价值与经济价值双赢的正能量文化产品的开发。

其三，制定适当的扶持政策，推动具备积极文化价值引导的城市文化产业繁荣发展。以文化价值获取为主导的城市文化产业发展，基于本身在形成积极文化价值引导的社会影响考虑，在经济价值的获取方面相对处于被动的地位，因而制定一些积极合理的产业政策，实行一定的政策倾斜，对传递正能量的城市文化精神和形成积极文化价值引导有着重要意义。在企业资质申请门槛限制、企业发展环境、企业发展土地利用、企业税收等方面都可以实行较为宽松的政策手段，如降低门槛，营造良好的企业发展环境，减免税收等政策措施，都会促进城市文化产业的繁荣发展。针对一些已经形成积极文化价值引导的正能量的文化产品，要对其生产企业和主要负责人给予适当的奖励，而奖励的额度和级别应当根据城市自身的正能量文化产品评价体系的评分依次设置。

其四，科学合理定位城市自身箭垛式文化，形成"千城千面"的城市文化建设格局。城市建设中的"千城一面"和"千城一化"之痛，是城市自身盲目追求现代化而致本土化发展淡化的结果。在面向未来的城市文化产业发展中，要形成积极的文化价值引导，城市自身的文化建设既是城市历史文化与现代文化的结合，也是城市本土化与现代化的结合，因此选择适合城市自身本土化特色的箭垛式文化，集聚符合正能量文化要求的多元化城市文化资源，从而凝练出富有城市本土化特色的核心文化精神，有利于城市形成"千城千面""千城千化"的文化发展格局。这是由城市自身的文化特色所决定的，由于地域不同、历史发展不同，不同城市的历史文化、生态文化、科技文化都存在较大差别。即使是箭垛式文化选择的重点"历史文化"更是千差万别，使城市自身孕育出各种各样的城市文化精神，从而为城市文化建设塑造"千城千面"的发展格局奠定基础。

其五，营造良好的社会文化环境，创建争当"文化意见领袖"的城市文化格局。城市自身的箭垛式文化一旦确定，城市自身的核心文化精神就需要通过"文化意见领袖"在物质和精神层面传输城市自身的核心价值观，传输属于城市自身的文化特性和生活方式。在目前新媒体技术飞速发展的社会背景下，多元文化信息鱼龙混杂，以至于有人呼吁"信息爆炸"的时代已经来临。在多元文化信息充斥的城市中，"文化意见领袖"充当了城市核心文化的发起者和吹鼓手，以身体力行的方式通过多样化的新媒体向大众传播正面文化信息，引导社会大众向正确的方向前进，形成积极的价值引导。然而，"文化意见领袖"不应当只限于有见地的文化精英分子，在"黄、赌、毒、黑"等文化信息也充斥在城市文化空间的现实下，民众也有权利和义务担任起"文化意见领袖"的责任，从而使人人都具备分辨邪恶与友善的能力，做到"正能量传递永不停息，负能量到我为止"。由此，在这样的社会文化环境下，民众才能以传递城市正能量为己任，争当"文化创意领袖"，使城市文化焕发勃勃生机，并在发展中形成积极的文化价值引导。

　　作为文化产业发展的重要载体，城市聚集了大量的文化资源、文化产业人才和文化消费群体。在城市正能量核心文化精神确定的前提下，通过开发文化资源形成富含正能量的文化产品，有利于在文化消费及欣赏过程中形成积极的文化价值引导，从而实现文化经济的繁荣发展，并在产业发展中实现文化价值与经济利益的获取，传输社会主义核心价值观，传递社会主义主旋律和正能量。

参考文献

一　译著类

1. 〔英〕马凌诺斯基：《文化论》，费孝通等译，商务印书馆，1947。

2. 《马克思恩格斯选集》第 1 卷，人民出版社，1972。

3. 《资本论》第 1 卷，人民出版社，1975。

4. 〔美〕C. 莱特·米尔斯：《白领——美国的中产阶级》，杨晓东等译，浙江人民出版社，1987。

5. 〔美〕丹尼尔·贝尔：《资本主义文化矛盾》，赵一凡、蒲隆、任晓晋译，上海三联书店，1989。

6. 〔日〕牧口常三郎：《价值哲学》，马俊峰、江畅译，中国人民大学出版社，1989。

7. 〔美〕约瑟夫·奈：《美国定能独霸世界吗?》，何小东、盖玉云译，军事译文出版社，1992。

8. 〔法〕让·拉特利尔：《科学和技术对文化的挑战》，吕乃基、王卓君、林啸宇译，商务印书馆，1997。

9. 〔美〕克利福德·格尔茨：《文化的解释》，韩莉译，译林出版社，1999。

10. 〔德〕尤尔根·哈贝马斯：《作为“意识形态”的技术与科学》，李黎、郭官义译，学林出版社，1999。

11. 〔美〕劳拉·斯·蒙福德：《午后的爱情与意识形态：肥皂剧、女性及电视剧种》，林鹤译，中央编译出版社，2000。

12. 〔法〕皮埃尔·布尔迪厄：《关于电视》，许钧译，辽宁教育出版社，2000。

13. 〔美〕马歇尔·萨林斯：《文化与实践理性》，赵丙祥译，上海人民出版社，2002。

14. 〔德〕瓦尔特·本雅明：《机械复制时代的艺术作品》，王才勇译，中国城市出版社，2002。

15. 费孝通、〔法〕德里达等:《中国文化与全球化》,江苏教育出版社,2003。

16. 〔马来西亚〕冯久玲:《文化是好生意》,南海出版公司,2003。

17. 〔英〕爱德华·B. 泰勒:《原始文化:神话、哲学、宗教、语言、艺术和习俗发展之研究》,连树声译,广西师范大学出版社,2005。

18. 〔美〕刘易斯·芒福德:《城市发展史——起源、演变和前景》,宋俊岭、倪文彦译,中国建筑工业出版社,2005。

19. 〔英〕华里克:《标竿人生》,PD 翻译组译,上海三联书店,2006。

20. 〔德〕马克斯·霍克海默、西奥多·阿德尔诺:《启蒙辩证法》,渠敬东、曹卫东译,上海人民出版社,2006。

21. 〔美〕大卫·赫斯蒙德夫:《文化产业》,张菲娜译,中国人民大学出版社,2007。

22. 〔美〕赫伯特·马尔库塞:《单向度的人——发达工业社会意识形态研究》,刘继译,上海译文出版社,2008.

23. 〔美〕迈克尔·埃默里等:《美国新闻史》,展江译,中国人民大学出版社,2009。

24. 〔英〕迈克·费瑟斯通:《消解文化——全球化、后现代主义与认同》,杨渝东译,北京大学出版社,2009。

25. 〔英〕阿诺德·汤因比:《历史研究》,郭小凌、王皖强、杜庭广、吕厚量、梁洁译,上海世纪出版集团,2010。

26. 〔英〕吉姆·麦圭根:《重新思考文化政策》,何道宽译,中国人民大学出版社,2010。

27. 〔荷〕约斯特·斯密尔斯:《抛弃版权:文化产业的未来》,刘金海译,知识产权出版社,2010。

二 中文著作类

1. 冯天瑜、何晓明、周积明:《中华文化史》,上海人民出版社,1990。

2. 司马云杰:《文化悖论——关于文化价值悖谬的认识论研究》,山东人民出版社,1992。

3. 孔庆茂:《国学大师丛书——辜鸿铭评传》,百花洲文艺出版社,1996。

4. 陈华文:《文化学概论》,上海文艺出版社,2001。

5. 欧阳友权:《文化产业通论》,湖南人民出版社,2003。

6. 司马云杰:《文化价值论——关于文化建构价值意识的学说》,陕西人民出版社,2003。

7. 林拓等:《世界文化产业发展前沿报告(2003~2004)》,社会科学文献出版社,2004。

8. 唐任武、赵莉:《文化产业——21世纪的潜能产业》,贵州人民出版社,2004。

9. 卫绍生:《魏晋文学与中原文化》,学苑出版社,2004。

10. 陈建宪:《中国民俗通志(民间文学志上)》,山东教育出版社,2005。

11. 胡惠林:《文化产业概论》,云南大学出版社,2005。

12. 李怀亮：《当代国际文化贸易与文化竞争》，广东人民出版社，2005。

13. 钱穆：《中国思想通俗讲话》，上海三联书店，2005。

14. 姜华：《大众文化理论的后现代转向》，人民出版社，2006。

15. 吕庆华：《文化资源的产业开发》，经济日报出版社，2006。

16. 刘锡诚：《20 世纪中国民间文学学术史》，河南大学出版社，2006。

17. 汤莉萍：《世界文化产业案例选析》，四川大学出版社，2006。

18. 李思屈、李涛：《文化产业概论》，浙江大学出版社，2007。

19. 傅才武、宋丹娜：《文化市场演进与文化产业发展——当代中国文化产业发展的理论与实践研究》，湖北人民出版社，2008。

20. 张鸿雁、张登国：《城市定位论——城市社会学理论下的可持续发展战略》，东南大学出版社，2008。

21. 刘守华、陈建宪：《民间文学教程》，华中师范大学出版社，2009。

22. 温金玉：《释迦塔与中国佛教》，宗教文化出版社，2009。

23. 钟敬文：《民俗学概论》，上海文艺出版社，2009。

24. 艾伯亭、刘建、田野：《城市文化与城市特色研究——以天津市为例》，中国建筑工业出版社，2010。

25. 梁漱溟：《东西文化及其哲学》，商务印书馆，2010。

26. 徐根初：《社会主义核心价值观与中华战略文化》，时事出版社，2010。

27. 单霁翔：《从"功能城市"走向"文化城市"》，天津大学出版社，2010。

28. 吴存东、吴琼：《文化创意产业概论》，中国经济出版社，2010。

29. 张鸿雁：《城市文化资本论》，东南大学出版社，2010。

30. 梁漱溟：《东西方文化及其哲学》，商务印书馆，2011。

31. 黄永林：《从资源到产业的文化创意——中国文化产业发展现状评述》，华中师范大学出版社，2011。

32. 司马云杰：《价值实现论——关于人的文化主体性及其价值实现的研究》，安徽教育出版社，2011。

33. 谈国新、钟正：《民族文化资源数字化与产业化开发》，华中师范大学出版社，2011。

34. 李建华：《多元文化时代的价值引领——社会主义核心价值体系建设与社会思潮有效引领研究》，人民出版社，2012。

35. 叶飞霞、刘淑兰：《引领文化与文化引领》，人民出版社，2012。

三　古籍、集成、报告、会议论文集、硕博论文类

1. 顾颉刚：《与钱玄同先生论古史书》，顾颉刚：《古史辨》第 1 册。

2. 胡适：《古史讨论的读后感》，顾颉刚：《古史辨》第 1 册。

3. 胡适：《胡适文存二集卷一》，上海亚东图书馆，1924。

4. 胡适：《胡适文存三集卷六》，上海亚东图书馆，1924。

5. 祁连休：《少数民族机智人物故事选》，上海文艺出版社，1978。

6. 北京市历史学会主编《吴晗史学论著选集第三卷》，人民出版社，1988。

7. 《中国民间故事集成》全国编辑委员会、《中国民间故事集成·河南卷》编辑委员会编《中国民间故事集成·河南卷》，中国 ISBN 中心。

8. 《中国民间故事集成》全国编辑委员会、《中国民间故事集成·安徽卷》编辑委员会编《中国民间故事集成·安徽卷》，中国 ISBN 中心。

9. 《中国民间故事集成》全国编辑委员会、《中国民间故事集成·河南卷》编辑委员会编《中国民间故事集成·河南卷》，中国 ISBN 中心。

10. 中国民间文艺研究会湖北分会、湖北省群众艺术馆编《湖北民间故事传说集·郧阳地区专集》，1982。

11. 文化部文化产业司编《国家文化产业课题研究报告（2007 年度)》，云南大学出版社，2008。

12. 文化部文化产业司编《国家文化产业课题报告（2008 年度)》，云南大学出版社，2009。

13. 胡惠林、陈昕：《中国文化产业评论（第 13 卷)》，上海人民出版社，2011。

14. 叶朗主编《北大文化产业评论（2010 年下卷)》，金城出版社，2011。

15. 范建华：《21 世纪中国文化产业论坛第四届年会——政治论坛论文集》，2006。

16. 李力洋：《试论西方文化渗透及应对策略》，吉林大学硕士学位论文，2004。

17. 董雪梅：《公共历史文化资源的产业开发——以济南市为个案研究》，山东大学博士学位论文，2008。

18. 张泽兵：《谶纬叙事研究》，江西师范大学博士学位论文，2011。

四 期刊论文类

1. 吴晗：《况钟和周忱》，《人民文学》1960 年第 9 期。

2. 韦华：《精巧安排，出奇制胜——〈保密局的枪声〉中的情节与悬念》，《电影艺术》1979 年第 5 期。

3. 沈耀庭：《〈405 谋杀案〉编导札记》，《电影评介》1980 年第 3 期。

4. 黄式宪：《美，植根于生活的土壤——〈神秘的大佛〉浅议》，《电影评介》1981 年第 5 期。

5. 温洪隆：《重评"屈原——箭垛人物"论》，《华中师范大学学报》（哲学社会科学版）1985 年第 5 期。

6. 韩致中：《漫画箭垛式人物》，《湘潭大学学报》（社会科学版）1986 年第 3 期。

7. 梁镛：《联邦德国的对外语言政策及其实施》，《联邦德国研究》1988 第 1 期。

8. 蔡瑞森、杨丽瀛：《云南民族文化资源开发之我见》，《思想战线》1992 年第 6 期。

9. 程恩富：《文化生产力与文化资源的开发》，《生产力研究》1994 年第 5 期。

10. 刘守华：《张天师传说的历史文化价值》，《中国道教》1995 年第 1 期。

11. 刘忠群：《论大众文化的导向》，《西南师范大学学报》（哲学社会科学版）1996 年第 3 期。

12. 祁和晖：《夏禹之有无及族属地望说商兑》，《西南民族学院学报》（哲学社会科学版）1996 年第 3 期。

13. 杨虹：《论昆明旅游业中的民族文化资源开发》，《云南民族学院学报》（哲学社会科学版）1996 年第 3 期。

14. 马辉军：《论社会主义市场经济条件下中国文化的修复》，《西北师大学报》（社会科学版）1997 年第 1 期。

15. 潘建生：《市场经济下藏族文化资源开发初探》，《西藏研究》1998 年第 1 期。

16. 邱安昌：《文化价值恰：一个宇宙秩序论的视角》，《东疆学刊》1998 年第 1 期。

17. 鲍超侠：《德国的对外文化政策》，《德国研究》1998 年第 2 期。

18. 牟岱：《澳大利亚的多元文化》，《辽宁公安司法管理干部学院学报》1999 年第 1 期。

19. 郭建宁：《五四时期的文化论争与当代中国的文化选择》，《学术论坛》1999 年第 3 期。

20. 〔美〕小约瑟夫·S. 奈：《重新界定美国国家利益》，《战略与管理》1999 年第 6 期。

21. 肖云上：《法国为什么要实行文化保护主义》，《法国研究》2000 年第 1 期。

22. 王昱：《历史文化资源开发：青海大开发的重头戏》，《青海社会科学》2000 年第 6 期。

23. 刘家志、朱海林：《西部民族文化资源的综合开发与产业化的思考》，《思想战线》2001 年第 5 期。

24. 彭岚嘉：《西部文化生态保护与文化资源开发的关系》，《社会科学研究》2001 年第 5 期。

25. 许长山、曾云莺：《大众文化的二重性及其价值引导》，《华北水利水电学院学报》（社会科学版）2001 年第 6 期。

26. 黎永泰：《西部大开发中的文化资源开发战略》，《经济体制改革》2002 年第 1 期。

27. 叶隽：《文化权力与外交解读——读〈德国对外文化政策〉》，《武汉大学学报》（人文科学版）2003 年第 5 期。

28. 刘阳、石破、尹鸿伟、吴真、任点：《申遗生意经》，《南风窗》2003 年第 11 期。

29. 孟晓驷：《中外文化产业之比较研究》，《中外文化交流》2004 年第 1 期。

30. 陶东风：《大话文学与消费文化语境中经典的命运》，《天津社会科学》2005 年第 3 期。

31. 李忠斌：《论科技进步与民族文化资源开发——以土家族为例》，《民族研究》2002 年第 3 期。

32. 李波：《对大众文化低俗化倾向的审视与价值引导》，《理论观察》2002 年第 4 期。

33. 徐纪律：《论文化资源开发利用的时代性和民族性标准》，《社会科学研究》2004 年第 3 期。

34. 樊泳湄：《以创新开发民族文化资源》，《云南行政学院学报》2004 年第 5 期。

35. 周正刚：《论文化资源的可持续开发》，《求索》2004 年第 11 期。

36. 苑洁：《文化产业行业界定的比较研究》，《理论建设》2005 年第 1 期。

37. 王大良：《夜郎之争与文化资源开发》，《贵州民族研究》2005 年第 5 期。

38. 陈咏梅：《旅游文化资源开发与旅游经济》，《宁夏大学学报》（人文社会科学版）2005 年第 6 期。

39. 马修·福涅：《耐克是怎样算计中国的》，金晶译，《国外社会科学文摘》2006 年第 1 期。

40. 聂华林、李莹华：《农村文化资源开发——西部地区农村经济发展超越之路》，《经济问题》2006 年第 1 期。

41. 胡兆量：《文化资源论》，《城市问题》2006 年第 4 期。

42. 李宁：《"自由市场"还是"文化例外"——美国与法—加文化产业政策比较及其对中国的启示》，《世界经济与政治论坛》2006 年第 5 期。

43. 张宏山：《河南传统文化资源开发问题研究》，《商场现代化》2006 年第 17 期。

44. 何丽芳：《乡村旅游饮食文化资源开发研究》，《福建林业科技》2007 年第 1 期。

45. 王昱、毕艳君、刘景华、马生林：《青海民族民间文化资源开发之思考》，《青海社会科学》2007 年第 2 期。

46. 赵志颖：《谈民族文化资源开发中的市场价值与审美价值的关系——以贵州部分民族村镇的个案为例》，《贵州民族研究》2007 年第 2 期。

47. 范波：《贵州少数民族文化资源开发的思考》，《贵州民族研究》2007 年第 4 期。

48. 韩健平：《传说的神医：扁鹊》，《科学文化评论》2007 年第 5 期。

49. 杜建国等：《湖北特色文化资源开发利用的思路与对策》，《江汉论坛》2007 年第 8 期。

50. 唐德彪：《论民族文化的资源化》，《中央民族大学学报》（哲学社会科学版）2008 第 2 期。

51. 张小林、孙玮、龙佩林：《少林武术文化资源开发与品牌营销研究》，《西安体育学院学报》2008 年第 2 期。

52. 魏佐国：《江西红色文化资源开发刍议》，《农业考古》2008 第 6 期。

53. 李莹华、张静、姚爱琴、蔡文春：《民俗风情文化资源深度开发及其保护动力机制》，《前沿》2008 年第 9 期。

54. 岳红记：《论新闻媒体对陕西历史文化资源开发的影响》，《新闻知识》2008 年第 9 期。

55. 程玲俐、吴铀生：《西部民族文化资源开发中的支撑与反支撑》，《西南民族大学学报》（人文社会科学版）2008 年第 12 期。

56. 黄银华、龚群：《少数民族传统体育文化资源开发中存在问题及对策探析》，《中南民族大学学报》（人文社会科学版）2009 年第 1 期。

57. 张小林：《峨眉武术文化资源开发与产业化运作的思考》，《西安体育学院学报》2009 年第 2 期。

58. 陈永辉、白晋湘：《非物质文化遗产保护视角下我国少数民族民俗体育文化资源开发》，《武汉体育学院学报》2009 年第 3 期。

59. 张胜冰：《科学发展观视野下文化资源开发的创新——对我国文化产业发展模式的思考》，《福建论坛》（人文社会科学版）2009 年第 4 期。

60. 李德建：《论文化视阈中的乡村文化资源开发》，《农村经济》2009 年第 6 期。

61. 李萍：《民歌文化资源开发视阈下和谐歌圩的建构——以广西壮族为例》，《南方文坛》2009 年第 S1 期。

62. 中国文化产业编辑部：《日本的文化政策与产业振兴》，《中国文化产业》2010 年第 2 期。

63. 陈旖、邓玲：《民族文化资源开发与生态文明建设联动的研究——贵州雷山县生态文明建设联动的思考》，《西南民族大学学报》（人文社会科学版）2010 年第 4 期。

64. 丁培卫：《新时期中国民族动漫产业核心竞争力研究——基于传统历史文化资源开发的路径选择》，《社会科学辑刊》2010 年第 4 期。

65. 王永明、李宴群、吴丹：《提升国家文化软实力必须构建文化安全体系》，《理论探讨》2010 年第 4 期。

66. 魏佐国：《鄱阳湖生态经济区建设与赣鄱文化资源开发》，《农业考古》2010 年第 6 期。

67. 刘纪昌：《我们不需要伪文化》，《记者观察》（上半月）2010 年第 7 期。

68. 曹水群：《西藏乡村旅游中的饮食文化资源开发》，《农业经济》2010 年第 9 期。

69. 梁华伟：《地方特色体育文化资源开发与品牌战略研究——兼论焦作市太极文化产业发展》，《广州体育学院学报》2011 年第 2 期。

70. 李萍：《壮族绣球产业可持续发展对策研究——兼论民歌文化资源开发创意之绣球产业链的启动》，《前沿》2011 年第 2 期。

71. 张开城：《粤浙两省海洋文化资源开发利用的思考》，《特区经济》2011 年第 4 期。

72. 高新才、闫磊：《民族地区文化资源开发路径的实证分析》，《东岳论丛》2011 年第 5 期。

73. 江凌：《城市文化精神及其定位策略——以湖北黄冈市为例》，《长江论坛》2011 年第 6 期。

74. 唐志伟：《中西神灵文化的价值引导及作用》，《中华文化论坛》2011 年第 6 期。

75. 杨京钟：《日本文化产业财政政策对中国的启示》，《郑州航空工业管理学院学报》2011 年第 6 期。

76. 王中云、骆兵：《保护与开发：我国文化资源空间的扩展着力点》，《江西社会科学》2011 年第 8 期。

77. 赵渊：《特色文化资源开发与文化产业园区竞争力建构》，《新闻界》2011 年第 9 期。

78. 贺菊莲：《饮食文化资源开发利用与贵州新农村建设》，《安徽农业科学》2011 年第 13 期。

79. 王娟娟：《民族文化资源开发潜力评价》，《统计与决策》2011 年第 22 期。

80. 凌河：《秦桧"故里"："站起来"的秦桧，呸》，《中国地名》2012 年第 1 期。

81. 史小建、张李娜、祝大勇：《河北省乡土文化资源开发的问题及制约因素研究》，《安徽农业科学》2012 年第 2 期。

82. 万书辉、祝新艳：《"全球化"视野下的西部文化资源开发》，《当代文坛》2012 年第 2 期。

83. 张训谋：《宗教文化开发之度》，《中国宗教》2012 年第 2 期。

84. 陈莹、张树武：《对经典名著文化资源开发策略的新思考》，《东北师大学报》（哲学社会科学版）2012 年第 3 期。

85. 和磊：《公共理性与当代中国大众文化批判》，《思想战线》2012 年第 3 期。

86. 叶飞霞：《以社会主义核心价值体系引领健康的文化消费》，《福建农林大学学报》（哲学社会科学版）2012 年第 4 期。

87. 陈炜、文冬妮：《桂滇黔少数民族传统体育文化资源开发利用的现状及前景》，《贵州民族研究》2012 年第 5 期。

88. 黄滨、刘元国、宋琼：《辽宁省体育文化资源开发及利用的 SWOT 分析》，《沈阳体育学院学报》2012 年第 5 期。

89. 雷海林：《中原经济区根亲文化资源开发战略理念创新及其策略》，《湖南社会科学》2012 年第 5 期。

90. 王明霞、王微、李寒：《满族游艺文化资源开发研究》，《黑龙江民族丛刊》2012 年第 6 期。

91. 杨玉辉：《论我国的宗教文化资源及其开发》，《中国宗教》2012 年第 6 期。

92. 尹世杰：《发展文化产业值得探讨的几个问题》，《财经科学》2012 年第 10 期。

93. 李军：《区域文化资源开发与影视产业化战略》，《前沿》2012 年第 24 期。

94. 解梅：《敦煌旅游业中的饮食文化资源开发》，《中国商贸》2012 年第 29 期。

95. 陈炜、钟学进、张露露：《基于利益相关者理论的少数民族传统体育文化资源开发模式研究——以广西三江富禄苗族乡花炮节为例》，《广西民族研究》2013 年第 2 期。

96. 杨福泉：《探寻文化资源与民族文化产业发展之间的平衡——以云南为例》，《中央民族大学学报》（哲学社会科学版）2013 年第 2 期。

97. 聂圣哲：《美国版东郭先生》，《芳草》2013 年第 3 期。

98. 杨振闻：《能力化生存与精神世界重建》，《求索》2013 年第 3 期。

99. 周全明：《文化科技融合视野下博物馆事业的发展路径及趋向》，《江汉大学学报》（社会科学版）2013 年第 3 期。

100. 陈炜、钟学进、张露露：《基于地域分类的桂滇黔少数民族传统体育文化资源开发研究》，《社会科学家》2013 年第 5 期。

101. 唐梦雪、谭春兰：《滨水旅游文化资源开发探析——以上海为例》，《安徽农业科学》2013 年第 11 期。

102. 唐梦雪、谭春兰：《海洋文化资源开发现状与发展对策研究》，《安徽农业科学》2013 年第 13 期。

103. 贾磊磊：《和谐，中国文化的核心价值观》，《人民论坛》2013 年第 16 期。

104. 张培培、蒋清文：《地域旅游文化资源开发的原则及对策》，《山西师大学报》（社会科学版）2013 年第 S2 期。

五　报纸类

1. 陈元平、张国洪：《中国文化市场与文化产业全国文化市场与文化产业区域调研活动的目标与任务》，《中国文化报》2004 年 2 月 9 日。

2. 张艳国、刘俊峰：《简论辛亥首义文化》，《光明日报》2005 年 3 月 22 日。

3. 张文伯：《〈少林寺〉改变命运，一毛票价创上亿票房》，《新京报》2005 年 4 月 6 日。

4. 《〈神秘的大佛〉票房上亿，今再强强出击》，《华西都市报》2005 年 11 月 23 日。

5. 李泓冰：《"脱衣舞"、赌博在农村为啥大行其道？》，《人民日报》2006 年 11 月 13 日。

6. 《政府经费投入仍为文化产业资金主要来源》，《中国文化报》2009 年 7 月 23 日。

7. 吕绍刚：《"申遗热"请慎行》，《人民日报》2009 年 8 月 24 日。

8. 《我国关闭"涉黄"网站 1.6 万个，已清查 80% 域名》，《中国青年报》2010 年 2 月 11 日。

9. 王开林：《孔子是个典型的悲剧人物》，《今晚报》2010 年 3 月 17 日。

10. 江肃京：《感受到美国文化入侵了吗》，《环球时报》2010 年 2 月 12 日。

11. 裴钰：《鲁皖三地争西门庆故里，大淫贼追捧成文化产业英雄》，《中国经济周刊》2010 年 5 月 4 日。

12. 《三地否认争夺"西门庆故里"改打"潘金莲"牌》，《广州日报》2010 年 5 月 26 日。

13. 王保纯、庄建：《怎样理解文化产品的"双重属性"和"两个效益"》，《光明日报》2010 年 6 月 7 日。

14. 《"申遗疯"：丹霞地貌申遗耗资超 10 亿元》，《国际先驱导报》2010 年 8 月 16 日。

15. 石教灯：《千年炉火淬出黄石城市精神》，《东楚晚报》2010 年 8 月 28 日。

16. 田国垒：《4.5 亿元：一个贫困县的"申遗"账本》，《中国青年报》2010 年 9 月 27 日。

17. 邢兆远、丁永宏、周广慧：《让乡村文化生长发育起来》，《光明日报》2010 年 12 月 27 日。

18. 《〈少林寺〉票房等同今日 200 亿——银都机构庆祝 60 华诞》，《合肥晚报》2011 年 1 月 5 日。

19. 苗春：《2010 年中国电影票房过百亿》，《人民日报》（海外版）2011 年 1 月 8 日。

20. 郝立新:《文化建设中的现代性与传统性关系》,《光明日报》2011 年 3 月 7 日。

21. 潮白:《修复秦桧墓看来为期不远了》,《南方日报》2011 年 8 月 18 日。

22. 《文化的双重属性是确定文化政策的根本依据》,《中国文化报》2011 年 9 月 14 日。

23. 李君如:《从文化古国、文化大国到文化强国》,《北京日报》2011 年 11 月 7 日。

24. 王涛:《英国:"创意"推动文化产业发展》,《经济日报》2011 年 11 月 17 日。

25. 宋兰兰:《武汉汉口:"打包"旧址资源建红色主题景区》,《长江日报》2011 年 12 月 22 日。

26. 王孟举:《警惕美国霸权文化入侵》,《时代报告》(学术版)2012 年 1 月 18 日。

27. 赵立、袁媛:《澳大利亚创意产业发展战略亮点解读》,《中国文化报》2012 年 2 月 10 日。

28. 于青:《关注国外文化管理体制之三:日本,聚合多方力量,打造流行文化》,《人民日报》2012 年 3 月 21 日。

29. 陈振凯:《中国城市群发展迅速增至 23 个功能定位日益清晰》,《人民日报》(海外版)2012 年 4 月 4 日。

30. 冯皓:《文化产业发展需处理好两个关系》,《云南日报》2012 年 4 月 27 日。

31. 李青:《发达国家的文化管理政策》,《学习时报》2012 年 10 月 22 日。

32. 李春利、李蕾:《2012 年全国电影总票房超 170 亿元》,《光明日报》2013 年 1 月 10 日。

33. 刘望春:《法国赢得"文化例外"斗争胜利》,《中国文化报》2013 年 6 月 25 日。

34. 彭波、毛磊:《城镇化率与世界平均水平相当质量不高问题突出》,《人民日报》2013 年 6 月 27 日。

35. 陶东风:《比坏心理腐蚀社会道德》,《人民日报》2013 年 9 月 19 日。

36. 黄征、涂腊梅:《武汉非物质文化遗产十大代表项目》,《长江日报》2013 年 10 月 10 日。

37. 徐启生:《美枪击案的"暴力文化"因素》,《光明日报》2012 年 7 月 30 日。

图书在版编目（CIP）数据

冲突与引导：文化资源开发中的价值选择 / 王伟杰
著 . -- 北京：社会科学文献出版社，2018.8
ISBN 978 - 7 - 5201 - 2573 - 4

Ⅰ. ①冲… Ⅱ. ①王… Ⅲ. ①文化产业 - 产业发展 -
研究 - 中国 Ⅳ. ①G124

中国版本图书馆 CIP 数据核字（2018）第 073881 号

冲突与引导：文化资源开发中的价值选择

著 者 / 王伟杰

出 版 人 / 谢寿光
项目统筹 / 郑庆寰
责任编辑 / 郑庆寰 杨 涵

出 版 / 社会科学文献出版社·皮书出版分社 （010）59367127
地址：北京市北三环中路甲 29 号院华龙大厦 邮编：100029
网址：www.ssap.com.cn
发 行 / 市场营销中心 （010）59367081 59367018
印 装 / 三河市尚艺印装有限公司

规 格 / 开 本：787mm × 1092mm 1/16
印 张：21.25 字 数：325 千字
版 次 / 2018 年 8 月第 1 版 2018 年 8 月第 1 次印刷
书 号 / ISBN 978 - 7 - 5201 - 2573 - 4
定 价 / 79.00 元

本书如有印装质量问题，请与读者服务中心（010 - 59367028）联系